U0525307

前沿法学讲义系列

新治安管理处罚法

讲义

尹少成 ◎ 主编

中国法治出版社
CHINA LEGAL PUBLISHING HOUSE

作者简介

尹少成 法学博士，经济学博士后，首都经济贸易大学法学院副院长、教授、博士研究生导师。主要研究方向：行政法、行政诉讼法。在《政法论坛》《行政法学研究》等刊物发表论文30余篇，出版学术专著3部，主持国家社科基金、国家自然科学基金、北京市社科基金等国家级和省部级课题6项，承担工业和信息化部、自然资源部、农业农村部等委托课题10余项。研究成果曾获第十届"环渤海区域法治论坛"一等奖、第十一届"中国法学青年论坛"二等奖。入选教育部、中央政法委"双千计划"，中国法学会研究会青年人才，北京市法学会"百名法学青年英才"，北京市教委青年拔尖人才。兼任中国法学会行政法学研究会理事、北京市京津冀协同发展法律问题研究会副会长、北京市法学会教育法学研究会副会长。

曾文远 法学博士，中国人民公安大学食品药品与环境犯罪研究中心副主任、研究员。主要研究方向：行政法基本理论、行政法与刑法关系、行政诉讼与刑事诉讼关系等。已译有法典数部，在《财经法学》《学术交流》等刊物发表学术论文数十篇。

崔俊杰 法学博士，首都师范大学政法学院院长助理，拉萨师范学院副校长（援藏），副教授，硕士研究生导师。曾任北京市怀柔区人民法院助理审判员。主持北京市社科基金、司法部法治建设与法学理论研究课题、中国法学会部级法学研究课题等多项省部级纵向课题，承担住房和城乡建设部法规司、工程质量安全监管司、城市管理监督局、住房公积金监管司等委托横向课题，参与《建设工程抗震管理条例》《北京市安全生产条例》等立法工作，在《中国行政管理》《法学》《行政法学研究》等刊物发表学术论文数十篇。兼任中国法学会行政法学研究会理事、北京社会治理法治研究会常务理事等。

庆启宸 华盛顿大学法学博士，中国政法大学宪法学与行政法学硕士，牛津大学访问学者，中国政法大学法学院助理教授。研究领域为行政法、行政诉讼法、数据法学等。参与多项国家级和省部级重大科研课题，在核心刊物发表了多篇学术论文，涉及行政程序法、网络监管等领域。

陈又新 中国电子信息产业发展研究院助理研究员，中国政法大学法学博士，中国社会科学院法学研究所博士后。主要从事工业和信息化、政府采购、政府和社会资本合作等领域政策和法规研究，在《行政法学研究》《法律适用》《价格理论与实践》等刊物发表多篇学术文章，主持多项工业和信息化部、国家市场监督管理总局等国家部委课题。

李晓果 法学博士，国家法官学院（最高人民法院司法案例研究院）研究部副主任。主要研究方向：行政法、行政诉讼法。在《法律适用》《学术论坛》《行政论坛》等刊物发表学术论文多篇，参与国家社科基金、北京市社科基金等省部级以上课题多项。

戴声长 法学博士，广西壮族自治区高级人民法院行政审判庭四级高级法官，全国行政审判先进个人，全区优秀法官和全区审判业务专家，广西法学会行政法学研究会常务理事。长期从事行政审判、地方立法的研究与实践工作，公开发表论文多篇，多篇学术论文和调研报告在全国获奖。

殷 勤 法律硕士，南通市中级人民法院行政审判庭副庭长，二级法官，长期从事行政审判工作，先后在最高人民法院第三巡回法庭、研究室借调帮助工作，执笔的最高人民法院2020年度司法研究重大课题获优秀课题成果，先后荣获全国法院学术讨论会一等奖和全国法院优秀案例分析一等奖，在《法律适用》《行政法论丛》《人民司法》《交大法学》等刊物发表论文30余篇。

丁耀东 法学硕士，河南省驻马店市中级人民法院立案一庭庭长，四级高级法官，主要研究方向：诉讼法学。

王 海 法学硕士，北京市昌平区人民法院四级法官助理。在《经贸法律评论》等刊物发表学术论文多篇，参与国家自然科学基金、北京市社科基金等课题多项，曾获北京市昌平区行政执法法律问题研讨会论文一等奖，中国法学会审判理论研究会涉外审判理论专业委员会2024年征文三等奖。

杨 帆 中国政法大学宪法学与行政法学博士，中国应用法学研究所博士后，北京市中闻律师事务所执行委员会委员。曾在北京法院从事行政审判工作近十年，荣获北京法院行政审判业务标兵，因审理了《行政诉讼法》修订后首起规范性文件附带审查行政诉讼案件，获评北京法院"首案法官"称号。社会兼职包括中国政法大学法律专家咨询委员会委员，中国石油大学（华东）兼职硕士生导师、首都经贸大学兼职硕士生导师、中国政法大学法学院兼职实习导师。参与撰写《行政诉讼证据前沿实务问题研究》《新时代"四大检察"实务四十讲》《民法典继承编条文理解与司法适用》等著作多部。

序言：在时代演进中探寻治安治理的法治密码

法律是时代精神的凝练，更是社会治理的标尺。自2005年《中华人民共和国治安管理处罚法》（以下简称《治安管理处罚法》）颁布实施以来，这部被誉为"老百姓身边的法律"已伴随中国社会走过二十载春秋。从2012年的局部调整到2025年的全面修订，这部法律始终以敏锐的法治触觉回应社会变迁，守护百姓权利。而此次修订更堪称一次系统性的制度升级。当我们翻开这部凝结着立法智慧与实践经验的新法，看到的不仅是条文数量从119条扩充至144条的形式变化，更是国家治理理念和治理方式在治安管理领域的深刻革新。

《治安管理处罚法》是规范和保障公安机关维护社会治安秩序的一部重要基础性法律，其核心内容是规定对尚未构成犯罪的违法行为的判定和处罚规则，与人民群众人身、财产权利和生产生活联系紧密。作为二十年来的首次大修，此次修订涉及点多面广，既是深入贯彻落实习近平法治思想，以科学立法护航社会安定、百姓安宁的现实需要，也是以法治力量提升社会治理效能的重要举措。本次修订中的诸多亮点，对社会治理和法治建设意义深远。

第一，新增违法行为类型，填补治理空白。将近年来新增的社会热点问题纳入治安处罚范围，形成与刑法的"梯度治理"体系，包括高空抛物、无人机"黑飞"、烈性犬伤人、校园欺凌、考试作弊、抢夺方向盘、违法出售或提供公民个人信息等。例如，将高空抛物行为明确规定为治安违法行为，与刑法中的"高空抛物罪"形成梯度治理，即使未造成严重后果，只要有危害他人人身安全、公私财产安全或者公共安全危险的，就可以予以处罚。

第二，明确正当防卫制度，将防卫权扩展至治安管理领域。新修订的

《治安管理处罚法》直面争议问题，明确公民对不法侵害行为有权采取防卫性措施，对于符合正当防卫条件的行为，免除其治安管理处罚责任，保障公民行使防卫权的合法性。同时，强调防卫行为应当在合理限度内，避免过度防卫导致不必要的损害，即使防卫明显过当的，也应当减轻或免除处罚，避免过度追责。这也有利于保护见义勇为行为，鼓励公民在他人遭受侵害时挺身而出。

第三，重构未成年人惩戒规则，打破"年龄豁免"漏洞。新修订的《治安管理处罚法》在未成年人问题上作出了一系列重要规定，改变了以往未成年人通常"不拘留"的惯例，规定十四至十六周岁未成年人一年内二次违法或情节恶劣者可以拘留。新法还规定，对因未达年龄不予治安处罚或者不执行拘留的未成年人，应依法采取相应矫治教育等措施。同时，将组织胁迫未成年人在酒吧、歌厅从事有偿陪侍纳入治安处罚范畴，新增规定未成年人拟拘留的听证程序，强化对未成年人权益的保护，守护未成年人的身心健康。

第四，精细化规定保障执法规范性，强化执法透明度与公民权利保护。执法程序优化是此次修订的亮点之一，明确规定询问查证、当场检查、当场扣押、"一人执法"等四类情形应当全程同步录音录像，同时规定剪接、删改、损毁、丢失同步录音录像资料的行为将被追究法律责任。扩大听证的适用范围。明确规定治安违法记录封存制度，解决"一朝犯错，困扰终身"的问题，这是巨大的法治进步。此外，新法还对提取公民生物信息作出程序性限制。将"为了查明案件事实""经公安机关办案部门负责人批准"规定为提取的前置条件，并规定，提取被侵害人的信息需征得被侵害人或者其监护人同意，避免了生物信息的滥用。

第五，创新处罚理念，提升执法效能。坚持教育与处罚相结合原则，通过建立认错认罚从宽制度、完善和解调解机制等方式，提升执法效能，传达执法"温度"，促进社会和谐。例如，对自愿向公安机关如实陈述自己的违法行为，承认违法事实，愿意接受处罚的，可以依法从宽处理，借鉴刑事诉讼程序，降低执法成本。规定遇有参加升学考试、子女出生、近亲属病危或死亡等特定情形，可申请暂缓执行行政拘留或者出所，体现了法律对公民基本权利的尊重，彰显了法律的温度与人文关怀。

总之，本次修法通过"行为类型扩充+程序正义强化+惩戒教育平衡"三重革新，既回应了高空抛物、无人机"黑飞"、校园欺凌等时代痛点，又以封存记录、防卫权明晰、听证扩容等制度守护公民尊严。其核心是从"惩罚管控"转向"权利保障与秩序并重"，标志着治安治理迈向更高阶的法治化与人性化。

为了帮助广大读者更好地理解和适用新修订的《治安管理处罚法》，特别是正确理解和适用上述立法中的亮点，我们组织了部分法学学者、资深法官、行业律师等法学理论与实务界人士共同编写了这本《新治安管理处罚法讲义》。编写团队秉持严谨、专业、务实的态度，对新修订的法律条文进行了全面、深入、细致的解读。在编写过程中，我们力求做到理论联系实际，不仅对条文的立法背景、法律含义等进行解读，还结合大量实际案例进行分析，并尽可能言简意赅，以便读者能够更加直观地把握新法适用的要点。

希望这本讲义能够成为广大法律工作者、执法人员、法学爱好者以及社会各界人士学习和运用新《治安管理处罚法》的得力助手，为推动我国社会治安管理领域法治化进程贡献一份力量。在《新治安管理处罚法讲义》即将付梓之际，特别感谢参与本书撰稿的法学同仁，也为能够担任本书主编深感荣幸。感谢中国法治出版社的信任和各位编辑老师的辛勤付出，特别感谢陈兴编辑的精心策划和大力支持。当然，由于时间仓促和水平有限，书中难免存在不足之处，恳请广大读者批评指正。

尹少成
2025年7月4日于万年花城寓所

目 录

第一章 总 则

第 一 条 【立法目的】 …………………………………………… 1
第 二 条 【社会治安综合治理】 …………………………………… 3
第 三 条 【违反治安管理行为的性质与特征】 …………………… 6
第 四 条 【处罚程序应适用的法律规范】 ………………………… 9
第 五 条 【适用范围】 ……………………………………………… 11
第 六 条 【基本原则】 ……………………………………………… 14
第 七 条 【主管与管辖】 …………………………………………… 17
第 八 条 【民事与刑事责任】 ……………………………………… 21
第 九 条 【调解】 …………………………………………………… 24

第二章 处罚的种类和适用

第 十 条 【处罚种类】 ……………………………………………… 29
第十一条 【对非法财物和违法所得的处理】 …………………… 33
第十二条 【对未成年人违法的处罚】 …………………………… 35
第十三条 【对精神病人、智力残疾人违法的处罚】 …………… 38
第十四条 【对盲人或聋哑人违法的处罚】 ……………………… 40
第十五条 【对醉酒的人违法的处罚】 …………………………… 41

· 1 ·

第十六条	【对两种以上违法行为的处罚】	42
第十七条	【对共同违法行为的处罚】	44
第十八条	【对单位违法行为的处罚】	46
第十九条	【对正当防卫和防卫过当的处罚】	48
第二十条	【从轻、减轻或者不予处罚的情形】	52
第二十一条	【坦白从宽处理】	55
第二十二条	【从重处罚的情形】	56
第二十三条	【不执行行政拘留处罚的情形】	58
第二十四条	【对未成年人的矫正教育措施】	60
第二十五条	【追究时效】	64

第三章 违反治安管理的行为和处罚

第一节 扰乱公共秩序的行为和处罚

第二十六条	【对扰乱单位、公共场所、公共交通和选举秩序行为的处罚】	67
第二十七条	【对扰乱国家考试秩序行为的处罚】	70
第二十八条	【对扰乱大型群众性活动秩序行为的处罚】	72
第二十九条	【对扰乱公共秩序行为的处罚】	74
第三十条	【对寻衅滋事行为的处罚】	75
第三十一条	【对利用邪教、会道门进行非法活动行为的处罚】	78
第三十二条	【对违反无线电管理秩序行为的处罚】	80
第三十三条	【对侵入、破坏计算机信息系统行为的处罚】	82
第三十四条	【对组织、领导、胁迫、诱骗他人参加传销行为的处罚】	85
第三十五条	【对侵害英雄烈士名誉、荣誉等行为的处罚】	87

第二节 妨害公共安全的行为和处罚

| 第三十六条 | 【对违反危险物质管理行为的处罚】 | 90 |

第三十七条	【对危险物质被盗、被抢、丢失不报行为的处罚】	94
第三十八条	【对非法携带管制器具行为的处罚】	96
第三十九条	【对盗窃、损毁公共设施行为的处罚】	100
第四十条	【对妨害航空器飞行安全、公共交通工具驾驶安全行为的处罚】	103
第四十一条	【对妨害铁路、城市轨道交通运行安全行为的处罚】	105
第四十二条	【对妨害火车、城市轨道交通行车安全行为的处罚】	108
第四十三条	【对妨害公共道路安全及公共安全行为的处罚】	111
第四十四条	【对违反规定举办大型活动行为的处罚】	113
第四十五条	【对公共场所经营管理人员违反安全规定行为的处罚】	115
第四十六条	【对违反规定使用无人机等航空器或升空物体行为的处罚】	116

第三节 侵犯人身权利、财产权利的行为和处罚

第四十七条	【对恐怖表演、强迫劳动、限制人身自由等行为的处罚】	120
第四十八条	【对组织、胁迫未成年人从事陪酒、陪唱等有偿陪侍活动的处罚】	127
第四十九条	【对胁迫利用他人乞讨和滋扰乞讨行为的处罚】	130
第五十条	【对侵犯人身权利六项行为的处罚】	132
第五十一条	【对殴打或故意伤害他人身体行为的处罚】	139
第五十二条	【对猥亵他人和公共场所裸露身体行为的处罚】	142
第五十三条	【对虐待家庭成员、被监护、看护人、遗弃被抚养人行为的处罚】	144
第五十四条	【对强迫交易行为的处罚】	147
第五十五条	【对煽动民族仇恨、民族仇视行为的处罚】	149
第五十六条	【对侵犯公民个人信息行为的处罚】	151
第五十七条	【对侵犯他人邮寄物品的处罚】	156
第五十八条	【对盗窃、诈骗、哄抢、抢夺、敲诈勒索行为的处罚】	159

第五十九条　【对故意损毁公私财物行为的处罚】…………………… 162
第 六 十 条　【对学生欺凌行为的处罚】………………………………… 164

第四节　妨害社会管理的行为和处罚

第六十一条　【对拒不执行紧急状态决定、命令和阻碍执行公务行为
　　　　　　　的处罚】……………………………………………………… 171
第六十二条　【对招摇撞骗行为的处罚】………………………………… 173
第六十三条　【对伪造、变造、买卖、出租、出借公文、证件、票证
　　　　　　　行为的处罚】……………………………………………… 175
第六十四条　【对船舶擅自进入、停靠国家禁止、限制进入的水域或
　　　　　　　岛屿行为的处罚】………………………………………… 178
第六十五条　【对违法设立社会组织行为的处罚】……………………… 179
第六十六条　【对煽动、策划非法集会、游行、示威行为的处罚】……… 181
第六十七条　【对违法从事旅馆业经营活动行为的处罚】……………… 182
第六十八条　【对违法出租房屋行为的处罚】…………………………… 185
第六十九条　【对娱乐场所等行业经营者不依法登记信息的处罚】…… 186
第 七 十 条　【对非法安装、使用、提供窃听、窃照专用器材的
　　　　　　　处罚】……………………………………………………… 189
第七十一条　【对违法典当、收购行为的处罚】………………………… 192
第七十二条　【对妨碍执法秩序行为的处罚】…………………………… 199
第七十三条　【对违反法院、公安、监察等机关决定行为的处罚】…… 205
第七十四条　【对依法被关押人脱逃行为的处罚】……………………… 209
第七十五条　【对妨害文物管理行为的处罚】…………………………… 211
第七十六条　【对非法驾驶交通工具行为的处罚】……………………… 213
第七十七条　【对破坏他人坟墓、尸体和乱停放尸体行为的处罚】…… 216
第七十八条　【对卖淫、嫖娼和拉客招嫖行为的处罚】………………… 219
第七十九条　【对引诱、容留、介绍他人卖淫行为的处罚】…………… 222
第 八 十 条　【对制作、运输、复制、出售、出租淫秽物品及传播淫
　　　　　　　秽信息行为的处罚】……………………………………… 225

第八十一条	【对组织、参与淫秽活动的处罚】	228
第八十二条	【对赌博行为的处罚】	231
第八十三条	【对涉及毒品原植物行为的处罚】	234
第八十四条	【对毒品违法行为的处罚】	238
第八十五条	【对引诱、教唆、欺骗、强迫、容留他人吸食、注射毒品，介绍买卖毒品的处罚】	242
第八十六条	【对非法生产、经营、购买、运输用于制造毒品的原料、配剂行为的处罚】	244
第八十七条	【对为违法犯罪行为人通风报信行为的处罚】	246
第八十八条	【对违反社会生活噪声污染防治规定的处罚】	249
第八十九条	【对饲养动物相关违法行为的处罚】	252

第四章　处罚程序

第一节　调　查

第九十条	【治安案件的立案及处理】	257
第九十一条	【严禁非法取证】	260
第九十二条	【收集、调取证据的权力和告知义务】	262
第九十三条	【证据的转换】	265
第九十四条	【公安机关的保密义务】	267
第九十五条	【回避的适用条件和决定】	270
第九十六条	【传唤的适用】	274
第九十七条	【询问查证期限与要求】	278
第九十八条	【询问笔录、书面材料和询问未成年人的规定】	282
第九十九条	【询问被侵害人和其他证人的规定】	287
第一百条	【异地代为询问和远程视频询问的规定】	290
第一百零一条	【询问中的语言帮助】	294
第一百零二条	【检查中个人信息的提取或采集】	297

第一百零三条 【检查时应遵守的程序】 …………………………… 301
第一百零四条 【检查笔录的制作】 ………………………………… 305
第一百零五条 【扣押的适用条件与要求】 ………………………… 307
第一百零六条 【鉴定的适用】 ……………………………………… 312
第一百零七条 【辨认的适用】 ……………………………………… 317
第一百零八条 【两人执法和一人办案的要求】 …………………… 319

第二节 决 定

第一百零九条 【处罚的决定机关】 ………………………………… 323
第一百一十条 【行政拘留的折抵】 ………………………………… 325
第一百一十一条 【本人陈述与其他证据的关系】 ………………… 326
第一百一十二条 【告知义务与陈述权、申辩权】 ………………… 327
第一百一十三条 【治安案件的处理】 ……………………………… 331
第一百一十四条 【重大处罚决定法制审核】 ……………………… 334
第一百一十五条 【治安管理处罚决定书的内容】 ………………… 337
第一百一十六条 【决定书的宣告与送达】 ………………………… 339
第一百一十七条 【听证】 …………………………………………… 341
第一百一十八条 【期限】 …………………………………………… 348
第一百一十九条 【当场处罚】 ……………………………………… 351
第一百二十条 【当场处罚决定程序】 ……………………………… 352
第一百二十一条 【不服处罚的救济途径】 ………………………… 354

第三节 执 行

第一百二十二条 【行政拘留处罚的执行】 ………………………… 357
第一百二十三条 【罚缴分离和当场收缴罚款的范围】 …………… 358
第一百二十四条 【罚款缴纳期限】 ………………………………… 360
第一百二十五条 【罚款收据】 ……………………………………… 362
第一百二十六条 【暂缓执行行政拘留和申请出所】 ……………… 363
第一百二十七条 【担保人的条件】 ………………………………… 365

第一百二十八条	【担保人的义务】	366
第一百二十九条	【没收保证金】	367
第一百三十条	【退还保证金】	368

第五章 执法监督

第一百三十一条	【执法原则】	370
第一百三十二条	【禁止行为】	372
第一百三十三条	【自觉接受监督】	374
第一百三十四条	【公职人员违法的处理】	376
第一百三十五条	【罚缴分离原则】	378
第一百三十六条	【违法记录封存制度】	381
第一百三十七条	【技术设备安全管理职责】	383
第一百三十八条	【个人信息保护】	385
第一百三十九条	【违法行为责任追究】	387
第一百四十条	【侵犯合法权益的责任】	394

第六章 附 则

第一百四十一条	【法律适用】	399
第一百四十二条	【海上治安管理的适用】	401
第一百四十三条	【"以上、以下、以内"的含义】	403
第一百四十四条	【施行日期】	403

附 录

《中华人民共和国治安管理处罚法》新旧对照表 …… 404

第一章 总 则

> **第一条 【立法目的】**
> 为了维护社会治安秩序，保障公共安全，保护公民、法人和其他组织的合法权益，规范和保障公安机关及其人民警察依法履行治安管理职责，根据宪法，制定本法。

⊙重点解读

本条是关于《治安管理处罚法》[①] 立法目的的规定。立法目的即立法者意图，具有多种学理上的分类，而其中唯有符合社会公平正义导向的立法目的才是良法善治的价值基础。根据本条规定，制定本法的目的包括三个方面：一是维护社会治安秩序，保障公共安全；二是保护公民、法人和其他组织的合法权益；三是规范和保障公安机关及其人民警察依法履行治安管理职责。这三个方面的立法目的存在内在有机联系。

第一，"维护社会治安秩序，保障公共安全"既是本法的总目的，亦是本法的首要目的。社会治安是指社会在法律、法规及制度约束下而呈现的一种安定、有秩序的状态或状况。社会治安问题通常是指影响社会安定的各种矛盾、因素。良好的社会治安秩序是社会秩序稳定、有序的基础，而稳定、有序的社会秩序则是社会不断进步发展的重要前提。相对于个人自由而言，公

---

① 本书引用的冠以"中华人民共和国"的法律、行政法规及相关规范性文件等，统一略去"中华人民共和国"字样。

共安全一般是指保障社会安全和秩序，预防和减少违法犯罪行为，保护人们生命、财产和其他权益不受侵害的状态。正是因为公共安全构筑了最基本的社会秩序，所以保障公共安全是维护社会治安秩序的一项重要内容。

第二，"保护公民、法人和其他组织的合法权益"是本法的重要目的之一，旨在确保"维护社会秩序"与"保障公民权利"之间的最佳平衡。需要注意的是，此处存在另一种解读，也就是将此处的"保障公民权利"与前述"保障公共安全"一同作为"维护社会治安秩序"的重要内容，二者是在维护社会治安秩序视角上的"一体两面"问题。但无论何种解读，均无法绕开"保障公民权利"作为一项立法者意图的深层逻辑。

第三，"规范和保障公安机关及其人民警察依法履行治安管理职责"是本法的另一重要目的，是实现"维护社会治安秩序"这一总目的的前提条件与重要保证。该项立法目的由"规范"和"保障"两层内容所引导，强调对依法行政原则等实质法治精神的贯彻。

此次修改中，本条还增加了"根据宪法"这一表述，由此构成"根据宪法，制定本法"的宪法具体化要求。

⊙ 关联规定

《刑法》（2023年修正）

　　第一条　为了惩罚犯罪，保护人民，根据宪法，结合我国同犯罪作斗争的具体经验及实际情况，制定本法。

　　第二条　中华人民共和国刑法的任务，是用刑罚同一切犯罪行为作斗争，以保卫国家安全，保卫人民民主专政的政权和社会主义制度，保护国有财产和劳动群众集体所有的财产，保护公民私人所有的财产，保护公民的人身权利、民主权利和其他权利，维护社会秩序、经济秩序，保障社会主义建设事业的顺利进行。

《行政处罚法》（2021年修订）

　　第一条　为了规范行政处罚的设定和实施，保障和监督行政机关有效实施行政管理，维护公共利益和社会秩序，保护公民、法人或者其他组织的合法权益，根据宪法，制定本法。

《人民警察法》（2012年修正）

第二条　人民警察的任务是维护国家安全，维护社会治安秩序，保护公民的人身安全、人身自由和合法财产，保护公共财产，预防、制止和惩治违法犯罪活动。

人民警察包括公安机关、国家安全机关、监狱、劳动教养管理机关的人民警察和人民法院、人民检察院的司法警察。

> **第二条　【社会治安综合治理】**
> 治安管理工作坚持中国共产党的领导，坚持综合治理。
> 各级人民政府应当加强社会治安综合治理，采取有效措施，预防和化解社会矛盾纠纷，增进社会和谐，维护社会稳定。

⊙ 重点解读

本条是关于社会治安综合治理的规定。社会治安综合治理一般是指在各级党组织和人民政府的统一领导下，组织和依靠各部门、各单位以及人民群众的力量，综合运用政治、经济、文化等多种手段，通过加强打击、防范、教育等方面的工作，解决社会治安问题，实现从根本上预防和化解社会矛盾纠纷，维护社会治安秩序的社会系统工程。

此次修改中，本条由原先的第六条调整为当前的第二条，并增加了"治安管理工作坚持中国共产党的领导，坚持综合治理"之规定，这具有极其重大的意义，强调了社会治安综合治理还应当坚持党的领导。党的领导是中国特色社会主义的本质特征。始终坚持党对社会治安工作的全面领导，是全面推进依法治国的必然要求。

党的十九届四中全会通过的《中共中央关于坚持和完善中国特色社会主义制度　推进国家治理体系和治理能力现代化若干重大问题的决定》指出，完善社会治安防控体系。坚持专群结合、群防群治，提高社会治安立体化、法治化、专业化、智能化水平，形成问题联治、工作联动、平安联创的工作机制，提高预测预警预防各类风险能力，增强社会治安防控的整体性、协同性、精准性。构建系统完备、科学规范、运行有效的制度体系，加强系统治理、依法治理、综合治理、源头治理，把我国制度优势更好转化为国家治理效能。

党的二十届三中全会通过的《中共中央关于进一步全面深化改革 推进中国式现代化的决定》指出，健全社会治理体系。坚持和发展新时代"枫桥经验"，健全党组织领导的自治、法治、德治相结合的城乡基层治理体系，完善共建共治共享的社会治理制度。完善社会治安整体防控体系，健全扫黑除恶常态化机制，依法严惩群众反映强烈的违法犯罪活动。

根据本条规定，各级人民政府对社会治安综合治理具有主体责任。社会治安问题不仅是一个重大的社会问题，也是一个重大的政治问题。加强社会治安综合治理，关系到改革、发展、稳定的大局，关系到国家的长治久安。1991年2月19日，中共中央、国务院作出了《关于加强社会治安综合治理的决定》。同年3月2日，全国人大常委会通过了《关于加强社会治安综合治理的决定》。中共中央、国务院和全国人大常委会的这两个决定，是社会治安综合治理的纲领性文件。这两个文件全面总结了我国多年综合治理的理论和实践，明确了社会治安综合治理的地位作用、性质任务、目标要求、工作范围、领导体制、方针原则、保障措施等重大内容。

⊙关联规定

《全国人民代表大会常务委员会关于加强社会治安综合治理的决定》（1991年）

二、社会治安综合治理必须坚持打击和防范并举，治标和治本兼顾，重在治本的方针。其主要任务是：打击各种危害社会的违法犯罪活动，依法严惩严重危害社会治安的刑事犯罪分子；采取各种措施，严密管理制度，加强治安防范工作，堵塞违法犯罪活动的漏洞；加强对全体公民特别是青少年的思想政治教育和法制教育，提高文化、道德素质，增强法制观念；鼓励群众自觉维护社会秩序，同违法犯罪行为作斗争；积极调解、疏导民间纠纷，缓解社会矛盾，消除不安定因素；加强对违法犯罪人员的教育、挽救、改造工作，妥善安置刑满释放和解除劳教的人员，减少重新违法犯罪。

四、各部门、各单位必须建立综合治理目标管理责任制，做到各尽其职、各负其责、密切配合、互相协调。各级人民政府要把社会治安综合治理纳入两个文明建设的总体规划，切实加强对社会治安综合治理工作的领导。要从人力、物力、财力上给予支持和保障。人民法院、人民检察院和政府的公安、安全、司法行政等职能部门，特别是公安部门，应当在社会治安综合治理中充分发挥骨干作用。要采取有效措施，充实维护社会治安的力量，改进预防和惩治犯罪活动的技术装备，切实提高国家执法队伍的素质。各机关、团体、企业、事业单位应当落实内部各项治安防范措施，严防发生违法犯罪和其他治安问题。各部门应当督促下属单位，结合本身业务，积极参与社会治安的综合治理，充分发挥各自的作用。

《国务院组织法》（2024年修订）

第三条 国务院坚持中国共产党的领导，坚持以马克思列宁主义、毛泽东思想、邓小平理论、"三个代表"重要思想、科学发展观、习近平新时代中国特色社会主义思想为指导，坚决维护党中央权威和集中统一领导，坚决贯彻落实党中央决策部署，贯彻新发展理念，坚持依法行政，依照宪法和法律规定，全面正确履行政府职能。

国务院坚持以人民为中心、全心全意为人民服务，坚持和发展全过程人民民主，始终同人民保持密切联系，倾听人民的意见和建议，建设人民满意的法治政府、创新政府、廉洁政府和服务型政府。

《地方各级人民代表大会和地方各级人民政府组织法》（2022年修正）

第六十二条 地方各级人民政府应当维护宪法和法律权威，坚持依法行政，建设职能科学、权责法定、执法严明、公开公正、智能高效、廉洁诚信、人民满意的法治政府。

> **第三条　【违反治安管理行为的性质与特征】**
>
> 　　扰乱公共秩序，妨害公共安全，侵犯人身权利、财产权利，妨害社会管理，具有社会危害性，依照《中华人民共和国刑法》的规定构成犯罪的，依法追究刑事责任；尚不够刑事处罚的，由公安机关依照本法给予治安管理处罚。

⊙重点解读

　　本条是关于违反治安管理行为的性质与特征的规定。根据本条规定可知，违反治安管理行为是指扰乱公共秩序，妨害公共安全，侵犯人身权利、财产权利，妨害社会管理，具有社会危害性，尚不构成犯罪的行为。据此而言，违反治安管理行为具有以下三个方面的特征。

　　第一，违反治安管理行为是违反治安管理方面的行政类法律、法规的行为。这里需注意的两点："违反治安管理方面"与"行政类法律、法规"。前者强调了治安管理工作与其他行政管理工作的区别。治安管理工作只是公安机关诸多行政管理工作的一个方面，违反治安管理方面的法律、法规仅限于那些与社会治安秩序直接相关的法律、法规。后者则强调了行政违法行为与犯罪行为的区别。犯罪行为往往由《刑法》明文规定，符合法定的犯罪构成要件，同时受到罪刑法定原则的严格约束，而行政违法行为一般由行政类法律、法规加以调整，尚未上升到《刑法》条文中并加以调整的水平或高度，这也是二者最为直接的区别。

　　第二，违反治安管理行为具有一定社会危害性。犯罪行为与违反治安管理行为都分别强调了行为的社会危害性，这实际上就体现了二者的联系，但二者的差异性也在于此。犯罪行为的社会危害性与违反治安管理行为的社会危害性之间的差异，集中体现在社会危害性的程度或限度的不同，犯罪行为的社会危害性对社会秩序和公民权利等明显更具侵害性、破坏性。

　　第三，违反治安管理行为具有应受治安管理处罚性。这种"应受治安管理处罚性"与《刑法》中的刑罚该当性均是对行为人的一种否定性评价，但二者显然也有不同之处。众所周知,《治安管理处罚法》是《行政处罚法》的特别法,当相对人违反《治安管理处罚法》时,不仅可以适用《治安管理处罚法》,也可以适用《行政处罚法》,只是在同一效力位阶上优先适用作为特别法的《治安管理处罚法》。因此,《治安管理处罚法》本质上仍是追究行为人的一种行政法律责任。而《刑法》则是追究行为人的一种刑事责任。尤其是在不可抗力、意外事件、正当防卫和紧急避险的情形下,对行为人需要结合实际考虑作一定的免责处理。

司法实务中,人们往往从行为的情节、后果、次数、数额等方面对违反治安管理行为和犯罪行为加以界分。有些违反治安管理行为的表现形态,与犯罪行为完全一致,这时需要执法人员与司法工作人员结合实践工作经验以及具体案情予以判定。

⊙典型案例

曾某龙诉某市公安局某分局、某区人民政府行政处罚及行政复议案[①]

在案外人徐某青家中,曾某龙与边某健发生争吵,后边某健用啤酒瓶将曾某龙头部打伤。后边某健争夺曾某龙手中的手机,在争夺手机过程中,曾某龙抓伤边某健面部、前胸、后背并咬边某健手部一下。后某市公安局某分局接警后依法受理了案件,对各方进行询问调查并制作了询问笔录。后经法医鉴定,曾某龙额骨骨折、右侧眶上壁骨折,伤情构成轻伤二级。边某健不要求进行伤情鉴定而未做伤情鉴定。后边某健因致曾某龙轻伤,检察机关向法院提起公诉。法院经审理后判决边某健犯故意伤害罪,判处有期徒刑六个月,缓刑一年。

对于曾某龙在本案中的行为,某市公安局某分局于2019年12月5日作出行政处罚决定书,认定曾某龙殴打他人的违法行为成立,并根据《治安管理处罚法》第四十三条第一款之规定,决定给予曾某龙行政拘留五日的行政处罚。但二审法院认为,曾某龙作为涉案手机的财产所有权人,其不让边某健夺走手机而在边某健与其争夺手机过程中将边某健致伤,明显属于为使本人财产权利免受正在进行的不法侵害而采取的制止不法侵害的行为范畴,属于正当防卫行

[①] 人民法院案例库,入库编号2023-12-3-001-007。

为，不属于违反治安管理的行为，不应受到治安管理的行政处罚。

⊙ 关联规定

《刑法》（2023年修正）

第十三条 一切危害国家主权、领土完整和安全，分裂国家、颠覆人民民主专政的政权和推翻社会主义制度，破坏社会秩序和经济秩序，侵犯国有财产或者劳动群众集体所有的财产，侵犯公民私人所有的财产，侵犯公民的人身权利、民主权利和其他权利，以及其他危害社会的行为，依照法律应当受刑罚处罚的，都是犯罪，但是情节显著轻微危害不大的，不认为是犯罪。

第十六条 行为在客观上虽然造成了损害结果，但是不是出于故意或者过失，而是由于不能抗拒或者不能预见的原因所引起的，不是犯罪。

第二十条 为了使国家、公共利益、本人或者他人的人身、财产和其他权利免受正在进行的不法侵害，而采取的制止不法侵害的行为，对不法侵害人造成损害的，属于正当防卫，不负刑事责任。

正当防卫明显超过必要限度造成重大损害的，应当负刑事责任，但是应当减轻或者免除处罚。

对正在进行行凶、杀人、抢劫、强奸、绑架以及其他严重危及人身安全的暴力犯罪，采取防卫行为，造成不法侵害人伤亡的，不属于防卫过当，不负刑事责任。

《公安机关执行〈中华人民共和国治安管理处罚法〉有关问题的解释（二）》（2007年）

一、关于制止违反治安管理行为的法律责任问题

为了免受正在进行的违反治安管理行为的侵害而采取的制止违法侵害行为，不属于违反治安管理行为。但对事先挑拨、故意挑逗他人对自己进行侵害，然后以制止违法侵害为名对他人加以侵害的行为，以及互相斗殴的行为，应当予以治安管理处罚。

> **第四条 【处罚程序应适用的法律规范】**
> 治安管理处罚的程序,适用本法的规定;本法没有规定的,适用《中华人民共和国行政处罚法》、《中华人民共和国行政强制法》的有关规定。

⊙重点解读

本条是关于治安管理处罚程序应适用的法律规范的规定。根据本条规定,关于治安管理处罚的程序,首先应当适用本法的规定。只有在本法没有规定的情形下,才适用《行政处罚法》和《行政强制法》的有关规定。

《治安管理处罚法》是特别法,《行政处罚法》与《行政强制法》则是一般法。行政处罚,是指行政机关依法对违反行政管理秩序的公民、法人或者其他组织,以减损权益或者增加义务的方式予以惩戒的行为。行政强制,是指行政主体在行政过程中出现行政相对人违反义务或者义务不履行的情况,为了确保行政的实效性,维护和实现公共利益,由行政主体或者行政主体申请人民法院,对相对人的财产以及人身、自由等予以强制而采取的措施。行政强制,包括行政强制措施和行政强制执行。《行政处罚法》和《行政强制法》分别对行政处罚和行政强制的设定、实施与适用作了较为全面而系统的规定。从法理角度看,由于《治安管理处罚法》《行政处罚法》《行政强制法》属于同一效力位阶的法律,所以需要按照特别法优于一般法的原则处理规范冲突问题。

至于如何处理治安管理处罚与行政处罚的关系,曾有观点认为,《治安管理处罚法》可以不规定程序问题,处罚程序完全可以按照《行政处罚法》执行。这种观点有一定道理,它符合行政法的基本理论,有利于维护完整的行政法律体系,也可以避免单设一种独立于行政处罚之外的治安管理处罚,从而有效防止执法中产生混淆。但是,这种观点忽略了治安管理处罚不同于其他行政处罚的特殊性,不利于维护社会治安秩序和保障公共安全。治安管理处罚是公安机关对违反治安管理法律规范的个人或者单位实施的一种制裁性的具体行政行为。它是一种行政处罚,但又不同于其他行政处罚,这主要表现在其适用范围更广泛、适用主体更单一、处罚力度更严厉等方面。

本法所称"程序",从文义上理解,一般是指事情进行的先后次序或是按时间先后依次安排的工作步骤。行政程序具有技术和价值双重层面的意义:技术上,行政程序是指行政主体实施行政行为所应当遵循的方式和步骤;价值上,行政程序还有着独立于实体而存在的内在价值,即程序自身的正当性,这在一定程度上反映了程序本身对正义价值的追求。因为程序的正义,意味着程序不是权力的附庸,而是制约专横权力的屏障。因此,在行政权力日益渗透到人们生活的每一个角落的当今社会,正当的行政程序已经成为规范行政权力的正当行使所必不可少的重要法律规则。

治安管理处罚决定的作出需要依照严格的法定程序,如果公安机关违反法定程序作出了直接影响相对人权利义务的治安管理处罚决定,在行政复议或行政诉讼中将面临被撤销的不利后果。因此,程序合法且正当的问题不仅关乎《治安管理处罚法》的有效实施,还关乎整个行政法的有效运行。《治安管理处罚法》对相关的程序性事项皆有明文规定,公安机关据实适用即可。但法律条文的规范表达中难免存在的模糊性与滞后性是一个现实问题,因而当《治安管理处罚法》中存在"没有直接规定"时,需要准用《行政处罚法》中相应的规定。

例如,行政正当法律程序中至关重要的听证程序,在《治安管理处罚法》中就规定得较为原则化,由第一百一十四条和第一百一十七条、第一百一十八条加以规定,而且这三个条款对听证程序仅作了概括性规定,具体如何展开听证程序则未能详加规定。而《行政处罚法》则以专门"节"的形式对"听证程序"加以规定。比如,《行政处罚法》第六十四条规定了听证程序中行政机关组织听证的具体程序,《行政处罚法》第六十五条规定了听证程序中由听证笔录效力所形成的"案卷排他规则"。

⊙ 典型案例

于某某与某县公安局某派出所、某县人民政府等行政处罚案[①]

2023年4月20日,原告于某某向某派出所报案,认为李某某对其诬告陷

[①] 黑龙江省双鸭山市中级人民法院行政判决书,(2024)黑05行终16号。

害。某派出所认定李某某诬告陷害于某某证据不足，违法事实不能成立，并依据《治安管理处罚法》等相关法律规定对李某某作出《不予行政处罚决定书》，认定事实清楚、证据确凿，适用法律正确。

但是后来，法院认为，某派出所于2023年4月20日受理该行政案件，至2023年8月1日对李某某作出《不予行政处罚决定书》，历时三个月零十一天，扣除申请延长办理期限亦超过了上述法律规定的最长办案期限，且无正当法定事由，故应认定某派出所对李某某作出的《不予行政处罚决定书》程序轻微违法。法院还认为，这并未对于某某权利不产生实际影响，依法应当确认违法，但不予撤销，并保留该《不予行政处罚决定书》的效力。

⊙ 关联规定

《行政处罚法》（2021年修订）

第四条 公民、法人或者其他组织违反行政管理秩序的行为，应当给予行政处罚的，依照本法由法律、法规、规章规定，并由行政机关依照本法规定的程序实施。

第三十八条 行政处罚没有依据或者实施主体不具有行政主体资格的，行政处罚无效。

违反法定程序构成重大且明显违法的，行政处罚无效。

第五条 【适用范围】

在中华人民共和国领域内发生的违反治安管理行为，除法律有特别规定的外，适用本法。

在中华人民共和国船舶和航空器内发生的违反治安管理行为，除法律有特别规定的外，适用本法。

在外国船舶和航空器内发生的违反治安管理行为，依照中华人民共和国缔结或者参加的国际条约，中华人民共和国行使管辖权的，适用本法。

⊙ 重点解读

本条是关于《治安管理处罚法》适用范围的规定。本条共三款，其中第三款为此次修改中新增的规定。

法的效力泛指法的约束力，是指由适用对象、适用时间和适用空间三个要素所构成的法的约束力。这种约束力一般不以行为主体的意志为转移，但以国家强制力为最终保障手段。法的效力范围包括时间效力、空间效力以及对人的行为的效力。法的时间效力，是指法的效力起始和终止的期限以及有无溯及力的问题。法的空间效力，即法的效力的地域范围，一般可分为域内效力和域外效力两个方面。法的对人的行为效力，由于各国法律因历史传统和各种因素的作用，往往遵循不同的原则。这些原则主要有属人主义原则、属地主义原则、保护主义原则以及综合主义原则等。据此可知，本条主要规定了《治安管理处罚法》的空间效力和对人的行为效力两个方面。

本条第一款规定了《治安管理处罚法》在我国整个领域内的适用问题。这主要是以我国领域所及的范围为标准来确定本法的适用范围，即凡是在中华人民共和国领域内发生的违反治安管理行为，不论违反治安管理的行为人是否为中国公民，除法律有特别规定的外，均应适用本法。"中华人民共和国领域"是指我国的国家领土，包括领陆、领水、领空以及底土。领陆是指国家主权管辖的地球表面的陆地部分；领水是指国家主权管辖的全部水域，包括内水和领海；领空是指领陆和领水上方一定高度的空间；底土是领陆和领水下面的部分。以上即国际法上对空间的一般划分。

本条第二款规定了《治安管理处罚法》在我国船舶和航空器内的空间效力问题。根据"旗国主义"的基本精神，我国国家领土不仅包括固定的领土，还包括移动的领土，后者实际表现为我国的船舶或航空器（包括军用与民用）即使在其他国家领域内，也认为是在中国领域内。这与中国驻外使领馆的性质有所不同，部分刑法学者就认为，我国驻外使领馆不宜认定为我国领域，其原因在于我国加入了《维也纳外交关系公约》，驻外使领馆是基于外交关系享有外交特权和豁免权而成为国家主权的一个象征。

因而，本条第一款、第二款所称的"除法律有特别规定的外"，主要是指

《外交特权与豁免条例》《领事特权与豁免条例》的特别规定。享有外交特权和豁免权、领事特权和豁免权的人在我国领域内违反《治安管理处罚法》的，不适用本法。这些人主要包括"来中国访问的外国国家元首、政府首脑、外交部长及其他具有同等身份的官员"等。其违反治安管理行为的法律责任需通过外交途径解决。

本条第三款是本法此次修改新增规定，实际上是由《刑法》第九条关于我国刑法"普遍管辖原则"的相关规定发展而来的，这也是出于打击国际恐怖主义势力等现实因素的多重考量。如前所述，就"外国船舶和航空器内"而言，如果根据"旗国主义"的基本精神，一国的领土还包括移动的领土，即实际表现为该国的船舶或航空器，那么"外国船舶和航空器内"应当属于他国的领域内。对此，本条规定的"在外国船舶和航空器内发生的违反治安管理行为"，我国一般是无管辖权的。如果我国要想处理此类违反治安管理的行为，应当满足本条规定的一项前提条件，即"依照中华人民共和国缔结或者参加的国际条约，中华人民共和国行使管辖权的"，那么我国便具有正当且合法的理由处理此类违反治安管理的行为。这些国际公约，主要包括《关于制止非法劫持航空器的公约》《关于制止危害民用航空安全的非法行为的公约》《联合国海洋法公约》《制止危及海上航行安全非法行为公约》《反对劫持人质国际公约》《联合国禁止非法贩运麻醉药品和精神药物公约》等。

⊙ 典型案例

杨某与某市公安局国际机场分局罚款案[①]

2022 年 9 月 21 日，某市公安局国际机场分局（以下简称机场公安分局）下属某机场候机楼治安派出所接到报案，报警人（杨某某）称其在某航空公司某航班客舱内与他人发生打架。机场公安分局民警至现场后口头传唤杨某某、周某、苑某到派出所接受调查，并于同日立案受理。

机场公安分局根据相关调查情况，认定杨某某实施了殴打他人的违法行为，于同日对杨某某进行行政处罚事先告知。杨某某提出陈述和申辩。机场公安分

[①] 上海市第三中级人民法院行政判决书，（2023）沪 03 行终 781 号。

局经复核认为,违法事实清楚,处罚幅度得当,于次日对杨某某作出行政处罚决定并予以送达,认定杨某某于2022年9月21日9时21分许,在某国际机场某航班客舱内,实施了殴打他人的违法行为,遂根据《治安管理处罚法》第四十三条第一款之规定,决定给予杨某某罚款二百元的行政处罚。

⊙ 关联规定

《刑法》(2023年修正)

第六条 凡在中华人民共和国领域内犯罪的,除法律有特别规定的以外,都适用本法。

凡在中华人民共和国船舶或者航空器内犯罪的,也适用本法。

犯罪的行为或者结果有一项发生在中华人民共和国领域内的,就认为是在中华人民共和国领域内犯罪。

第九条 对于中华人民共和国缔结或者参加的国际条约所规定的罪行,中华人民共和国在所承担条约义务的范围内行使刑事管辖权的,适用本法。

第六条 【基本原则】

治安管理处罚必须以事实为依据,与违反治安管理的事实、性质、情节以及社会危害程度相当。

实施治安管理处罚,应当公开、公正,尊重和保障人权,保护公民的人格尊严。

办理治安案件应当坚持教育与处罚相结合的原则,充分释法说理,教育公民、法人或者其他组织自觉守法。

⊙ 重点解读

本条是关于《治安管理处罚法》的基本原则的规定,分为三款,规定了实施治安管理处罚应当遵循的基本原则,即以事实为依据原则,过罚相当原则,公开、公正原则，尊重和保障人权原则，教育与处罚相结合原则。

第一，以事实为依据原则。"以事实为依据"是我国法律适用的基本要求。事实，是指公安机关实施治安管理处罚的根据必须是客观存在的、经过调查属实、有证据证明的事实，而不是靠主观想象、推测、怀疑的所谓事实。正确认定事实是公安机关依法执法的前提。如果认定事实错误，则必然导致错案。但是，在执法活动中要查证的事实都是过去发生的情况，公安机关执法人员并没有亲身经历过，因而需要通过一系列调查、取证等程序来确定，由此将"事实"在实质法治层面上细化为"有证据证明的事实"。

第二，过罚相当原则。本条第一款是过罚相当原则在本法中的具体表述，按照该款规定，治安管理处罚应当"与违反治安管理的事实、性质、情节以及社会危害程度相当"。过罚相当原则是《刑法》中的罪责刑相适应原则在《治安管理处罚法》中的反映。"相当"即"过"与"罚"之间的相当性判断。对"相当"的判断涉及"过"与"罚"两个要素，而且"过"是导致"罚"的原因，"罚"是"过"的结果，二者的逻辑关系同比例原则中目的与手段之间的逻辑关系有异曲同工之处。而在本条中，与治安管理处罚"相当"的"过"的要素包括"违反治安管理的事实""违反治安管理的性质""违反治安管理的情节""社会危害程度"。

第三，公开、公正原则。公开是指为了保障公民的知情权，除涉及国家秘密和依法受到保护的商业秘密、个人隐私外，公安机关行使法定职权，开展治安管理活动应当公开。公正，即公平正直，是指平等地对待当事各方，坚持以一个标准对待不同案件的当事人，不偏袒任何人，也不歧视任何人，平等和公正地适用法律。公正与公平之间本就存在词义区分，以公平实现公正，以公正保障公平：其一，公平主要是指平等对待，是相对于歧视而言；其二，公正主要是指公道正派，是相对于偏私而言。

第四，尊重和保障人权原则。人权是指每个人作为人应该享有的权利。《宪法》第三十三条第二款、第三款规定："中华人民共和国公民在法律面前一律平等。国家尊重和保障人权。"《宪法》第三十八条规定："中华人民共和国公民的人格尊严不受侵犯。禁止用任何方法对公民进行侮辱、诽谤和诬告陷害。"尊重和保障人权原则要求公安机关应当严格依法查处治安案件，维护社会治安秩序，保障公共安全，从而保护公民、法人和其他组织的合法权益。

　　第五，教育与处罚相结合原则。该原则是指在实施治安管理处罚过程中对被处罚人说服教育，同时对被处罚的行为、处罚的理由及结果，在一定范围内以一定的方式告知社会公众。教育的方式主要是说服，向被处罚人说明其违法行为的社会危害性以及应承担的法律责任。处罚则要讲究社会效益，对被处罚的行为和处罚的理由和结果，以一定的方式加以宣传，教育人们自觉守法。可见，教育是目的，处罚是手段，两者共同努力的方向就在于促进社会矛盾的化解，促进社会和谐。教育和处罚是相辅相成的，在办理治安案件，对待违反治安管理行为人时，两者都不可忽视。因此，本法此次修改新增了"充分释法说理，教育公民、法人或者其他组织自觉守法"。

⊙ 典型案例

任某某诉某市公安局某分局治安行政处罚案[①]

　　2021年3月29日，任某某向消防部门反映某小区有消防通道被堵塞问题，刘某某等业主认为任某某非业主，与其发生口角。在争执过程中，刘某某造成任某某右手食指扭伤。后经法医鉴定，任某某的右手食指被鉴定为轻微伤。任某某报案后，某市公安局某分局经立案、调查，对刘某某作出拘留五日的行政处罚。任某某不服，向法院提起诉讼。法院认为，根据《治安管理处罚法》第十九条第一项的规定，违反治安管理情节特别轻微的，减轻处罚或者不予处罚。对"情节特别轻微"的判断，应当从违法行为人违反治安管理行为年龄、身份，对违反治安管理行为所持态度，违反治安管理的目的、动机，采用的手段，造成的后果，认错的态度，改正的情况，造成的影响等方面进行综合考量。本案综合考虑刘某某与任某某在事发时均年满六十周岁，纠纷起因系邻里纠纷引发，在本案处理过程中刘某某主动配合调查，如实陈述违法行为，且致伤原因系二人在推搡过程中造成，刘某某的违法行为属情节特别轻微。因本案事实也符合《治安管理处罚法》第四十三条第二款规定的殴打、伤害六十周岁以上的人这一违法情节较重情形，本该处十日以上十五日以下拘留，并处五百元以上

[①] 人民法院案例库，入库编号2024-12-3-001-011。

一千元以下罚款。故,某市公安局某分局对刘某某减轻处罚,处五日拘留符合规定,更有利于体现行政处罚过罚相当原则,彰显行政处罚的教育意义。

⊙关联规定

《刑法》(2023年修正)

第五条　刑罚的轻重,应当与犯罪分子所犯罪行和承担的刑事责任相适应。

《行政处罚法》(2021年修订)

第五条　行政处罚遵循公正、公开的原则。

设定和实施行政处罚必须以事实为依据,与违法行为的事实、性质、情节以及社会危害程度相当。

对违法行为给予行政处罚的规定必须公布;未经公布的,不得作为行政处罚的依据。

第六条　实施行政处罚,纠正违法行为,应当坚持处罚与教育相结合,教育公民、法人或者其他组织自觉守法。

第七条　【主管与管辖】

国务院公安部门负责全国的治安管理工作。县级以上地方各级人民政府公安机关负责本行政区域内的治安管理工作。

治安案件的管辖由国务院公安部门规定。

⊙重点解读

本条是关于主管与管辖的规定。本条共分为两款,第一款是关于治安管理工作的主管部门的规定;第二款是关于治安案件的管辖的授权性规定。

一、关于治安管理工作的主管部门

本条第一款规定的"负责",意指"主管",是指确定公安机关与其他国家机关之间关于处理治安管理工作的权限范围或职权分工。根据本条第一款的规定，治安管理工作的主管部门仅为公安机关，而不是司法行政机关，更不是立法机关、检察机关或审判机关。因而治安管理工作也可以说是公安工作的重要组成部分。

本条第一款将治安管理工作分为中央和地方两个层级的主管权限范围：就中央层级而言主要指"全国的治安管理工作"，这是由"国务院公安部门"负责；就地方层级而言主要指县级以上地方各级的"本行政区域内的治安管理工作"，这是由"县级以上地方各级人民政府公安机关"负责。根据职权法定原则的基本精神，"法无授权即禁止"，公安机关行使职权必须具备法律的明确授权。除了本法存有关于治安管理工作主管权限的授权之外，《人民警察法》第二章"职权"部分也规定了公安机关的人民警察法定职责，其中就涵盖了社会治安秩序、治安管理工作等职责。

本条所称"国务院公安部门"，是指中华人民共和国公安部（以下简称公安部）。公安部是国务院组成部门，是全国公安工作的最高领导机关和指挥机关。公开信息显示，公安部设有办公厅、情报指挥、研究室、督察审计、人事训练、新闻宣传、经济犯罪侦查、治安管理、刑事侦查、反恐怖、食品药品犯罪侦查、特勤、铁路公安、网络安全保卫、监所管理、警务保障、交通管理、法制、国际合作、装备财务、禁毒、科技信息化等局级机构，分别承担有关业务工作。海关总署缉私局、中国民用航空局公安局列入公安部序列，分别接受公安部和海关总署、公安部和中国民用航空局双重领导，以公安部领导为主。

本条所称"县级以上地方各级人民政府公安机关"具体可分为三级：一是省级人民政府公安机关，即省、自治区、直辖市公安厅、局；二是设区的市级或者地（市）级人民政府公安机关，即地区行署、市、自治州、盟公安处、局；三是县级人民政府公安机关，即县、自治县、县级市、旗公安局和市辖区公安分局。

中央和地方两个层级的公安机关共同构筑了我国治安管理工作的主管部门体制，与此同时还需要注意公安机关一般呈现条块关系上的"双重领导"限定。如《地方各级人民代表大会和地方各级人民政府组织法》第八十三条规定："省、自治区、直辖市的人民政府的各工作部门受人民政府统一领导，并且依照法律或者行政法规的规定受国务院主管部门的业务指导或者领导。自治州、县、自治县、市、市辖区的人民政府的各工作部门受人民政府统一领导，并且依照法律或者行政法规的规定受上级人民政府主管部门的业务指导或者领导。"当然，这种"双重领导"体制与税务、海关等部分的"垂直管理"体制还有所差异。

二、关于治安案件的管辖的授权性规定

本条第二款所称"管辖"，是指确定对某个治安案件应当具体由哪一个公安机关办理的职责分工。治安案件管辖制度是明确公安机关内部之间分工的重要措施，是解决公安机关在职权范围内的各司其职、各尽其责的主要依据。一般而言，管辖可以分为职能管辖、地域管辖和级别管辖。职能管辖是关于不同职能部门之间管理事项的分工，或者称为"主管"；地域管辖是明确管理事项在不同地域的同一性质的职能部门之间的划分；级别管辖则是明确管理事项在同一性质的职能部门上下级之间的分工。由于本条第一款排他性地规定了治安管理工作的主管部门仅为公安机关，因此治安案件的管辖已经不存在职能管辖的问题。至于地域管辖和级别管辖，《治安管理处罚法》虽并未加以明确规定，但本条第二款已经作出了授权性规定，即"治安案件的管辖由国务院公安部门规定"。

本条第二款作此授权性规定的考虑主要在于以下几个方面。第一，由于治安管理工作的主管部门是各级公安机关，所以对于治安案件的职能管辖不涉及与其他国家机关之间职权的划分。从此意义上讲，在法律中细化治安案件的地域管辖和级别管辖问题，完全没有必要。将此具体管辖问题交由公安部结合具体工作实际情况来制定细化的规定，更具可行性和灵活性。第二，由于《治安管理处罚法》与《行政处罚法》之间特殊与一般的关系，所以公安部在对治安案件的管辖进行具体细化规定时，还要严格遵守《行政处罚法》的相关规定。如《行政处罚法》第二十二条和第二十三条对行政处罚的管辖作了原则规定："行政处罚由违法行为发生地的行政机关管辖。法律、行政法规、部门规章另有规定的，从其规定。""行政处罚由县级以上地方人民政府具有行政处罚权的行政机关管辖。法律、行政法规另有规定的，从其规定。"而且从《立法法》"不抵触"原则的视角出发，本条第二款虽然授权公安部对治安案件的管辖作出细化规定，但是公安部的规定显然不能违反行政处罚法的规定。

公安部的规定具体可以参照《公安机关办理行政案件程序规定》第二章的

内容。该规定明确地细化了公安机关对治安案件的管辖权，有利于防止公安机关越权查处或者重复查处违反治安管理的行为。同时，可以对那些有管辖权而不认真履行职责的公安机关进行约束，从而使公安机关能够尽职尽责地行使权力，使违反治安管理行为能够得到及时、有效的查处，提高公安机关的工作效率，保障公安机关有效地实施治安管理，更好地保护公民、法人和其他组织的合法权益。

⊙ 关联规定

《行政处罚法》（2021年修订）

第二十二条 行政处罚由违法行为发生地的行政机关管辖。法律、行政法规、部门规章另有规定的，从其规定。

第二十三条 行政处罚由县级以上地方人民政府具有行政处罚权的行政机关管辖。法律、行政法规另有规定的，从其规定。

《公安机关办理行政案件程序规定》（2020年修正）

第十条第一款 行政案件由违法行为地的公安机关管辖。由违法行为人居住地公安机关管辖更为适宜的，可以由违法行为人居住地公安机关管辖，但是涉及卖淫、嫖娼、赌博、毒品的案件除外。

第十六条 铁路公安机关管辖列车上，火车站工作区域内，铁路系统的机关、厂、段、所、队等单位内发生的行政案件，以及在铁路线上放置障碍物或者损毁、移动铁路设施等可能影响铁路运输安全、盗窃铁路设施的行政案件。对倒卖、伪造、变造火车票案件，由最初受理的铁路或者地方公安机关管辖。必要时，可以移送主要违法行为发生地的铁路或者地方公安机关管辖。

交通公安机关管辖港航管理机构管理的轮船上、港口、码头工作区域内和港航系统的机关、厂、所、队等单位内发生的行政案件。

民航公安机关管辖民航管理机构管理的机场工作区域以及民航系统的机关、厂、所、队等单位内和民航飞机上发生的行政案件。

国有林区的森林公安机关管辖林区内发生的行政案件。

海关缉私机构管辖阻碍海关缉私警察依法执行职务的治安案件。

> **第八条　【民事与刑事责任】**
> 　　违反治安管理行为对他人造成损害的，除依照本法给予治安管理处罚外，行为人或者其监护人还应当依法承担民事责任。
> 　　违反治安管理行为构成犯罪，应当依法追究刑事责任的，不得以治安管理处罚代替刑事处罚。

⊙ 重点解读

本条是关于《治安管理处罚法》中涉及的民事责任与刑事责任的规定。治安管理处罚在法律性质上属于行政法的范畴，本条的规定是《治安管理处罚法》与民事侵权法律以及《治安管理处罚法》与刑事法律之间的衔接。这既是为了保证违反治安管理行为的受害人因违反治安管理行为所遭受的损害能够及时得到民事赔偿，也是为了不放纵刑事犯罪，本法规定了在违反治安管理行为的行为人因"违反治安管理行为构成犯罪"的情形下，有关机关还应当追究该行为人的刑事责任。

一、民事责任

根据本条第一款的规定，"违反治安管理行为对他人造成损害的"情形，既包括给自然人造成损害的情形，也包括给法人或其他组织造成损害的情形，具体应视被侵害人的情况而定。

由于"违反治安管理行为对他人造成损害"涉及的主要是民事侵权责任问题，因此关于具体民事责任的范围、承担民事责任的具体方式等，都需要依照有关民事法律的规定来确定。我国《民法典》第一百七十六条规定："民事主体依照法律规定或者按照当事人约定，履行民事义务，承担民事责任。"民事责任作为实体私法中的总则性概念，不仅应当严格区别于民事义务而具有独立性，而且必须全面涵盖《民法典》第一百七十九条第一款中的各种责任承担方式，即"停止侵害；排除妨碍；消除危险；返还财产；恢复原状；修理、重作、更换；继续履行；赔偿损失；支付违约金；消除影响、恢复名誉；赔礼道歉"。以上承担民事责任的方式,既可以单独适用,也可以合并适用。具体应当如何承担,需要根据实际情况具体判断。

本条所称"违反治安管理行为对他人造成损害"应当承担的民事责任,具体来说是一种侵权的民事责任,又称侵权损害的民事责任。根据《民法典》第一百二十条规定:"民事权益受到侵害的,被侵权人有权请求侵权人承担侵权责任。"这实际上就形成了当事人一定的侵权损害赔偿请求权基础,被侵权人一方可据此请求侵权人一方承担民事侵权责任,而侵权人一方应当承担赔偿的义务。具体来说,"侵权人一方"在本条第一款中就包括了"行为人或者其监护人"。

"违反治安管理行为对他人造成损害的",理应由行为人本人依法承担民事责任。但是,如果违反治安管理行为人是无民事行为能力人或者限制民事行为能力人,则由行为人的监护人依法承担民事责任。《民法典》第十七条至第二十二条对无民事行为能力人、限制民事行为能力人有明确界定。为了保护无民事行为能力人和限制民事行为能力人的合法权益,维护正常的社会秩序,有利于社会的安定团结,我国法律规定了监护制度,即为无民事行为能力人和限制民事行为能力人设立保护人的制度。《民法典》第三十四条第一款以及第三十五条第一款规定:"监护人的职责是代理被监护人实施民事法律行为,保护被监护人的人身权利、财产权利以及其他合法权益等。""监护人应当按照最有利于被监护人的原则履行监护职责。监护人除为维护被监护人利益外,不得处分被监护人的财产。"因此,本条第一款关于由监护人承担民事责任的规定,与《民法典》第一千一百八十八条"无民事行为能力人、限制民事行为能力人造成他人损害的,由监护人承担侵权责任。监护人尽到监护职责的,可以减轻其侵权责任。有财产的无民事行为能力人、限制民事行为能力人造成他人损害的,从本人财产中支付赔偿费用;不足部分,由监护人赔偿"的规定是一脉相承的。如此规定,既能保证受害人的财产损失得到一定补偿,有效保护其合法权益,又能促使监护人加强对被监护人的监护,预防相关不法行为发生。

二、刑事责任

本条第二款内容是本法此次修改中新增的规定。作为本法的新增规定,其旨在完善行刑衔接的相关制度。这里需要澄清一个前提:本条第二款适用的前提条件为"违反治安管理行为构成犯罪"。这里引起治安管理处罚与刑事处罚责任竞合的基础要素均为同一的"违反治安管理行为",后文分析也是基于此同一的"违反治安管理行为"。

给予处罚的违反治安管理行为,从理论上讲应该是尚不构成犯罪的行为。但是,如果违反治安管理行为的情节、后果严重构成犯罪,为了不放纵犯罪,法律规定应当追究其刑事责任。

第一,如果在治安管理处罚决定作出之前,公安机关已经知道违反治安管理行为的行为人构成犯罪了,可以直接移送有关部门起诉,进行刑事处罚,不能以治安管理处罚代替刑事处罚。所谓"不能以治安管理处罚代替刑事处罚"的规范内涵,在于"自始至终都不能免除违反治安管理行为人的刑事处罚"。在此情形下,既然行为人的刑事处罚无法豁免,那么行为人是否还需要承担治安管理处罚呢?有观点认为,基于禁止重复评价原则或禁止双重危险原则,行为人仅需承担刑事处罚即可,无需另行承担治安管理处罚,这实际上与"不能以治安管理处罚代替刑事处罚"之规范内涵并不相悖。但一般认为,因为治安管理处罚属于行政责任,刑事处罚属于刑事责任,两种法律责任的性质并不相同,所以二者不可替代。在多数情况下,若同一行为既构成犯罪又违反行政法,行为人在承担刑事责任后,可能还需承担行政责任。例如,某人因醉驾构成危险驾驶罪,除接受刑事处罚外,还可能被吊销驾驶证,这就是在承担刑事责任后,还要承担行政责任。但并非所有承担刑事责任的行为都必然要承担行政责任。如果刑事处罚已足以达到惩戒和纠正的目的,或者相关法律法规未规定需要同时追究行政责任,那么可能就不再追究行政责任。

第二,如果在治安管理处罚决定作出之后,公安机关才知道违反治安管理行为的行为人构成犯罪了,那么该行为人仍有可能进行刑事处罚。只是在进行刑事处罚时要考虑已进行过的治安管理处罚。需注意,"治安管理处罚后承担刑事责任"与"行政处罚中的一事不再罚原则"具有本质不同,前者是违反了两个法律关系(行政法律关系与刑事法律关系),后者则仅违反了一个行政法律关系。

⊙ **关联规定**

《民法典》

　　第一百二十条　民事权益受到侵害的，被侵权人有权请求侵权人承担侵权责任。

《刑法》（2023年修正）

　　第二百六十二条之二　组织未成年人进行盗窃、诈骗、抢夺、敲诈勒索等违反治安管理活动的，处三年以下有期徒刑或者拘役，并处罚金；情节严重的，处三年以上七年以下有期徒刑，并处罚金。

《行政处罚法》（2021年修订）

　　第八条　公民、法人或者其他组织因违法行为受到行政处罚，其违法行为对他人造成损害的，应当依法承担民事责任。

　　违法行为构成犯罪，应当依法追究刑事责任的，不得以行政处罚代替刑事处罚。

第九条　【调解】

对于因民间纠纷引起的打架斗殴或者损毁他人财物等违反治安管理行为，情节较轻的，公安机关可以调解处理。

调解处理治安案件，应当查明事实，并遵循合法、公正、自愿、及时的原则，注重教育和疏导，促进化解矛盾纠纷。

经公安机关调解，当事人达成协议的，不予处罚。经调解未达成协议或者达成协议后不履行的，公安机关应当依照本法的规定对违反治安管理行为作出处理，并告知当事人可以就民事争议依法向人民法院提起民事诉讼。

对属于第一款规定的调解范围的治安案件，公安机关作出处理决定前，当事人自行和解或者经人民调解委员会调解达成协议并履行，书面申请经公安机关认可的，不予处罚。

⊙ 重点解读

本条是关于轻微违反治安管理行为的调解的规定。调解，是指在中立第三人的主持和疏导下，促使双方当事人交换意见、互谅互让、以一定条件和解，从而解决矛盾纠纷的一种方法。调解是我国长期以来解决纠纷的一种行之有效的方法，是我国法律制度的一个特色。在我国，调解大致可以分为人民调解、司法调解、行政调解和仲裁调解四种。公安机关对因民间纠纷引起的治安案件的调解，属于行政调解，《公安机关办理行政案件程序规定》第十章就将这种调解称为"治安调解"。在《公安机关治安调解工作规范》中也对治安调解进行了细化规定。

一、治安调解的条件

本条第一款规定了治安调解的条件及适用问题，即公安机关在什么情况下可以对治安案件进行调解。治安调解的案件必须严格符合法定范围。本条规定了"因民间纠纷引起的打架斗殴或者损毁他人财物等违反治安管理行为，情节较轻的"治安案件，才有进入公安机关调解处理的资格。

首先，必须是由"民间纠纷"所引起的违反治安管理行为。对于非因民间纠纷引起的违反治安管理行为，一般不适用调解。《公安机关治安调解工作规范》第三条第二款规定："民间纠纷是指公民之间、公民和单位之间，在生活、工作、生产经营等活动中产生的纠纷。对不构成违反治安管理行为的民间纠纷，应当告知当事人向人民法院或者人民调解组织申请处理。"

其次，对"打架斗殴或者损毁他人财物等违反治安管理行为"的理解，应当按照"等外等"予以理解。这里不限于"等"内的行为，而应当包括"等"外的其他相类似的违反治安管理行为。此外，《公安机关办理行政案件程序规定》第一百七十八条第一款作了一些细化规定，将"违反治安管理行为"的类型从"打架斗殴或者损毁他人财物等"扩充至"殴打他人、故意伤害、侮辱、诽谤、诬告陷害、故意损毁财物、干扰他人正常生活、侵犯隐私、非法侵入住宅等"。同时，该规定通过并列关系的立法模式，把"违反治安管理行为"限定在"（一）亲友、邻里、同事、在校学生之间因琐事发生纠纷引起的；（二）行为人的侵害行为系由被侵害人事前的过错行为引起的；（三）其他适用调解处理更易化解矛盾的"这三类情形范围内。该规定第一百七十九条还从排他视角规定了"不适用调解处理"的具体情形。

最后，本法适用调解处理的案件仅限于"情节较轻的"违反治安管理行为。情节较轻是调解处理的前提条件之一，如果存在较重情节的话，公安机关不能适用调解处理，应当严格依法作出处罚。本法第八条第二款也规定，构成犯罪的，还需要追究刑事责任。

本条还规定公安机关"可以"调解处理，而不是"应当"或者"必须"调解处理。"可以"一词往往是法律规范的授权性规定，公安机关可以选择调解处理，也可以选择作出治安管理处罚决定。对于公安机关调解处理之后的结果来说，可以分为两种情形：给予处罚和不予处罚。不予处罚的前提是"当事人达成协议"，即在公安机关主持下制作《治安调解协议书》；而给予处罚的前提则是"未达成协议或者达成协议后不履行"。简言之，"调解成功"的不予处罚，"调解不成功"的依法给予处罚。

二、实质性化解矛盾纠纷

本条第二款规定了以调解方式处理治安案件时，应当坚持的工作理念，主要体现为实质性化解矛盾纠纷。具体而言，"应当查明事实，并遵循合法、公正、自愿、及时的原则，注重教育和疏导，促进化解矛盾纠纷"。调解在解决社会矛盾纠纷方面具有许多独有的优势，一方面可以减少执法程序、节约执法成本；另一方面具有一定的非公开性，有利于保护当事人的隐私。此外，调解在遵守法律法规的前提下，更多依据的是道德准则、风俗习惯、情理、行业惯例等内容。经调解处理的治安案件，由于当事人之间在调解的过程中有充分的交流和沟通的机会，过错方有悔过的认识，另一方也有谅解的意识，双方能在各退一步的前提下达成双方均可接受的解决方案，使矛盾纠纷得以实质性化解。从实质上看，调解充分体现了坚持人民群众路线的基本精神，在"马锡五审判方式"中已经得以展现。

三、协议的达成与履行

本条第三款主要规定协议的达成与履行。这里涉及两方面内容，一是协议达成，二是协议未达成。如果当事人达成协议的，公安机关则不对违反治安管理行为作出处理；如果当事人未达成协议的，公安机关则对违反治安管理行为作出处理。另外，本条还规定，在当事人达成协议后不履行的情形下，公安机关也应当对违反治安管理行为作出处理。这是因为当事人不履行已达成的协议，实际上已构成违约，协议已被解除或归于无效，公安机关仍有职责处理矛盾纠纷。在公安机关对违反治安管理行为作出处理后，当事人可就民事争议向法院提起民事诉讼。公安机关对此具有告知义务，告知当事人相应的诉讼权利，保障公民的合法权益。如果公安机关未履行告知义务，则可能构成程序违法，并承担相应的法律责任。

四、自行和解与人民调解

本条第四款还规定，除了治安调解之外，还可以采用"当事人自行和解或者经人民调解委员会调解达成协议并履行"的方式替代本条治安调解的适用。但这里需要注意以下几个要点。第一，范围条件，即"属于第一款规定的调解范围的治安案件"。如上所述，治安调解的适用需要满足一定条件，若自行和解与人民调解的案件试图免除治安管理处罚的惩罚性后果，则必须同时满足治安调解的一般性条件。第二，时间条件，即"公安机关作出处理决定前"。第三，行为条件，即"达成协议并履行"。行为一般分为作为和不作为，此处则主要指作为行为。第四，程序条件，即"书面申请经公安机关认可的"。口头申请或者公安机关未认可都无法成为免除处罚后果的合法理由。综上，同时满足以上四点要求，才能最终达成"不予处罚"的法律效果。

⊙ **关联规定**

《公安机关办理行政案件程序规定》（2020 年修正）

第一百七十八条 对于因民间纠纷引起的殴打他人、故意伤害、侮辱、诽谤、诬告陷害、故意损毁财物、干扰他人正常生活、侵犯隐私、非法侵入住宅等违反治安管理行为，情节较轻，且具有下列情形之一的，可以调解处理：

（一）亲友、邻里、同事、在校学生之间因琐事发生纠纷引起的；

（二）行为人的侵害行为系由被侵害人事前的过错行为引起的；

（三）其他适用调解处理更易化解矛盾的。

对不构成违反治安管理行为的民间纠纷，应当告知当事人向人民法院或者人民调解组织申请处理。

对情节轻微、事实清楚、因果关系明确，不涉及医疗费用、物品损失或者双方当事人对医疗费用和物品损失的赔付无争议，符合治安调解条件，双方当事人同意当场调解并当场履行的治安案件，可以当场调解，并制作调解协议书。当事人基本情况、主要违法事实和协议内容在现场录音录像中明确记录的，不再制作调解协议书。

第一百八十条　调解处理案件，应当查明事实，收集证据，并遵循合法、公正、自愿、及时的原则，注重教育和疏导，化解矛盾。

第一百八十五条　调解达成协议并履行的，公安机关不再处罚。对调解未达成协议或者达成协议后不履行的，应当对违反治安管理行为人依法予以处罚；对违法行为造成的损害赔偿纠纷，公安机关可以进行调解，调解不成的，应当告知当事人向人民法院提起民事诉讼。

调解案件的办案期限从调解未达成协议或者调解达成协议不履行之日起开始计算。

第一百八十六条　对符合本规定第一百七十八条规定的治安案件，当事人申请人民调解或者自行和解，达成协议并履行后，双方当事人书面申请并经公安机关认可的，公安机关不予治安管理处罚，但公安机关已依法作出处理决定的除外。

《公安机关执行〈中华人民共和国治安管理处罚法〉有关问题的解释》（2006年）

一、关于治安案件的调解问题。根据《治安管理处罚法》第9条的规定，对因民间纠纷引起的打架斗殴或者损毁他人财物以及其他违反治安管理行为，情节较轻的，公安机关应当本着化解矛盾纠纷、维护社会稳定、构建和谐社会的要求，依法尽量予以调解处理。特别是对因家庭、邻里、同事之间纠纷引起的违反治安管理行为，情节较轻，双方当事人愿意和解的，如制造噪声、发送信息、饲养动物干扰他人正常生活，放任动物恐吓他人、侮辱、诽谤、诬告陷害、侵犯隐私、偷开机动车等治安案件，公安机关都可以调解处理。同时，为确保调解取得良好效果，调解前应当及时依法做深入细致的调查取证工作，以查明事实、收集证据、分清责任。调解达成协议的，应当制作调解书，交双方当事人签字。

第二章　处罚的种类和适用

> **第十条　【处罚种类】**
> 治安管理处罚的种类分为：
> （一）警告；
> （二）罚款；
> （三）行政拘留；
> （四）吊销公安机关发放的许可证件。
> 对违反治安管理的外国人，可以附加适用限期出境或者驱逐出境。

⊙重点解读

本条第一款是关于对各种违反治安管理行为人普遍适用的主要治安管理处罚的规定；第二款是关于对违反治安管理的外国人附加适用的治安管理处罚的规定。

一、警告

警告，是指对违反治安管理行为人提出告诫，指出危害，促其警觉，使其不再重犯的治安管理处罚。警告是一种最轻的治安管理处罚，属于申诫罚，主要适用于初次实施比较轻微的违反治安管理行为、情节轻微、认错态度较好的人。警告处罚具有两个特点：一是体现了教育与处罚相结合原则。警告与批评教育从内容到形式都有许多相似之处，都要摆事实，讲道理，晓以利害，明确责任。可以说，警告是一种特殊的批评教育方法。但是，警告作为一种治安管理处罚，要比批评教育严厉得多。警告由公安机关决定，要制作处罚决定书，向违反治安管理行为人宣布并交给本人。警告处罚比一般批评教育要严肃，因而往往给被处罚人更深刻的记忆。公安机关对违反治安管理行为人决定警告，能使一些初次或者偶然轻微违反治安管理行为的人受到震动，知错思改，幡然悔悟。二是使用方便。它的实施，除开具处罚决定书外，不需要任何设施和物质条件。对轻微的违反治安管理行为，公安民警可以当场作出警告决定，公安派出所也可以作出警告决定。警告不同于《刑法》规定的"训诫"，训诫是人民法院对犯罪情节轻微不需要判处刑罚的犯罪分子，在判决免予刑事处罚的同时，根据案件的具体情况，以口头方式进行批评教育的一种非刑罚方法。本法规定的警告与其他法律、法规、规章规定的作为行政处罚的警告的主要区别是适用对象不同和作出决定的机关不同。

二、罚款

罚款，是指公安机关对违反治安管理行为人，依法强制其在一定的期限内向国家缴纳一定数额金钱的治安管理处罚。罚款的目的是使违反治安管理行为人在经济上受到损失，从而受到触动、教育，并改正错误，以后不再实施违反治安管理行为。本条对罚款的幅度未作规定，但第三章在规定具体违反治安管理的行为和处罚时，对罚款的幅度分别作了规定，大致分为以下几个档次：1000元以下；1000元以上3000元以下；3000元以上5000元以下；5000元以上20000元以下。公安机关在决定罚款处罚时，应当根据每个具体违反治安管理行为的性质、情节、后果及违反治安管理行为人的态度等情况，分别适用不同的罚款档次，在法定幅度内，合理确定罚款数额。这里的罚款与《刑法》规定的"罚金"不同，罚款是一种治安管理处罚，适用于违反治安管理，尚不构成犯罪的行政违法行为人，由公安机关决定；罚金则是一种刑罚，适用于已经构成犯罪的犯罪分子，由人民法院判决。本法规定的罚款在本质上属于行政处罚，它与其他法律、法规、规章规定的作为行政处罚的罚款，主要区别也是适用对象不同和作出决定的机关不同。这里的罚款与《刑事诉讼法》《民事诉讼法》《行政诉讼法》规定的"罚款"也不同，后者是对妨害刑事、民事、行政诉讼的人采取的司法处分，目的是维护正常的诉讼程序，保障诉讼活动的顺利进行。

三、行政拘留

行政拘留，是指公安机关对违反治安管理行为人，依法给予的暂时剥夺其人身自由的治安管理处罚。行政拘留主要适用于违反治安管理，情节严重的人。行政拘留的期限为一日以上十五日以下，合并执行的最长期限不超过二十日。本条对行政拘留的幅度未作规定，但本法第三章在规定具体违反治安管理行为和处罚时，对行政拘留的幅度分别作了规定，共分为三个档次：五日以下；五日以上十日以下；十日以上十五日以下。对每个治安案件的违反治安管理行为人如何确定行政拘留的具体期限，则要根据违反治安管理行为的性质、情节、后果等具体情况以及违反治安管理行为人的认错态度而定。

行政拘留是一种剥夺人身自由的最严厉的治安管理处罚，在适用时应当注意以下几点：一是行政拘留的适用对象不能随意扩大；二是行政拘留的期限不能随意延长；三是行政拘留的程序不能随意改变，对一般违反治安管理行为人决定行政拘留，应当经县级以上人民政府公安机关负责人批准。

四、吊销公安机关发放的许可证

吊销公安机关发放的许可证，是指公安机关依法收回违反治安管理行为人已获得的从事某项活动的权利或者资格的证书，从而禁止相对人从事某种特许权利或者资格的治安管理处罚。其目的在于取消被处罚人的一定资格和剥夺、限制某项特许权利。公安机关发放的许可证，亦即公安机关进行行政审批后，允许相对人从事某项活动的权利或者资格的证书，如公安机关发给典当行的特种行业许可证等。

根据《行政许可法》第二条，行政许可是指行政机关根据公民、法人或者其他组织的申请，经依法审查，准予其从事特定活动的行为。行政许可是行政机关依法对社会和经济事务实行事前监督管理的重要手段，在促进社会和经济发展方面发挥了重要作用。近年来，各级公安机关认真贯彻党中央、国务院的部署和要求，积极稳妥地开展行政审批制度改革，从公安部到各地公安机关取消了一批缺乏法律、法规、规章依据的行政审批项目；对于涉及国家安全、社会稳定和人民群众生命财产安全等确需保留的审批项目，针对权力运行中容易发生问题的部位和环节，规范了审批行为，强化了管理监督。

五、限期出境、驱逐出境

限期出境,是指公安机关对违反治安管理的外国人,限定其在一定期限内离开中华人民共和国国境的治安管理处罚。驱逐出境,是指公安机关对违反治安管理的外国人,强迫其离开中华人民共和国国境的治安管理处罚。限期出境或者驱逐出境只能附加适用,不能独立适用。外国人,是指依照国籍法不具有中国国籍的人,包括具有外国国籍的人和无国籍人。对外国人国籍的确认,以入境时有效证件上所表明的国籍为准;国籍有疑问或者国籍不明的,由公安机关出入境管理部门协助查明。外国人在我国境内违反治安管理的,除依法给予警告、罚款、行政拘留处罚外,如果公安机关认为他继续居留在我国境内,将对我国国家和人民利益产生危害的,可以决定给予限期出境或者驱逐出境的治安处罚。根据《公安机关执行〈中华人民共和国治安管理处罚法〉有关问题的解释》的规定,对外国人需要依法适用限期出境、驱逐出境处罚的,由承办案件的公安机关逐级上报公安部或者公安部授权的省级人民政府公安机关决定,由承办案件的公安机关执行。对外国人依法决定行政拘留的,由承办案件的县级以上公安机关决定,不再报上一级公安机关批准。对外国人依法决定警告、罚款、行政拘留,并附加适用限期出境、驱逐出境处罚的,应当在警告、罚款、行政拘留执行完毕后,再执行限期出境、驱逐出境。另外,对违反治安管理的我国公民,包括香港特别行政区、澳门特别行政区居民和台湾地区居民,不能适用限期出境或者驱逐出境。

⊙关联规定

《外国人入境出境管理条例》

第三十三条 外国人被决定限期出境的,作出决定的机关应当在注销或者收缴其原出境入境证件后,为其补办停留手续并限定出境的期限。限定出境期限最长不得超过 15 日。

第十一条 【对非法财物和违法所得的处理】

办理治安案件所查获的毒品、淫秽物品等违禁品，赌具、赌资，吸食、注射毒品的用具以及直接用于实施违反治安管理行为的本人所有的工具，应当收缴，按照规定处理。

违反治安管理所得的财物，追缴退还被侵害人；没有被侵害人的，登记造册，公开拍卖或者按照国家有关规定处理，所得款项上缴国库。

⊙重点解读

本条第一款是关于违反治安管理的非法财物的处理规定；第二款是关于违反治安管理的违法所得的处理规定。

一、关于违反治安管理的非法财物的收缴

公安机关办理治安案件"所查获的毒品、淫秽物品等违禁品，赌具、赌资，吸食、注射毒品的用具以及直接用于实施违反治安管理行为的本人所有的工具"，可以统称为"非法财物"。这里的违禁品，是指国家法律、法规明确规定，禁止私自制造、销售、购买、持有、使用、储存和运输的物品。我国规定的违禁品，主要有毒品、淫秽物品、枪支、弹药、爆炸物品、剧毒物品、放射性物品，以及邪教组织、会道门、迷信宣传品等。赌具，是指赌博行为人直接用于赌博的本人所有的工具，如麻将牌、扑克牌、纸牌、牌九等。赌资，是指赌博活动中用作赌注的款物、换取筹码的款物和通过赌博赢取的款物。在利用计算机网络进行的赌博活动中，分赌场、下级庄家或者赌博参与者在组织或者参与赌博前向赌博组织者、上级庄家或者赌博公司交付的押金，应当视为赌资。吸食、注射毒品的用具，是指吸食、注射毒品行为人直接用于吸食、注射毒品的器具，如用于吸食鸦片、注射吗啡、海洛因的吸管、托盘、针管、注射器等器具。认定"直接用于实施违反治安管理行为的本人所有的工具"，要注意两点：一是违反治安管理行为人"直接用于"实施违反治安管理行为的工具，而

不是"间接用于"实施违反治安管理行为的工具；二是违反治安管理行为人"本人所有"的工具，而不是"他人所有"的工具。"本人所有"，即违反治安管理行为人本人对该工具具有合法的所有权，不含违反治安管理行为人租、借或者偷、抢来的属于他人合法所有的工具。对"所查获的毒品、淫秽物品等违禁品，赌具、赌资，吸食、注射毒品的用具以及直接用于实施违反治安管理行为的本人所有的工具"等违反治安管理的非法财物，公安机关应当予以收缴。收缴，是指将违反治安管理行为人实施违反治安管理行为的非法财物收回并上缴到公安机关。

二、关于违反治安管理的违法所得的追缴

违法所得，是指违反治安管理行为人因实施违反治安管理行为所得的赃款、赃物和非法利益。当非法所得表现为一定的物时，非法所得除包括一定的物外，还包括该物所可能发生的天然孳息，以及利用该物进行经营所获得的物质利益。当非法所得表现为一定的货币时，非法所得除包括一定的货币外，还包括该货币的法定孳息。"退还被侵害人"中的"被侵害人"应当作广义的理解，既包括公民，也包括法人和其他组织。公安机关追缴的违反治安管理行为人因实施违反治安管理行为所得的赃款、赃物和非法利益中，如果属于被侵害人的合法财产，即被侵害人依法享有民事上的所有权或者占有权、经营权的财产，公安机关应予以退还；如果属于被侵害人无合法根据而事实上拥有的财产，则应当退还给真正的合法权利享有者，亦即更深层意义上的"被侵害人"。

⊙关联规定

《刑法》（2023年修正）

第六十四条　犯罪分子违法所得的一切财物，应当予以追缴或者责令退赔；对被害人的合法财产，应当及时返还；违禁品和供犯罪所用的本人财物，应当予以没收。没收的财物和罚金，一律上缴国库，不得挪用和自行处理。

《公安机关办理行政案件程序规定》（2020年修正）

第一百八十七条　对于依法扣押、扣留、查封、抽样取证、追缴、收缴的财物以及由公安机关负责保管的先行登记保存的财物，公安机关应当妥善保管，不得使用、挪用、调换或者损毁。造成损失的，应当承担赔偿责任。

涉案财物的保管费用由作出决定的公安机关承担。

> **第十二条** 【对未成年人违法的处罚】
>
> 已满十四周岁不满十八周岁的人违反治安管理的，从轻或者减轻处罚；不满十四周岁的人违反治安管理的，不予处罚，但是应当责令其监护人严加管教。

⊙重点解读

本条根据未成年人的生理、心理发育和知识、社会生活阅历的发展状况，从对未成年人一贯坚持的教育为主、处罚为辅的政策出发，就未成年人违反治安管理的处理规定了两种情况，即相对负法律责任和完全不负法律责任。

一、关于相对负法律责任人的处理

按照本条规定，已满十四周岁不满十八周岁的人违反治安管理的，从轻或者减轻处罚。这是本法贯彻对违反治安管理的青少年，要实行教育、感化、挽救方针的具体体现。已满十四周岁不满十八周岁的未成年人正处在成长发育阶段，由于年龄小，体力、智力处于不成熟时期，控制自己行为和辨别是非善恶的能力还比较差，所以在实施违反治安管理行为时，难免带有一些冲动和盲目。同时，从违反治安管理的未成年人的情况看，他们还具有可塑性强，易于教育、矫治的特点。因此，本法与世界上许多国家和地区的法律一样，对未成年人的违反治安管理行为，以注重教育、促进未成年的违反治安管理行为人改过自新为主，规定了特殊的处罚条款。对已满十四周岁不满十八周岁的人违反治安管理的，从轻或者减轻处罚，既有利于对违反治安管理的青少年的挽救，也有利于保障未成年人的健康成长。从轻处罚，是指公安机关在法律、法规和规章规定的处罚方式和处罚幅度内，对违反治安管理行为人在几种可能的处罚方式内选择适用较轻的处罚方式，或者在同一种处罚方式下在允许的幅度内选择幅度的较低限进行处罚。减轻处罚，是指公安机关在法律、法规和规章规定的处罚方式和处罚幅度最低限以下，对违反治安管理行为人适用治安管理处罚。对未成年的违反治安管理行为人，在具体决定给予的治安管理处罚时，不但要根据违反治安管理的事实、行为性质和危害社会的程度，还要充分考虑未成年人违反治安管理的动机、行为时的年龄，是否为初犯、偶犯，在共同违反治安管理行为中的地位和作用等情节，以及违反治安管理后有无悔过表现及个人一贯表现等情况，决定对其适用从轻还是减轻处罚和从轻或者减轻处罚的幅度，使给予的治安管理处罚有利于未成年违反治安管理行为人的改过自新和健康成长。

二、关于完全不负法律责任人的处理

按照本条规定，不满十四周岁的人违反治安管理的，不予处罚，但是应当责令其监护人严加管教。在我国，不满十四周岁是完全不负刑事责任的年龄阶段，同样，不满十四周岁的人实施违反治安管理行为的，也不给予治安管理处罚。不予处罚，是指因具有法律、法规所规定的特殊事由，公安机关对某些形式上虽然违反治安管理但实质上不应当承担法律责任的人，不适用治安管理处罚。不满十四周岁的人实施法律规定的任何违反治安管理行为，公安机关都不能给予治安管理处罚。但并不是说，该年龄段的人实施了违反治安管理行为，公安机关就可以不管。"管"，即公安机关应当责令其监护人严加管教，其父母或者其他监护人也可以将其送工读学校教育。《民法典》第二十七条规定："父母是未成年子女的监护人。未成年人的父母已经死亡或者没有监护能力的，由下列有监护能力的人按顺序担任监护人：（一）祖父母、外祖父母；（二）兄、姐；（三）其他愿意担任监护人的个人或者组织，但是须经未成年人住所地的居民委员会、村民委员会或者民政部门同意。"

⊙ 典型案例

刘某甲诉某公安分局行政处罚决定案[①]

原告刘某甲为小学在校学生，某日在学校附近被案外人殴打，第三人刘某

[①] 《天津法院发布保护妇女儿童权益典型案例》，载天津法院网，https://tjfy.tjcourt.gov.cn/article/detail/2023/03/id/7168150.shtml，最后访问时间：2025年6月28日。

用手机录像并阻止他人劝架，后刘某甲报警。因案发时第三人刘某已满十六周岁不满十八周岁，系初次违反治安管理相关规定，被告某公安分局依据当时有效的治安管理处罚法第十二条、第二十一条第二项、第二十六条第四项，对第三人刘某作出行政拘留五日、拘留不执行的行政处罚。刘某甲不服，诉至法院。法院生效裁判认为，案外人殴打刘某甲时，刘某用手机录像并阻止他人劝架，刘某已满十六周岁不满十八周岁，且系初次违法，被告某公安分局在依法履行告知程序后对第三人刘某作出行政处罚决定，事实清楚，程序合法，适用法律正确，判决驳回刘某甲的诉讼请求。因原告刘某甲与第三人刘某均为未成年人，为有力敦促第三人刘某的父母履行教育义务，切实维护未成年子女合法权益，法院向第三人刘某的监护人发出《家庭教育令》，并会同教育局、妇联等主管部门对第三人刘某的监护人进行家庭教育指导，同时请刘某甲的监护人到场参与，最终刘某甲息诉服判，未提出上诉。案件审结后，法院还就《家庭教育令》的执行情况进行了回访。

⊙关联规定

《刑法》（2023 年修正）

第十七条 已满十六周岁的人犯罪，应当负刑事责任。

已满十四周岁不满十六周岁的人，犯故意杀人、故意伤害致人重伤或者死亡、强奸、抢劫、贩卖毒品、放火、爆炸、投放危险物质罪的，应当负刑事责任。

已满十二周岁不满十四周岁的人，犯故意杀人、故意伤害罪，致人死亡或者以特别残忍手段致人重伤造成严重残疾，情节恶劣，经最高人民检察院核准追诉的，应当负刑事责任。

对依照前三款规定追究刑事责任的不满十八周岁的人，应当从轻或者减轻处罚。

因不满十六周岁不予刑事处罚的，责令其父母或者其他监护人加以管教；在必要的时候，依法进行专门矫治教育。

《行政处罚法》（2021年修订）

　　第三十条　不满十四周岁的未成年人有违法行为的，不予行政处罚，责令监护人加以管教；已满十四周岁不满十八周岁的未成年人有违法行为的，应当从轻或者减轻行政处罚。

《公安机关办理行政案件程序规定》（2020年修正）

　　第一百五十七条　不满十四周岁的人有违法行为的，不予行政处罚，但是应当责令其监护人严加管教，并在不予行政处罚决定书中载明。已满十四周岁不满十八周岁的人有违法行为的，从轻或者减轻行政处罚。

第十三条　【对精神病人、智力残疾人违法的处罚】

　　精神病人、智力残疾人在不能辨认或者不能控制自己行为的时候违反治安管理的，不予处罚，但是应当责令其监护人加强看护管理和治疗。间歇性的精神病人在精神正常的时候违反治安管理的，应当给予处罚。尚未完全丧失辨认或者控制自己行为能力的精神病人、智力残疾人违反治安管理的，应当给予处罚，但是可以从轻或者减轻处罚。

⊙ 重点解读

　　按照本条规定，精神病人在不能辨认或者不能控制自己行为的时候违反治安管理的，不予处罚。确定精神病人是否应当对自己实施的违反治安管理行为负法律责任，应当以其实施违反治安管理行为时是否具有辨认和控制自己行为的能力为根据。精神病人在实施违反治安管理行为时不具有辨认和控制自己行为的能力，即处于精神病状态的，不负法律责任，公安机关不予处罚。也就是说，精神病人之所以实施违反治安管理行为，必须是基于病理作用，是因为其患精神病并由此失去了正确的辨认和控制自己行为的能力，而不由自主地实施的。精神病人实施违反治安管理行为尽管在客观上侵犯了公共安全或者社会治安秩序，但由于丧失了辨认和控制自己行为的能力，在主观上对其所实施的违反治安管理行为不存在故意或者过失，因此不具备承担法律责任的能力。间歇性精神病人实施违反治安管理行为是否应当受到处罚，要看其行为时精神状态，如果精神状态是正常的，就应当依法给予治安管理处罚，反之则不应当给予处罚。对依法不予治安管理处罚的精神病人，公安机关应当责令其监护人加强看护管理和治疗。

⊙关联规定

《刑法》（2023年修正）

第十八条　精神病人在不能辨认或者不能控制自己行为的时候造成危害结果，经法定程序鉴定确认的，不负刑事责任，但是应当责令他的家属或者监护人严加看管和医疗；在必要的时候，由政府强制医疗。

间歇性的精神病人在精神正常的时候犯罪，应当负刑事责任。

尚未完全丧失辨认或者控制自己行为能力的精神病人犯罪的，应当负刑事责任，但是可以从轻或者减轻处罚。

醉酒的人犯罪，应当负刑事责任。

《行政处罚法》（2021年修订）

第三十一条　精神病人、智力残疾人在不能辨认或者不能控制自己行为时有违法行为的，不予行政处罚，但应当责令其监护人严加看管和治疗。间歇性精神病人在精神正常时有违法行为的，应当给予行政处罚。尚未完全丧失辨认或者控制自己行为能力的精神病人、智力残疾人有违法行为的，可以从轻或者减轻行政处罚。

《公安机关办理行政案件程序规定》（2020年修正）

第一百五十八条　精神病人在不能辨认或者不能控制自己行为时有违法行为的，不予行政处罚，但应当责令其监护人严加看管和治疗，并在不予行政处罚决定书中载明。间歇性精神病人在精神正常时有违法行为的，应当给予行政处罚。尚未完全丧失辨认或者控制自己行为能力的精神病人有违法行为的，应当予以行政处罚，但可以从轻或者减轻行政处罚。

> **第十四条 【对盲人或聋哑人违法的处罚】**
> 盲人或者又聋又哑的人违反治安管理的，可以从轻、减轻或者不予处罚。

⊙ 重点解读

一般说来，精神正常的人的智力和知识会随着年龄的增长而发展，达到一定的年龄即开始具有辨认和控制自己行为的能力，年满十八周岁即标志着这种能力达到了完备的程度。但是，人也有可能由于视能、听能、语能等重要生理功能的缺失或者丧失而影响其接受教育，影响其开发智力和学习知识，从而影响其具有完全辨认和控制自己行为的能力。如果这些人实施违反治安管理行为，对他们像一般正常人一样给予治安管理处罚，就显得不够公正。盲人或者又聋又哑的人是限制责任能力的人。对于聋人或者哑人，由于他们并非同时缺失或丧失听力和语言功能，所以不能适用本条规定。盲人或者又聋又哑的人，多数是先天或者幼年即双目均缺失或丧失视力，或者缺失或丧失听力和语言功能。按照本条规定，盲人或者又聋又哑的人违反治安管理的，"可以"从轻、减轻或者不予处罚，而不是"应当"从轻、减轻或者不予处罚。这里的"不予处罚"与治安管理处罚法有关未成年人和精神病人"不予处罚"规定不同，它是指公安机关依照法律、法规的规定，考虑到有法定的特殊情况存在，对依法本应给予治安管理处罚的行为人，对其不予适用治安管理处罚。因此，公安机关在办理盲人或者又聋又哑的人违反治安管理的治安案件时，要结合违反治安管理行为人和案件的具体情况，决定是否从轻、减轻或者不予处罚。

⊙ 关联规定

《刑法》（2023 年修正）

第十九条 又聋又哑的人或者盲人犯罪，可以从轻、减轻或者免除处罚。

《公安机关办理行政案件程序规定》（2020 年修正）

第一百五十九条第三款　盲人或者又聋又哑的人违反治安管理的，可以从轻、减轻或者不予行政处罚；醉酒的人违反治安管理的，应当给予处罚。

> **第十五条　【对醉酒的人违法的处罚】**
> 醉酒的人违反治安管理的，应当给予处罚。
> 醉酒的人在醉酒状态中，对本人有危险或者对他人的人身、财产或者公共安全有威胁的，应当对其采取保护性措施约束至酒醒。

⊙ 重点解读

本条第一款规定了醉酒的人违反治安管理的应当负法律责任；第二款规定了对存在社会危险性的醉酒的人应当进行保护性约束。

一、关于醉酒的人违反治安管理的法律责任

醉酒的人，是指饮酒过量而不能自制的人。由于个人的体质和对酒精的耐受力不同，判断是否醉酒，要综合考虑其酒量和酒后行为的表现，对具体情况进行具体分析后认定。醉酒的人既不属于无责任能力的人，也不属于限制责任能力的人。从医学观点来看，在醉酒状态下，行为人的精神虽然出现了某些变化，但只是高级的最复杂的精神机能开始削弱，表现为语言增多，行为放纵，情绪不稳，常常由快乐变为激怒，并出现冲突与侵犯的倾向。不过，尽管行为人有上述精神上的变化，但并没有完全丧失辨别和控制自己行为的能力。同时，醉酒是一种不良习气，不符合社会公共道德要求，有碍正常的社会秩序，应当受到道德和法律约束。醉酒的人违反治安管理的，应当负法律责任，公安机关应当依法给予治安管理处罚。当然，严重醉酒也能使人处于不能辨认或者不能控制自己行为的状态，但造成醉酒的原因是本人在清醒状态时酗酒所致，因此，醉酒不能作为不予处罚的理由。

二、关于对存在社会危险性的醉酒的人进行保护性约束

醉酒的人在醉酒状态中，对本人有危险或者对他人的人身、财产或者公共

安全有威胁的，公安机关应当对其采取保护性措施约束至酒醒。我们可以将这种限制其人身自由的强制措施称为"保护性约束"。如果一个人醉酒后在醉酒状态中只是睡觉，不吵不闹，本人不会有危险，也不会对他人的人身、财产或者公共安全构成威胁，就不能也没有必要对其采取保护性约束措施。只有在醉酒人行为失控，丧失理智，不采取强制约束措施就会发生伤害自己身体，或者伤害他人人身、损坏他人财产、威胁公共安全的情形时，才能进行保护性约束，直至其酒醒。

⊙ **关联规定**

《刑法》（2023 年修正）

　　第十八条第四款　醉酒的人犯罪，应当负刑事责任。

《民法典》

　　第一千一百九十条　完全民事行为能力人对自己的行为暂时没有意识或者失去控制造成他人损害有过错的，应当承担侵权责任；没有过错的，根据行为人的经济状况对受害人适当补偿。

　　完全民事行为能力人因醉酒、滥用麻醉药品或者精神药品对自己的行为暂时没有意识或者失去控制造成他人损害的，应当承担侵权责任。

第十六条　【对两种以上违法行为的处罚】

有两种以上违反治安管理行为的，分别决定，合并执行处罚。行政拘留处罚合并执行的，最长不超过二十日。

⊙ **重点解读**

本条规定的决定，是指公安机关依法就违反治安管理行为人违反治安管理的实体性问题，作出是否给予治安管理处罚及给予何种治安管理处罚的决定。执行，是指公安机关依照法定程序，按照已经发生法律效力的决定的内容和要求予以具体实施的行为。对一个人有两种以上违反治安管理行为的，实行"分别决定、合并执行"的原则。分别决定，是指对于一个违反治安管理行为人有两种或者两种以上违反治安管理行为的，就其每一个违反治安管理行为分别依法决定处罚的内容，确定对每一个违反治安管理行为应当给予的治安管理处罚。合并执行，是指将分别决定的治安管理处罚合并起来，并将同一种处罚的数额和期限相加，最后决定给予哪些处罚及给予多重的处罚。

本条实质上规定了数过并罚的原则。数过并罚是治安管理处罚的裁量制度，指公安机关对同一行为人所实施的数个违反治安管理行为分别决定后，按照法定的并罚原则，决定其执行的治安管理处罚的制度。根据本法规定，数过并罚具有以下两个特征：一是必须一行为人实施数个违反治安管理行为。这是适用数过并罚原则的前提条件。数个违反治安管理行为，既可以是行为人单独实施的，也可以是行为人伙同他人共同实施的。二是公安机关必须在对数个违反治安管理行为分别决定的基础上，依照法定的并罚原则，决定执行的治安管理处罚。这是数过并罚的程序规则和实际操作准则。实行数过并罚的结果，是对数个违反治安管理行为产生一个决定结果、制作一份治安管理处罚决定书，而不是分别制作多份治安管理处罚决定书。

数过并罚以并科原则为主，以限制加重原则为补充。并科，是指将一人所实施的数个违反治安管理行为分别决定的处罚绝对相加、合并执行的合并处罚原则。限制加重，是指以一人所实施的数个违反治安管理行为中应当决定的最重的处罚为基础，再在一定限度之内对其予以加重作为执行处罚的合并处罚原则。(1) 决定的数个处罚为罚款的，采用并科原则，将罚款数额累加，决定执行的罚款数额。(2) 决定的数个处罚为行政拘留的，采用限制加重原则，将拘留期限累加，决定执行的拘留期限，但最长不超过20日。(3) 决定的数个处罚对个人为一个警告、罚款、行政拘留、限期出境或者驱逐出境的，对单位为一个警告、罚款、吊销许可证的，按照采用并科原则的精神，决定执行的处罚，即对个人可以同时决定执行一个警告、罚款、行政拘留和限期出境或者驱逐出境的，对单位可以同时决定一个警告、罚款和吊销许可证。但是，决定的数个处罚对个人为两个或者两个以上警告、限期出境或驱逐出境，对单位为两个或者两个以上警告或吊销许可证的，不适用"合并执行"的原则，而只能各执行一个处罚，如不能将两次警告处罚合并为一次严重警告或者合并改为罚款、行政拘留。

⊙关联规定

《公安机关办理行政案件程序规定》（2020年修正）

第一百六十一条 一人有两种以上违法行为的，分别决定，合并执行，可以制作一份决定书，分别写明对每种违法行为的处理内容和合并执行的内容。

一个案件有多个违法行为人的，分别决定，可以制作一式多份决定书，写明给予每个人的处理决定，分别送达每一个违法行为人。

第一百六十二条 行政拘留处罚合并执行的，最长不超过二十日。

行政拘留处罚执行完毕前，发现违法行为人有其他违法行为，公安机关依法作出行政拘留决定的，与正在执行的行政拘留合并执行。

第十七条　【对共同违法行为的处罚】

共同违反治安管理的，根据行为人在违反治安管理行为中所起的作用，分别处罚。

教唆、胁迫、诱骗他人违反治安管理的，按照其教唆、胁迫、诱骗的行为处罚。

⊙重点解读

本条第一款是关于共同违反治安管理的一般处罚原则的规定；第二款是关于教唆、胁迫、诱骗他人违反治安管理的如何处罚的规定。

一、关于共同违反治安管理的一般处罚原则

共同违反治安管理，是指两个或者两个以上行为人的行为指向同一违反治安管理行为，并相互联系，相互配合，形成一个有机联系的违反治安管理活动整体。在发生危害结果的情况下，每个人的行为都与危害结果之间具有因果关系。按照本条第一款的规定，共同违反治安管理的，根据违反治安管理行为人在违反治安管理行为中所起的作用，分别处罚。分别处罚，是指依法给予共同违反治安管理行为人，与其各自在共同违反治安管理行为中所起的作用相当的治安管理处罚。这就是"共同违反治安管理的一般处罚原则"，应当包括以下四种情况。

第一，对在违反治安管理行为中起主要作用的行为人的处罚。起主要作用，是指在共同违反治安管理行为中，起组织、策划、领导、指挥作用。起主要作用的行为人应当承担共同违反治安管理行为本身应负的法律责任，按照他所参与的全部违反治安管理行为进行处罚，比起次要或者辅助作用的行为人处罚重。

第二，对在违反治安管理行为中起次要作用的行为人的处罚。起次要作用，是指行为人虽然直接实施了共同违反治安管理行为，但在整个违反治安管理过程中，较之起主要作用的行为人所起的作用小。对起次要作用的行为人，应当在比照起主要作用的行为人对于共同违反治安管理行为本身应负的法律责任的基础上，予以适当从轻、减轻处罚。

第三，对在违反治安管理行为中起辅助作用的行为人的处罚。起辅助作用，是指行为人不直接实施共同违反治安管理行为，而是为共同违反治安管理行为的实施创造条件，辅助实施违反治安管理。对起辅助作用的行为人，应当在比照起主要作用的行为人对于共同违反治安管理行为本身应负的法律责任的基础上，予以适当减轻处罚或者不予处罚。

第四，对在违反治安管理行为中所起作用相当的行为的处罚。所起作用相当，是指行为人都直接实施了共同违反治安管理行为，且在整个违反治安管理过程中，行为人所起的作用旗鼓相当。对所起作用相当的行为人，应当基于共同违反治安管理行为本身应负的法律责任，给予行为人相同或者相似的处罚。

二、关于教唆、胁迫、诱骗他人违反治安管理的处罚

按照本条第二款规定，对教唆、胁迫、诱骗他人违反治安管理的，按照其所教唆、胁迫、诱骗的行为处罚。教唆，是指采用授意、劝说、挑拨、怂恿或者其他方法，故意唆使他人违反治安管理的行为。胁迫，是指采用暴力、威胁、

逼迫等方法，迫使他人违反治安管理的行为。胁迫包括暴力胁迫和非暴力胁迫两种。前者如以伤害他人身体相威胁，后者如对他人进行精神上的强制。诱骗，是指采用引诱、欺骗等方法，使他人上当受骗而违反治安管理的行为。上述三种行为都必须是故意实施的，如果由于行为人的过失行为引起他人违反治安管理的，则不是教唆、胁迫、诱骗。这三种行为，既有单独实施的，也有交叉实施的，行为人只要实施了其中一种行为，公安机关即可依法予以处罚。行为人教唆、胁迫、诱骗他人违反治安管理的，按照其所教唆、胁迫、诱骗的违反治安管理行为处罚。

⊙ 关联规定

《刑法》（2023 年修正）

　　第二十五条　共同犯罪是指二人以上共同故意犯罪。

　　二人以上共同过失犯罪，不以共同犯罪论处；应当负刑事责任的，按照他们所犯的罪分别处罚。

　　第二十八条　对于被胁迫参加犯罪的，应当按照他的犯罪情节减轻处罚或者免除处罚。

　　第二十九条　教唆他人犯罪的，应当按照他在共同犯罪中所起的作用处罚。教唆不满十八周岁的人犯罪的，应当从重处罚。

　　如果被教唆的人没有犯被教唆的罪，对于教唆犯，可以从轻或者减轻处罚。

《预防未成年人犯罪法》（2020 年修订）

　　第六十五条　教唆、胁迫、引诱未成年人实施不良行为或者严重不良行为，构成违反治安管理行为的，由公安机关依法予以治安管理处罚。

第十八条　【对单位违法行为的处罚】

　　单位违反治安管理的，对其直接负责的主管人员和其他直接责任人员依照本法的规定处罚。其他法律、行政法规对同一行为规定给予单位处罚的，依照其规定处罚。

⊙ 重点解读

单位违反治安管理，是指机关、团体、公司、企业、事业单位实施了依法应当给予治安管理处罚的危害社会的行为。单位违反治安管理具有以下两个基本特征。

一是单位违反治安管理的主体包括公司、企业、事业单位、机关、团体。公司、企业、事业单位，是指所有的公司、企业、事业单位，既包括国有、集体所有的公司、企业、事业单位，也包括依法设立的合资经营、合作经营企业和具有法人资格的独资、私营等公司、企业、事业单位。其中，公司，是指依公司法成立的具有法人资格的企业，具体可以分为有限责任公司和股份有限公司两种。企业，是指独立从事商品生产经营活动和商业服务的营利性经济组织，包括国有企业、集体企业、私营企业和三资企业。事业单位，是指从事教育、科技、文化、卫生等活动的社会服务组织。机关，即国家机关，是指以国家预算拨款作为独立活动经费，从事国家管理和行使权力等公共事务管理活动的中央和地方的各级组织，包括国家权力机关、行政机关、审判机关、检察机关、军事机关等。团体，是指由某一行业、某一阶层或者其他某一方面的若干成员基于共同的目的，自主自愿组成，并经过政府核准登记成立的社会组织，包括人民团体和社会团体。

二是单位违反治安管理必须是在单位意志支配下，由单位成员实施的违反治安管理行为，即单位作为一个整体、一个"拟制"的人违反治安管理。单位违反治安管理必须经单位集体研究决定或者由其负责人员决定实施。单位集体研究决定或者由其负责人员决定，是单位整体违反治安管理意志的体现形式。单位集体研究决定，是指经过根据法律和章程规定有权代表单位的机构研究决定。负责人员决定，是指经过法律或者章程规定的有权代表单位的个人决定。

按照本条规定，单位违反治安管理的，对单位直接负责的主管人员和其他直接责任人员依照本法的规定处罚。直接责任人员，是指积极实施单位违反治安管理行为的人，也就是将单位违反治安管理的意志付诸实施的人。构成直接责任人员，应当符合以下四个条件：（1）必须是单位的人员；（2）必须是亲自实施了具体单位违反治安管理行为的人员；(3) 对自己所实施的单位违反治安管理行为的事实情况在主观上存在明知；(4) 在单位违反治安管理行为的实施过程中起重要作用的人员。直接负责的主管人员，是指在单位违反治安管理中负有直接责任的单位负责人，亦即"直接责任人员"中的主管人员。在执法实践中，直接负责的主管人员主要包括：(1) 单位的法定代表人；(2) 单位的主要负责人；(3) 单位的一般负责人；(4) 单位的部门负责人。上述人员并非在任何情况下都要对单位违反治安管理承担法律责任，只有当其在单位违反治安管理中起着组织、指挥、决策作用，并且其所实施的行为与单位违反治安管理的结果之间存在法律上的因果关系时，上述人员才对单位违反治安管理的后果负责。其他直接责任人员，是指直接责任人员中，除直接负责的主管人员外的其他直接责任人员。依照本法的规定处罚，是指依照本法规定的对个人的处罚规定处罚，包括给予相应的警告、罚款、行政拘留处罚等。

单位违反治安管理同时违反其他法律、行政法规的，应当依照其他法律、行政法规的规定对单位给予处罚。

⊙关联规定

《刑法》（2023年修正）

第三十一条　单位犯罪的，对单位判处罚金，并对其直接负责的主管人员和其他直接责任人员判处刑罚。本法分则和其他法律另有规定的，依照规定。

第十九条　【对正当防卫和防卫过当的处罚】

为了免受正在进行的不法侵害而采取的制止行为，造成损害的，不属于违反治安管理行为，不受处罚；制止行为明显超过必要限度，造成较大损害的，依法给予处罚，但是应当减轻处罚；情节较轻的，不予处罚。

⊙ 重点解读

本条虽然没有明确使用正当防卫这一法律概念，但从对"制止行为"的具体表述来看，与《刑法》第二十条规定的正当防卫在本质上并无不同，即都是实施制止不法侵害的行为，差别主要在于，《刑法》第二十条是指"为了使国家、公共利益、本人或者他人的人身、财产和其他权利免受正在进行的不法侵害，而采取的制止不法侵害的行为"，而本条重在规定公民个人"为了免受正在进行的不法侵害而采取的制止行为"。但显然，公民为了防止国家、公共利益受到不法侵害而实施的制止行为，也同样应当受到法律保护，故根据当然解释，本条也同样应当扩大适用到所有"为了使国家、公共利益、本人或者他人的人身、财产和其他权利免受正在进行的不法侵害，而采取的制止不法侵害的行为"的情形。

因此，行政处罚法意义上的正当防卫，就是指为保护国家、公共利益、本人或者他人的人身、财产和其他权利，对正在进行的不法侵害采取制止行为，对不法侵害人造成损害的，不负行政处罚责任。通常认为，正当防卫是国家确认并赋予公民的一项基本权利，是国家法律确认的公民在公权力保护不能及时到达情况下的一种私力救济权，是公民与不法侵害人违法犯罪行为作斗争的积极正当手段。正当防卫不是制止不法侵害的最后手段，或者"不得已"的最后私力救济方式和应急措施，正当防卫行为应当受到法律的优先保护。实践中，适用正当防卫制度应当遵循鼓励和支持的价值立场，体现优先保护防卫人利益的新的政策导向。"法不能向不法让步"作为当前正当防卫机制的重要价值观基础，不仅是纠正防卫过当认定误区的关键，更是彰显人性本能、体现"人道主义"精神、重新激活正当防卫机制的根本内因。这对于防卫过当的认定而言，意味着防卫限度不是简单的"结果对比"，也不是简单的"形式匹配"，而必须考虑防卫人行使权利的优位性及其"自保"的特殊性。

有利于防卫人的权利优先立场是指：(1) 设身处地地优先考量防卫人的正当利益，防卫行为通常是公民的本能应急反应，强求防卫人实施绝对精准、拿捏有度的防卫，刚好对不法侵害行为予以制止，不符合人道主义的基本精神。(2) 适当作有利于防卫人的解释，"以正对不正"是正当防卫制度的实质属性，表现为"正义行为"对抗"不法侵害",在防卫限度的判断与认定存在模糊与争议之际,应当倾向性地作出有利于防卫人的解释,包容防卫人在此情此景之下无法周全、谨慎地选择相应的防卫手段,从而作出符合法理和情理的判断。(3)不能预设"绝对理性人"的事后判断立场,防卫人基于人的本性很有可能在惊恐害怕、慌张无措的情况下实施防卫,而绝不可能对限度的拿捏具有冷静思考。

在"明显超过必要限度"的判断上,通常情况下,既要求防卫行为可以对不法侵害起到制止作用,还要求防卫行为与不法侵害行为在手段性质、激烈强度、造成损害等方面不至于过于悬殊。如果防卫行为为制止不法侵害所必需,且手段性质、激烈程度与不法侵害基本相当,甚至小于,就没有"明显超过必要限度",无论最后是否造成重大损害结果。如果防卫行为超出了制止不法侵害所必需的限度,本来采取较小强度的防卫行为就足以制止其面临的不法侵害却采取了强度特别大的防卫行为,就属于"明显超过必要限度"。因此,认定明显超过必要限度,主要是根据防卫方式、强度、手段不适当等情形,包括防卫行为人攻击部位的不适当、防卫工具的不适当、因防卫方人数或体能优于侵害方的情形下实施防卫行为等情形。所谓"明显",不是一般的超过,而是显著的超过。在一般人看来,往往是一目了然或基本没有争议的。这是对防卫人有利的限度规定。基于此,通过分析不法侵害人和防卫人双方的人数、力量对比、持有凶器等情况以及当时的危险状况等所有案件情况,进行全盘考虑判断,再综合决定防卫人的防卫行为是否具有必要性、是否"明显超过必要限度"是非常有必要的。对于见义勇为行为,对"明显"的判断,更应有利于防卫人。

"造成较大损害"是防卫过当在结果上的成立条件。"较大"的损害结果,不是制止不法侵害所必需且相适宜的程度,而是在防卫行为过当的前提下所呈现出的一种结果过当。只有在行为上过当和在结果上造成较大损害,且两者同时具备的情况下,才能最终认定为防卫过当行为。总体上,应当综合考虑不法侵害的行为性质、行为强度和可能造成的危害后果等因素,认定是否"造成较大损害",防卫行为所造成的损害与不法侵害可能造成的侵害相比明显失衡,可以认定"造成较大损害",但一般不包括造成被害人轻伤或财产方面的损失。另外,还应当防止唯结果论的做法,即在观念上认为只要出现死伤结果就一律认定为防卫过当，这违背主、客观相一致的原则。

需要注意的是，认定正当防卫的限度条件，其规范解释的两个关键要素是行为限度与重大结果。对此，应当基于综合判断的立场，从防卫行为与结果层面进行实质的判断。一是判断防卫限度不能脱离防卫行为的具体情况。防卫人对不法侵害的行为性质、行为强度、可能造成的危害后果的认识、防卫人的防卫目的等都是需要考察的因素。在实施防卫行为时，不能实施超过制止不法侵害所必需且被禁止的多余行为。在合理与适度的范围内，基于有利于防卫人的解释立场等，应从防卫权的优位性出发，对防卫行为的必要性进行相对宽松的认定。二是防卫的后果是以防卫行为为前提的，防卫行为是针对不法侵害的整体性制衡。只要没有明显超出有效制止不法侵害继续进行的限度，并造成不应或没有必要出现的重大损害，就不属于"造成较大损害"的情形。在此基础上讨论正当防卫限度时，对防卫行为与防卫结果是否都明显"不当"，需要同时考虑行为与结果及其内部关系。根据社会一般人的通常理解与可能反应，站在防卫人防卫当时的立场，遵循"行为—结果"的逻辑进路，对防卫行为是否过当进行具体判断与实质判断。防卫措施明显超过必要限度、防卫结果造成重大损害这两个标准必须同时具备，才能认定为防卫过当。只存在其一情形的，不能认定为防卫过当。

⊙关联规定

《刑法》（2023年修正）

第二十条 为了使国家、公共利益、本人或者他人的人身、财产和其他权利免受正在进行的不法侵害，而采取的制止不法侵害的行为，对不法侵害人造成损害的，属于正当防卫，不负刑事责任。

正当防卫明显超过必要限度造成重大损害的，应当负刑事责任，但是应当减轻或者免除处罚。

对正在进行行凶、杀人、抢劫、强奸、绑架以及其他严重危及人身安全的暴力犯罪，采取防卫行为，造成不法侵害人伤亡的，不属于防卫过当，不负刑事责任。

> **第二十条　【从轻、减轻或者不予处罚的情形】**
> 违反治安管理有下列情形之一的，从轻、减轻或者不予处罚：
> （一）情节轻微的；
> （二）主动消除或者减轻违法后果的；
> （三）取得被侵害人谅解的；
> （四）出于他人胁迫或者诱骗的；
> （五）主动投案，向公安机关如实陈述自己的违法行为的；
> （六）有立功表现的。

⊙ 重点解读

　　本条规定是贯彻"教育与处罚相结合原则"的具体体现。从轻处罚，是指公安机关在法律、法规和规章规定的处罚方式和处罚幅度内，对违反治安管理行为人在几种可能的处罚方式内选择适用较轻的处罚方式，或者在同一种处罚方式下在允许的幅度内选择幅度的较低限进行处罚。本条新增"从轻处罚"，已与修改后的《行政处罚法》第三十二条在立法表述上保持一致。减轻处罚，是指公安机关在法律、法规和规章规定的处罚方式和处罚幅度最低限以下，对违反治安管理行为人适用治安管理处罚。不予处罚，是指公安机关依照法律、法规的规定，考虑到有法定的特殊情况存在，对依法本应给予治安管理处罚的行为人，不予适用治安管理处罚。本法第十二条、第十三条对不满十四周岁的未成年人、精神病人、智力残疾人在不能辨认或者不能控制自己行为的不予处罚，是指因具有法律、法规所规定的特殊事由存在，公安机关对某些形式上虽然违反治安管理但实质上不应当承担法律责任的人，不适用治安管理处罚。免予处罚，是指按照法律、法规或者规章的规定，对行为人违反治安管理的行为应当给予治安管理处罚，但由于行为人具备法律、法规或者规章规定的特定条件，公安机关免予对其处罚。

　　本条新增"取得被侵害人谅解的"作为"从轻、减轻或者不予处罚"的情形,这是考虑到取得被侵害人谅解在治安处罚中可能产生从宽处理的效果,通过赔偿被害人的经济损失,违法行为往往更容易获得被害人的谅解。这种赔偿不仅体现了犯罪嫌疑人或被告人的悔罪态度,也有助于弥补被害人的损失,从而促进双方的和解,在此基础上,公安机关可以从宽处理。尽管取得被害人的谅解可能导致从宽处理,但并不意味必然免除治安处罚,而是需要在具体案件中结合实际情况和法律规定综合判断。

需要强调的是,公安机关实施治安管理处罚要坚持"过罚相当"的原则。公安机关在运用从轻、减轻或者不予处罚时,要注意综合考虑违反治安管理行为人的情况、违反治安管理行为的具体情况及行为人的悔过情节,对于有些法定应当减轻处罚或者不予处罚的行为,不能仅给予从轻处罚;反之,对于有些法定应当从轻或者减轻的行为,也不能不予处罚。

⊙关联规定

《刑法》(2023 年修正)

第六十二条 犯罪分子具有本法规定的从重处罚、从轻处罚情节的,应当在法定刑的限度以内判处刑罚。

第六十三条 犯罪分子具有本法规定的减轻处罚情节的,应当在法定刑以下判处刑罚;本法规定有数个量刑幅度的,应当在法定量刑幅度的下一个量刑幅度内判处刑罚。

犯罪分子虽然不具有本法规定的减轻处罚情节,但是根据案件的特殊情况,经最高人民法院核准,也可以在法定刑以下判处刑罚。

第六十七条 犯罪以后自动投案,如实供述自己的罪行的,是自首。对于自首的犯罪分子,可以从轻或者减轻处罚。其中,犯罪较轻的,可以免除处罚。

被采取强制措施的犯罪嫌疑人、被告人和正在服刑的罪犯,如实供述司法机关还未掌握的本人其他罪行的,以自首论。

犯罪嫌疑人虽不具有前两款规定的自首情节,但是如实供述自己罪行的,可以从轻处罚;因其如实供述自己罪行,避免特别严重后果发生的,可以减轻处罚。

第六十八条 犯罪分子有揭发他人犯罪行为,查证属实的,或者提供重要线索，从而得以侦破其他案件等立功表现的，可以从轻或者减轻处罚；有重大立功表现的，可以减轻或者免除处罚。

《行政处罚法》（2021年修订）

第三十二条 当事人有下列情形之一，应当从轻或者减轻行政处罚：

（一）主动消除或者减轻违法行为危害后果的；

（二）受他人胁迫或者诱骗实施违法行为的；

（三）主动供述行政机关尚未掌握的违法行为的；

（四）配合行政机关查处违法行为有立功表现的；

（五）法律、法规、规章规定其他应当从轻或者减轻行政处罚的。

第三十三条 违法行为轻微并及时改正，没有造成危害后果的，不予行政处罚。初次违法且危害后果轻微并及时改正的，可以不予行政处罚。

当事人有证据足以证明没有主观过错的，不予行政处罚。法律、行政法规另有规定的，从其规定。

对当事人的违法行为依法不予行政处罚的，行政机关应当对当事人进行教育。

《公安机关办理行政案件程序规定》（2020年修正）

第一百五十九条 违法行为人有下列情形之一的，应当从轻、减轻处罚或者不予行政处罚：

（一）主动消除或者减轻违法行为危害后果，并取得被侵害人谅解的；

（二）受他人胁迫或者诱骗的；

（三）有立功表现的；

（四）主动投案，向公安机关如实陈述自己的违法行为的；

（五）其他依法应当从轻、减轻或者不予行政处罚的。

违法行为轻微并及时纠正，没有造成危害后果的，不予行政处罚。

盲人或者又聋又哑的人违反治安管理的，可以从轻、减轻或者不予行政处罚；醉酒的人违反治安管理的，应当给予处罚。

> **第二十一条 【坦白从宽处理】**
> 违反治安管理行为人自愿向公安机关如实陈述自己的违法行为，承认违法事实，愿意接受处罚的，可以依法从宽处理。

⊙重点解读

如实陈述自己的违法行为，是指违法行为人自愿、如实交代自己的主要违法事实。"如实"的实质是既不缩小也不扩大自己的违法行为。所陈述的"自己的违法行为"，是否已被公安机关掌握，原则上不影响如实陈述的成立。违法行为人虽然没有交代自己的主要违法事实，但在公安机关掌握其主要违法事实之前主动交代的，应认定为如实陈述自己的违法行为。如实陈述自己的违法行为，除陈述自己的主要违法行为外，还应包括姓名、年龄、职业、住址、前科等情况。违法行为人陈述的身份等情况与真实情况虽有差别，但不影响违法行为定性和量罚的，应认定为如实陈述自己的违法行为。违法行为人隐瞒自己的真实身份等情况，影响对其违法行为定性和量罚的，不能认定为如实陈述自己的违法行为。

违法行为人有数个违法行为，仅如实陈述部分违法行为的，只对如实陈述的部分违法行为认定为从宽处理的对象。共同违法案件中的违法行为人，除如实陈述自己的违法行为外，还应当陈述所知的共同违法行为人的违法行为。特别要注意的是，违法行为人出于掩护其他共同违法行为人的目的，有预谋地投案包揽共同违法行为的全部责任的，不能视为如实陈述自己的违法行为。违法行为人如实陈述自己的违法行为后又翻供的，不能认定为如实陈述；但在公安机关掌握其主要违法行为之前主动交代的，应认定为如实陈述自己的违法行为。违法行为人如实陈述自己的违法行为后，为自己进行辩护，提出陈述申辩意见，或者更正、补充某些事实的，应当允许，不能视为没有如实陈述自己的违法行为。违法行为人如实陈述自己的违法行为，但不退还赃物的，原则上也不影响如实陈述的成立。

需要指出的是，如实陈述自己的违法行为，承认违法事实，愿意接受处罚的，可以依法从宽处理，三者并不共同构成"可以依法从宽处理"的构成要件，而是只要符合其中之一，就可以依法从宽处理。其中，如实陈述自己的违法行为是违法行为人主动向公安机关作出陈述，承认违法事实是指违法行为人对公安机关指认的违法事实予以承认，愿意接受处罚是指违法行为人当场表示悔过，对公安机关拟作出的处罚予以认可。

⊙关联规定

《刑法》（2023年修正）

　　第六十七条第三款　犯罪嫌疑人虽不具有前两款规定的自首情节，但是如实供述自己罪行的，可以从轻处罚；因其如实供述自己罪行，避免特别严重后果发生的，可以减轻处罚。

第二十二条　【从重处罚的情形】

违反治安管理有下列情形之一的，从重处罚：

（一）有较严重后果的；

（二）教唆、胁迫、诱骗他人违反治安管理的；

（三）对报案人、控告人、举报人、证人打击报复的；

（四）一年以内曾受过治安管理处罚的。

⊙重点解读

　　从重处罚，是指公安机关在法律、法规和规章规定的处罚方式和处罚幅度内，对违反治安管理行为人在几种可能的处罚方式内选择适用较重的处罚方式，或者在同一种处罚方式下在允许的幅度内选择幅度的较高限进行处罚。一种情况是，公安机关对违反治安管理行为人在几种可能的处罚方式内选择适用较重的处罚方式。另一种情况是，公安机关在同一种处罚方式下在允许的幅度内选择幅度的较高限进行处罚。按照本条规定，对违反治安管理行为人从重处罚的情形包括以下四种。

一是有较严重后果的。违法行为所造成的后果，是确定违法性质和确定如何进行法律制裁的重要依据。一般来说，后果轻微的，社会危害性较小；后果较重的，社会危害性较大。对于有些行为来讲，后果是否严重还是区分罪与非罪的标准或者界限。例如，故意伤害他人身体的行为，如果造成轻伤或者重伤，就构成了故意伤害罪；如果造成的伤害在轻伤以下，就不构成犯罪，而构成违反治安管理行为。这里的"有较严重后果"，是以已构成违反治安管理行为为前提的。后果轻重是决定处罚轻重的重要依据。

二是教唆、胁迫、诱骗他人违反治安管理的。前面已经讲到，教唆，是指采用授意、劝说、挑拨、怂恿或者其他方法，故意唆使他人违反治安管理的行为。胁迫，是指采用暴力、威胁、逼迫等方法，迫使他人违反治安管理的行为。诱骗，是指采用引诱、欺骗等方法，使他人上当受骗而违反治安管理的行为。一般来说，教唆、胁迫、诱骗他人违反治安管理，不仅自己违反了治安管理，同时使他人也违反了治安管理，其社会危害性比教唆人、胁迫人、诱骗人自己单独违反治安管理的社会危害性要大，所以法律规定要从重处罚，特别是对教唆未成年人违反治安管理的行为人，应当从重处罚。

三是对报案人、控告人、举报人、证人打击报复的。对违反治安管理行为，公民进行报案、控告、举报、举证，是维护国家法治，维护社会治安秩序，协助公安机关履行职责，保护自己的合法权益的积极行为。对报案人、控告人、举报人、证人进行打击报复的行为，不仅侵犯了报案人、控告人、举报人、证人的合法权益，扰乱了公安机关正常的办案工作，而且可能导致其他公民以后不敢报案、控告、举报、举证。因此，对这种违法行为应当从重处罚，从而有效地支持广大公民主动同违反治安管理行为作斗争。

四是一年内曾受过治安管理处罚的。行为人因实施违反治安管理行为被公安机关给予治安管理处罚后的一年内再次实施违反治安管理行为，说明其恶习较深、没有悔改，公安机关应当对其再次实施的违反治安管理行为从重处罚，以警示违反治安管理行为人。行为人一年内曾受过刑事处罚的，根据"举轻以明重"的法律适用规则，应当从重处罚；行为人一年内曾受强制戒毒等处理但未受治安管理处罚的，根据法律保留原则，原则上不宜类推适用从重处罚。对于"曾受过治安管理处罚"，原法规定的是"六个月内"，新法修改为"一年内"，表明对二次以上违反治安管理行为予以从严打击的立法政策。

⊙ 关联规定

《刑法》（2023年修正）

　　第六十二条　犯罪分子具有本法规定的从重处罚、从轻处罚情节的，应当在法定刑的限度以内判处刑罚。

　　第六十五条　被判处有期徒刑以上刑罚的犯罪分子，刑罚执行完毕或者赦免以后，在五年以内再犯应当判处有期徒刑以上刑罚之罪的，是累犯，应当从重处罚，但是过失犯罪和不满十八周岁的人犯罪的除外。

　　前款规定的期限，对于被假释的犯罪分子，从假释期满之日起计算。

《公安机关办理行政案件程序规定》（2020年修正）

　　第一百六十条　违法行为人有下列情形之一的，应当从重处罚：

　　（一）有较严重后果的；

　　（二）教唆、胁迫、诱骗他人实施违法行为的；

　　（三）对报案人、控告人、举报人、证人等打击报复的；

　　（四）六个月内曾受过治安管理处罚或者一年内因同类违法行为受到两次以上公安行政处罚的；

　　（五）刑罚执行完毕三年内，或者在缓刑期间，违反治安管理的。

第二十三条　【不执行行政拘留处罚的情形】

违反治安管理行为人有下列情形之一，依照本法应当给予行政拘留处罚的，不执行行政拘留处罚：

　　（一）已满十四周岁不满十六周岁的；

　　（二）已满十六周岁不满十八周岁，初次违反治安管理的；

　　（三）七十周岁以上的；

　　（四）怀孕或者哺乳自己不满一周岁婴儿的。

> 前款第一项、第二项、第三项规定的行为人违反治安管理情节严重、影响恶劣的，或者第一项、第三项规定的行为人在一年以内二次以上违反治安管理的，不受前款规定的限制。

⊙重点解读

本条是关于不执行行政拘留情形的规定。共分为两款：第一款是关于不执行行政拘留处罚的规定；第二款是关于不受第一款规定的限制、可以执行行政拘留处罚的规定。

一、应当不执行行政拘留处罚

行政拘留是公安机关强制将违反治安管理行为人关押在专门的处所，暂时剥夺其人身自由的最严厉的治安管理处罚。人身自由是公民的基本权利，我国宪法和法律对保护公民的人身自由都作了明确规定，特别是对未成年人、老年人和妇女的人身自由等合法权益的保护，全国人大常委会分别专门制定了《未成年人保护法》《老年人权益保障法》《妇女权益保障法》。本条规定充分体现了教育、感化、挽救的方针和教育为主、惩罚为辅的原则。不执行行政拘留处罚，是指公安机关依法对违反治安管理行为人作出行政拘留决定，但考虑到行为人具有法定的特殊情况，实际上不执行行政拘留。不执行行政拘留与所谓执行行政拘留的主要区别是，后者是执行处罚的一种特殊方式，前者是不执行处罚。但是，对于"不执行行政拘留处罚"的违法行为人，公安机关应当对违反治安管理行为人要会同其家庭、单位、学校、居（村）民委员会对其进行监管和帮教。

二、不受前款规定限制、可以执行行政拘留处罚

对于已满十四周岁不满十六周岁、已满十六周岁不满十八周岁但初次违反治安管理、七十周岁以上的违法行为人，如果违反治安管理情节严重、影响恶劣的，可以执行行政拘留处罚。对于如何认定"情节严重、影响恶劣"，一方面，应当根据本法第二十二条从重处罚的规定作出认定，包括"有较严重后果""教唆、胁迫、诱骗他人违反治安管理""对报案人、控告人、举报人、证

人打击报复""一年以内曾受过治安管理处罚"等情形;另一方面,还应当依照本法第六十一条、第六十二条、第八十条、第八十一条、第八十四条有关具体违反治安管理行为和处罚的规定作出认定,如第八十四条第二款规定"聚众、组织吸食、注射毒品的,对首要分子、组织者依照前款的规定从重处罚"。已满十四周岁不满十六周岁、七十周岁以上的违法行为人一年内二次以上违反治安管理的,也可以执行行政拘留处罚。需要注意的是,结合本法第二十二条从重处罚的规定,对"违反治安管理的"应当以"受到治安管理处罚"为限。总体上,根据过罚相当原则,是否执行行政拘留处罚,应当结合违法行为的事实、性质、情节以及社会危害程度综合判断作出认定。

⊙关联规定

《公安机关办理行政案件程序规定》(2020年修正)

第一百六十四条 违法行为人具有下列情形之一,依法应当给予行政拘留处罚的,应当作出处罚决定,但不送拘留所执行:

(一)已满十四周岁不满十六周岁的;

(二)已满十六周岁不满十八周岁,初次违反治安管理或者其他公安行政管理的。但是,曾被收容教养、被行政拘留依法不执行行政拘留或者曾因实施扰乱公共秩序,妨害公共安全,侵犯人身权利、财产权利,妨害社会管理的行为被人民法院判决有罪的除外;

(三)七十周岁以上的;

(四)孕妇或者正在哺乳自己婴儿的妇女。

第二十四条 【对未成年人的矫正教育措施】

对依照本法第十二条规定不予处罚或者依照本法第二十三条规定不执行行政拘留处罚的未成年人,公安机关依照《中华人民共和国预防未成年人犯罪法》的规定采取相应矫治教育等措施。

⊙ **重点解读**

本条是转介规范。未成年人群体具有很强的可塑性，其身心特征决定了教育挽救的目标与遵循的程序都有别于成年人，基于保护和教育未成年人的基本理念，法律法规层面就未成年人犯罪问题和严重危害社会行为的惩治问题，始终秉持"重罪重罚，轻罪宽宥"、以教育为主的立法政策，保障未成年人身心健康，培养未成年人良好品行，有效预防未成年人违法犯罪。根据本法第十二条的规定，不满十四周岁的人违反治安管理的，不予处罚，但是应当责令其监护人严加管教；根据第二十三条第一款第一项、第二项规定，已满十四周岁不满十六周岁违反治安管理，以及已满十六周岁不满十八周岁、初次违反治安管理，依法应当给予行政拘留处罚的，不执行行政拘留处罚。不予行政处罚和不执行行政拘留处罚，不是指对于违反治安管理的未成年人放任不管、不予行政管理，而是贯彻教育为主的政策，以采取相应的矫治教育措施代替实施治安行政处罚。

《预防未成年人犯罪法》将未成年人实施的违法行为区分为不良行为和严重不良行为，根据该法第二十八条的规定，不良行为是指未成年人实施的"吸烟、饮酒""多次旷课、逃学""无故夜不归宿、离家出走""沉迷网络"等不利于其健康成长的行为。对于有不良行为的未成年人，除依法应当由未成年人的父母或者其他监护人依法履行监护职责以外，所在学校应当加强管理教育、采取管理教育措施，具体包括予以训导、要求遵守特定的行为规范、要求参加特定的专题教育、要求参加校内服务活动等。该法第三十八条将严重不良行为界定为两种类型，未成年人实施的有刑法规定、因不满法定刑事责任年龄不予刑事处罚的行为，以及严重危害社会的九种情形，后者包括：（1）结伙斗殴，追逐、拦截他人，强拿硬要或者任意损毁、占用公私财物等寻衅滋事行为；（2）非法携带枪支、弹药或者弩、匕首等国家规定的管制器具；（3）殴打、辱骂、恐吓，或者故意伤害他人身体；（4）盗窃、哄抢、抢夺或者故意损毁公私财物；（5）传播淫秽的读物、音像制品或者信息等；（6）卖淫、嫖娼，或者进行淫秽表演；（7）吸食、注射毒品，或者向他人提供毒品；（8）参与赌博赌资较大；（9）其他严重危害社会的行为。上述列举的情形与本法分则部分对有关行为的描述相吻合，对于本法分则部分规定的上述情形之外的违法行为，应当结合其社会危害性判断是否符合"其他严重危害社会的行为"。

公安机关发现未成年人有严重不良行为的，应当及时制止，依法调查处理，并可以责令其父母或者其他监护人消除或者减轻违法后果，采取措施严加管教，并可以根据该法第四十一条的规定，采取以下矫治教育措施，包括：（1）予以训诫；（2）责令赔礼道歉、赔偿损失；（3）责令具结悔过；（4）责令定期报告活动情况；（5）责令遵守特定的行为规范，不得实施特定行为、接触特定人员或者进入特定场所；（6）责令接受心理辅导、行为矫治；（7）责令参加社会服务活动；（8）责令接受社会观护，由社会组织、有关机构在适当场所对未成年人进行教育、监督和管束；（9）其他适当的矫治教育措施。此外，根据该法第四十三条规定，对有严重不良行为的未成年人，未成年人的父母或者其他监护人、所在学校无力管教或者管教无效的，可以向教育行政部门提出申请，经专门教育指导委员会评估同意后，由教育行政部门决定送入专门学校接受专门教育，未成年人有"实施严重危害社会的行为，情节恶劣或者造成严重后果""多次实施严重危害社会的行为""拒不接受或者配合本法第四十一条规定的矫治教育措施""法律、行政法规规定的其他情形"等情形的，经专门教育指导委员会评估同意，教育行政部门会同公安机关可以决定将其送入专门学校接受专门教育。

总体上，矫治教育措施在违法未成年人处遇问题上，与违法成年人的行政处罚存在较大差别，其以"宜教不宜罚"为价值取向，具备保护处分与教育处分的双重性质。其中，保护处分主要改善罪错未成年人的微观环境，而教育处分通过改善罪错未成年人不良心理与行为习惯以实现其复归社会的目标。另外，考虑到目前专门教育设施、理念、措施仍有较大改善空间，以及其与普通教育的巨大差异，为了最大限度地保护未成年人的利益，作出专门教育决定应当综合权衡各方因素，慎之又慎。

⊙关联规定

《预防未成年人犯罪法》（2020年修订）

第二十九条 未成年人的父母或者其他监护人发现未成年人有不良行为的，

应当及时制止并加强管教。

第三十一条 学校对有不良行为的未成年学生，应当加强管理教育，不得歧视；对拒不改正或者情节严重的，学校可以根据情况予以处分或者采取以下管理教育措施：

（一）予以训导；

（二）要求遵守特定的行为规范；

（三）要求参加特定的专题教育；

（四）要求参加校内服务活动；

（五）要求接受社会工作者或者其他专业人员的心理辅导和行为干预；

（六）其他适当的管理教育措施。

第四十条 公安机关接到举报或者发现未成年人有严重不良行为的，应当及时制止，依法调查处理，并可以责令其父母或者其他监护人消除或者减轻违法后果，采取措施严加管教。

第四十一条 对有严重不良行为的未成年人，公安机关可以根据具体情况，采取以下矫治教育措施：

（一）予以训诫；

（二）责令赔礼道歉、赔偿损失；

（三）责令具结悔过；

（四）责令定期报告活动情况；

（五）责令遵守特定的行为规范，不得实施特定行为、接触特定人员或者进入特定场所；

（六）责令接受心理辅导、行为矫治；

（七）责令参加社会服务活动；

（八）责令接受社会观护，由社会组织、有关机构在适当场所对未成年人进行教育、监督和管束；

（九）其他适当的矫治教育措施。

第四十三条 对有严重不良行为的未成年人，未成年人的父母或者其他监护人、所在学校无力管教或者管教无效的，可以向教育行政部门提出申请，经专门教育指导委员会评估同意后，由教育行政部门决定送入专门学校接受专门教育。

第四十四条　未成年人有下列情形之一的，经专门教育指导委员会评估同意，教育行政部门会同公安机关可以决定将其送入专门学校接受专门教育：

（一）实施严重危害社会的行为，情节恶劣或者造成严重后果；

（二）多次实施严重危害社会的行为；

（三）拒不接受或者配合本法第四十一条规定的矫治教育措施；

（四）法律、行政法规规定的其他情形。

第二十五条　【追究时效】

违反治安管理行为在六个月以内没有被公安机关发现的，不再处罚。

前款规定的期限，从违反治安管理行为发生之日起计算；违反治安管理行为有连续或者继续状态的，从行为终了之日起计算。

⊙重点解读

本条是关于追究时效的规定，第一款是关于违反治安管理行为追究时效的规定；第二款是关于追究时效计算方法的规定。

追究时效，又称追溯期，是指对违法犯罪行为追究法律责任的有效期限。按照本条规定，违反治安管理行为的追究时效为六个月，即违反治安管理行为在六个月内没有被公安机关发现的，不再给予治安管理处罚。本条关于追究时效的规定，具有积极的现实意义。一方面，对于未过追究时效的违反治安管理行为，公安机关必须依法追究行为人的法律责任、给予治安管理处罚，体现了违法必究的法治精神。另一方面，对于已过追究时效的违反治安管理行为，公安机关不再依法追究行为人的法律责任、给予治安管理处罚，体现了治安管理处罚的教育与处罚相结合的原则。没有被公安机关发现，是指公安机关既没有通过自己的工作发现发生了违反治安管理的事实，也没有接到报案人、控告人、举报人对这一违反治安管理事实的报案、控告、举报，同时违反治安管理行为人也没有向公安机关主动投案。发现的对象是违反治安管理事实，而不是违反治安管理行为人。对于有些治安案件，需要经过调查，才能找到违反治安管理行为人。

按照本款的规定，违反治安管理行为的追究时效的期限从行为发生之日起计算；违反治安管理行为有连续或者继续状态的，从行为终了之日起计算。违反治安管理行为发生之日，是指违反治安管理行为完成或者停止之日。例如，运输危险物质，在途中用了五天时间，应当以最后一天将危险物质转交他人起计算追究时效。连续状态，是指基于同一的或者概括的违反治安管理故意，连续实施数个独立的违反治安管理行为，构成性质同一的违反治安管理行为的状态。对有连续状态的违反治安管理行为，以最后一个违反治安管理行为终了之日起计算追究时效。继续状态，又称持续状态，是指违反治安管理行为及其所造成的不法状态在一定时间内处于持续状态。对有继续状态的违反治安管理行为，以持续的违反治安管理行为终了之日起计算追究时效。例如，非法拘禁，应当以非法拘禁行为停止之日起计算追究时效。

⊙ 关联规定

《刑法》（2023年修正）

第八十七条　犯罪经过下列期限不再追诉：

（一）法定最高刑为不满五年有期徒刑的，经过五年；

（二）法定最高刑为五年以上不满十年有期徒刑的，经过十年；

（三）法定最高刑为十年以上有期徒刑的，经过十五年；

（四）法定最高刑为无期徒刑、死刑的，经过二十年。如果二十年以后认为必须追诉的，须报请最高人民检察院核准。

《行政处罚法》（2021年修订）

第三十六条　违法行为在二年内未被发现的，不再给予行政处罚；涉及公民生命健康安全、金融安全且有危害后果的，上述期限延长至五年。法律另有规定的除外。

前款规定的期限，从违法行为发生之日起计算；违法行为有连续或者继续状态的，从行为终了之日起计算。

《公安机关办理行政案件程序规定》（2020年修正）

第一百五十四条 违反治安管理行为在六个月内没有被公安机关发现，其他违法行为在二年内没有被公安机关发现的，不再给予行政处罚。

前款规定的期限，从违法行为发生之日起计算，违法行为有连续、继续或者持续状态的，从行为终了之日起计算。

被侵害人在违法行为追究时效内向公安机关控告，公安机关应当受理而不受理的，不受本条第一款追究时效的限制。

第三章　违反治安管理的行为和处罚

第一节　扰乱公共秩序的行为和处罚

第二十六条　【对扰乱单位、公共场所、公共交通和选举秩序行为的处罚】

有下列行为之一的，处警告或者五百元以下罚款；情节较重的，处五日以上十日以下拘留，可以并处一千元以下罚款：

（一）扰乱机关、团体、企业、事业单位秩序，致使工作、生产、营业、医疗、教学、科研不能正常进行，尚未造成严重损失的；

（二）扰乱车站、港口、码头、机场、商场、公园、展览馆或者其他公共场所秩序的；

（三）扰乱公共汽车、电车、城市轨道交通车辆、火车、船舶、航空器或者其他公共交通工具上的秩序的；

（四）非法拦截或者强登、扒乘机动车、船舶、航空器以及其他交通工具，影响交通工具正常行驶的；

（五）破坏依法进行的选举秩序的。

聚众实施前款行为的，对首要分子处十日以上十五日以下拘留，可以并处二千元以下罚款。

⊙ 重点解读

本条是关于扰乱机关单位、公共场所、交通工具和选举秩序等具体情形的规定。

本条第一款第一项针对扰乱单位秩序进行了处罚规定，单位包括机关、团体、企业、事业单位。其中，机关是指国家机关，包括立法机关、行政机关、审判机关、检察机关、监察机关和军事机关等；团体主要是指人民团体以及社会团体，如工会以及民主党派；企业、事业单位是指所有的企业、事业单位，既包括国有和集体所有的企业、事业单位，也包括私营企业和民办非企业单位等。扰乱是指造成秩序的混乱，具体表现为使相关场所或活动由有序变为无序。具体手段既可以是暴力性的，也可以是非暴力性的，如在相关场所哄闹、大肆喧嚣；损毁办公物品、文件资料等；强占或者封锁相关工作场所；辱骂、威胁、殴打工作人员；在信访接待场所等国家机关实施自伤、自残、自杀等极端行为等。行为人往往企图通过实施这种行为给机关、团体、企业、事业单位施加压力，制造事端，以实现自己的不合理要求或者发泄不满情绪。构成当罚行为还必须使相关工作、生产、营业、医疗、教学、科研不能正常进行，且尚未造成严重损失，否则即应按照刑法相关规定追究刑事责任。本项规定的扰乱单位秩序的行为应与刑法中的聚众扰乱社会秩序罪进行区分。首先，危害程度不同。不同于治安管理处罚意义上的扰乱单位违法行为，聚众扰乱社会秩序罪在客观方面实施的扰乱行为必须达到"情节严重"的程度，除致使相关工作无法进行外，还必须造成严重损失，如造成人员重伤、死亡或者公私财产重大损失等。其次，处罚对象不同。本条规定的处罚对象包括一切直接从事扰乱行为的人，聚众扰乱单位秩序的主要分子属于加重处罚的对象。而聚众扰乱社会秩序罪的主体只包括组织、策划、指挥的首要分子和在扰乱行为中起主要作用的积极参加者；对于其他参与人员，可依严重程度，以相关罪名进行刑事处罚，或依本条进行行政处罚。

本条第一款第二项针对扰乱公共场所秩序的行为进行了处罚规定，公共场所包括本项列举的车站、港口、码头、机场、商场、公园、展览馆或者其他对公众开放、供不特定的多数人使用的场所。扰乱行为具体表现为在公共场所内打架斗殴、损毁财物；非法集会游行或者静坐示威，阻碍、影响交通正常通行，造成秩序混乱；在主要旅游景点周围、主要街道纠缠行人，违法经营商品或者揽客乘车、住宿，或者在该处聚集、滞留，扰乱该地段正常秩序；以拦截、追逐行人或过往车辆的方式强行散发小广告、兜售商品等。上述行为一般是尚未达到情节严重的程度，否则应以相应罪名施以刑事处罚。本项规定的扰乱公共场所秩序的行为应与刑法中的聚众扰乱社会秩序罪进行区分。主要区别同样在于危害程度以及处罚对象，参见上文扰乱单位秩序行为与聚众扰乱社会秩序罪的区别分析。

本条第一款第三项针对扰乱公共交通工具的行为作出了处罚规定。扰乱公共交通工具行为侵犯的是公共交通工具上的秩序，而不是其他交通工具上的秩序，也不是交通管理秩序。"扰乱"的定义可参考上文，同时"情节较重"的扰乱行为包括：在公共交通工具上无理取闹，严重影响公共交通工具运行秩序；在非停靠站点强行下车，或者拉扯驾驶员、乘务员，致使公共交通工具减速或停运；造成交通拥堵、人员受伤、财物损失等危害后果或者较大社会影响等。

本条第一款第四项针对拦截、强登交通工具的行为作出了处罚规定。本项禁止的行为包括非法拦截、强登、扒乘，或者设置障碍，干扰、阻碍机动车、船舶、航空器以及其他交通工具，影响交通工具的正常行驶。其中"情节较重"的行为包括：采取打、砸等暴力手段非法拦截交通工具的，虽未造成实际损失但对公共安全产生威胁；在重点路段非法拦截、强登、扒乘交通工具，影响交通工具正常行驶；造成交通拥堵、人员受伤、财物损失等危害后果或者较大社会影响等。第三项和第四项针对交通工具的妨害行为的主要区别在于，第三项限于公共交通工具，主要保护公共交通工具内的秩序；第四项适用于所有交通工具，主要保护交通工具本身的正常运行。第三项和第四项所规定的两类行为可能存在概念上的重合，也可能在实践中并行发生。无论是哪一类行为，若社会危害性超过了治安管理处罚的范围，应依法追究相应的刑事责任。

本条第一款第五项规定了破坏选举秩序的处罚。以下情形，属于破坏依法进行的选举秩序"情节较重"：使用暴力、威胁等方法干扰他人选举；采取撕毁他人选票、毁坏票箱、条幅、宣传材料或者破坏其他选举设备等行为干扰选举秩序；将伪造的选票、选民证或者其他文件混入正规选举材料中，伪造选文件；积极参与聚众破坏选举秩序；在现场煽动、散布谣言，致使选举现场秩序混乱等。

相较于原法，新法提高了罚款的上限：对于情节一般的，将罚款上限提高至五百元；对于情节较重的，将罚款上限提高至一千元。聚众实施相关妨害行为的，原法规定对首要分子处"十日以上十五日以下拘留，可以并处一千元以下罚款"，新法将罚款上限提高至两千元。

第二十七条　【对扰乱国家考试秩序行为的处罚】

在法律、行政法规规定的国家考试中，有下列行为之一，扰乱考试秩序的，处违法所得一倍以上五倍以下罚款，没有违法所得或者违法所得不足一千元的，处一千元以上三千元以下罚款；情节较重的，处五日以上十五日以下拘留：

（一）组织作弊的；

（二）为他人组织作弊提供作弊器材或者其他帮助的；

（三）为实施考试作弊行为，向他人非法出售、提供考试试题、答案的；

（四）代替他人或者让他人代替自己参加考试的。

⊙重点解读

本条针对扰乱国家考试秩序的行为规定了相应处罚，属于新增加的条款，填补了针对国家考试中作弊行为的行政处罚漏洞。

本条仅针对"法律、行政法规规定的国家考试"。其中，"法律规定的国家考试"须由全国人民代表大会及其常务委员会以法律的形式确定，包括普通高等学校招生全国统一考试，公务员录用考试和专业技术资格考试（如国家统一法律职业资格考试、国家教师资格考试、注册会计师全国统一考试、医师资格考试等）；"行政法规规定的国家考试"须由国务院以行政法规的形式确定，如

《护士条例》规定的护士执业资格考试等。扰乱国家考试秩序的行政处罚范围不包括证券业从业人员资格考试，全国大学英语四、六级考试等依据其他规范设立的考试。

本条规定的治安管理处罚行为要注意与《刑法》中的相关罪名进行区分。《刑法》第二百八十四条之一针对相应行为规定了组织考试作弊罪，非法出售、提供试题、答案罪，代替考试罪。首先，二者涉及的考试范围不同，《治安管理处罚法》保护由"法律"以及"行政法规"规定的国家考试之秩序；《刑法》仅针对全国人大及其常委会颁布的"法律"所规定的考试。其次，社会危害性不同，《治安管理处罚法》要求行为达到"扰乱考试秩序"的结果或者"情节较重"，《刑法》则需要行为造成更为严重的社会后果。实践中，对于代替他人或者让他人代替自己参加法律规定的国家考试的，若行为人犯罪情节较轻，确有悔罪表现，综合考虑行为人替考情况以及考试类型等因素，认为符合缓刑适用条件的，可以宣告缓刑；犯罪情节轻微的，可以不起诉或者免予刑事处罚；情节显著轻微危害不大的，不以犯罪论处，但可以依法进行治安管理处罚。

⊙典型案例

侯某亮、虎某代替考试案[①]

2015年10月，被告人虎某通过他人联系被告人侯某亮，让其代替自己参加2016年全国硕士研究生招生考试。2015年12月26日上午，侯某亮代替虎某参加上述考试中的管理类联考综合能力科目时，被监考人员当场发现。虎某主动向公安机关投案，并如实供述犯罪事实。法院于2016年1月14日以代替考试罪分别判处被告人侯某亮拘役一个月，罚金人民币一万元；被告人虎某拘役一个月，罚金人民币八千元。

法院认为，被告人虎某让被告人侯某亮代替自己参加研究生招生考试，二被告人的行为均已构成代替考试罪。侯某亮具有如实供述自己罪行的从轻情节，虎某具有自首的从轻情节，予以从轻处罚。综合考虑案件具体情况，法院依法

[①] 人民法院案例库，入库编号2024-18-1-250-001。

作出如上裁判。

对于代替他人或者让他人代替自己参加法律规定的国家考试的，在决定是否追究刑事责任以及如何追究刑事责任时，应当综合全案有关情况，特别是考试类型等因素。对于所涉考试系招生考试等重要考试的，一般应当追究刑事责任；对于在其他考试中代替考试的，可以根据案件具体情况作出妥当处理。

⊙关联规定

《刑法》（2023年修正）

第二百八十四条之一　在法律规定的国家考试中，组织作弊的，处三年以下有期徒刑或者拘役，并处或者单处罚金；情节严重的，处三年以上七年以下有期徒刑，并处罚金。

为他人实施前款犯罪提供作弊器材或者其他帮助的，依照前款的规定处罚。

为实施考试作弊行为，向他人非法出售或者提供第一款规定的考试的试题、答案的，依照第一款的规定处罚。

代替他人或者让他人代替自己参加第一款规定的考试的，处拘役或者管制，并处或者单处罚金。

第二十八条　【对扰乱大型群众性活动秩序行为的处罚】

有下列行为之一，扰乱体育、文化等大型群众性活动秩序的，处警告或者五百元以下罚款；情节严重的，处五日以上十日以下拘留，可以并处一千元以下罚款：

（一）强行进入场内的；

（二）违反规定，在场内燃放烟花爆竹或者其他物品的；

（三）展示侮辱性标语、条幅等物品的；

（四）围攻裁判员、运动员或者其他工作人员的；

（五）向场内投掷杂物，不听制止的；

（六）扰乱大型群众性活动秩序的其他行为。

因扰乱体育比赛、文艺演出活动秩序被处以拘留处罚的，可以同时责令其六个月至一年以内不得进入体育场馆、演出场馆观看同类比赛、演出；违反规定进入体育场馆、演出场馆的，强行带离现场，可以处五日以下拘留或者一千元以下罚款。

⊙重点解读

本条所称"大型群众性活动"是指由法人或者其他组织面向社会公众举办的公共活动。根据《大型群众性活动安全管理条例》，大型群众性活动包括体育比赛活动，演唱会、音乐会等文艺演出活动，展览、展销等活动，游园、灯会、庙会、花会、焰火晚会等活动，人才招聘会、现场开奖的彩票销售等活动等，且每场次预计参加人数达到一千人以上。大型群众性活动的特点是在一定时间和有限的空间内，人员众多、物资聚集，易发生恐怖袭击事件、群体性治安事件、群死群伤事故和盗窃、抢夺、打架斗殴等案件。加强大型活动的管理，可以维护公共秩序，保障公共安全，确保大型活动的顺利举行。

在实践中，若存在以下情形，可以认定为违法情节一般，适用警告或者五百元以下的罚款：初次实施违反治安管理行为，危害较小的；扰乱大型活动秩序，导致现场混乱持续时间较短，经制止停止违法行为的；扰乱大型活动秩序，导致现场混乱持续时间较长，经制止停止违法行为的，未造成严重后果的；实施违反治安管理行为后，主动认识错误，积极配合公安机关查处的；在共同实施扰乱大型活动秩序行为中起次要或者辅助作用的；其他情节较轻的情形。

若存在以下情形，可以认定为违法情节严重，适用拘留或者一千元以下的罚款：多次扰乱大型活动秩序的；使用暴力或者威胁手段的；阻碍、抗拒有关工作人员维护大型活动现场秩序的；经公安机关制止，不听劝阻的；导致出入口秩序混乱的；造成人身伤害、财物损毁或者大型活动中断、不能正常进行后果的；造成现场秩序混乱或者其他恶劣社会影响的；其他情节较重的情形。

本条第二款是针对扰乱体育比赛、文艺演出活动秩序且被处以拘留处罚的人的特殊规定。首先，公安机关对于扰乱文化、体育等大型群众性活动秩序的人可以另行责令其在一段时间内不得进入特定场馆。该行政强制措施的实施条件包括：（1）违法行为人因扰乱大型群众性活动秩序已被处以行政处罚；（2）不得进入特定场馆的禁令仅限于同类比赛、演出。若是不同种类的比赛、演出，违法行为人依然可以进入场馆。其次，被禁止入场的行为人违反规定进入特定场馆时，公安机关可以采取强行带离的行政强制措施，并可以处以相应的拘留或者罚款。

> **第二十九条 【对扰乱公共秩序行为的处罚】**
>
> 有下列行为之一的，处五日以上十日以下拘留，可以并处一千元以下罚款；情节较轻的，处五日以下拘留或者一千元以下罚款：
>
> （一）故意散布谣言，谎报险情、疫情、灾情、警情或者以其他方法故意扰乱公共秩序的；
>
> （二）投放虚假的爆炸性、毒害性、放射性、腐蚀性物质或者传染病病原体等危险物质扰乱公共秩序的；
>
> （三）扬言实施放火、爆炸、投放危险物质等危害公共安全犯罪行为扰乱公共秩序的。

⊙ **重点解读**

本条是关于散布谣言，投放虚假危险物质，扬言实施放火、爆炸、投放危险物质的治安管理处罚规定。

本条第一项规定了散布谣言的行为，此次修改增加了"故意"二字，强调行为人必须主观上明知信息内容为假而刻意传播或报告给有关部门，有意扰乱公共秩序。若行为人误信且出于社会责任感而误报了虚假信息，则不属于本项规定的行为。在实践中，行为人动机和目的不一而足，或为报复对手、发泄不满，或为实施恶作剧，但具体动机并不影响构成本项规定的应罚行为。在客观上，"谣言"是指缺乏相应事实基础、被蓄意捏造且对社会、他人造成危害的虚假信息。虽在执法实践中，行政机关也曾处罚过存在事实基础但未经认证的言论之传播，但需对此持谨慎态度。在认定某一言论是否实属谣言时，需要考虑行为人获取信息的能力是否与其散布的信息之精确度相匹配，否则容易侵犯行为人的言论自由。被捏造的事项需要涉及险情、疫情、灾情、警情等，其中"灾情"是此次修订时增加的内容，使本项规定与《刑法》有关罪名相对应。险情是指可能造成重大人员伤亡或者重大财产损失的危险情况；疫情是指传染病与重大疾病的发生、蔓延等情况；灾情是指火灾、水灾、地质灾害等灾害状况；警情是指引起警察采取重大措施的情况。"散布"要求行为人公开发布、传播、扩散该虚假信息，相关行为需要达到扰乱公共秩序的程度，破坏社会主体的正常生活、生产状态，包括影响网络平台的正常秩序。

本条第二项规定了投放虚假危险物质的行为。此次修改并未同步对本项增加"明知"二字，但是构成本项规定的行为，亦需要行为人明知或者是应当明知是虚假的危险物质并故意投放，同时以明示或者暗示的方式谎称自己投放了危险物质。投放是指以邮寄、放置、丢弃等方式将相应物品置于他人或者公众面前或者周围。虽然该物品并不会产生实际的爆炸、放射、腐蚀、传染等危害结果，但易引发恐慌，最终扰乱公共秩序。

本条第三项规定了扬言实施放火、爆炸、投放危险物质的行为。扬言实施是指以公开宣扬的方式表达并使他人相信行为人即将进行放火、爆炸、投放危险物质的行为。行为人若确实实施了其所宣扬的危险行为，应当依法追究相应的刑事责任。

第三十条 【对寻衅滋事行为的处罚】

有下列行为之一的，处五日以上十日以下拘留或者一千元以下罚款；情节较重的，处十日以上十五日以下拘留，可以并处二千元以下罚款：

> （一）结伙斗殴或者随意殴打他人的；
> （二）追逐、拦截他人的；
> （三）强拿硬要或者任意损毁、占用公私财物的；
> （四）其他无故侵扰他人、扰乱社会秩序的寻衅滋事行为。

⊙ 重点解读

本条规定了应受治安管理处罚的寻衅滋事行为。行为人的行为动机通常为寻求刺激、发泄情绪、逞强耍横等。

本条对常见的寻衅滋事的行为模式进行了列举。第一项规定了以人身伤害的方式进行寻衅滋事的情形。其中，"结伙斗殴"指一方集合两人以上（含两人）[①]出于私仇或势力争夺等动机以团伙的形式与其他群体打斗。此行为需与《刑法》中的聚众斗殴罪进行区分，后者的"聚众"指召集三人以上（含三人），行为必须达到"情节恶劣"才能入罪，且只对组织者和积极参加者以聚众斗殴罪处罚。此外，第一项中"随意殴打他人"行为是此次修订时新增加的，以填补法律漏洞并与《刑法》相应内容保持一致。在此之前，对于随意殴打他人的情形没有完全契合的处罚依据。首先，这一行为不一定满足"结伙斗殴"或者"聚众斗殴"的人数条件。其次，虽然原法第四十三条（新法第五十一条）规定的"殴打他人"行为可以作为兜底处罚依据，但原法强调的主要是行为人进行特定人身伤害的主观意图，关键在于保护受害者的人身安全，虽然最终也能起到维护公共秩序的作用，但公共秩序并非直接重点。相较之下，"随意殴打他人"指以不特定的人为殴打对象，同时理由和方式异常、没事找事，行为人的主要目的在于破坏公共秩序，而殴打只是破坏手段之一。最后，虽然《刑法》已将"随意殴打他人"作为寻衅滋事罪的表现形式之一，但以此方式行为必须达到"情节恶劣"的程度才能入罪。可见在法律修订前，以取乐

[①] 根据《公安机关执行〈中华人民共和国治安管理处罚法〉有关问题的解释（二）》的规定，"结伙"指两人（含两人）以上。

或寻求刺激等目的殴打不特定人、未达到情节恶劣时，没有完全对应的治安管理处罚依据，也无法达到入罪条件。

本条第二项规定了以追逐、拦截他人为表现形式的寻衅滋事行为，未包含辱骂他人的情形。相较之下，《刑法》将情节恶劣的"辱骂他人"作为寻衅滋事罪的表现形式之一，予以刑事处罚。若辱骂他人造成公然侮辱、诽谤或恐吓，可依据《治安管理处罚法》第五十条作出行政处罚，或根据具体严重程度予以刑事处罚。

本条第三项规定了以危害财物的方式进行寻衅滋事的行为。强拿硬要或任意损毁、占用公私财物，是指以无赖手段强行索要公共财物或个人财产，或者将之肆意损坏、毁灭、占用。

本条第四项作为兜底条款，本次进行了修订，强调了应受治安管理处罚的寻衅滋事行为之特点主要在于"无故侵扰他人、扰乱社会秩序"。行为需未达到"情节恶劣""情节严重""造成公共场所秩序严重混乱"，否则，构成犯罪的，应依《刑法》相应条款进行处罚。相较之下，《刑法》中的寻衅滋事罪没有兜底条款。

⊙ 关联规定

《刑法》（2023年修正）

第二百九十二条　聚众斗殴的，对首要分子和其他积极参加的，处三年以下有期徒刑、拘役或者管制；有下列情形之一的，对首要分子和其他积极参加的，处三年以上十年以下有期徒刑：

（一）多次聚众斗殴的；

（二）聚众斗殴人数多，规模大，社会影响恶劣的；

（三）在公共场所或者交通要道聚众斗殴，造成社会秩序严重混乱的；

（四）持械聚众斗殴的。

聚众斗殴，致人重伤、死亡的，依照本法第二百三十四条、第二百三十二条的规定定罪处罚。

第二百九十三条　有下列寻衅滋事行为之一，破坏社会秩序的，处五年以下有期徒刑、拘役或者管制：

（一）随意殴打他人，情节恶劣的；

（二）追逐、拦截、辱骂、恐吓他人，情节恶劣的；

（三）强拿硬要或者任意损毁、占用公私财物，情节严重的；

（四）在公共场所起哄闹事，造成公共场所秩序严重混乱的。

纠集他人多次实施前款行为，严重破坏社会秩序的，处五年以上十年以下有期徒刑，可以并处罚金。

第三十一条　【对利用邪教、会道门进行非法活动行为的处罚】

有下列行为之一的，处十日以上十五日以下拘留，可以并处二千元以下罚款；情节较轻的，处五日以上十日以下拘留，可以并处一千元以下罚款：

（一）组织、教唆、胁迫、诱骗、煽动他人从事邪教活动、会道门活动、非法的宗教活动或者利用邪教组织、会道门、迷信活动，扰乱社会秩序、损害他人身体健康的；

（二）冒用宗教、气功名义进行扰乱社会秩序、损害他人身体健康活动的；

（三）制作、传播宣扬邪教、会道门内容的物品、信息、资料的。

⊙ **重点解读**

本条是与邪教、会道门、迷信活动相关行为的规定。

本条第一项中，"组织"是指召集他人参与意图建立邪教组织或会道门的活动；"教唆"是指通过刺激、诱惑或恐吓等方法使被教唆者同意；"胁迫"是指行为人通过威胁即将发生的损害或直接实施损害，给被害人施加精神压力，迫使对方作出违背其真实意愿的行为；"诱骗"是指通过物质或非物质利益的方式欺骗他人；"煽动"是指通过语言、文字或图像等方式进行鼓动或宣传，意图使他人相信其相关邪教或会道门内容或采取被煽动的行为。对"利用邪教组织、会道门、迷信活动"的行为进行处罚的前提是相关活动已经扰乱社会秩序、损害他人身体健康。

本条第二项中，"冒用"是指打着宗教的幌子，或者假冒某正统宗教的名义行事，但实际上并非服务于正当宗教目的。我国《宪法》第三十六条保护宗教自由和正常的宗教活动，但不得以此为借口破坏社会秩序和他人身体健康。

本条第三项是此次修订新增内容，需要注意的是，若制作、传播宣扬邪教资料达到一定数量，则会被追究刑事责任。

⊙关联规定

《刑法》（2023年修正）

第三百条 组织、利用会道门、邪教组织或者利用迷信破坏国家法律、行政法规实施的，处三年以上七年以下有期徒刑，并处罚金；情节特别严重的，处七年以上有期徒刑或者无期徒刑，并处罚金或者没收财产；情节较轻的，处三年以下有期徒刑、拘役、管制或者剥夺政治权利，并处或者单处罚金。

组织、利用会道门、邪教组织或者利用迷信蒙骗他人，致人重伤、死亡的，依照前款的规定处罚。

犯第一款罪又有奸淫妇女、诈骗财物等犯罪行为的，依照数罪并罚的规定处罚。

《宗教事务条例》

第四十一条 非宗教团体、非宗教院校、非宗教活动场所、非指定的临时活动地点不得组织、举行宗教活动，不得接受宗教性的捐赠。

非宗教团体、非宗教院校、非宗教活动场所不得开展宗教教育培训，不得组织公民出境参加宗教方面的培训、会议、活动等。

第五十六条 宗教团体、宗教院校、宗教活动场所、宗教教职人员可以依法兴办公益慈善事业。

任何组织或者个人不得利用公益慈善活动传教。

> **第三十二条 【对违反无线电管理秩序行为的处罚】**
>
> 违反国家规定，有下列行为之一的，处五日以上十日以下拘留；情节严重的，处十日以上十五日以下拘留：
>
> （一）故意干扰无线电业务正常进行的；
>
> （二）对正常运行的无线电台（站）产生有害干扰，经有关主管部门指出后，拒不采取有效措施消除的；
>
> （三）未经批准设置无线电广播电台、通信基站等无线电台（站）的，或者非法使用、占用无线电频率，从事违法活动的。

⊙重点解读

本条规定了违反无线电管理秩序的行为。本法修订之前，本条包含两种干扰无线电违法行为，即故意干扰无线电业务正常进行和干扰正常运行的无线电台（站）的行为。无线电干扰是指有害的无线电波对合法的无线电业务和正常的无线电通信产生阻碍，导致有用信号接收质量下降，信息产生误差、丢失，甚至出现通信阻断的现象。实践中，干扰事件常见于非法使用无线电通信设备或者违规产品。

修订后的《治安管理处罚法》新增加了一类违反无线电管理秩序的行为，即扰乱无线电通讯管理秩序的行为，从而与《刑法》第二百八十八条规定的扰乱无线电通讯管理秩序罪相衔接。扰乱无线电通讯管理秩序的行为包括未经批准设置无线电广播电台、通信基站等无线电台（站），或者非法使用、占用无线电频率，从事违法活动的行为。实践中的表现形式有：（1）未经批准设置无线电广播电台（即"黑广播"），非法使用广播电视专用频段的频率；（2）未经批准设置通信基站（即"伪基站"），强行向不特定用户发送信息，非法使用公众移动通信频率；（3）未经批准使用卫星无线电频率；（4）非法设置、使用无线电干扰器等。

本条所称的"情节严重"包括造成较为严重的危害后果或者较大的社会影

响，对事关国家安全、社会公共安全、国计民生的无线电业务、无线电台（站）进行干扰等情形。

⊙ 典型案例

某酒店擅自使用无线电频率，擅自设置使用无线电台（站）案[①]

某酒店因内部联络需要，在其酒店前台和客房服务处设置了2台专业对讲机，擅自使用了435.××MHz频率，未向该市工业和信息化局办理用频、设台手续，未获得无线电频率许可证和无线电台执照。2023年10月，该市工业和信息化局对该酒店违法设置使用无线电台事宜开展了专项检查，现场查获该酒店非法设置使用的2台专业对讲机，且该2台专业对讲机未取得无线电发射设备型号核准证书，系非法设备。随后，执法人员责令该酒店立即停止使用该专业对讲机，对其涉嫌违法行为立案调查。经法定程序，该市工业和信息化局对该酒店擅自使用无线电频率，擅自设置使用无线电台（站）行为，依法作出没收专业对讲机2台的行政处罚。

⊙ 关联规定

《无线电管理条例》（2016年修订）

第六条 任何单位或者个人不得擅自使用无线电频率，不得对依法开展的无线电业务造成有害干扰，不得利用无线电台（站）进行违法犯罪活动。

第十四条 使用无线电频率应当取得许可，但下列频率除外：

（一）业余无线电台、公众对讲机、制式无线电台使用的频率；

（二）国际安全与遇险系统，用于航空、水上移动业务和无线电导航业务的国际固定频率；

（三）国家无线电管理机构规定的微功率短距离无线电发射设备使用的频率。

[①]《以案释法：无线电管理领域行政执法典型案例——设置使用专业对讲机，要向工业和信息化部门办手续！》，载广州开发区经济和信息化局，https：//www.hp.gov.cn/gzhpgx/gkmlpt/content/9/9910/mpost_9910151.html#4937，最后访问时间：2025年6月21日。

第二十七条　设置、使用无线电台（站）应当向无线电管理机构申请取得无线电台执照，但设置、使用下列无线电台（站）的除外：

（一）地面公众移动通信终端；

（二）单收无线电台（站）；

（三）国家无线电管理机构规定的微功率短距离无线电台（站）。

第七十条　违反本条例规定，未经许可擅自使用无线电频率，或者擅自设置、使用无线电台（站）的，由无线电管理机构责令改正，没收从事违法活动的设备和违法所得，可以并处5万元以下的罚款；拒不改正的，并处5万元以上20万元以下的罚款；擅自设置、使用无线电台（站）从事诈骗等违法活动，尚不构成犯罪的，并处20万元以上50万元以下的罚款。

《刑法》（2023年修正）

第二百八十八条　违反国家规定，擅自设置、使用无线电台（站），或者擅自使用无线电频率，干扰无线电通讯秩序，情节严重的，处三年以下有期徒刑、拘役或者管制，并处或者单处罚金；情节特别严重的，处三年以上七年以下有期徒刑，并处罚金。

单位犯前款罪的，对单位判处罚金，并对其直接负责的主管人员和其他直接责任人员，依照前款的规定处罚。

第三十三条　【对侵入、破坏计算机信息系统行为的处罚】

有下列行为之一，造成危害的，处五日以下拘留；情节较重的，处五日以上十五日以下拘留：

（一）违反国家规定，侵入计算机信息系统或者采用其他技术手段，获取计算机信息系统中存储、处理或者传输的数据，或者对计算机信息系统实施非法控制的；

（二）违反国家规定，对计算机信息系统功能进行删除、修改、增加、干扰的；

> （三）违反国家规定，对计算机信息系统中存储、处理、传输的数据和应用程序进行删除、修改、增加的；
> （四）故意制作、传播计算机病毒等破坏性程序的；
> （五）提供专门用于侵入、非法控制计算机信息系统的程序、工具，或者明知他人实施侵入、非法控制计算机信息系统的违法犯罪行为而为其提供程序、工具的。

⊙ 重点解读

本条规定了侵入或破坏计算机信息系统相关的行为。计算机信息系统是指由计算机及其相关的和配套的设备、设施（含网络）构成的，按照一定的应用目标和规则对信息进行采集、加工、存储、传输、检索等处理的人机系统，包括计算机、网络设备、通信设备、自动化控制设备等。司法实践也将"微信"等程序囊括其中。本条中的"违反国家规定"主要是指违反《计算机信息系统安全保护条例》。

本条第一项首先规定了侵入计算机系统非法获取系统数据或者进行控制的行为。其中，"侵入"是指避开或者突破计算机信息系统安全保护措施，未经授权或者超越授权进入计算机信息系统。仅仅侵入并不构成本项规定的行为，本次修订后的条文明确规定，侵入后还需非法获取系统数据或对系统实施非法控制。实践中，表现为行为人通过非法手段获取许可证明，冒充合法使用者进入系统，或者将自己的计算机与被侵入系统联网等，包括未经授权采用爬虫软件爬取数据、植入钓鱼及利用钓鱼网站、通过木马程序以及未经允许安装域名解析软件对系统进行控制等。本项行为应注意与《刑法》第二百八十五条进行区分，对于侵入国家事务、国防建设、尖端科学技术这三项领域相关的计算机信息系统，只要实施侵入则入罪，不需要造成损害；侵入其他计算机信息系统或者采用其他技术手段，获取该计算机信息系统数据，或者实施非法控制，若情节严重，则予以刑事处罚。

本条第二项到第四项是破坏计算机信息系统的几种表现形式，包括破坏系统功能、数据、应用程序，以及故意制作、传播计算机病毒等破坏性程序等。计算机信息系统功能，是指计算机系统内按照一定的应用目标和规则，对信息进行采集、加工、存储、传输、检索等的功能。而造成计算机信息系统不能正常运行，包括使计算机信息系统不能运行和不能按原来的设计要求运行。强调"运行功能"意味着，即使未破坏系统内部数据或程序，仅通过外部干扰使得系统无法正常使用，也属此项所限制的行为。实践中，常见的破坏行为包括"非法刷机"行为，违法行为人使用篡改后的手机系统替代原装正版系统，并私自安装应用软件，以此牟取非法利益，或对手机系统进行未依法取得授权的"定制化"服务，增加、删除、修改、干扰其原系统的"应用市场"与"支付保护中心"的行为，使得手机终端用户无法通过系统出厂自带的程序下载通道进行应用下载、安装、管理等活动。本条规定的破坏行为需要造成系统不能正常运行，但尚未产生严重后果。若后果严重，则按照《刑法》第二百八十六条予以刑事处罚。

⊙关联规定

《刑法》（2023年修正）

　　第二百八十五条　违反国家规定，侵入国家事务、国防建设、尖端科学技术领域的计算机信息系统的，处三年以下有期徒刑或者拘役。

　　违反国家规定，侵入前款规定以外的计算机信息系统或者采用其他技术手段，获取该计算机信息系统中存储、处理或者传输的数据，或者对该计算机信息系统实施非法控制，情节严重的，处三年以下有期徒刑或者拘役，并处或者单处罚金；情节特别严重的，处三年以上七年以下有期徒刑，并处罚金。

　　提供专门用于侵入、非法控制计算机信息系统的程序、工具，或者明知他人实施侵入、非法控制计算机信息系统的违法犯罪行为而为其提供程序、工具，情节严重的，依照前款的规定处罚。

　　单位犯前三款罪的，对单位判处罚金，并对其直接负责的主管人员和其他直接责任人员，依照各该款的规定处罚。

第二百八十六条　违反国家规定，对计算机信息系统功能进行删除、修改、增加、干扰，造成计算机信息系统不能正常运行，后果严重的，处五年以下有期徒刑或者拘役；后果特别严重的，处五年以上有期徒刑。

违反国家规定，对计算机信息系统中存储、处理或者传输的数据和应用程序进行删除、修改、增加的操作，后果严重的，依照前款的规定处罚。

故意制作、传播计算机病毒等破坏性程序，影响计算机系统正常运行，后果严重的，依照第一款的规定处罚。

单位犯前三款罪的，对单位判处罚金，并对其直接负责的主管人员和其他直接责任人员，依照第一款的规定处罚。

> 第三十四条　【对组织、领导、胁迫、诱骗他人参加传销行为的处罚】
>
> 组织、领导传销活动的，处十日以上十五日以下拘留；情节较轻的，处五日以上十日以下拘留。
>
> 胁迫、诱骗他人参加传销活动的，处五日以上十日以下拘留；情节较重的，处十日以上十五日以下拘留。

⊙ 重点解读

本条是此次修订时新增的条款。传销，是指组织者或者经营者发展人员，通过对被发展人员以其直接或者间接发展的人员数量或者销售业绩为依据计算和给付报酬，或者要求被发展人员以交纳一定费用为条件取得加入资格等方式牟取非法利益，扰乱经济秩序，影响社会稳定的行为。具体而言，同时具备以下三点就可以断定涉嫌传销：一是交纳或变相交纳入门费，即交钱加入后才可获得计提报酬和发展下线的"资格"；二是直接或间接发展下线，即拉人加入，并按照一定顺序组成层级；三是上线从直接或间接发展的下线的销售业绩中计提报酬，或以直接或间接发展的人员数量为依据计提报酬或者返利。

本条第一款规定了组织、领导传销活动的行为。本款所处罚的对象并非传销组织中的一般参与人员，而只处罚组织者、领导者，这一类被处罚对象通常起到发起、策划、操纵、管理、协调、宣传、培训等作用，是促使传销组织的建立、发展的关键人物。第二款对非组织人、领导人，但是胁迫、诱骗他人参加传销活动的行为单独进行处罚。

需要注意本条与市场监督管理部门针对传销行为的处罚行为和组织、领导传销罪的区别。首先，传销的规模或者社会危害性决定了行为的性质和处罚的力度。《最高人民法院、最高人民检察院、公安部关于办理组织领导传销活动刑事案件适用法律若干问题的意见》表明，传销规模达到内部参与传销活动人员在三十人以上且层级在三级以上的，应当对组织者、领导者追究刑事责任。在此次修订之前，未达到三十人和三层级的传销活动组织者、领导者由市场监督管理部门依据《禁止传销条例》进行处罚。此次修订增加本条之后，满足三十人和三层级要求的传销组织的组织者和领导者可由公安机关依据本条予以处罚，其他参与人员可仍由市场监督管理部门处罚。其次，本条将"胁迫、诱骗他人参加传销"的行为区别于组织、领导传销，单独予以治安管理处罚；但在《刑法》中，组织、领导传销活动罪则将"引诱、胁迫"作为构成要件的一部分；《禁止传销条例》中，介绍、诱骗、胁迫他人参加传销的行为会受到市场监督管理部门的处罚。

⊙关联规定

《刑法》（2023年修正）

第二百二十四条之一 组织、领导以推销商品、提供服务等经营活动为名，要求参加者以缴纳费用或者购买商品、服务等方式获得加入资格，并按照一定顺序组成层级，直接或者间接以发展人员的数量作为计酬或者返利依据，引诱、胁迫参加者继续发展他人参加，骗取财物，扰乱经济社会秩序的传销活动的，处五年以下有期徒刑或者拘役，并处罚金；情节严重的，处五年以上有期徒刑，并处罚金。

《禁止传销条例》

第七条 下列行为，属于传销行为：

（一）组织者或者经营者通过发展人员，要求被发展人员发展其他人员加入，对发展的人员以其直接或者间接滚动发展的人员数量为依据计算和给付报酬（包括物质奖励和其他经济利益，下同），牟取非法利益的；

（二）组织者或者经营者通过发展人员，要求被发展人员交纳费用或者以认购商品等方式变相交纳费用，取得加入或者发展其他人员加入的资格，牟取非法利益的；

（三）组织者或者经营者通过发展人员，要求被发展人员发展其他人员加入，形成上下线关系，并以下线的销售业绩为依据计算和给付上线报酬，牟取非法利益的。

第二十四条　有本条例第七条规定的行为，组织策划传销的，由工商行政管理部门没收非法财物，没收违法所得，处50万元以上200万元以下的罚款；构成犯罪的，依法追究刑事责任。

有本条例第七条规定的行为，介绍、诱骗、胁迫他人参加传销的，由工商行政管理部门责令停止违法行为，没收非法财物，没收违法所得，处10万元以上50万元以下的罚款；构成犯罪的，依法追究刑事责任。

有本条例第七条规定的行为，参加传销的，由工商行政管理部门责令停止违法行为，可以处2000元以下的罚款。

第三十五条　【对侵害英雄烈士名誉、荣誉等行为的处罚】

有下列行为之一的，处五日以上十日以下拘留或者一千元以上三千元以下罚款；情节较重的，处十日以上十五日以下拘留，可以并处五千元以下罚款：

（一）在国家举行庆祝、纪念、缅怀、公祭等重要活动的场所及周边管控区域，故意从事与活动主题和氛围相违背的行为，不听劝阻，造成不良社会影响的；

（二）在英雄烈士纪念设施保护范围内从事有损纪念英雄烈士环境和氛围的活动，不听劝阻的，或者侵占、破坏、污损英雄烈士纪念设施的；

（三）以侮辱、诽谤或者其他方式侵害英雄烈士的姓名、肖像、名誉、荣誉，损害社会公共利益的；

（四）亵渎、否定英雄烈士事迹和精神，或者制作、传播、散布宣扬、美化侵略战争、侵略行为的言论或者图片、音视频等物品，扰乱公共秩序的；

（五）在公共场所或者强制他人在公共场所穿着、佩戴宣扬、美化侵略战争、侵略行为的服饰、标志，不听劝阻，造成不良社会影响的。

◉ 重点解读

本条是此次修订新增条款，表明了国家保护英雄烈士、反对侵略战争的一贯立场。2018年，全国人民代表大会常务委员会通过《英雄烈士保护法》；2020年，全国人民代表大会常务委员会通过《刑法修正案（十一）》，在《刑法》第二百九十九条后增加一条"侵害英雄烈士名誉、荣誉罪"，作为第二百九十九条之一。

本条第一项至第四项均为涉及侵犯英雄烈士的违法行为。根据《英雄烈士保护法》的规定，"英雄烈士"主要是指近代以来，为了争取民族独立和人民解放，实现国家富强和人民幸福，促进世界和平和人类进步而毕生奋斗、英勇献身的英雄烈士。在实践中，对于"英雄烈士"的认定可以参考2022年《最高人民法院、最高人民检察院、公安部关于依法惩治侵害英雄烈士名誉、荣誉违法犯罪的意见》（以下简称《意见》）。首先，英雄烈士的时代范围主要为"近代以来"，重点是中国共产党、人民军队和中华人民共和国历史上的英雄烈士。英雄烈士既包括个人，也包括群体；既包括有名英雄烈士，也包括无名英雄烈士。其次，对经依法评定为烈士的，应当认定为本条规定的"英雄烈士"；已牺牲、去世，尚未评定为烈士，但其事迹和精神为我国社会普遍公认的英雄模范人物或者群体，可以认定为"英雄烈士"。最后，"英雄烈士"是指已经牺牲、去世的英雄烈士。前述《意见》中规定，对侮辱、诽谤或者以其他方式侵害健在的英雄模范人物或者群体名誉、荣誉，构成犯罪的，适用刑法有关侮辱、诽谤罪等规定追究刑事责任；但是，被侵害英雄烈士群体中既有已经牺牲的烈士，也有健在的英雄模范人物的，可以统一适用侵害英雄烈士名誉、荣誉罪。类似地，如果侮辱、诽谤或者以其他方式侵害健在的英雄模范人物或者群体名誉、荣誉，构成违反治安管理行为的，应当根据本法第五十条规定的侮辱、诽谤行为追究行政责任；如果被侵害英雄烈士群体中既有已经牺牲的烈士，也有健在的英雄模范人物的，可以统一适用本条第四项的规定。

本条第五项针对的是个人在公共场所穿衣自由的限制。本项将违法行为具体限定为"穿着、佩戴宣扬、美化侵略战争、侵略行为的服饰、标志"，从而与第四项"制作、传播、散布宣扬、美化侵略战争、侵略行为"的行为保持一致。同时，公安机关在决定处罚之前应当先对违法行为人进行劝阻，只有"不听劝阻，造成不良社会影响的"情况下才予以处罚。实践中，公安机关对本项的适用应当从严把握，综合考虑具体案情，认为违法行为情节轻微的，可以不予处罚或者从轻、减轻处罚，以免不适当地限制公民的自由。

⊙ 关联规定

《刑法》（2023 年修正）

第二百九十九条之一　侮辱、诽谤或者以其他方式侵害英雄烈士的名誉、荣誉，损害社会公共利益，情节严重的，处三年以下有期徒刑、拘役、管制或者剥夺政治权利。

《英雄烈士保护法》

第十条　英雄烈士纪念设施保护单位应当健全服务和管理工作规范，方便瞻仰、悼念英雄烈士，保持英雄烈士纪念设施庄严、肃穆、清净的环境和氛围。

任何组织和个人不得在英雄烈士纪念设施保护范围内从事有损纪念英雄烈士环境和氛围的活动，不得侵占英雄烈士纪念设施保护范围内的土地和设施，不得破坏、污损英雄烈士纪念设施。

第二十六条　以侮辱、诽谤或者其他方式侵害英雄烈士的姓名、肖像、名誉、荣誉，损害社会公共利益的，依法承担民事责任；构成违反治安管理行为的，由公安机关依法给予治安管理处罚；构成犯罪的，依法追究刑事责任。

第二十七条 在英雄烈士纪念设施保护范围内从事有损纪念英雄烈士环境和氛围的活动的，纪念设施保护单位应当及时劝阻；不听劝阻的，由县级以上地方人民政府负责英雄烈士保护工作的部门、文物主管部门按照职责规定给予批评教育，责令改正；构成违反治安管理行为的，由公安机关依法给予治安管理处罚。

亵渎、否定英雄烈士事迹和精神，宣扬、美化侵略战争和侵略行为，寻衅滋事，扰乱公共秩序，构成违反治安管理行为的，由公安机关依法给予治安管理处罚；构成犯罪的，依法追究刑事责任。

第二节 妨害公共安全的行为和处罚

> **第三十六条** 【对违反危险物质管理行为的处罚】
> 违反国家规定，制造、买卖、储存、运输、邮寄、携带、使用、提供、处置爆炸性、毒害性、放射性、腐蚀性物质或者传染病病原体等危险物质的，处十日以上十五日以下拘留；情节较轻的，处五日以上十日以下拘留。

⊙重点解读

本条规定了违反国家有关危险物质管理规定行为的认定及处罚。

本条中的"国家规定"主要是指与危险物质的制造、买卖、储存、运输、使用、进出口及其他管理有关的法律、行政法规和规章，如《枪支管理法》《传染病防治法》《消防法》《危险化学品安全管理条例》《核材料管制条例》等。

制造，是指以各种方法生产爆炸性、毒害性、放射性、腐蚀性物质和传染病病原体等危险物质的行为；买卖，是指行为人购买或者销售爆炸性、毒害性、放射性、腐蚀性物质和传染病病原体等危险物质的行为；储存，是指行为人将爆炸性、毒害性、放射性、腐蚀性物质和传染病病原体等危险物质存放在仓库或者其他场所；运输，是指通过各种交通工具运送爆炸性、毒害性、放射性、腐蚀性物质和传染病病原体等危险物质；邮寄，是指通过邮件或快件把爆炸性、毒害性、放射性、腐蚀性物质和传染病病原体等危险物质寄往目的地；携带，是指将少量爆炸性、毒害性、放射性、腐蚀性物质和传染病病原体等危险物质从一地带到另一地或进入公共场所；使用，是指在生产、科研或者日常生活过程中使用爆炸性、毒害性、放射性、腐蚀性物质和传染病病原体等危险物质；提供，是指将爆炸性、毒害性、放射性、腐蚀性物质和传染病病原体等危险物质出借或赠与他人或单位；处置，是指将爆炸性、毒害性、放射性、腐蚀性物质和传染病病原体等危险物质进行销毁或者作其他处理。

需要注意的是，行为人实施非法制造、买卖、储存、运输、邮寄、携带、使用、提供、处置爆炸性、毒害性、放射性、腐蚀性物质和传染病病原体等危险物质的行为，必须是情节较轻，尚不够刑事处罚的，才能根据本条的规定给予治安处罚。如果该行为危及公共安全，具有危害不特定多数人生命、健康和重大公私财产的现实危险性，则已经构成犯罪，应当按照《刑法》第一百二十五条规定的非法制造、买卖、运输、储存危险物质罪和第一百三十条规定的非法携带枪支、弹药、管制刀具、危险物品危及公共安全罪及第三百三十八条规定的污染环境罪等规定定罪处刑。

本条运用空白规范技术以便更加全面、细致地涵摄违法行为。在行政处罚上，空白规范仅规定行政处罚的各项前提条件、种类及范围，对于构成要件的实质要素则留待其他法律规范、规范性文件甚或技术标准加以填补。因而在引用该条文时，首先，应当指明补充规范的名称及条款；其次，还须审查所引用的补充规范的内容是否足够明确，不能存在补充规范中同时设有空白规范的问题。

⊙ 典型案例

黄某某诉某市某区公安局行政处罚案[①]

2012年7月30日10时许，派出所民警在对黄某某的出租屋进行检查时，发现屋内储存了石油气钢瓶十瓶，其中50公斤装的三瓶，14.5公斤装的七瓶。派出所决定对黄某某非法储存危险物质的行为立案受理，将查获的石油气钢瓶先行登记保存，同时将黄某某口头传唤到该所接受询问。经调查核实，某市某区公安局于2012年7月30日作出佛顺公决字[2012]第×××××号《公安行政处罚决定书》，并送达给黄某某。

黄某某上诉称：上诉人把石油气送给群众是群众的生活需要和劳动需要，对国家和社会没有伤害。石油气是群众的日常使用物品，被上诉人没有权力不让群众使用。上诉人提出上诉既是权利也是为了用此案证实清白。请求撤销被上诉人作出的佛顺公决字[2012]第×××××号《公安行政处罚决定书》。

法院认为，《消防法》第十九条第一款规定："生产、储存、经营易燃易爆危险品的场所不得与居住场所设置在同一建筑物内，并应当与居住场所保持安全距离。"另《治安管理处罚法》第三十条规定："违反国家规定，制造、买卖、储存、运输、邮寄、携带、使用、提供、处置爆炸性、毒害性、放射性、腐蚀性物质或者传染病病原体等危险物质的，处十日以上十五日以下拘留；情节较轻的，处五日以上十日以下拘留。"上诉人黄某某运送的液化石油气属于易燃易爆危险品，其将大量灌装好的石油气钢瓶存放在租住的房屋内，违反了《消防法》第十九条第一款的规定，被上诉人依照《治安管理处罚法》第三十条的规定对其作出治安拘留十日的处罚，认定事实清楚，适用法律正确，处罚适当。驳回上诉，维持原判。

⊙ 关联规定

《刑法》（2023年修正）

第一百二十五条 非法制造、买卖、运输、邮寄、储存枪支、弹药、爆炸

[①] 广东省佛山市中级人民法院行政判决书，(2012)佛中法行终字第349号。

物的，处三年以上十年以下有期徒刑；情节严重的，处十年以上有期徒刑、无期徒刑或者死刑。

非法制造、买卖、运输、储存毒害性、放射性、传染病病原体等物质，危害公共安全的，依照前款的规定处罚。

单位犯前两款罪的，对单位判处罚金，并对其直接负责的主管人员和其他直接责任人员，依照第一款的规定处罚。

第一百三十条 非法携带枪支、弹药、管制刀具或者爆炸性、易燃性、放射性、毒害性、腐蚀性物品，进入公共场所或者公共交通工具，危及公共安全，情节严重的，处三年以下有期徒刑、拘役或者管制。

第三百三十八条 违反国家规定，排放、倾倒或者处置有放射性的废物、含传染病病原体的废物、有毒物质或者其他有害物质，严重污染环境的，处三年以下有期徒刑或者拘役，并处或者单处罚金；情节严重的，处三年以上七年以下有期徒刑，并处罚金；有下列情形之一的，处七年以上有期徒刑，并处罚金：

（一）在饮用水水源保护区、自然保护地核心保护区等依法确定的重点保护区域排放、倾倒、处置有放射性的废物、含传染病病原体的废物、有毒物质，情节特别严重的；

（二）向国家确定的重要江河、湖泊水域排放、倾倒、处置有放射性的废物、含传染病病原体的废物、有毒物质，情节特别严重的；

（三）致使大量永久基本农田基本功能丧失或者遭受永久性破坏的；

（四）致使多人重伤、严重疾病，或者致人严重残疾、死亡的。

有前款行为，同时构成其他犯罪的，依照处罚较重的规定定罪处罚。

《枪支管理法》（2015 年修正）

第三十条 任何单位或者个人未经许可，不得运输枪支。需要运输枪支的，必须向公安机关如实申报运输枪支的品种、数量和运输的路线、方式，领取枪支运输许可证件。在本省、自治区、直辖市内运输的，向运往地设区的市级人民政府公安机关申请领取枪支运输许可证件；跨省、自治区、直辖市运输的，向运往地省级人民政府公安机关申请领取枪支运输许可证件。

没有枪支运输许可证件的，任何单位和个人都不得承运，并应当立即报告所在地公安机关。

公安机关对没有枪支运输许可证件或者没有按照枪支运输许可证件的规定运输枪支的,应当扣留运输的枪支。

《传染病防治法》(2025年修订)

第三十一条 疾病预防控制机构、医疗机构的实验室和从事病原微生物实验的单位,应当遵守有关病原微生物实验室生物安全的法律、行政法规规定,符合国家规定的条件和技术标准,建立严格的管理制度,对传染病病原体和样本按照规定的措施实行严格管理,严防传染病病原体的实验室感染和扩散。

《危险化学品安全管理条例》(2013年修订)

第二十条 生产、储存危险化学品的单位,应当根据其生产、储存的危险化学品的种类和危险特性,在作业场所设置相应的监测、监控、通风、防晒、调温、防火、灭火、防爆、泄压、防毒、中和、防潮、防雷、防静电、防腐、防泄漏以及防护围堤或者隔离操作等安全设施、设备,并按照国家标准、行业标准或者国家有关规定对安全设施、设备进行经常性维护、保养,保证安全设施、设备的正常使用。

生产、储存危险化学品的单位,应当在其作业场所和安全设施、设备上设置明显的安全警示标志。

第四十三条 从事危险化学品道路运输、水路运输的,应当分别依照有关道路运输、水路运输的法律、行政法规的规定,取得危险货物道路运输许可、危险货物水路运输许可,并向工商行政管理部门办理登记手续。

危险化学品道路运输企业、水路运输企业应当配备专职安全管理人员。

第三十七条 【对危险物质被盗、被抢、丢失不报行为的处罚】

爆炸性、毒害性、放射性、腐蚀性物质或者传染病病原体等危险物质被盗、被抢或者丢失,未按规定报告的,处五日以下拘留;故意隐瞒不报的,处五日以上十日以下拘留。

⊙ 重点解读

本条规定了危险物质被盗、被抢或者丢失未按规定报告的行为及处罚。本条规定了两种应受处罚的行为，即危险物质被盗、被抢、丢失不报告或者隐瞒不报的行为。

"未按规定报告"是指有关单位或者个人，未按照规定的时间或者规定的程序及时向主管部门或者本单位报告危险物质被盗、被抢或者丢失的情形。主要是因为我国对危险物质的被盗、被抢或者丢失行为的发生，通过法律法规、规章等规定了相关单位或者责任人的报告义务。例如，《危险化学品安全管理条例》第二十三条第一款规定："生产、储存剧毒化学品或者国务院公安部门规定的可用于制造爆炸物品的危险化学品（以下简称易制爆危险化学品）的单位，应当如实记录其生产、储存的剧毒化学品、易制爆危险化学品的数量、流向，并采取必要的安全防范措施，防止剧毒化学品、易制爆危险化学品丢失或者被盗；发现剧毒化学品、易制爆危险化学品丢失或者被盗的，应当立即向当地公安机关报告。"

"故意隐瞒不报"，是指发生危险物质被盗、被抢或者丢失后，隐瞒实际情况，而不如实报告的行为。这种行为的危害在于，不仅掩盖了危险物质被盗、被抢或者丢失的实情，而且往往使上级主管部门或者本单位失去了及时采取相关措施、找回危险物质或者防止危害结果发生或者扩大的最佳时机，因而有更大的危害性。

⊙ 关联规定

《刑法》（2023 年修正）

第一百二十七条 盗窃、抢夺枪支、弹药、爆炸物的，或者盗窃、抢夺毒害性、放射性、传染病病原体等物质，危害公共安全的，处三年以上十年以下有期徒刑；情节严重的，处十年以上有期徒刑、无期徒刑或者死刑。

抢劫枪支、弹药、爆炸物的，或者抢劫毒害性、放射性、传染病病原体等物质，危害公共安全的，或者盗窃、抢夺国家机关、军警人员、民兵的枪支、弹药、爆炸物的，处十年以上有期徒刑、无期徒刑或者死刑。

《危险化学品安全管理条例》（2013年修订）

第二十三条　生产、储存剧毒化学品或者国务院公安部门规定的可用于制造爆炸物品的危险化学品（以下简称易制爆危险化学品）的单位，应当如实记录其生产、储存的剧毒化学品、易制爆危险化学品的数量、流向，并采取必要的安全防范措施，防止剧毒化学品、易制爆危险化学品丢失或者被盗；发现剧毒化学品、易制爆危险化学品丢失或者被盗的，应当立即向当地公安机关报告。

生产、储存剧毒化学品、易制爆危险化学品的单位，应当设置治安保卫机构，配备专职治安保卫人员。

第三十八条　【对非法携带管制器具行为的处罚】

非法携带枪支、弹药或者弩、匕首等国家规定的管制器具的，处五日以下拘留，可以并处一千元以下罚款；情节较轻的，处警告或者五百元以下罚款。

非法携带枪支、弹药或者弩、匕首等国家规定的管制器具进入公共场所或者公共交通工具的，处五日以上十日以下拘留，可以并处一千元以下罚款。

⊙重点解读

本条是关于非法携带枪支、弹药或者弩、匕首等管制器具妨害公共安全的规定。

"非法携带"，是指违反有关法律法规、规章的规定，携带枪支、弹药或者管制器具的行为。有关法律法规、规章包括《枪支管理法》《铁路法》《民用航空法》《人民警察法》《人民武装警察法》《公安部对部分刀具实行管制的暂行规定》等。同时，携带管制刀具和持有管制刀具是不同的概念，《治安管理处罚法》只打击"携带"行为而非"持有"行为。携带，是指随身携带或者放入行李、包裹中托运，包括公开携带和秘密隐藏。

关于"枪支"的概念，《枪支管理法》第四十六条规定："本法所称枪支，是指以火药或者压缩气体等为动力，利用管状器具发射金属弹丸或者其他物质，足以致人伤亡或者丧失知觉的各种枪支。"公安部印发的《仿真枪认定标准》，进一步界定了"枪支"的概念，其第一条规定："一、凡符合以下条件之一的，可以认定为仿真枪：1. 符合《中华人民共和国枪支管理法》规定的枪支构成要件，所发射金属弹丸或其他物质的枪口比动能小于1.8焦耳/平方厘米（不含本数）、大于0.16焦耳/平方厘米（不含本数）的；2. 具备枪支外形特征，并且具有与制式枪支材质和功能相似的枪管、枪机、机匣或者击发等机构之一的；3. 外形、颜色与制式枪支相同或者近似，并且外形长度尺寸介于相应制式枪支全枪长度尺寸的二分之一与一倍之间的。"

"管制器具"是个广义的概念，是指国家依法进行管制，只能由特定人员持有、使用，禁止私自生产、买卖、持有的刀具和器具。《公安部对部分刀具实行管制的暂行规定》第二条规定："本规定所管制的刀具是：匕首、三棱刀（包括机械加工用的三棱刮刀）、带有自锁装置的弹簧刀（跳刀）以及其它相类似的单刃、双刃、三棱尖刀。"管制器具除了上述管制刀具，还包括弩等器具。

非法携带枪支、弹药或者弩、匕首等国家规定的管制器具进入公共场所或者公共交通工具，妨害公共安全的行为，即构成本条第二款规定的行为。"公共场所"，主要是指以下大众进行公开活动的场所：公共活动的场所，如广场、会堂；商业服务场所，如商店、市场；文化娱乐场所，如影剧院；体育场所，如体育场、运动场；风景游乐场所，如公园、名胜、古迹；交通场所，如车站、机场、码头、街道。"公共交通工具"，是指列车、轮船、长途客运汽车、公共电汽车、民用航空器等。

本条在原法第三十二条的基础上，提高了非法携带管制器具进入公共场所或公共交通工具的处罚幅度，由"处五日以上十日以下拘留，可以并处五百元以下罚款"调整为"处五日以上十日以下拘留，可以并处一千元以下罚款"，增强了处罚的威慑力。

⊙ 典型案例

刘某某诉民航陕西机场公安局某机场分局场区派出所行政处罚案[①]

2016年1月15日下午，刘某某驾驶面包车在西安某国际机场接人时，被机场临检的公安人员在其所驾驶的车上搜出警用电击器一把，随后临检的公安人员将刘某某及所查获的警用电击器一同移送给民航场区派出所。民航场区派出所以刘某某构成非法携带国家管制器具，违反了《治安管理处罚法》第三十二条第一款之规定为由，当场作出处罚决定书，对刘某某罚款200元，并收缴了警用电击器。刘某某不服，向法院起诉。

原审法院认为，本案的争议焦点是：警用电击器是否为法律所规定的国家管制的警用器械。根据《治安管理处罚法》第三十二条的规定："非法携带枪支、弹药或者弩、匕首等国家规定的管制器具的，处五日以下拘留，可以并处五百元以下罚款；情节较轻的，处警告或者二百元以下罚款。非法携带枪支、弹药或者弩、匕首等国家规定的管制器具进入公共场所或者公共交通工具的，处五日以上十日以下拘留，可以并处五百元以下罚款。"结合《公安部关于进一步严格规范警用品管理工作严厉打击涉警用品违法犯罪活动的通知》《公安部关于禁止非法生产销售持有使用警用品的通告》中明确规定警械包括：警绳、催泪器、手铐、脚镣、电击器等，严禁任何单位、组织和个人非法生产、销售、持有、使用。因此，刘某某持有的警用电击器可认定为国家管制的警用器械。民航场区派出所作出的具体行政行为认定事实清楚，适用法律正确，程序合法。经本院审判委员会研究决定，驳回原告刘某某的诉讼请求。

上诉人刘某某上诉称：民航陕西机场公安局某机场分局场区派出所作出的当场处罚决定书适用法律错误，应予撤销。故请求二审法院依法改判。

二审法院认为：依据《治安管理处罚法》第三十二条和公安部的相关规定，警用电击器属于国家管制的警械，为人民警察专用，其他个人和组织不得携带。民航场区派出所作出的具体行政行为认定事实清楚，适用法律正确，程序合法。故对上诉人的上诉请求本院不予支持。驳回上诉，维持原判。

[①] 陕西省咸阳市中级人民法院行政判决书，（2016）陕04行终79号。

⊙ 关联规定

《刑法》（2023年修正）

第一百三十条　非法携带枪支、弹药、管制刀具或者爆炸性、易燃性、放射性、毒害性、腐蚀性物品，进入公共场所或者公共交通工具，危及公共安全，情节严重的，处三年以下有期徒刑、拘役或者管制。

第二百九十七条　违反法律规定，携带武器、管制刀具或者爆炸物参加集会、游行、示威的，处三年以下有期徒刑、拘役、管制或者剥夺政治权利。

《枪支管理法》（2015年修正）

第二十五条　配备、配置枪支的单位和个人必须遵守下列规定：

（一）携带枪支必须同时携带持枪证件，未携带持枪证件的，由公安机关扣留枪支；

（二）不得在禁止携带枪支的区域、场所携带枪支；

（三）枪支被盗、被抢或者丢失的，立即报告公安机关。

第四十四条　违反本法规定，有下列行为之一的，由公安机关对个人或者单位负有直接责任的主管人员和其他直接责任人员处警告或者十五日以下拘留；构成犯罪的，依法追究刑事责任：

（一）未按照规定的技术标准制造民用枪支的；

（二）在禁止携带枪支的区域、场所携带枪支的；

（三）不上缴报废枪支的；

（四）枪支被盗、被抢或者丢失，不及时报告的；

（五）制造、销售仿真枪的。

有前款第（一）项至第（三）项所列行为的，没收其枪支，可以并处五千元以下罚款；有前款第（五）项所列行为的，由公安机关、工商行政管理部门按照各自职责范围没收其仿真枪，可以并处制造、销售金额五倍以下的罚款，情节严重的，由工商行政管理部门吊销营业执照。

《铁路法》（2015年修正）

第六十条　违反本法规定，携带危险品进站上车或者以非危险品品名托运危险品，导致发生重大事故的，依照刑法有关规定追究刑事责任。企业事业单位、国家机关、社会团体犯本款罪的，处以罚金，对其主管人员和直接责任人员依法追究刑事责任。

携带炸药、雷管或者非法携带枪支子弹、管制刀具进站上车的，依照刑法有关规定追究刑事责任。

《民用航空法》（2021年修正）

第一百零一条 公共航空运输企业运输危险品，应当遵守国家有关规定。

禁止以非危险品品名托运危险品。

禁止旅客随身携带危险品乘坐民用航空器。除因执行公务并按照国家规定经过批准外，禁止旅客携带枪支、管制刀具乘坐民用航空器。禁止违反国务院民用航空主管部门的规定将危险品作为行李托运。

危险品品名由国务院民用航空主管部门规定并公布。

《公安部对部分刀具实行管制的暂行规定》

第九条 严禁任何单位和个人非法制造、销售和贩卖匕首、三棱刀、弹簧刀等属于管制范围内的各种刀具。严禁非法携带上述刀具进入车站、码头、机场、公园、商场、影剧院、展览馆或其它公共场所和乘坐火车、汽车、轮船、飞机。

第十三条 违反本规定，非法制造、销售、携带和私自保存管制范围刀具的，公安机关应予取缔，没收其刀具，并按照《中华人民共和国治安管理处罚条例》有关条款予以治安处罚；有妨害公共安全行为，情节严重，触犯刑律的，依法追究刑事责任。

第三十九条 【对盗窃、损毁公共设施行为的处罚】

有下列行为之一的，处十日以上十五日以下拘留；情节较轻的，处五日以下拘留：

（一）盗窃、损毁油气管道设施、电力电信设施、广播电视设施、水利工程设施、公共供水设施、公路及附属设施或者水文监测、测量、气象测报、生态环境监测、地质监测、地震监测等公共设施，危及公共安全的；

> （二）移动、损毁国家边境的界碑、界桩以及其他边境标志、边境设施或者领土、领海基点标志设施的；
> （三）非法进行影响国（边）界线走向的活动或者修建有碍国（边）境管理的设施的。

⊙重点解读

本条是关于盗窃、损毁公共设施，移动、损毁边境标志、设施或领土、领海基点设施，非法进行影响国（边）界线走向的活动或者修建有碍国（边）境管理设施的行为进行处罚的规定。

本条第一项规定的是盗窃、损毁公共设施的行为。这里的"公共设施"，主要是指油气管道设施、电力电信设施、广播电视设施、水利工程设施、公共供水设施、公路及附属设施或者水文监测、测量、气象测报、生态环境监测、地质监测、地震监测等。"盗窃"，是指以非法占有为目的，采用秘密窃取等手段窃取，尚不构成刑事处罚的行为。"损毁"，是指行为人出于故意或者过失损坏或者毁坏公私财物，尚不构成刑事处罚的行为。本条在原法第三十三条的基础上，扩大了公共设施的范围，将公共供水设施和公路及附属设施涵盖在内。同时，对处罚条件进行了进一步的限定，只处罚"危及公共安全"的行为。

本条第二项是关于移动、损毁国家边境的界碑、界桩及其他边境标志、边境设施或者领土、领海标志设施行为的规定。"移动、损毁"，是指将界碑、界桩以及其他边境标志、边境设施或者领土、领海标志设施砸毁、拆除、挖掉、盗走、移动或者改变其原样等，从而使其失去原有意义和作用的行为。"国家边境的界碑、界桩"，是指我国政府与邻国按照条约规定或者历史上实际形成的管辖范围，在陆地接壤形状不同。"领土"指一个国家主权管辖下的区域，包括领陆（陆地）、领水（水域及其底土）和领空（领陆和领水上空）等。"领水"包括内水和领海。"内水"指国家领陆内以及领海基线（沿海国划定其领海外部界线的起算线）向陆地一面的水域，指河流、湖泊、内海、封闭性海湾和港口等泊船处。"领空"指隶属于国家主权的领陆和领水上空，一般指领陆和领水上面的大气空间。"领海"指沿海主权所及的与其海岸或内水相邻接的一定范围的海域。

本条第三项是关于非法进行影响国（边）界线走向的活动或者修建有碍国（边）境管理设施的行为，主要是指行为人的行为已经影响了国（边）界线走向，如在临近国（边）界线附近挖沙、耕种、采伐树木，已在客观上影响了国（边）界规定的路线或者方向，或者其修建的设施影响国（边）境管理的行为，如在靠近国（边）境位置修建房屋、挖鱼塘，从而妨碍国家对国（边）境管理的行为。

值得注意的是，相对于原法第三十三条"十日以上十五日以下拘留"的处罚幅度，新法增加了"情节较轻的，处五日以下拘留"这一较轻的处罚档次。

⊙ 关联规定

《刑法》（2023年修正）

第一百一十七条 破坏轨道、桥梁、隧道、公路、机场、航道、灯塔、标志或者进行其他破坏活动，足以使火车、汽车、电车、船只、航空器发生倾覆、毁坏危险，尚未造成严重后果的，处三年以上十年以下有期徒刑。

第一百一十九条 破坏交通工具、交通设施、电力设备、燃气设备、易燃易爆设备，造成严重后果的，处十年以上有期徒刑、无期徒刑或者死刑。

过失犯前款罪的，处三年以上七年以下有期徒刑；情节较轻的，处三年以下有期徒刑或者拘役。

第一百二十四条 破坏广播电视设施、公用电信设施，危害公共安全的，处三年以上七年以下有期徒刑；造成严重后果的，处七年以上有期徒刑。

过失犯前款罪的，处三年以上七年以下有期徒刑；情节较轻的，处三年以下有期徒刑或者拘役。

第三百二十三条 故意破坏国家边境的界碑、界桩或者永久性测量标志的，处三年以下有期徒刑或者拘役。

《石油天然气管道保护法》

第五十一条 采用移动、切割、打孔、砸撬、拆卸等手段损坏管道或者盗窃、哄抢管道输送、泄漏、排放的石油、天然气，尚不构成犯罪的，依法给予治安管理处罚。

《公路法》（2017年修正）

第八十三条 阻碍公路建设或者公路抢修，致使公路建设或者抢修不能正常进行，尚未造成严重损失的，依照《中华人民共和国治安管理处罚法》的规定处罚。

损毁公路或者擅自移动公路标志，可能影响交通安全，尚不够刑事处罚的，适用《中华人民共和国道路交通安全法》第九十九条的处罚规定。

拒绝、阻碍公路监督检查人员依法执行职务未使用暴力、威胁方法的，依照《中华人民共和国治安管理处罚法》的规定处罚。

《电力法》（2018年修正）

第七十二条 盗窃电力设施或者以其他方法破坏电力设施，危害公共安全的，依照刑法有关规定追究刑事责任。

《广播电视管理条例》（2024年修订）

第五十二条 违反本条例规定，危害广播电台、电视台安全播出的，破坏广播电视设施的，由县级以上人民政府广播电视行政部门责令停止违法活动；情节严重的，处2万元以上5万元以下的罚款；造成损害的，侵害人应当依法赔偿损失；构成犯罪的，依法追究刑事责任。

第四十条 【对妨害航空器飞行安全、公共交通工具驾驶安全行为的处罚】

盗窃、损坏、擅自移动使用中的航空设施，或者强行进入航空器驾驶舱的，处十日以上十五日以下拘留。

在使用中的航空器上使用可能影响导航系统正常功能的器具、工具，不听劝阻的，处五日以下拘留或者一千元以下罚款。

盗窃、损坏、擅自移动使用中的其他公共交通工具设施、设备，或者以抢控驾驶操纵装置、拉扯、殴打驾驶人员等方式，干扰

> 公共交通工具正常行驶的,处五日以下拘留或者一千元以下罚款;情节较重的,处五日以上十日以下拘留。

⊙重点解读

本条是关于对妨害航空器飞行安全和妨害公共交通工具驾驶安全行为及其处罚的规定。

本条第一款是关于盗窃、损坏、擅自移动航空设施,或者强行进入航空器驾驶舱的规定。这类违反治安管理行为的对象是使用中的航空设施。实践中,"航空设施"通常包括飞行区设施,如跑道、升降带、跑道端安全地区、滑行道系统、机坪、目视助航系统设施、机场围界及巡场路、净空障碍物限制等设施;空中交通管理系统,包括航管、通信、导航、气象等设施,以及其他与飞行安全有关的各类设施。强行进入航空器驾驶舱的行为,是指航空器上的非机组人员不听劝阻,执意进入航空器驾驶舱的行为。这里的"航空器",主要是民用航空器,即除用于执行军事、海关、警察飞行任务外的民航客机、运输机等。

本条第二款是关于在使用中的航空器上使用可能影响导航系统正常功能的器具、工具,不听劝阻的规定。主要是指在使用中的航空器上经乘务人员的劝阻,仍坚持自己的意愿,故意使用可能影响航空飞行安全的航空器上禁止使用的器具、工具。因本条所规定的这类行为容易干扰航空器上无线电业务的正常进行和航空器的飞行安全,所以其侵犯的客体属于公共安全,即不特定多数人的生命、财产安全及其他重大公共利益。这里的"可能影响导航系统正常功能的器具、工具",是指一些由于其本身属性,一旦在使用中的航空器上使用可能对航空器导航系统的正常操作产生一定的影响的电子设备,如移动电话。新法将该行为的罚款金额上调至一千元,加大了处罚力度。

本条增加了"盗窃、损坏、擅自移动使用中的其他公共交通工具设施、设备,或者以抢控驾驶操纵装置、拉扯、殴打驾驶人员等方式,干扰公共交通工具正常行驶的"行为。将抢夺公交车方向盘、殴打驾驶人等妨碍公交车驾驶的行为纳入治安处罚范围中，根据情节轻重予以罚款或拘留，以维护公共交通安全秩序，保护人民群众生命财产安全。本条规定的是行政处罚领域的妨害安全驾驶的行为，若情节十分严重则可能涉嫌《刑法》第一百三十三条之二规定的妨害安全驾驶罪。

⊙关联规定

《刑法》（2023年修正）

第一百二十一条　以暴力、胁迫或者其他方法劫持航空器的，处十年以上有期徒刑或者无期徒刑；致人重伤、死亡或者使航空器遭受严重破坏的，处死刑。

第一百二十三条　对飞行中的航空器上的人员使用暴力，危及飞行安全，尚未造成严重后果的，处五年以下有期徒刑或者拘役；造成严重后果的，处五年以上有期徒刑。

第一百三十三条之二　对行驶中的公共交通工具的驾驶人员使用暴力或者抢控驾驶操纵装置，干扰公共交通工具正常行驶，危及公共安全的，处一年以下有期徒刑、拘役或者管制，并处或者单处罚金。

前款规定的驾驶人员在行驶的公共交通工具上擅离职守，与他人互殴或者殴打他人，危及公共安全的，依照前款的规定处罚。

有前两款行为，同时构成其他犯罪的，依照处罚较重的规定定罪处罚。

《民用航空法》（2021年修正）

第一百九十七条　盗窃或者故意损毁、移动使用中的航行设施，危及飞行安全，足以使民用航空器发生坠落、毁坏危险的，依照刑法有关规定追究刑事责任。

第四十一条　【对妨害铁路、城市轨道交通运行安全行为的处罚】

有下列行为之一的，处五日以上十日以下拘留，可以并处一千元以下罚款；情节较轻的，处五日以下拘留或者一千元以下罚款：

（一）盗窃、损毁、擅自移动铁路、城市轨道交通设施、设备、机车车辆配件或者安全标志的；
　　（二）在铁路、城市轨道交通线路上放置障碍物，或者故意向列车投掷物品的；
　　（三）在铁路、城市轨道交通线路、桥梁、隧道、涵洞处挖掘坑穴、采石取沙的；
　　（四）在铁路、城市轨道交通线路上私设道口或者平交过道的。

⊙重点解读

　　本条是关于妨害铁路、城市轨道交通运行安全的行为及其处罚的规定。主要规定了妨害铁路和城市轨道交通运行安全的四种行为。

　　本条第一项中的"设施、设备"，是指构成铁路、城市轨道交通路网的固定设施、设备，包括线路、桥梁、隧道、涵洞、站场、电力系统、通信信号系统等，如信号机抗流变压器、铁路信号接线盒、钢轨扣件。"机车车辆配件"，是指蒸汽、内燃、电力机车车轴、油罐车底架、各类机车轮对、主变压器受电弓、电机座等零部件。

　　本条第二项涉及与《刑法》发生竞合的情形。本项所列行为是没有造成现实危害或者不足以产生现实危险，尚不构成犯罪行为。这也是区分罪与非罪的重要界限。如果在铁路线路上放置障碍物足以使列车发生倾覆危险，尚未造成严重后果的，按照《刑法》第一百一十七条规定的破坏交通设施罪定罪处刑；如果造成严重后果的，则按照《刑法》第一百一十九条规定的破坏交通设施罪和过失损坏交通设施罪定罪处刑；如果行为人故意向列车投掷物品造成车上人员伤亡，则按照《刑法》第二百三十四条关于故意伤害罪的规定定罪处刑；如果造成列车机车损毁的，则按照《刑法》第二百七十五条关于故意毁坏财物罪的规定定罪处刑。

　　本条第三项规定的行为容易导致列车发生倾覆危险，危及公共安全，因此采取法律手段予以相应的保障是非常必要的。构成本项违反治安管理行为的主观心态既包括故意，也包括过失。至于挖掘坑穴、采石取沙的目的如何，不影响本行为的构成。

本条第四项中的"道口"系指铁路上铺面宽度在 2.5 米及以上，直接与道路贯通的平面交叉。按看守情况分为"有人看守道口"和"无人看守道口"。"平交过道"，即平交道口和人行过道的简称。平交道口，是指铁路与城市道路交叉的道口，但该道口为平面交叉而非立体交叉。

此次修改在原有法条的基础上，将妨碍"城市轨道交通"的行为也纳入处罚范围，更好地保障公民的人身财产安全。罚款金额从五百元以下上调至一千元以下，一定程度上增加了行政处罚的威慑力。

⊙ 关联规定

《刑法》（2023 年修正）

第一百一十七条　破坏轨道、桥梁、隧道、公路、机场、航道、灯塔、标志或者进行其他破坏活动，足以使火车、汽车、电车、船只、航空器发生倾覆、毁坏危险，尚未造成严重后果的，处三年以上十年以下有期徒刑。

《铁路法》（2015 年修正）

第六十一条　故意损毁、移动铁路行车信号装置或者在铁路线路上放置足以使列车倾覆的障碍物的，依照刑法有关规定追究刑事责任。

第六十二条　盗窃铁路线路上行车设施的零件、部件或者铁路线路上的器材，危及行车安全的，依照刑法有关规定追究刑事责任。

第六十七条　违反本法规定，尚不够刑事处罚，应当给予治安管理处罚的，依照治安管理处罚法的规定处罚。

第六十八条　擅自在铁路线路上铺设平交道口、人行过道的，由铁路公安机关或者地方公安机关责令限期拆除，可以并处罚款。

《城市轨道交通运营管理规定》

第三十三条　禁止下列危害城市轨道交通运营设施设备安全的行为：

（一）损坏隧道、轨道、路基、高架、车站、通风亭、冷却塔、变电站、管线、护栏护网等设施；

（二）损坏车辆、机电、电缆、自动售检票等设备，干扰通信信号、视频监控设备等系统；

（三）擅自在高架桥梁及附属结构上钻孔打眼，搭设电线或者其他承力绳索，设置附着物；

（四）损坏、移动、遮盖安全标志、监测设施以及安全防护设备。

第五十三条 违反本规定第三十三条、第三十四条，运营单位有权予以制止，并由城市轨道交通运营主管部门责令改正，可以对个人处以5000元以下的罚款，对单位处以3万元以下的罚款；违反治安管理规定的，由公安机关依法处理；构成犯罪的，依法追究刑事责任。

第四十二条 【对妨害火车、城市轨道交通行车安全行为的处罚】

擅自进入铁路、城市轨道交通防护网或者火车、城市轨道交通列车来临时在铁路、城市轨道交通线路上行走坐卧，抢越铁路、城市轨道，影响行车安全的，处警告或者五百元以下罚款。

⊙重点解读

本条是关于妨害火车、城市轨道交通行车安全的行为及其处罚的规定。根据本条规定，妨害火车、城市轨道交通行车安全的行为主要有以下三种情形。

一是擅自进入防护网，即行为人明知铁路、城市轨道交通防护网对保障火车行车安全的重要性，是禁止进入的，但为了个人便利或其他原因，未经工作人员的允许而擅自进入。

二是火车、列车来临时在铁路、城市轨道交通线路上行走坐卧，影响行车安全的。这种行为的发生有的是出于某种目的，如自杀、劳资纠纷、居民拆迁，也有的是无意间实施了本项行为，即行为人的主观心理可能是故意，也可能是过失，无论行为人是何种主观心理状态，这种行为已对火车、列车行车安全构成严重影响，必须予以惩处。当然，从化解社会矛盾的角度出发，在实施本条规定时，需要区分不同的情形予以相应的惩处。

三是火车、列车来临时抢越铁路、城市轨道，影响行车安全的。这种行为属于妨害火车、列车行车安全的最常见的类型。行为人往往心存侥幸心理，认为自己能抢在火车、列车到达前穿过线路。但火车、列车的速度超出行为人的想象，许多火车、列车交通事故由此发生。因此，对这种行为也需要相应的惩处。

实践中，日渐多发的地铁卧轨跳轨事件，不仅会影响行车安全，威胁乘客的人身安全，而且应对此类事件的措施往往会给大众带来麻烦，甚至会造成社会恐慌。因此，针对此类事件，新法将"城市轨道交通列车"也纳入其中，并且提高了处罚金额。

⊙关联规定

《铁路安全管理条例》

第七十七条 禁止实施下列危害铁路安全的行为：

（一）非法拦截列车、阻断铁路运输；

（二）扰乱铁路运输指挥调度机构以及车站、列车的正常秩序；

（三）在铁路线路上放置、遗弃障碍物；

（四）击打列车；

（五）擅自移动铁路线路上的机车车辆，或者擅自开启列车车门、违规操纵列车紧急制动设备；

（六）拆盗、损毁或者擅自移动铁路设施设备、机车车辆配件、标桩、防护设施和安全标志；

（七）在铁路线路上行走、坐卧或者在未设道口、人行过道的铁路线路上通过；

（八）擅自进入铁路线路封闭区域或者在未设置行人通道的铁路桥梁、隧道通行；

（九）擅自开启、关闭列车的货车阀、盖或者破坏施封状态；

（十）擅自开启列车中的集装箱箱门、破坏箱体、阀、盖或者施封状态；

（十一）擅自松动、拆解、移动列车中的货物装载加固材料、装置和设备；

（十二）钻车、扒车、跳车；

（十三）从列车上抛扔杂物；

（十四）在动车组列车上吸烟或者在其他列车的禁烟区域吸烟；

（十五）强行登乘或者以拒绝下车等方式强占列车；

（十六）冲击、堵塞、占用进出站通道或者候车区、站台。

第九十五条 违反本条例第五十一条、第五十二条、第五十三条、第七十七条规定的，由公安机关责令改正，对单位处1万元以上5万元以下的罚款，对个人处500元以上2000元以下的罚款。

《城市轨道交通运营管理规定》

第三十四条 禁止下列危害或者可能危害城市轨道交通运营安全的行为：

（一）拦截列车；

（二）强行上下车；

（三）擅自进入隧道、轨道或者其他禁入区域；

（四）攀爬或者跨越围栏、护栏、护网、站台门等；

（五）擅自操作有警示标志的按钮和开关装置，在非紧急状态下动用紧急或者安全装置；

（六）在城市轨道交通车站出入口5米范围内停放车辆、乱设摊点等，妨碍乘客通行和救援疏散；

（七）在通风口、车站出入口50米范围内存放有毒、有害、易燃、易爆、放射性和腐蚀性等物品；

（八）在出入口、通风亭、变电站、冷却塔周边躺卧、留宿、堆放和晾晒物品；

（九）在地面或者高架线路两侧各100米范围内升放风筝、气球等低空飘浮物体和无人机等低空飞行器。

第五十三条 违反本规定第三十三条、第三十四条，运营单位有权予以制止，并由城市轨道交通运营主管部门责令改正，可以对个人处以5000元以下的罚款，对单位处以3万元以下的罚款；违反治安管理规定的，由公安机关依法处理；构成犯罪的，依法追究刑事责任。

> **第四十三条 【对妨害公共道路安全及公共安全行为的处罚】**
>
> 有下列行为之一的,处五日以下拘留或者一千元以下罚款;情节严重的,处十日以上十五日以下拘留,可以并处一千元以下罚款:
>
> (一)未经批准,安装、使用电网的,或者安装、使用电网不符合安全规定的;
>
> (二)在车辆、行人通行的地方施工,对沟井坎穴不设覆盖物、防围和警示标志的,或者故意损毁、移动覆盖物、防围和警示标志的;
>
> (三)盗窃、损毁路面井盖、照明等公共设施的;
>
> (四)违反有关法律法规规定,升放携带明火的升空物体,有发生火灾事故危险,不听劝阻的;
>
> (五)从建筑物或者其他高空抛掷物品,有危害他人人身安全、公私财产安全或者公共安全危险的。

⊙重点解读

本条规定了对妨害公共道路安全及公共安全的行为及处罚。同时,本条规定在原法第三十七条的基础上,将违规燃放孔明灯类携带明火的升空物体和高空抛物纳入行政处罚的范畴。

本条第一项违反安装、使用电网规定的行为,是指未经批准,安装、使用电网,或者安装、使用电网不符合安全规定,尚未造成严重后果的行为。电网是用金属线连接的,可以通电流的拦设物。电网可以用来防盗、防逃,但如果安装、使用不当,可能危害人民生命安全,造成人畜触电伤亡和火灾事故。

本条第二项违反通行道路施工安全规定的行为,是指在车辆、行人通行的地方施工,对沟井坎穴不设覆盖物、防围和警示标志或者故意损毁、移动覆盖物、防围和警示标志的行为。此类行为的危害性在于可能导致车辆、行人陷入或者跌入沟井坎穴,造成车毁人伤。至于事实上是否发生了车毁人伤的后果,不影响行为的成立。只要实施了上述行为之一的，就可以给予处罚。如果发生了严重的车毁人亡的后果，则按照刑法的有关规定追究刑事责任。主观表现需为故意才可以处罚；过失毁损、移动覆盖物、防围和警示标志的，不属于违反治安管理的行为，不应处罚。

本条第三项盗窃、损毁路面井盖、照明等公共设施中的盗窃，是指以非法占有为目的，秘密窃取公私财物的行为。损毁，是指破坏物品、设施的完整性，使其失去正常的使用价值和功能的行为。路面井盖、照明等公共设施包括自来水、热力、排污等管道井盖、路灯、广场照明、装饰灯具，以及消火栓、路口交通设施等其他公共设施。

新增第四项"违反有关法律法规规定，升放携带明火的升空物体，有发生火灾事故危险，不听劝阻的"，体现了与《消防法》的衔接。在本条出台之前往往只能根据原法第二十三条扰乱公共秩序的行为进行处罚，而新增条款针对性更强。对于燃放"孔明灯"等携带明火的升空物体，引发火灾或爆炸等严重后果，构成犯罪的，则根据《刑法》依法追究刑事责任。

新增第五项"从建筑物或者其他高空抛掷物品，有危害他人人身安全、公私财产安全或者公共安全危险的"。高空抛物罪为2021年3月1日起正式施行的《刑法修正案（十一）》新增设的罪名，2021年1月1日起正式施行的《民法典》也将高空抛物明确为违法行为。本条将高空抛物纳入处罚，高空抛物的行为将面临罚款或拘留，填补了高空抛物刑事责任和民事责任之间的立法空白。

⊙ 关联规定

《刑法》（2023年修正）

第一百一十四条 放火、决水、爆炸以及投放毒害性、放射性、传染病病原体等物质或者以其他危险方法危害公共安全，尚未造成严重后果的，处三年以上十年以下有期徒刑。

第一百一十五条 放火、决水、爆炸以及投放毒害性、放射性、传染病病原体等物质或者以其他危险方法致人重伤、死亡或者使公私财产遭受重大损失的,处十年以上有期徒刑、无期徒刑或者死刑。

过失犯前款罪的,处三年以上七年以下有期徒刑;情节较轻的,处三年以下有期徒刑或者拘役。

第二百九十一条之二 从建筑物或者其他高空抛掷物品,情节严重的,处一年以下有期徒刑、拘役或者管制,并处或者单处罚金。

有前款行为,同时构成其他犯罪的,依照处罚较重的规定定罪处罚。

《民法典》

第一千二百五十四条 禁止从建筑物中抛掷物品。从建筑物中抛掷物品或者从建筑物上坠落的物品造成他人损害的,由侵权人依法承担侵权责任;经调查难以确定具体侵权人的,除能够证明自己不是侵权人的外,由可能加害的建筑物使用人给予补偿。可能加害的建筑物使用人补偿后,有权向侵权人追偿。

物业服务企业等建筑物管理人应当采取必要的安全保障措施防止前款规定情形的发生;未采取必要的安全保障措施的,应当依法承担未履行安全保障义务的侵权责任。

发生本条第一款规定的情形的,公安等机关应当依法及时调查,查清责任人。

第四十四条 【对违反规定举办大型活动行为的处罚】

举办体育、文化等大型群众性活动,违反有关规定,有发生安全事故危险,经公安机关责令改正而拒不改正或者无法改正的,责令停止活动,立即疏散;对其直接负责的主管人员和其他直接责任人员处五日以上十日以下拘留,并处一千元以上三千元以下罚款;情节较重的,处十日以上十五日以下拘留,并处三千元以上五千元以下罚款,可以同时责令六个月至一年以内不得举办大型群众性活动。

⊙ 重点解读

　　本条是关于举办大型活动违反有关规定的行为及其处罚的规定。

　　本条列举的违反规定举办大型活动主要指的是违反《大型群众性活动安全管理条例》。具体表现为：（1）未经许可，擅自举办大型群众性活动的；（2）超过核准人数的；（3）场地及其附属设施不符合安全标准，存在安全隐患；（4）消防设施不符合法定要求；（5）没有制订安全保卫工作方案。"大型活动"，是指法人或者其他组织面向社会公众举办的每场次预计参加人数达到1000人以上的下列活动：（1）体育比赛活动；（2）演唱会、音乐会等文艺演出活动；（3）展览、展销等活动；（4）游园、灯会、庙会、花会、焰火晚会等活动；（5）人才招聘会、现场开奖的彩票销售等活动。影剧院、音乐厅、公园、娱乐场所等在其日常业务范围内举办的活动，不适用本条例的规定。

　　"有发生安全事故危险"，是指举办大型群众性活动的场所因房屋建筑、消防安全、疏散出口及通道、人员容纳量等方面不符合安全规定，容易发生房屋倒塌、火灾以及因出口不畅造成的人员伤亡事故等。是否有发生安全事故危险的可能性，应当由公安机关依据相应的证据进行认定。

　　本条增加了处罚条件，即"经公安机关责令改正而拒不改正或者无法改正的"情形才予以处罚，也即对行为人的主观表现限定为"故意"，不包括"过失"。体现了我国治安管理处罚兼顾维护人民安全利益和促进文体活动的平衡。新法对责任承担人员的范围进行了明确，处罚对象由"组织者"明确为"直接负责的主管人员和其他直接责任人员"，包括法定代表人、实际控制人或者主要负责人等，一般的管理人员不能作为本行为的责任主体，但如果负有主要责任，则也是处罚对象。参照《安全生产法》中对于"直接负责的主管人员和其他直接责任人员"的规定，"直接负责的主管人员"指的是对生产经营单位的安全生产工作全面负责的主要负责人。包括法定代表人、实际控制人、主要投资人以及对安全生产工作具有决策权和领导责任的其他人员。"其他直接责任人员"则包括那些在生产经营单位中对安全生产负有一定职责的人员。

　　该条的罚款金额上调，罚款数额最高可到五千元，并且增加了情节较重的处罚，除拘留、罚款之外还可禁止六个月至一年内举办大型群众性活动。

⊙ 关联规定

《刑法》（2023年修正）

　　第一百三十五条之一　举办大型群众性活动违反安全管理规定，因而发生重大伤亡事故或者造成其他严重后果的，对直接负责的主管人员和其他直接责任人员，处三年以下有期徒刑或者拘役；情节特别恶劣的，处三年以上七年以下有期徒刑。

> **第四十五条**　【对公共场所经营管理人员违反安全规定行为的处罚】
>
> 　　旅馆、饭店、影剧院、娱乐场、体育场馆、展览馆或者其他供社会公众活动的场所违反安全规定，致使该场所有发生安全事故危险，经公安机关责令改正而拒不改正的，对其直接负责的主管人员和其他直接责任人员处五日以下拘留；情节较重的，处五日以上十日以下拘留。

⊙ 重点解读

　　本条规定了公众活动场所的经营管理人员违反安全规定的行为及处罚。

　　本行为的主体限定为社会公众场所直接负责的主管人员和其他直接责任人员。社会公众活动的场所主要包括旅馆、饭店、影剧院、娱乐场、运动场、展览馆等。此次修改将"经营管理人员"改为"直接负责的主管人员和其他直接责任人员"，包括法定代表人、实际控制人或者主要负责人等，一般的管理人员不能作为本行为的责任主体，但如果负有主要责任，则也是处罚对象。参照《安全生产法》中对于"直接负责的主管人员和其他直接责任人员"的解释，"直接负责的主管人员"指的是对生产经营单位的安全生产工作全面负责的主要负责人。包括法定代表人、实际控制人、主要投资人以及对安全生产工作具有决策权和领导责任的其他人员。

"其他直接责任人员"则包括那些在生产经营单位中对安全生产负有一定职责的人员。本行为在客观上主要表现为违反安全规定；有发生安全事故危险；经公安机关责令改正，但拒不改正的，这三个条件需要同时具备，缺一不可，且相互之间具有因果关系。这里的安全规定，包括国家有关的法律法规和规章。需要注意的是，公安机关责令改正，需要以书面形式告知场所的经营管理人员，防止因告知不当、处罚的前置条件不充分，影响处罚的有效实施。对经公安机关通知即对安全隐患进行整改的场所，不应予以处罚。

> **第四十六条 【对违反规定使用无人机等航空器或升空物体行为的处罚】**
>
> 违反有关法律法规关于飞行空域管理规定，飞行民用无人驾驶航空器、航空运动器材，或者升放无人驾驶自由气球、系留气球等升空物体，情节较重的，处五日以上十日以下拘留。
>
> 飞行、升放前款规定的物体非法穿越国（边）境的，处十日以上十五日以下拘留。

◉ **重点解读**

本条是对违反飞行空域管理规定，使用无人机等航空器或升空物体行为的处罚。近年来，无人机在监测、农业、救援等领域得到广泛应用，与此同时，无人机"黑飞"也存在安全隐患。新法对无人机"黑飞"这类现象进行规范，制定有针对性的规定，有望弥补类似的治安管理空白。

本条并未明确"有关法律法规规定"具体包含哪些，可参照国务院、中央军事委员会2023年颁布的《无人驾驶航空器飞行管理暂行条例》对实名登记、登记备案报批、管制飞行区域等作出的规定，以及民航局空管办2016年下发的新版《民用无人驾驶航空器系统空中交通管理办法》的相关规定。

根据《无人驾驶航空器飞行管理暂行条例》第十九条的规定,"管制空域"是指"真高120米以上空域,空中禁区、空中限制区以及周边空域,军用航空超低空飞行空域,以及下列区域上方的空域。包括(一)机场以及周边一定范围的区域;(二)国界线、实际控制线、边境线向我方一侧一定范围的区域;(三)军事禁区、军事管理区、监管场所等涉密单位以及周边一定范围的区域;(四)重要军工设施保护区域、核设施控制区域、易燃易爆等危险品的生产和仓储区域,以及可燃重要物资的大型仓储区域;(五)发电厂、变电站、加油(气)站、供水厂、公共交通枢纽、航电枢纽、重大水利设施、港口、高速公路、铁路电气化线路等公共基础设施以及周边一定范围的区域和饮用水水源保护区;(六)射电天文台、卫星测控(导航)站、航空无线电导航台、雷达站等需要电磁环境特殊保护的设施以及周边一定范围的区域;(七)重要革命纪念地、重要不可移动文物以及周边一定范围的区域;(八)国家空中交通管理领导机构规定的其他区域"。

此外,除上述通过列举设定的"管制空域"外,根据《无人驾驶航空器飞行管理暂行条例》第二十条的规定,空中交通管理机构还可以根据需要设置"临时管制空域",具体情况如下:"遇有特殊情况,可以临时增加管制空域,由空中交通管理机构按照国家有关规定确定有关空域的水平、垂直范围和使用时间。保障国家重大活动以及其他大型活动,在临时增加的管制空域生效24小时前,由设区的市级以上地方人民政府发布公告,民用航空管理部门和承担相应职责的单位发布航行情报。保障执行军事任务或者反恐维稳、抢险救灾、医疗救护等其他紧急任务的,在临时增加的管制空域生效30分钟前,由设区的市级以上地方人民政府发布紧急公告,民用航空管理部门和承担相应职责的单位发布航行情报。"

总之,违反空域管理的相关规定,飞行民用无人驾驶航空器、航空运动器材,或者升放无人驾驶自由气球、系留气球等升空物体,情节较重的行为,将处五日以上十日以下拘留。但需注意,"情节较重"是本条规定的处罚必要条件。至于何为"情节较重",则需由执法部门根据证据情况综合评判。

本条第二款规定的是飞行民用无人驾驶航空器、航空运动器材,或者升放无人驾驶自由气球、系留气球等升空物体非法穿越国(边)境的情形,此情形下，无需考量情节，只要非法穿越国（边）境，都将处十日以上十五日以下拘留。

⊙ 关联规定

《无人驾驶航空器飞行管理暂行条例》

第十一条 使用除微型以外的民用无人驾驶航空器从事飞行活动的单位应当具备下列条件，并向国务院民用航空主管部门或者地区民用航空管理机构（以下统称民用航空管理部门）申请取得民用无人驾驶航空器运营合格证（以下简称运营合格证）：

（一）有实施安全运营所需的管理机构、管理人员和符合本条例规定的操控人员；

（二）有符合安全运营要求的无人驾驶航空器及有关设施、设备；

（三）有实施安全运营所需的管理制度和操作规程，保证持续具备按照制度和规程实施安全运营的能力；

（四）从事经营性活动的单位，还应当为营利法人。

民用航空管理部门收到申请后，应当进行运营安全评估，根据评估结果依法作出许可或者不予许可的决定。予以许可的，颁发运营合格证；不予许可的，书面通知申请人并说明理由。

使用最大起飞重量不超过150千克的农用无人驾驶航空器在农林牧渔区域上方的适飞空域内从事农林牧渔作业飞行活动（以下称常规农用无人驾驶航空器作业飞行活动），无需取得运营合格证。

取得运营合格证后从事经营性通用航空飞行活动，以及从事常规农用无人驾驶航空器作业飞行活动，无需取得通用航空经营许可证和运行合格证。

第十六条 操控小型、中型、大型民用无人驾驶航空器飞行的人员应当具备下列条件，并向国务院民用航空主管部门申请取得相应民用无人驾驶航空器操控员（以下简称操控员）执照：

（一）具备完全民事行为能力；

（二）接受安全操控培训，并经民用航空管理部门考核合格；

（三）无可能影响民用无人驾驶航空器操控行为的疾病病史，无吸毒行为记录；

（四）近5年内无因危害国家安全、公共安全或者侵犯公民人身权利、扰乱公共秩序的故意犯罪受到刑事处罚的记录。

从事常规农用无人驾驶航空器作业飞行活动的人员无需取得操控员执照，但应当由农用无人驾驶航空器系统生产者按照国务院民用航空、农业农村主管部门规定的内容进行培训和考核，合格后取得操作证书。

第三十二条 操控无人驾驶航空器实施飞行活动，应当遵守下列行为规范：

（一）依法取得有关许可证书、证件，并在实施飞行活动时随身携带备查；

（二）实施飞行活动前做好安全飞行准备，检查无人驾驶航空器状态，并及时更新电子围栏等信息；

（三）实时掌握无人驾驶航空器飞行动态，实施需经批准的飞行活动应当与空中交通管理机构保持通信联络畅通，服从空中交通管理，飞行结束后及时报告；

（四）按照国家空中交通管理领导机构的规定保持必要的安全间隔；

（五）操控微型无人驾驶航空器的，应当保持视距内飞行；

（六）操控小型无人驾驶航空器在适飞空域内飞行的，应当遵守国家空中交通管理领导机构关于限速、通信、导航等方面的规定；

（七）在夜间或者低能见度气象条件下飞行的，应当开启灯光系统并确保其处于良好工作状态；

（八）实施超视距飞行的，应当掌握飞行空域内其他航空器的飞行动态，采取避免相撞的措施；

（九）受到酒精类饮料、麻醉剂或者其他药物影响时，不得操控无人驾驶航空器；

（十）国家空中交通管理领导机构规定的其他飞行活动行为规范。

第三十四条 禁止利用无人驾驶航空器实施下列行为：

（一）违法拍摄军事设施、军工设施或者其他涉密场所；

（二）扰乱机关、团体、企业、事业单位工作秩序或者公共场所秩序；

（三）妨碍国家机关工作人员依法执行职务；

（四）投放含有违反法律法规规定内容的宣传品或者其他物品；

（五）危及公共设施、单位或者个人财产安全；

（六）危及他人生命健康，非法采集信息，或者侵犯他人其他人身权益；

（七）非法获取、泄露国家秘密，或者违法向境外提供数据信息；

（八）法律法规禁止的其他行为。

第三节　侵犯人身权利、财产权利的行为和处罚

第四十七条　【对恐怖表演、强迫劳动、限制人身自由等行为的处罚】

有下列行为之一的，处十日以上十五日以下拘留，并处一千元以上二千元以下罚款；情节较轻的，处五日以上十日以下拘留，并处一千元以下罚款：

（一）组织、胁迫、诱骗不满十六周岁的人或者残疾人进行恐怖、残忍表演的；

（二）以暴力、威胁或者其他手段强迫他人劳动的；

（三）非法限制他人人身自由、非法侵入他人住宅或者非法搜查他人身体的。

⊙重点解读

相较于原法，本条的罚款数额从"五百元以上一千元以下"修改为"一千元以上二千元以下"，情节较轻的罚款从"二百元以上五百元以下"修改为"一千元以下"。这是因为，随着经济社会的快速发展，原有的罚款额度已不适应新形势、新环境的要求，提升罚款最高额度，有利于维持本条规定的威慑力。下面就本条规定的三种情形分别予以释明。

一、关于组织、胁迫、诱骗不满十六周岁的人或者残疾人进行恐怖、残忍表演的行为认定与处罚

(一) 行为认定

本项规定与《未成年人保护法》《残疾人保障法》等法律衔接，旨在保护未成年人与残疾人的人身权利，落实人权保护要求。行为主体既可以是个人，也可以是单位。行为主观表现为故意。行为客观表现为组织、胁迫、诱骗不满十六周岁的人或者残疾人进行恐怖、残忍表演，尚未满足刑事处罚的行为。本项规定的行为手段分为"组织""胁迫""诱骗"，其中"组织"是指行为人以招募、雇用、纠集等手段，管理或者控制未满十六周岁的人或残疾人进行表演恐怖、残忍节目的行为；"胁迫"是指行为人以立即实施暴力行为或者其他有损身心健康的行为，如冻饿、罚跪等惩罚手段相要挟，逼迫不满十六周岁的未成年人或者残疾人按照行为人要求进行恐怖、残忍表演；"诱骗"是指行为人利用未满十六周岁的未成年人辨别能力处于弱势地位或残疾人的自身弱点，通过许诺利益、诱惑、欺骗等手段使不满十六周岁的未成年人、残疾人进行恐怖、残忍表演的行为。

本项规定涉及的"恐怖、残忍表演"应分开理解。恐怖表演是指有关凶杀、虐待等表演内容，以此营造恐怖氛围的表演节目，如表演碎尸解剖、劈砍活人、活人肢解等；残忍表演是指以对人身体的残酷折磨为表演内容，以此营造残忍氛围的表演节目，如吞宝剑、吞铁球、钉板打石等。

以"组织、胁迫、诱骗"手段要求不满十六周岁的未成年人和残疾人表演上述节目，会对表演者的身心健康造成恶劣摧残，影响其以后的正常发展，同时会严重破坏社会秩序。

(二) 处罚

本项行为认定"情节较轻"通常是指违法行为的性质、后果和影响相对较小，或是初次实施本行为，没有造成严重的危害或损失。根据《公安机关对部分违反治安管理行为实施处罚的裁量指导意见》的规定，对于"组织、胁迫恐怖表演"行为的"情节较轻"，具有下列情形之一的可予以认定：（1）未使用暴力方法，且对他人身心健康影响较小的，但将相关表演视频在信息网络上散布的除外；（2）经被侵害人要求或者他人劝阻及时停止，且后果轻微的；

(3) 其他情节较轻的情形。

二、关于强迫他人劳动的行为认定和处罚

(一) 行为认定

本项规定旨在保护他人的人身自由权利和劳动权。本行为的主体既可以是个人，也可以是用人单位。行为主观表现为故意。行为的客观方面表现为用人单位或个人违反劳动法律，以暴力、威胁或者其他手段强迫他人劳动。其中，"暴力手段"是指行为人对他人人身实施殴打、捆绑等强制手段，使他人无法自主选择，只能依照行为人的要求进行劳动；"威胁手段"是指以恶害相通告，即行为人对他人采取恐吓等精神强制手段，例如以人身伤害、财产伤害等方式要挟他人，迫使他人不敢反抗、不能反抗，只能依照行为人的要求进行劳动；"其他手段"是指除暴力、威胁外的方式，使他人不敢反抗、不能反抗、不知反抗，借以实现强迫他人劳动的手段。同时，根据《劳动法》第三十二条第二项的规定，强迫他人劳动的手段还包括非法限制他人自由。"强迫他人劳动"是指行为人违反《劳动法》对劳动者自愿选择劳动的权利、劳动时间、劳动报酬等保障性规定，对他人的人身自由、身心健康造成侵害。

此外，我国《刑法》第二百四十四条规定了"强迫劳动罪"，同时在《刑法修正案（八）》中，将《刑法》第二百四十四条修改为："以暴力、威胁或者限制人身自由的方法强迫他人劳动的，处三年以下有期徒刑或者拘役，并处罚金；情节严重的，处三年以上十年以下有期徒刑，并处罚金。"《最高人民检察院、公安部关于公安机关管辖的刑事案件立案追诉标准的规定（一）的补充规定》将《最高人民检察院、公安部关于公安机关管辖的刑事案件立案追诉标准的规定（一）》第三十一条修改为："以暴力、威胁或者限制人身自由的方法强迫他人劳动的，应予立案追诉。"因此，关于"强迫劳动罪"与"强迫他人劳动的行政违法行为"的区分：首先是行为手段的差异，"强迫他人劳动的行政违法行为"的行为手段，除了暴力、威胁、限制人身自由还包括其他手段；其次根据《刑法》第十三条但书条款与本法第二条的原则性规定，以这两种行为所造成的危害结果的质与量进行界分。

(二) 处罚

本项行为认定"情节较轻"应依据公安部制定的《公安机关对部分违反治

安管理行为实施处罚的裁量指导意见》规定，有下列情形之一的，属于"情节较轻"：（1）经被侵害人要求或者他人劝阻及时停止，且后果轻微的；（2）强迫他人劳动系以劳务抵偿合法债务，且劳动强度较低的；（3）其他情节较轻的情形。

三、关于非法限制人身自由、非法侵入他人住宅或者非法搜查他人身体的行为认定与处罚

（一）行为认定

本项规定旨在保护公民的人身自由权利、公民住宅安宁权等权利。行为主观表现为故意。

1. 非法限制人身自由

非法限制人身自由是指违反法律规定，对被害人身体的强制性控制，使被害人行动自由受到限制。行为特性在于非法性，即对于逮捕、拘留、拘传等限制人身自由的强制措施有严格的法律规定，必须由专门机关依据法律规定的程序进行。此外，行为人只要实现非法限制他人人身自由之结果，不管以何种方式，都可以构成本项所规定的违反治安管理的行为。

此外，《刑法》第二百三十八条规定的"非法拘禁罪"与本项所规定的"非法限制人身自由"保护的法益相同，区别在于行为的情节与社会危害结果的程度差异。根据《刑法》第十三条但书条款与本法第二条的原则性规定，非法限制人身自由的行为达到严重的程度即构成犯罪。因此，需要执法机关根据具体案件中的情节轻重、危害大小、拘禁时间因素进行综合定性。

2. 非法入侵他人住宅

非法入侵他人住宅是指未经住宅主人同意，没有法律依据或正当理由，非法强行闯入他人住宅，或者在进入他人住宅时征得住宅主人同意，但是主人要求其退出时无正当理由拒不退出的行为。本条旨在保护公民的住宅权益，其中"他人住宅"中的"他人"既可以是住宅的所有权人，还可以是住宅的承租人、使用人。

此外，本项规定"非法侵入他人住宅"与《刑法》第二百四十五条规定的"非法侵入住宅罪"的区分，主要在于非法侵入他人住宅的违反治安管理的行为的危害结果和情节在程度上远远小于"非法侵入住宅罪"。

3. 非法搜查他人身体

非法搜查主要是指进行搜查的人员未经法律授权或者违反法定程序搜查他人身体的行为。存在两种情形：一种是无搜查权的单位和个人对他人进行的非法搜查；另一种是有搜查权的侦查人员，滥用职权，擅自对他人进行搜查或违反法定搜查程序对他人进行搜查。

此外，本项规定的"非法搜查他人身体"与《刑法》第245条规定的"非法搜查罪"的区别在于保护法益存在差异，"非法搜查罪"的保护法益包括他人身体与他人住宅，"非法搜查他人身体"的保护法益仅是他人身体。同时，二者也在行为情节与社会危害结果的程度上存在差异。

（二）处罚

本项行为认定"情节较轻"应依据《公安机关对部分违反治安管理行为实施处罚的裁量指导意见》进行判定：（1）非法限制人身自由行为情节轻微一般指的是非法限制他人人身自由，未使用殴打、捆绑、侮辱等恶劣手段，且未造成人身伤害或者其他较重危害后果，取得被侵害人谅解的。（2）非法侵入他人住宅的情节较轻则是要满足以下情形之一：①因债务纠纷、邻里纠纷侵入他人住宅，经劝阻及时退出，且未造成危害后果的；②非法侵入他人住宅，自行退出，且未造成危害后果的；③其他情节较轻的情形。（3）非法搜查身体行为情节较轻则是要满足以下情形之一：①经被侵害人要求或者他人劝阻及时停止，且未造成人身伤害或者其他危害后果的；②未使用暴力或者未以暴力相威胁的；③其他情节较轻的情形。

⊙ 典型案例

狄某诉北京市某区人民政府行政复议案[①]

狄某起诉北京市某区人民政府，原告认为，其家遭到居委会工作人员闵某和社区警务站员工陈某非法侵入，其二人的行为，属于《治安管理处罚法》第四十条第三项规定的"非法侵入他人住宅"，但尚不构成刑事处罚的行为。一审法院查明，北京市某区某社区居民委员会居干闵某和志愿者陈某，到狄某家

[①] 北京市门头沟区人民法院行政判决书，(2020) 京 0109 行初 65 号。

中进行 2018 年北京市年度人口抽样调查工作。一审法院认为，闵某、陈某虽为某社区居民委员会工作人员，但履行的是行政法规所赋予的统计职责，可视为行政机关工作人员。而狄某的报警事项实质指向为行政机关工作人员执行职务过程中的行为，行政机关工作人员具有依法进行社会管理的职责，其在依法执行职务过程中是否存在因故意或过失给行政相对人造成侵害行为，不属于《治安管理处罚法》的调整范围，故狄某的报警事项不属于公安机关的职责范围。

案件评析：行政机关工作人员在依法执行职务过程中是否存在因故意或过失给行政相对人造成侵害的行为，不属于《治安管理处罚法》的调整范围。

⊙ 关联规定

《刑法》（2023 年修正）

第二百三十八条 非法拘禁他人或者以其他方法非法剥夺他人人身自由的，处三年以下有期徒刑、拘役、管制或者剥夺政治权利。具有殴打、侮辱情节的，从重处罚。

犯前款罪，致人重伤的，处三年以上十年以下有期徒刑；致人死亡的，处十年以上有期徒刑。使用暴力致人伤残、死亡的，依照本法第二百三十四条、第二百三十二条的规定定罪处罚。

为索取债务非法扣押、拘禁他人的，依照前两款的规定处罚。

国家机关工作人员利用职权犯前三款罪的，依照前三款的规定从重处罚。

第二百四十四条 以暴力、威胁或者限制人身自由的方法强迫他人劳动的，处三年以下有期徒刑或者拘役，并处罚金；情节严重的，处三年以上十年以下有期徒刑，并处罚金。

明知他人实施前款行为，为其招募、运送人员或者有其他协助强迫他人劳动行为的，依照前款的规定处罚。

单位犯前两款罪的，对单位判处罚金，并对其直接负责的主管人员和其他直接责任人员，依照第一款的规定处罚。

第二百四十五条 非法搜查他人身体、住宅，或者非法侵入他人住宅的，处三年以下有期徒刑或者拘役。

司法工作人员滥用职权，犯前款罪的，从重处罚。

《劳动法》（2018年修正）

第九十六条 用人单位有下列行为之一，由公安机关对责任人员处以十五日以下拘留、罚款或者警告；构成犯罪的，对责任人员依法追究刑事责任：

（一）以暴力、威胁或者非法限制人身自由的手段强迫劳动的；

（二）侮辱、体罚、殴打、非法搜查和拘禁劳动者的。

《违反公安行政管理行为的名称及其适用意见》（2020年修订）

77、组织、胁迫、诱骗进行恐怖、残忍表演（第40条第1项）

78、强迫劳动（第40条第2项）

《中华人民共和国劳动法》第96条第1项与《中华人民共和国治安管理处罚法》第40条第2项竞合。对用人单位以暴力、威胁或者非法限制人身自由的手段强迫劳动的，违法行为名称表述为"强迫劳动"，法律依据适用《中华人民共和国治安管理处罚法》第40条第2项。

79、非法限制人身自由（第40条第3项）

《保安服务管理条例》第45条第1款第1项与《中华人民共和国治安管理处罚法》第40条第3项竞合。对保安员限制他人人身自由的，违法行为名称表述为"非法限制人身自由"。如果其行为依法应当予以治安管理处罚的，法律依据适用《中华人民共和国治安管理处罚法》第40条第3项。如果其行为情节严重，依法应当吊销保安员证，并应当依法予以治安管理处罚的，法律依据适用《中华人民共和国治安管理处罚法》第40条第3项和《保安服务管理条例》第45条第1款第1项。如果其行为情节轻微，不构成违反治安管理行为，仅应当予以训诫的，法律依据适用《保安服务管理条例》第45条第1款第1项。

《中华人民共和国劳动法》第96条第2项与《中华人民共和国治安管理处罚法》第40条第3项竞合。对用人单位拘禁劳动者的，违法行为名称表述为"非法限制人身自由"，法律依据适用《中华人民共和国治安管理处罚法》第40条第3项。

80、非法侵入住宅（第40条第3项）

81、非法搜查身体（第40条第3项）

《保安服务管理条例》第45条第1款第1项与《中华人民共和国治安管理

处罚法》第 40 条第 3 项竞合。对保安员搜查他人身体的，违法行为名称表述为"非法搜查身体"。如果其行为依法应当予以治安管理处罚的，法律依据适用《中华人民共和国治安管理处罚法》第 40 条第 3 项。如果其行为情节严重，依法应当吊销保安员证，并应当依法予以治安管理处罚的，法律依据适用《中华人民共和国治安管理处罚法》第 40 条第 3 项和《保安服务管理条例》第 45 条第 1 款第 1 项。如果其行为情节轻微，不构成违反治安管理行为，仅应当予以训诫的，法律依据适用《保安服务管理条例》第 45 条第 1 款第 1 项。

《中华人民共和国劳动法》第 96 条第 2 项与《中华人民共和国治安管理处罚法》第 40 条第 3 项竞合。对用人单位非法搜查劳动者的，违法行为名称表述为"非法搜查身体"，法律依据适用《中华人民共和国治安管理处罚法》第 40 条第 3 项。

> **第四十八条　【对组织、胁迫未成年人从事陪酒、陪唱等有偿陪侍活动的处罚】**
>
> 组织、胁迫未成年人在不适宜未成年人活动的经营场所从事陪酒、陪唱等有偿陪侍活动的，处十日以上十五日以下拘留，并处五千元以下罚款；情节较轻的，处五日以下拘留或者五千元以下罚款。

⊙ 重点解读

本条是新增条文，将组织、胁迫未成年人在不适宜未成年人活动的经营场所从事陪酒、陪唱等有偿陪侍活动的行为纳入治安管理处罚。在刑事司法实践中，检察机关将组织未成年人在 KTV 等娱乐场所进行有偿陪侍的行为，以《刑法》第二百六十二条之二，即"组织未成年人进行违反治安管理活动罪"提起公诉，即扩大解释，将组织、胁迫未成年人在不正当场所提供有偿服侍的行为纳入组织未成年人进行违反治安管理活动罪的实行行为之一。本次修法，对《刑法》组织未成年人进行违反治安管理活动罪的行为类型予以进一步明确，有利于实现和刑法有关罪名的行刑衔接，以保证法制统一。

一、关于组织、胁迫未成年人在不适宜未成年人活动的经营场所从事陪酒、陪唱等有偿陪侍活动的认定

本条规定旨在保护未成年人的人身权利。构成本行为的主观要件为"明知",即行为人"知道"或"应当知道"其组织、胁迫对象为未成年人。根据《最高人民法院、最高人民检察院、公安部、司法部关于办理性侵害未成年人刑事案件的意见》,"明知"包括知道或者应当知道。组织不满十二周岁的未成年人进行有偿陪侍活动的,应当认定行为人主观"明知"。对已满十二周岁不满十四周岁的未成年人,从其身体发育状况、言谈举止、衣着特征、生活作息规律等观察可能是未成年人,仍然组织其进行有偿陪侍活动的,也应当认定行为人主观"明知"。其次,《未成年人保护法》规定,营业性娱乐场所、酒吧等不适宜未成年人活动的场所不得招用未成年人。这即要求娱乐场所经营者、管理者在招聘人员时有义务核实被聘用人员的身份信息,理当知悉被招聘人员的年龄。由此,因没有核验身份证明而不知被招聘人员系未成年人等辩解理由不能成立,除非有充分证据证明其已尽到充分、审慎的注意义务。[①] 而构成本行为的客观要件即"组织、胁迫未成年人在不适宜未成年人活动的经营场所从事陪酒、陪唱等有偿陪侍活动"。其中,"组织"是发起、策划、指导、安排等组织性的行为方式,并不要求组织行为带有强制性,即使是被组织的未成年人自愿进行有偿陪侍,也应当认为是组织未成年人进行违反治安管理活动罪规定的组织行为。组织行为也需跟其他组织行为类违法行为的人数认定保持一致性,为三人以上。"胁迫"是指以恶害相通告,即行为人对未成年人采取恐吓等精神强制手段,例如以人身伤害、财产伤害等方式要挟他人,迫使他人不敢反抗、不能反抗,只能依照行为人的要求进行陪唱、陪酒等不正当的有偿活动。

针对本条所规定"不适宜未成年人活动的经营场所"则需进一步结合《娱乐场所管理条例》等规定进一步认定。娱乐场所是指以营利为目的,并向公众开放、消费者自娱自乐的歌舞、游艺等场所。根据《娱乐场所管理办法》第二条的规定,歌舞娱乐场所是指提供伴奏音乐、歌曲点播服务或者提供舞蹈音乐、跳舞场地服务的经营场所;游艺娱乐场所是指通过游戏游艺设备提供游戏游艺

[①] 王仲瑶、孙晶晶,《组织未成年人有偿陪侍入罪相关证据审查标准辨析》,载最高人民检察院,https://www.spp.gov.cn/spp/llyj/202504/t20250417_693251.shtml,最后访问时间:2025年6月29日。

服务的经营场所。当然,"娱乐场所"并不能完全覆盖本法所称"不适宜未成年人活动的经营场所",因此,执法人员还需要结合场所性质与社会一般人的观念加以认定。未来,可以进一步出台相关法律解释以明确场所类型,从而更好地保护未成年人的合法权益。

二、关于组织、胁迫未成年人在不适宜未成年人活动的经营场所从事陪酒、陪唱等有偿陪侍活动的处罚

本条中的"情节较轻"应结合《公安机关对部分违反治安管理行为实施处罚的裁量指导意见》,判断行为的社会危害性、对未成年人的实际侵害程度以及行为人的主观恶性加以认定。实践中,可能存在的情形:(1)组织参与陪侍的未成年人人数较少;(2)陪酒、陪唱等服侍活动持续时间较短或活动次数较少,未对未成年人造成侵害;(3)组织、胁迫的程度相对较轻;(4)获利数额较小;(5)场所的"不适宜程度"或活动内容恶性相对较低;(6)行为人的主观恶性较小。

⊙关联规定

《刑法》(2023年修正)

第二百六十二条之二 组织未成年人进行盗窃、诈骗、抢夺、敲诈勒索等违反治安管理活动的,处三年以下有期徒刑或者拘役,并处罚金;情节严重的,处三年以上七年以下有期徒刑,并处罚金。

《娱乐场所管理条例》(2020年修订)

第二条 本条例所称娱乐场所,是指以营利为目的,并向公众开放、消费者自娱自乐的歌舞、游艺等场所。

《娱乐场所管理办法》(2022年修订)

第二条 《条例》所称娱乐场所,是指以营利为目的,向公众开放、消费者自娱自乐的歌舞、游艺等场所。歌舞娱乐场所是指提供伴奏音乐、歌曲点播服务或者提供舞蹈音乐、跳舞场地服务的经营场所;游艺娱乐场所是指通过游戏游艺设备提供游戏游艺服务的经营场所。

其他场所兼营以上娱乐服务的,适用本办法。

> **第四十九条　【对胁迫利用他人乞讨和滋扰乞讨行为的处罚】**
> 胁迫、诱骗或者利用他人乞讨的,处十日以上十五日以下拘留,可以并处二千元以下罚款。
> 反复纠缠、强行讨要或者以其他滋扰他人的方式乞讨的,处五日以下拘留或者警告。

⊙重点解读

本条规定了利用他人乞讨和滋扰他人的乞讨两类行为,以下分别予以说明。

一、胁迫、诱骗、利用他人乞讨的行为认定和处罚

（一）行为认定

本条第一款规定旨在保护他人的人身权利。本行为主观表现为故意,客观表现为为获取非法利益,以胁迫、诱骗或者其他利用手段使他人进行乞讨。其中,"胁迫"是指行为人以恶害相通告,即行为人对他人采取恐吓等精神强制手段,如以人身伤害、财产伤害等方式要挟他人,迫使他人不敢反抗、不能反抗,只能依照行为人的要求进行乞讨活动;"诱骗"是指行为人通过虚构事实、利用他人辨别能力处于弱势地位,或者通过许诺利益、诱惑、欺骗等手段使他人进行乞讨的行为;"利用"是指行为人通过各种手段使被害人自愿接受并主动进行乞讨的行为。例如,行为人通过给予被害人一定的物质利益,使被害人主动参与乞讨的行为,为行为人谋求不正当利益。

此外,本款规定的违反治安管理处罚的胁迫、诱骗、利用他人乞讨行为的客体是所有人,不同于《刑法》第二百六十二条之一的规定,即以暴力、胁迫手段组织残疾人或者不满十四周岁的未成年人乞讨,才构成犯罪。

（二）处罚

根据本条第一款的规定,对于胁迫、诱骗或者利用他人乞讨的行为人,应处十日以上十五日以下拘留,可以并处二千元以下罚款。

相较于原法,本条的罚款数额从"一千元以下"修改为"二千元以下",

这是因为随着经济社会的快速发展，原有的罚款额度已不适应新形势、新环境的要求，提升罚款最高额度，有利于维持本条规定的威慑力。

二、滋扰他人的方式乞讨的行为认定和处罚

（一）行为认定

以滋扰他人的方式乞讨行为，又称冒犯式乞讨行为，主要指乞讨人员故意以反复纠缠、强行讨要或者其他滋扰他人的方式进行乞讨。其中，"反复纠缠"是指乞讨人员在向他人行乞遭拒绝后，仍采取阻拦、尾随等其他令人反感的方式继续乞讨钱财。"强行讨要"是指以粗暴地拉扯、恶言相向、抱住他人腿部、向人吐口水、阻拦车辆通行、扰乱他人正常经营或工作等手段向他人索要财物，迫使他人在压力下给予财物，有损社会秩序的行为。"其他滋扰他人的方式"是指除了反复纠缠、强行讨要以外的方式进行乞讨行为，对被乞讨人造成负面影响的行为，如以擦车、卖唱、算卦、下跪等手段变相乞讨，强迫他人接受。

此外，对于冒犯式乞讨行为的处罚是建立在多次行为违法化的理论基础之上，偶尔或者一次纠缠乞讨的，并不触犯本条第二款。因此，执法人员在实践中要注意区分《城市生活无着的流浪乞讨人员救助管理办法》所规定的需要救助的一般流浪乞讨人员和本条所规定的存在违反治安管理行为的乞讨人员。

（二）处罚

依据本条第二款的规定，对进行冒犯式乞讨行为的乞讨人员，应处五日以下拘留或者警告。

⊙ 关联规定

《刑法》（2023年修正）

第二百六十二条之一 以暴力、胁迫手段组织残疾人或者不满十四周岁的未成年人乞讨的，处三年以下有期徒刑或者拘役，并处罚金；情节严重的，处三年以上七年以下有期徒刑，并处罚金。

《城市生活无着的流浪乞讨人员救助管理办法》

第一条 为了对在城市生活无着的流浪、乞讨人员（以下简称流浪乞讨人员）实行救助，保障其基本生活权益，完善社会救助制度，制定本办法。

第五条 公安机关和其他有关行政机关的工作人员在执行职务时发现流浪乞讨人员的，应当告知其向救助站求助；对其中的残疾人、未成年人、老年人和行动不便的其他人员，还应当引导、护送到救助站。

《违反公安行政管理行为的名称及其适用意见》（2020年修订）

82、胁迫、诱骗、利用他人乞讨（第41条第1款）

83、以滋扰他人的方式乞讨（第41条第2款）

第五十条　【对侵犯人身权利六项行为的处罚】

有下列行为之一的，处五日以下拘留或者一千元以下罚款；情节较重的，处五日以上十日以下拘留，可以并处一千元以下罚款：

（一）写恐吓信或者以其他方法威胁他人人身安全的；

（二）公然侮辱他人或者捏造事实诽谤他人的；

（三）捏造事实诬告陷害他人，企图使他人受到刑事追究或者受到治安管理处罚的；

（四）对证人及其近亲属进行威胁、侮辱、殴打或者打击报复的；

（五）多次发送淫秽、侮辱、恐吓等信息或者采取滋扰、纠缠、跟踪等方法，干扰他人正常生活的；

（六）偷窥、偷拍、窃听、散布他人隐私的。

有前款第五项规定的滋扰、纠缠、跟踪行为的，除依照前款规定给予处罚外，经公安机关负责人批准，可以责令其一定期限内禁止接触被侵害人。对违反禁止接触规定的，处五日以上十日以下拘留，可以并处一千元以下罚款。

⊙ **重点解读**

相较于原法，本条的罚款数额从"五百元以下"修改为"一千元以下"，如前所述，提升罚款最高额度，有利于维持本条规定的威慑力。

本条规定了对侵犯人身权利六种行为的处罚。这六种行为的主观均表现为故意，下面分别对这六种行为逐一释明。

一、威胁人身安全的行为认定和处罚

（一）行为认定

本项规定旨在保护公民的人身安全。本行为的主观表现为故意，在客观上表现为以写恐吓信或者使用其他方法威胁他人人身安全的，尚不构成犯罪的行为。其中，写恐吓信是威胁他人人身安全的一种形式，恐吓信的内容大多是以恶害相通告，即将要对收信人使用暴力手段或用其他方法伤害收信人，以实现恐吓目的。"其他方法威胁他人人身安全"，如面对面口头威胁、暗示性语言进行威胁、邮寄令人恐惧的物品（子弹、匕首等）等行为。

（二）处罚

根据本条第一款规定，实施威胁他人人身安全行为，应处五日以下拘留或者一千元以下罚款；情节较重的，处五日以上十日以下拘留，可以并处一千元以下罚款。

根据《公安机关对部分违反治安管理行为实施处罚的裁量指导意见》的规定，有下列情形之一的，属于"情节较重"：（1）给他人正常工作、生活、身心健康造成较大影响的；（2）经劝阻仍不停止的；（3）针对多人实施的；（4）采取多种方式和手段威胁他人人身安全的；（5）其他情节较重的情形。

二、公然侮辱他人或者捏造事实诽谤他人的行为认定和处罚

（一）行为认定

1. 公然侮辱行为

本项规定旨在保护公民的人格尊严和名誉权。行为主观表现为故意。行为客观表现为行为人通过语言、文字、动作等方式公然侮辱、贬损他人人格、破坏他人名誉，尚不构成犯罪的行为。其中，行为必须具备公然性，即侮辱行为必须实施于不特定多数人之前，至于被侮辱人是否在场，并不影响本行为的成

立,如网络暴力中的公然侮辱他人的行为。

2. 捏造事实诽谤

本项规定旨在保护公民的人格尊严和名誉权。本行为的主观表现为故意。诽谤行为客观表现为行为人捏造事实并散布这种虚构事实,损害他人人格,破坏他人名誉,尚不构成犯罪的行为。其中,诽谤他人的内容必须是虚假的,即故意捏造不存在的事实来损害他人的名誉,如果散布的信息为客观存在的事实,则不构成诽谤行为。散布行为,是指将捏造的事实向社会公开扩散,可以通过言语、文字、图像等方式进行。损害结果,是指诽谤行为必须足以贬损他人的人格、名誉,或者已经给被害人的人格、名誉造成了实际损害。此外,诽谤行为的对象必须特定,如果行为人散布捏造的事实不针对特定对象,则不会产生损害结果,当然不构成诽谤行为。

(二) 处罚

根据本条第一款规定,行为人实施侮辱行为、诽谤行为,应处五日以下拘留或者一千元以下罚款;情节较重的,处五日以上十日以下拘留,可以并处一千元以下罚款。

根据《公安机关对部分违反治安管理行为实施处罚的裁量指导意见》的规定,有下列情形之一的,属于"情节较重":(1)使用恶劣手段、方式的;(2)给他人正常工作、生活、身心健康、名誉造成较大影响的;(3)经劝阻仍不停止的;(4)利用信息网络公然侮辱、诽谤、诬告陷害他人的;(5)针对多人实施的;(6)其他情节较重的情形。

三、诬告陷害的行为认定和处罚

(一) 行为认定

本项规定旨在保护人身权利,同时保护行政机关正常的执法活动、司法机关正常的司法活动。本行为的主观表现为故意。本行为的客观表现为使被诬告人受到刑事处罚或是治安管理处罚,行为人实施捏造事实诬告陷害他人,尚不构成犯罪的行为。诬告陷害行为必须存在两个行为过程:第一步是捏造事实行为,即虚构被害人违反治安管理的事实或是犯罪的事实,虚构的事实必须涉及违反治安管理或与犯罪相关联,否则不构成诬告陷害行为;第二步是诬告,即以捏造的事实向公安机关、司法机关控告,从而实现陷害结果。

(二) 处罚

根据本条第一款规定,行为人实施侮辱行为、诽谤行为,应处五日以下拘留或者一千元以下罚款;情节较重的,处五日以上十日以下拘留,可以并处一千元以下罚款。

根据《公安机关对部分违反治安管理行为实施处罚的裁量指导意见》的规定,有下列情形之一的,属于"情节较重":(1)使用恶劣手段、方式的;(2)给他人正常工作、生活、身心健康、名誉造成较大影响的;(3)经劝阻仍不停止的;(4)利用信息网络公然侮辱、诽谤、诬告陷害他人的;(5)针对多人实施的;(6)其他情节较重的情形。

四、对证人及其近亲属进行威胁、侮辱、殴打或者打击报复的行为认定和处罚

(一) 行为认定

本条规定构成我国证人保护制度的一部分,旨在保护证人及其近亲属的人身权利,同时维护正常的司法活动。本行为的主观表现为故意。本行为的客观表现为行为人对证人及其近亲属进行威胁、侮辱、殴打或者打击报复的行为。

本行为的特定侵犯对象为证人及其近亲属。证人是指知道案件真实情况且作证的人,包括刑事、民事、行政案件中的证人。近亲属通常是指与某个人血缘关系比较近的家庭成员,包括配偶、直系血亲、旁系血亲。

本行为的行为方式,包括威胁、侮辱、殴打或者打击报复。其中,威胁是指利用暴力、权力或制造恐惧,迫使他人精神恐惧的行为。侮辱是指行为人通过语言、文字、动作等方式公然侮辱、贬损他人人格、破坏他人名誉,尚不构成犯罪的行为。殴打是指行为人使用暴力手段对他人身体进行攻击的行为。打击报复是指行为人利用各种手段非法限制证人或其近亲属的权利,如非法克扣工资、解雇等手段。

(二) 处罚

根据本条第一款规定,行为人对证人及其近亲属实施威胁、侮辱、殴打或者打击报复的行为,应处以五日以下拘留或者一千元以下罚款;情节较重的,处五日以上十日以下拘留,可以并处一千元以下罚款。

根据《公安机关对部分违反治安管理行为实施处罚的裁量指导意见》的规

定，有下列情形之一的，属于"情节较重"：（1）使用恶劣手段、方式的；（2）给他人正常工作、生活、身心健康、名誉造成较大影响的；（3）造成人身伤害的；（4）针对多人实施的；（5）其他情节较重的情形。

五、发送信息或者采取滋扰、纠缠、跟踪等方法，干扰他人正常生活的行为认定和处罚

（一）行为认定

1. 多次发送信息干扰他人正常生活的行为

本项规定旨在保护公民的生活安宁权。本行为主观表现为故意。本行为客观表现为行为人通过信件、电话、电子邮件、计算机网络等传播媒介，多次向被害人发送淫秽、侮辱、恐吓等信息。其中，淫秽信息，是指具体描绘性行为或者露骨宣扬色情的信息。侮辱信息，是指有恶意攻击、谩骂、羞辱等有损他人人格尊严的信息。恐吓信息，是指使被害人对人身安全产生担忧和焦虑，产生足以影响其正常生活的生理心理压力的信息。另外，根据《公安机关执行〈中华人民共和国治安管理处罚法〉有关问题的解释（二）》的规定，"多次"是指三次（含三次）以上。

2. 采取滋扰、纠缠、跟踪等方法，干扰他人正常生活的行为

本项规定作为新增内容，旨在保护公民的正常生活秩序与人身、财产权利。本行为的客观表现为行为人采取滋扰、纠缠、跟踪等方法，干扰他人正常生活，尚不构成犯罪的行为。其中，滋扰，是指行为人对被害人正常生活的破坏扰乱，对被害人无端挑衅、侵犯乃至伤害的行为。滋扰可以是不作为，也可以是主动的行为，包括但不限于噪声滋扰、侵犯隐私、故意制造混乱等。纠缠，是指行为人故意反复且持续地对被害人实施跟踪、骚扰和纠缠等一系列行为，足以使被害人陷入恐惧且严重影响其日常生活。跟踪，是指行为人故意追踪他人并观察其活动的行为，并且这种跟踪行为已经超出了普通跟踪和监视的范畴，影响了被害人的正常生活。

（二）处罚

根据本条第一款规定，行为人多次实施发送淫秽、侮辱、恐吓等信息或者采取滋扰、纠缠、跟踪等方法，干扰他人正常生活的行为，应处以五日以下拘留或者一千元以下罚款；情节较重的，处五日以上十日以下拘留，可以并处一

千元以下罚款。

根据《公安机关对部分违反治安管理行为实施处罚的裁量指导意见》的规定，有下列情形之一的，属于"情节较重"：（1）给他人正常工作、生活、身心健康、名誉造成较大影响的；（2）向多人发送的；（3）经被侵害人制止仍不停止的；（4）其他情节较重的情形。

此外，本法新增了"有前款第五项规定的滋扰、纠缠、跟踪行为的，除依照前款规定给予处罚外，经公安机关负责人批准，可以责令其一定期限内禁止接触被侵害人。对违反禁止接触规定的，处五日以上十日以下拘留，可以并处一千元以下罚款"。因为，实施滋扰、纠缠、跟踪行为往往是行为人为了实施更为严重的违法或犯罪行为的准备行为，为了遏制更大危害结果的发生，故责令其在一定期限内禁止接触被侵害人。如果违反，仍需要接受财产罚或人身罚。

六、偷窥、偷拍、窃听、散布他人隐私的行为认定和处罚

（一）行为认定

本项规定旨在保护公民的隐私权。本行为的主观表现为故意。本行为的客观表现为行为人以偷窥、偷拍、窃听、散布方式侵犯他人隐私，尚不构成犯罪的行为。根据《民法典》的规定，隐私是指自然人的私人生活安宁和不愿为他人知晓的私密空间、私密活动、私密信息，任何组织或者个人不得以刺探、侵扰、泄露、公开等方式侵害他人的隐私权。其中，"偷窥"是指在被害人不知情的境况下，行为人秘密观看他人的隐私活动；"偷拍"是指在被害人不知情的境况下，行为人利用具有拍照功能的工具拍摄他人的隐私；"窃听"是指行为人通过秘密手段偷听他人隐私活动的行为；"散布"是指行为人将收集的他人隐私向社会公开扩散，可以通过言语、文字、图像等方式进行。

（二）处罚

根据本条第一款规定，行为人对证人及其近亲属实施威胁、侮辱、殴打或者打击报复的行为，应处五日以下拘留或者一千元以下罚款；情节较重的，处五日以上十日以下拘留，可以并处一千元以下罚款。

根据《公安机关对部分违反治安管理行为实施处罚的裁量指导意见》的规定，有下列情形之一的，属于"情节较重"：（1）给他人正常工作、生活、身心健康、名誉造成较大影响的；（2）利用信息网络散布他人隐私的；（3）多次侵犯他人隐私或者侵犯多人隐私的；(4) 其他情节较重的情形。

⊙ 关联规定

《刑法》（2023 年修正）

　　第二百四十三条　捏造事实诬告陷害他人，意图使他人受刑事追究，情节严重的，处三年以下有期徒刑、拘役或者管制；造成严重后果的，处三年以上十年以下有期徒刑。

　　国家机关工作人员犯前款罪的，从重处罚。

　　不是有意诬陷，而是错告，或者检举失实的，不适用前两款的规定。

　　第二百四十六条　以暴力或者其他方法公然侮辱他人或者捏造事实诽谤他人，情节严重的，处三年以下有期徒刑、拘役、管制或者剥夺政治权利。

　　前款罪，告诉的才处理，但是严重危害社会秩序和国家利益的除外。

　　通过信息网络实施第一款规定的行为，被害人向人民法院告诉，但提供证据确有困难的，人民法院可以要求公安机关提供协助。

　　第三百零八条　对证人进行打击报复的，处三年以下有期徒刑或者拘役；情节严重的，处三年以上七年以下有期徒刑。

《民法典》

　　第一千零三十二条　自然人享有隐私权。任何组织或者个人不得以刺探、侵扰、泄露、公开等方式侵害他人的隐私权。

　　隐私是自然人的私人生活安宁和不愿为他人知晓的私密空间、私密活动、私密信息。

《违反公安行政管理行为的名称及其适用意见》（2020 年修订）

　　84、威胁人身安全（第 42 条第 1 项）

　　85、侮辱（第 42 条第 2 项）

　　《保安服务管理条例》第 45 条第 1 款第 1 项与《中华人民共和国治安管理处罚法》第 42 条第 2 项竞合。对保安员侮辱他人的，违法行为名称表述为"侮辱"。如果其行为依法应当予以治安管理处罚的，法律依据适用《中华人民共和国治安管理处罚法》第 42 条第 2 项。如果其行为情节严重，依法应当吊销保安员证，并应当依法予以治安管理处罚的，法律依据适用《中华人民共和国治安管理处罚法》第 42 条第 2 项和《保安服务管理条例》第 45 条第 1 款第 1 项。如果其行为情节轻微，不构成违反治安管理行为，仅应当予以训诫的，法律依据适用《保安服务管理条例》第 45 条第 1 款第 1 项。

《中华人民共和国劳动法》第 96 条第 2 项与《中华人民共和国治安管理处罚法》第 42 条第 2 项竞合。对用人单位侮辱劳动者的，违法行为名称表述为"侮辱"，法律依据适用《中华人民共和国治安管理处罚法》第 42 条第 2 项。

86、诽谤（第 42 条第 2 项）

87、诬告陷害（第 42 条第 3 项）

88、威胁、侮辱、殴打、打击报复证人及其近亲属（第 42 条第 4 项）

89、发送信息干扰正常生活（第 42 条第 5 项）

90、侵犯隐私（第 42 条第 6 项）

《保安服务管理条例》第 45 条第 1 款第 6 项与《中华人民共和国治安管理处罚法》第 42 条第 6 项竞合。对保安员侵犯个人隐私的，违法行为名称表述为"侵犯隐私"。如果其行为依法应当予以治安管理处罚的，法律依据适用《中华人民共和国治安管理处罚法》第 42 条第 6 项。如果其行为情节严重，依法应当吊销保安员证，并应当依法予以治安管理处罚的，法律依据适用《中华人民共和国治安管理处罚法》第 42 条第 6 项和《保安服务管理条例》第 45 条第 1 款第 6 项。如果其行为情节轻微，不构成违反治安管理行为，仅应当予以训诫的，法律依据适用《保安服务管理条例》第 45 条第 1 款第 6 项。

第五十一条　【对殴打或故意伤害他人身体行为的处罚】

殴打他人的，或者故意伤害他人身体的，处五日以上十日以下拘留，并处五百元以上一千元以下罚款；情节较轻的，处五日以下拘留或者一千元以下罚款。

有下列情形之一的，处十日以上十五日以下拘留，并处一千元以上二千元以下罚款：

> （一）结伙殴打、伤害他人的；
> （二）殴打、伤害残疾人、孕妇、不满十四周岁的人或者七十周岁以上的人的；
> （三）多次殴打、伤害他人或者一次殴打、伤害多人的。

⊙ 重点解读

本条规定相较于原法，罚款数额从"二百元以上五百元以下"修改为"五百元以上一千元以下"，情节较轻的罚款从"五百元以下"修改为"一千元以下"，存在加重情节的罚款从"五百元以上一千元以下"修改为"一千元以上二千元以下"，提高了罚款额度，从而保障本条规定的威慑力。

一、殴打他人与伤害他人身体的行为认定

本条所保障的是他人的身体权和健康权。本行为在主观层面要求行为人具有主观故意，过失行为导致他人身体损害的不能适用本条规定。

本条所规定的行为在客观层面表现为殴打或以其他手段非法损害他人身体，尚不构成犯罪的行为。其中，"殴打他人"是指行为人使用暴力手段对他人身体进行攻击的行为，行为方式包括拳打脚踢或使用棍棒等器具。"故意伤害他人身体"是指行为人以除殴打外的其他手段故意伤害他人身体的行为，伤害他人的行为方式多种多样，如用开水烫人、物理撞击他人等方式。当这种对他人身体权与健康权的侵害并不构成轻伤，从而不符合《刑法》规定的故意伤害罪的构成要件时，即可能符合本条适用的条件。

此外，在执法实践中，只需要证据证明行为人存在殴打行为或故意伤害他人身体的行为，就可以适用本条规定对行为进行处罚，不需要认定该行为是否造成了被害人受伤结果。

二、处罚

根据本条第一款规定，殴打他人的，或者故意伤害他人身体的，处五日以上十日以下拘留，并处五百元以上一千元以下罚款；情节较轻的，处五日以下拘留或者一千元以下罚款。

"情节较轻"，一般指没有构成轻微伤或者主观过错比较小等情形。殴打他人或故意伤害他人身体的违法行为的情节较轻的认定，应根据《公安机关对部分违反治安管理行为实施处罚的裁量指导意见》的规定，有下列情形之一的，属于"情节较轻"：（1）被侵害方有过错，且伤害后果较轻的；（2）亲友、邻里或者同事之间因琐事发生纠纷，双方均有过错，且伤害后果较轻的；（3）已满十四周岁未成年人在校学生初次殴打他人、故意伤害他人身体，悔过态度较好且伤害后果较轻的；（4）因民间纠纷引发且行为人主动赔偿合理费用，伤害后果较轻的；（5）其他情节较轻的情形。

此外，有本条第二款规定的三类加重情节之一的，应处十日以上十五日以下拘留，并处一千元以上二千元以下罚款。同时，应该注意受害人年龄范围从六十周岁以上，调整为七十周岁以上，以适应现行社会生活环境与人口身体素质的转变。

⊙关联规定

《刑法》（2023年修正）

第二百三十四条　故意伤害他人身体的，处三年以下有期徒刑、拘役或者管制。

犯前款罪，致人重伤的，处三年以上十年以下有期徒刑；致人死亡或者以特别残忍手段致人重伤造成严重残疾的，处十年以上有期徒刑、无期徒刑或者死刑。本法另有规定的，依照规定。

《公安机关执行〈中华人民共和国治安管理处罚法〉有关问题的解释（二）》（2007年）

七、关于殴打、伤害特定对象的处罚问题

对违反《治安管理处罚法》第四十三条第二款第二项规定行为的处罚，不要求行为人主观上必须明知殴打、伤害的对象为残疾人、孕妇、不满十四周岁的人或者六十周岁以上的人。

《违反公安行政管理行为的名称及其适用意见》（2020年修订）

91、殴打他人（第43条第1款）

《保安服务管理条例》第45条第1款第1项与《中华人民共和国治安管理

处罚法》第43条第1款竞合。对保安员殴打他人的，违法行为名称表述为"殴打他人"。如果其行为依法应当予以治安管理处罚，法律依据适用《中华人民共和国治安管理处罚法》第43条第1款。如果其行为情节严重，依法应当吊销保安员证，并应当依法予以治安管理处罚的，法律依据适用《中华人民共和国治安管理处罚法》第43条第1款和《保安服务管理条例》第45条第1款第1项；有法定加重情节的，法律依据适用《中华人民共和国治安管理处罚法》第43条第2款和《保安服务管理条例》第45条第1款第1项。如果其行为情节轻微，不构成违反治安管理行为，仅应当予以训诫的，法律依据适用《保安服务管理条例》第45条第1款第1项。

《中华人民共和国劳动法》第96条第2项与《中华人民共和国治安管理处罚法》第43条第1款竞合。对用人单位体罚、殴打劳动者的，违法行为名称表述为"殴打他人"，法律依据适用《中华人民共和国治安管理处罚法》第43条第1款。

92、故意伤害（第43条第1款）

第五十二条 【对猥亵他人和公共场所裸露身体行为的处罚】

猥亵他人的，处五日以上十日以下拘留；猥亵精神病人、智力残疾人、不满十四周岁的人或者有其他严重情节的，处十日以上十五日以下拘留。

在公共场所故意裸露身体隐私部位的，处警告或者五百元以下罚款；情节恶劣的，处五日以上十日以下拘留。

⊙ **重点解读**

一、猥亵他人的行为认定和处罚

（一）行为认定

本款规定保护的是公民的性自主权。猥亵他人在客观上表现为行为人为满足性欲望或追求性刺激，采取强制或者非强制的手段，违背他人意志，对他人实施搂抱、触摸、亲吻、手淫等，尚不构成犯罪的淫秽行为。被猥亵的对象既包括女性，也包括男性；既包括对异性的猥亵行为，也包括对同性的猥亵行为。因为，猥亵行为侵犯的客体为公民的性自主权，所以构成猥亵行为的本质特征是违背他人意志。因此，猥亵行为的手段行为既包括暴力、胁迫让被害人不敢反抗、不能反抗，也包括其他手段，如利用他人昏睡、醉酒状态，不知反抗，对被害人实施猥亵行为。如果双方出于自愿，则行为不具有违法性。

（二）处罚

根据本款规定，猥亵他人的，处五日以上十日以下拘留；猥亵精神病人、智力残疾人、不满十四周岁的人或者有其他严重情节的，处十日以上十五日以下拘留。

其中，"其他严重情节"，是指猥亵行为造成较大社会危害结果的情形。具体而言，则需要依据公安部制定的《公安机关对部分违反治安管理行为实施处罚的裁量指导意见》的规定，猥亵行为中"其他严重情节"是指行为具有下述情形之一的：（1）在公共场所猥亵他人的；（2）猥亵多人的；（3）其他情节严重的情形。

二、公共场所故意裸露身体的行为认定和处罚

（一）行为认定

本款规定所保护法益为社会秩序和风俗。公共场所故意裸露身体行为客观表现为行为人在公共场所内故意实施裸露身体的行为。其中，"公共场所"是指供公众使用或供公众活动的场所，这些地方对所有成员开放，或者对特定的多数人开放，如学校、商场、公共交通工具、游乐场、影院等场所。"裸露身体"是指不穿衣服赤身裸体或穿着不足以遮蔽身体隐私部位的行为。同时相较于原法，删除了"情节恶劣"这一构成要件，对不能认定为"情节恶劣"的公共场所裸露身体的行为，也认定为违反治安管理的行为，并将"情节恶劣"作为该行为加重处罚的认定标准。

（二）处罚

相较于原法"对公共场所裸露身体的行为，只对情节恶劣的，处五日以上十日以下拘留"，新法修订立足于公共场所裸露身体的社会危害性，对不能认定为"情节恶劣"的公共场所裸露身体的行为，也认定为违反治安管理的行为，处以警告。对满足"情节恶劣"标准的处五日以下拘留或者五百元以下罚款，相较于原法进行了适度调整。

其中，"情节恶劣"应根据《公安机关对部分违反治安管理行为实施处罚的裁量指导意见》的规定，有下列情形之一的，属于"情节恶劣"：（1）造成现场秩序混乱等危害后果或者较大社会影响的；（2）在有多名异性或者未成年人的公共场所故意裸露身体的；（3）经制止拒不改正的；（4）伴随挑逗性语言或者动作的；（5）其他情节恶劣的情形。

⊙ 关联规定

《刑法》（2023年修正）

第二百三十七条　以暴力、胁迫或者其他方法强制猥亵他人或者侮辱妇女的，处五年以下有期徒刑或者拘役。

聚众或者在公共场所当众犯前款罪的，或者有其他恶劣情节的，处五年以上有期徒刑。

猥亵儿童的，处五年以下有期徒刑；有下列情形之一的，处五年以上有期徒刑：

（一）猥亵儿童多人或者多次的；

（二）聚众猥亵儿童的，或者在公共场所当众猥亵儿童，情节恶劣的；

（三）造成儿童伤害或者其他严重后果的；

（四）猥亵手段恶劣或者有其他恶劣情节的。

《违反公安行政管理行为的名称及其适用意见》（2020年修订）

93、猥亵（第44条）

94、在公共场所故意裸露身体（第44条）

第五十三条　【对虐待家庭成员、被监护、看护人、遗弃被抚养人行为的处罚】

有下列行为之一的，处五日以下拘留或者警告；情节较重的，处五日以上十日以下拘留，可以并处一千元以下罚款：

（一）虐待家庭成员，被虐待人或者其监护人要求处理的；
　　（二）对未成年人、老年人、患病的人、残疾人等负有监护、看护职责的人虐待被监护、看护的人的；
　　（三）遗弃没有独立生活能力的被扶养人的。

⊙重点解读

一、虐待家庭成员和被监护、看护人的行为认定和处罚

（一）行为认定

本条第一项所保护的法益是家庭成员的平等权利，同时保护被侵害人的身体权。本行为主观表现为故意，客观表现为虐待家庭成员，即行为人对其家庭成员在相当长的时间里，进行持续或连续的肉体摧残、精神折磨，致使被害人的身心遭受严重创伤，如对被害人实施打骂、冻饿、捆绑、限制自由等。由于虐待行为具有经常性、连续性的特点，因此因家庭矛盾偶尔发生的打骂、冻饿等行为，不一定构成该违反治安管理行为。同时，本行为主体必须与被害人是共同生活的同一家庭成员。家庭成员关系是指行为人与被害人之间存在血亲关系、婚姻关系和收养关系等。虐待非家庭成员不构成该行为。此外，虐待家庭成员，属于被害人告诉才处理的案件，即被害人必须主动要求执法机关处理，执法机关才能对行为人依据本条规定惩处。这主要是为了维系正常的家庭关系，如果被虐待人或者其监护人不主动要求，则执法机关不能以本项规定为依据主动处理该行为。

本条第二项所保护的是被监护、看护人的人身权利。本项规定作为本法新增条文，其行为外观同第一项条文相似，即存在虐待行为。只是本项的行为主体是负有监护、看护职责的人，如幼儿园的教师对在园幼儿、养老院的工作人员对在院老人、医生和护士对病人等负有监护、看护职责。这种监护、看护职责通常是基于合同、雇佣、服务等关系确定，也可以通过口头约定、志愿性的服务等形式确定，如邻居受托或自愿代为照顾老人、儿童。

此外，需要与《刑法》中的虐待罪和虐待被监护、看护人罪进行区分，只

有虐待行为情节恶劣才能构成犯罪。

（二）处罚

本条中的"情节较重"，一般指因虐待行为，造成较大社会负面影响或造成更恶劣的危害结果的情形。本条中对"情节较重"的处罚规定为新增内容，根据我国执法实践经验，符合虐待行为情节较重的情形大概有以下几类：(1) 虐待多人的；(2) 虐待行为持续时间较长的；(3) 长期虐待家庭成员处以警告，不改正的；(4) 虐待手段恶劣；(5) 其他情节严重的情形。但仍需要相关部门制定相应的执法裁量指导意见。

二、遗弃被扶养人的行为认定和处罚

（一）行为认定

本条第三项规定保护的法益为被扶养人应接受扶养的权利。本行为在主观表现为故意，客观表现为遗弃被扶养人的行为，即对于年老、年幼、患病或其他没有独立生活能力的人，具有扶养义务但拒不履行其义务的行为。本行为的主体必须是对被遗弃人具有扶养义务的人。此处的扶养为广义的扶养，既包括父母对子女的抚养，也包括子女对老人的赡养，还包括互负扶养义务的夫妻等。行为对象为不具有独立生活能力的被扶养人，其中"不具有独立能力"指的是不具有劳动能力，无经济来源且需要他人照顾的人。

此外，需要与《刑法》中的遗弃罪进行区分，只有遗弃行为情节恶劣才能构成犯罪。

（二）处罚

根据我国执法实践，遗弃行为中存在以下情节严重的情形：(1) 遗弃行为被处以警告，仍不改正的；(2) 遗弃手段相对恶劣；(3) 遗弃行为存续时间较长；(4) 其他情节严重的情形。

⊙ **关联规定**

《刑法》（2023年修正）

第二百六十条　虐待家庭成员，情节恶劣的，处二年以下有期徒刑、拘役或者管制。

犯前款罪，致使被害人重伤、死亡的，处二年以上七年以下有期徒刑。

第一款罪，告诉的才处理，但被害人没有能力告诉，或者因受到强制、威吓无法告诉的除外。

第二百六十条之一　对未成年人、老年人、患病的人、残疾人等负有监护、看护职责的人虐待被监护、看护的人，情节恶劣的，处三年以下有期徒刑或者拘役。

单位犯前款罪的，对单位判处罚金，并对其直接负责的主管人员和其他直接责任人员，依照前款的规定处罚。

有第一款行为，同时构成其他犯罪的，依照处罚较重的规定定罪处罚。

第二百六十一条　对于年老、年幼、患病或者其他没有独立生活能力的人，负有扶养义务而拒绝扶养，情节恶劣的，处五年以下有期徒刑、拘役或者管制。

《违反公安行政管理行为的名称及其适用意见》（2020年修订）

95、虐待（第45条第1项）

96、遗弃（第45条第2项）

第五十四条　【对强迫交易行为的处罚】

强买强卖商品，强迫他人提供服务或者强迫他人接受服务的，处五日以上十日以下拘留，并处三千元以上五千元以下罚款；情节较轻的，处五日以下拘留或者一千元以下罚款。

⊙重点解读

相较于原法，本条的罚款数额从"二百元以上五百元以下"修改为"三千元以上五千元以下"，情节较轻的罚款从"五百元以下"修改为"一千元以下"，提升罚款最高额度，有利于维持本条规定的威慑力。

一、行为认定

本条规定旨在保护市场交易秩序和被交易对象的财产权。本行为的客观表现为行为人以暴力、威胁或其他手段强买强卖商品、强迫他人提供服务或者强迫他人接受服务的。其中，"暴力手段"是指行为人对他人人身实施殴打、捆绑等强制手段，使他人无法自主选择，只能依照行为人的要求进行交易活动；"威胁手段"是以恶害相通告，即行为人对他人采取恐吓等精神强制手段，如以人身伤害、财产伤害等方式要挟他人，迫使他人不敢反抗、不能反抗，只能依照行为人的要求进行交易活动；"其他手段"是指除暴力、威胁外的方式，使他人不敢反抗、不能反抗、不知反抗，借以实现强迫交易行为的手段；"强买强卖商品"是指行为人违背交易对方意志，以暴力、胁迫等手段迫使他人交出与合理价钱、费用相差不大的钱物；"强迫他人提供服务或者强迫他人接受服务"是指在提供服务性质的行业中的消费者或经营者，违背交易对方的意志，以暴力、威胁等手段迫使他人提供服务或是接受服务。

此外，需要注意本条规定中强迫交易行为与《刑法》第二百二十六条强迫交易罪的区分，主要是看行为人的行为是否达到公安机关刑事追诉的追诉标准。

二、处罚

是否符合"情节较轻"的认定，应当依据《公安机关对部分违反治安管理行为实施处罚的裁量指导意见》的规定，即符合下列情形：（1）强迫交易造成直接经济损失未达到有关刑事立案追诉标准百分之十的；（2）强迫交易数额或者违法所得未达到有关刑事立案追诉标准百分之十的；（3）强迫他人购买伪劣商品数额或者违法所得未达到有关刑事立案追诉标准百分之十的；（4）事后主动返还财物或者支付有关费用，取得被侵害人谅解的；（5）其他情节较轻的情形。则应认定强迫交易行为的"情节较轻"予以从轻处罚。

⊙关联规定

《刑法》（2023年修正）

第二百二十六条 以暴力、威胁手段，实施下列行为之一，情节严重的，处三年以下有期徒刑或者拘役，并处或者单处罚金；情节特别严重的，处三年以上七年以下有期徒刑，并处罚金：

（一）强买强卖商品的；

（二）强迫他人提供或者接受服务的；

（三）强迫他人参与或者退出投标、拍卖的；

（四）强迫他人转让或者收购公司、企业的股份、债券或者其他资产的；

（五）强迫他人参与或者退出特定的经营活动的。

《最高人民检察院、公安部关于公安机关管辖的刑事案件立案追诉标准的规定（一）的补充规定》

五、将《立案追诉标准（一）》第二十八条修改为：[强迫交易案（刑法第二百二十六条）] 以暴力、威胁手段强买强卖商品，强迫他人提供服务或者接受服务，涉嫌下列情形之一的，应予立案追诉：

（一）造成被害人轻微伤的；

（二）造成直接经济损失二千元以上的；

（三）强迫交易三次以上或者强迫三人以上交易的；

（四）强迫交易数额一万元以上，或者违法所得数额二千元以上的；

（五）强迫他人购买伪劣商品数额五千元以上，或者违法所得数额一千元以上的；

（六）其他情节严重的情形。

以暴力、威胁手段强迫他人参与或者退出投标、拍卖，强迫他人转让或者收购公司、企业的股份、债券或者其他资产，强迫他人参与或者退出特定的经营活动，具有多次实施、手段恶劣、造成严重后果或者恶劣社会影响等情形之一的，应予立案追诉。

《违反公安行政管理行为的名称及其适用意见》（2020年修订）

97、强迫交易（第46条）

第五十五条 【对煽动民族仇恨、民族仇视行为的处罚】

煽动民族仇恨、民族歧视，或者在出版物、信息网络中刊载民族歧视、侮辱内容的，处十日以上十五日以下拘留，可以并处三千元以下罚款；情节较轻的，处五日以下拘留或者三千元以下罚款。

⊙ 重点解读

相较于原法，本条的罚款数额从"一千元以下"修改为"三千元以下"，新增对"情节较轻的"情形予以处罚。下面对本条规定涉及的两种行为分别予以释明。

一、煽动民族仇恨、民族歧视的行为认定和处罚

（一）行为认定

本条规定旨在保护民族团结与民族平等权。本违法行为的客观表现为煽动民族仇恨、民族歧视，尚不构成犯罪的行为，具体是指行为人故意使用各种蛊惑人心的方法，从而激起各民族之间的仇视、歧视。其中，"民族仇恨"是指各民族由于自身历史、风俗习惯等原因产生的民族矛盾，形成的一种敌对状态；"民族歧视"是指各民族由于自身历史、风俗习惯等原因产生的对其他民族的排斥心理，通过限制其他民族的权利，破坏各民族之间的平等关系。而煽动所使用的各种蛊惑人心的方式，一般多指书写、散播、宣扬内含民族仇恨、民族歧视内容的书籍、标语、口号、报纸、谣言等方法。

（二）处罚

对"情节较轻的"从轻处罚是本法的新增内容。"情节较轻"，一般是指煽动行为所用的煽动手段性质较轻，未造成严重的社会负面影响或是严重危害结果的情形。根据执法实践，具有下述情形之一的，可以被认定为情节较轻：（1）煽动人数较少；（2）煽动行为涉及民族单一且影响范围较小；（3）第一次从事煽动行为的；（4）其他符合情节较轻的。

二、在出版物、计算机刊载民族歧视、侮辱内容的行为认定和处罚

（一）行为认定

本条规定保护的法益为民族平等权利与各民族的名誉、尊严。本违法行为的客观表现为在出版物、计算机刊载民族歧视、侮辱内容，尚不构成犯罪的行为。其中，"出版物"既包括合法出版物，也包括非法出版物，一般是指发行的书籍、杂志、报纸、漫画、音像制品以及电子出版物等。"计算机信息网络"指的是在线运行的电子信息网络系统，一般指局域网和互联网。刊载表现为制作、发布、上传、转载等方式。"民族歧视、侮辱内容"一般指的是针对特定民族的风俗习惯、宗教信仰等信息进行曲解、贬低，具有丑化民族形象，诬蔑民族历史等目的的内容。

（二）处罚

"情节较轻"是本条新增内容，根据执法实践，具有下述情形之一的，可以被认定为情节较轻：（1）刊载民族歧视、侮辱内容的出版物或网络信息传播范围小；（2）刊载民族歧视、侮辱内容的出版物或网络信息浏览人次较少；（3）第一次从事该行为的；（4）其他符合情节较轻的。

⊙关联规定

《刑法》（2023年修正）

第二百四十九条　煽动民族仇恨、民族歧视，情节严重的，处三年以下有期徒刑、拘役、管制或者剥夺政治权利；情节特别严重的，处三年以上十年以下有期徒刑。

第二百五十条　在出版物中刊载歧视、侮辱少数民族的内容，情节恶劣，造成严重后果的，对直接责任人员，处三年以下有期徒刑、拘役或者管制。

《违反公安行政管理行为的名称及其适用意见》（2020年修订）

98、煽动民族仇恨、民族歧视（第47条）

99、刊载民族歧视、侮辱内容（第47条）

第五十六条　【对侵犯公民个人信息行为的处罚】

违反国家有关规定，向他人出售或者提供个人信息的，处十日以上十五日以下拘留；情节较轻的，处五日以下拘留。

窃取或者以其他方法非法获取个人信息的，依照前款的规定处罚。

⊙重点解读

本条是新增条文，侵犯公民个人信息违法行为处于高发态势，既严重侵犯了公民个人信息安全，又与侵犯个人信息罪等其他犯罪存在密切关联，而仅凭原法以"偷窥、偷拍、窃听、散布他人隐私的"进行规制，难以用法律手段惩治社会危害日益突出的此类行为。"公民个人信息"是指以电子或者其他方式记录的能够单独或者与其他信息结合识别特定自然人身份或者反映特定自然人活动情况的各种信息，包括姓名、身份证件号码、通信联系方式、住址、账号密码、财产状况、行踪轨迹等。而侵犯公民个人信息的违法行为有两种不同的情形，下面对此分别予以释明。

一、向他人出售或者提供个人信息的行为认定与处罚

（一）行为认定

本条第一款所规定的行为的客观表现为违反国家规定，向他人出售或提供信息的行为，尚未构成犯罪的。其中，"违反国家规定"是指违反《个人信息保护法》《网络安全法》等法律、法规、规章中的规定。"向他人出售信息"的"出售行为"是指行为人以牟利为目的，向特定人或不特定多数人出售未征得信息所有人同意且未作匿名化、去标识化的信息。"向他人提供个人信息"中的"提供行为"在实践中存在两种情形：一种是向特定人提供非法收集的公民个人信息，以及通过信息网络或者其他途径向不特定多数人发布公民个人信息的行为；另一种是未经被收集者同意，将合法收集的公民个人信息向他人提供的行为，若行为人已经将所提供信息做匿名化、去标识化处理的，则不构成侵犯个人信息行为。其中，匿名化处理，是指个人信息经过处理无法识别特定自然人且不能复原的过程；去标识化处理，是指个人信息经过处理，使其在不借助额外信息的情况下无法识别特定自然人的过程。

（二）处罚

行为情节的轻重应通过对提供与出售个人信息的类型、数目、危害结果等因素考量。其中"情节较轻"，是指提供与出售个人信息对公民个人信息权侵害结果较小，且社会危害性不大的。由于现在公安部尚未制定相关的裁量意见，根据执法实践，一般指的是具有以下情形之一的：（1）提供或出售个人敏感信息数目极少的；（2）提供或出售的个人信息属于非敏感信息且数目较少的；（3）出售个人信息获利较少的；（4）其他属于情节较轻的情形。

二、窃取或者以其他方法非法获取个人信息的行为认定和处罚

（一）行为认定

本条第二款所规定的行为的客观表现为行为人采取盗窃或其他非法手段收集公民个人信息的行为。其中，"窃取行为"是指行为人采用秘密的方法或不为人知的方法取得公民个人信息的行为；"其他方法非法获取个人信息"是指违反国家有关规定，通过购买、收受、交换等方式获取公民个人信息，或者在履行职责、提供服务过程中收集公民个人信息的行为。利用其他方法非法获取个人信息的行为要件，核心在于违反有关个人信息保护的法律、法规、规章中关于个人信息收集者收集信息的措施的规定。

（二）处罚

根据本条第二款行为情节的轻重应通过对非法收集个人信息的类型、数目、危害结果等因素考量，由于现在公安部尚未制定相关的裁量意见，所以对"情节较轻"的认定，可以我国执法实践经验进行划分。具有下述情形之一的，可以被认定为"情节较轻"：（1）非法收集的敏感信息数目极少的；（2）非法收集的非敏感信息较少的；（3）非法收集的个人信息未对信息本人产生影响的；（4）其他情节较轻的。

由于违反治安管理的侵犯个人信息行为规定为新增内容，而且过去实践中公安机关对侵犯个人信息且尚未构成犯罪的行为往往依据《网络安全法》中的相关规定进行惩处，而《网络安全法》的惩处对象大多为网络运营者、网络产品或者服务的提供者，相较于新修订的《治安管理处罚法》属于"特别法与一般法"的关系。因此，在适用中应当优先适用《网络安全法》的有关规定。

⊙ 关联规定

《刑法》（2023年修正）

第二百五十三条之一　违反国家有关规定，向他人出售或者提供公民个人信息，情节严重的，处三年以下有期徒刑或者拘役，并处或者单处罚金；情节特别严重的，处三年以上七年以下有期徒刑，并处罚金。

违反国家有关规定，将在履行职责或者提供服务过程中获得的公民个人信

息，出售或者提供给他人的，依照前款的规定从重处罚。

窃取或者以其他方法非法获取公民个人信息的，依照第一款的规定处罚。

单位犯前三款罪的，对单位判处罚金，并对其直接负责的主管人员和其他直接责任人员，依照各该款的规定处罚。

《网络安全法》

第四十四条 任何个人和组织不得窃取或者以其他非法方式获取个人信息，不得非法出售或者非法向他人提供个人信息。

第六十四条第二款 违反本法第四十四条规定，窃取或者以其他非法方式获取、非法出售或者非法向他人提供个人信息，尚不构成犯罪的，由公安机关没收违法所得，并处违法所得一倍以上十倍以下罚款，没有违法所得的，处一百万元以下罚款。

《最高人民法院、最高人民检察院关于办理侵犯公民个人信息刑事案件适用法律若干问题的解释》（2017年）

第一条 刑法第二百五十三条之一规定的"公民个人信息"，是指以电子或者其他方式记录的能够单独或者与其他信息结合识别特定自然人身份或者反映特定自然人活动情况的各种信息，包括姓名、身份证件号码、通信通讯联系方式、住址、账号密码、财产状况、行踪轨迹等。

第二条 违反法律、行政法规、部门规章有关公民个人信息保护的规定的，应当认定为刑法第二百五十三条之一规定的"违反国家有关规定"。

第三条 向特定人提供公民个人信息，以及通过信息网络或者其他途径发布公民个人信息的，应当认定为刑法第二百五十三条之一规定的"提供公民个人信息"。

未经被收集者同意，将合法收集的公民个人信息向他人提供的，属于刑法第二百五十三条之一规定的"提供公民个人信息"，但是经过处理无法识别特定个人且不能复原的除外。

第四条 违反国家有关规定，通过购买、收受、交换等方式获取公民个人信息，或者在履行职责、提供服务过程中收集公民个人信息的，属于刑法第二百五十三条之一第三款规定的"以其他方法非法获取公民个人信息"。

第五条 非法获取、出售或者提供公民个人信息，具有下列情形之一的，应当认定为刑法第二百五十三条之一规定的"情节严重"：

（一）出售或者提供行踪轨迹信息，被他人用于犯罪的；

（二）知道或者应当知道他人利用公民个人信息实施犯罪，向其出售或者提供的；

（三）非法获取、出售或者提供行踪轨迹信息、通信内容、征信信息、财产信息五十条以上的；

（四）非法获取、出售或者提供住宿信息、通信记录、健康生理信息、交易信息等其他可能影响人身、财产安全的公民个人信息五百条以上的；

（五）非法获取、出售或者提供第三项、第四项规定以外的公民个人信息五千条以上的；

（六）数量未达到第三项至第五项规定标准，但是按相应比例合计达到有关数量标准的；

（七）违法所得五千元以上的；

（八）将在履行职责或者提供服务过程中获得的公民个人信息出售或者提供给他人，数量或者数额达到第三项至第七项规定标准一半以上的；

（九）曾因侵犯公民个人信息受过刑事处罚或者二年内受过行政处罚，又非法获取、出售或者提供公民个人信息的；

（十）其他情节严重的情形。

实施前款规定的行为，具有下列情形之一的，应当认定为刑法第二百五十三条之一第一款规定的"情节特别严重"：

（一）造成被害人死亡、重伤、精神失常或者被绑架等严重后果的；

（二）造成重大经济损失或者恶劣社会影响的；

（三）数量或者数额达到前款第三项至第八项规定标准十倍以上的；

（四）其他情节特别严重的情形。

《违反公安行政管理行为的名称及其适用意见》（2020年修订）

520、网络运营者、网络产品或者服务提供者不履行个人信息保护义务（第22条第3款、第41条至第43条和第64条第1款）

521、非法获取、出售、向他人提供个人信息（第44条和第64条第2款）

> **第五十七条　【对侵犯他人邮寄物品的处罚】**
>
> 冒领、隐匿、毁弃、倒卖、私自开拆或者非法检查他人邮件、快件的，处警告或者一千元以下罚款；情节较重的，处五日以上十日以下拘留。

⊙重点解读

本条是关于侵犯他人邮寄物品的处罚的行为。

一、冒领、隐匿、毁弃、私自开拆、非法检查他人邮件、快件的行为认定

本条在原法的基础上，行为对象增加了快件，行为方式增加了倒卖，使本条的规定进一步适应了社会经济环境的变化和法益的改变。根据《邮政法》第八十四条的规定，邮件，是指邮政企业寄递的信件、包裹、汇款通知、报刊和其他印刷品等。快件，是指快递企业递送的信件、包裹、印刷品等。

行为人以冒领、隐匿、毁弃、私自开拆或者非法检查他人邮件、快件的行为侵犯了他人的通信自由权，也侵犯了财产权。但是，根据《刑法》第二百五十三条的规定，涉及侵犯财产利益的行为，应根据财产犯罪的罪名予以从重处罚。因此，原法认为该条规定保护的法益仅是公民的通信自由权，而公民财产权受到侵害时应按照侵财行为进行处罚，或者换一种方式理解则是同一行为触犯多个治安管理规定，从重处罚。

本条规定增加了行为人倒卖他人快件、邮件的行为方式，这意味着行为人必然带着牟利的目的，因此本条规定保护的法益也从立法目的上做出了扩张，所以在适用本条规定与本法第五十八条侵财行为的处罚规定时，应按照想象竞合，从重处罚的方式去理解适用。

本条所涉及的违法行为客观表现为冒领、隐匿、毁弃、倒卖、私自开拆或者非法检查他人邮件、快件，且尚不构成刑事处罚的行为。本行为的表现形式包括：（1）冒领他人邮件、快件，即冒充他人的身份领取他人的邮件；（2）隐匿他人邮件、快件，即私自把他人的邮件扣留并加以隐藏而不交给收件人；（3）毁弃他人邮件、快件，即将他人的邮件、快件故意撕毁、焚烧或者丢弃；

（4）倒卖他人邮件、快件，即将他人邮件、快件转手出售，牟取个人利益；（5）私自开拆他人邮件、快件，即未经他人许可，擅自打开他人的邮件、快件，也包括非法查看他人的电子邮件；（6）非法检查他人邮件、快件，即没有合法依据、未经法定程序而扣留他人的邮件、快件并检查。

二、处罚

相较于原法，本条的罚款数额从"五百元以下"修改为"一千元以下"，提升罚款最高额度，有利于维持本条的威慑力。同时，处罚方式也更遵循过罚相当原则，在触犯该治安管理规定，且没有严重情节时，并不处以人身罚。只有在违法行为存在严重情节时，才处以与原法相同幅度的人身罚。其中，"情节较重"，一般指的是行为人的违法行为造成较大的危害结果或较大的负面影响，尚不构成犯罪的。但由于"情节较重"的规定为新增内容，公安部尚未制定裁量意见，所以依据执法实践，具有下述情形之一的，应当认定为"情节较重"：（1）冒领等方式侵犯他人邮件、快件，经过警告仍不改正的；（2）侵犯他人邮件、快件，导致他人产生较大损失的；（3）冒领、隐匿他人邮件、快件，拒不返还的；（4）其他较为严重情形的。

⊙关联规定

《刑法》（2023年修正）

第二百五十三条 邮政工作人员私自开拆或者隐匿、毁弃邮件、电报的，处二年以下有期徒刑或者拘役。

犯前款罪而窃取财物的，依照本法第二百六十四条的规定定罪从重处罚。

《邮政法》（2015年修正）

第七十一条 冒领、私自开拆、隐匿、毁弃或者非法检查他人邮件、快件，尚不构成犯罪的，依法给予治安管理处罚。

第八十四条 本法下列用语的含义：

邮政企业，是指中国邮政集团公司及其提供邮政服务的全资企业、控股企业。

寄递，是指将信件、包裹、印刷品等物品按照封装上的名址递送给特定个人或者单位的活动，包括收寄、分拣、运输、投递等环节。

快递，是指在承诺的时限内快速完成的寄递活动。

邮件，是指邮政企业寄递的信件、包裹、汇款通知、报刊和其他印刷品等。

快件，是指快递企业递送的信件、包裹、印刷品等。

信件，是指信函、明信片。信函是指以套封形式按照名址递送给特定个人或者单位的缄封的信息载体，不包括书籍、报纸、期刊等。

包裹，是指按照封装上的名址递送给特定个人或者单位的独立封装的物品，其重量不超过五十千克，任何一边的尺寸不超过一百五十厘米，长、宽、高合计不超过三百厘米。

平常邮件，是指邮政企业在收寄时不出具收据，投递时不要求收件人签收的邮件。

给据邮件，是指邮政企业在收寄时向寄件人出具收据，投递时由收件人签收的邮件。

邮政设施，是指用于提供邮政服务的邮政营业场所、邮件处理场所、邮筒（箱）、邮政报刊亭、信报箱等。

邮件处理场所，是指邮政企业专门用于邮件分拣、封发、储存、交换、转运、投递等活动的场所。

国际邮递物品，是指中华人民共和国境内的用户与其他国家或者地区的用户相互寄递的包裹和印刷品等。

邮政专用品，是指邮政日戳、邮资机、邮政业务单据、邮政夹钳、邮袋和其他邮件专用容器。

《快递暂行条例》（2025年修订）

第五十二条 冒领、私自开拆、隐匿、毁弃、倒卖或者非法检查他人快件，尚不构成犯罪的，依法给予治安管理处罚。

经营快递业务的企业有前款规定行为，或者非法扣留快件的，由邮政管理部门责令改正，没收违法所得，并处5万元以上10万元以下的罚款；情节严重的，并处10万元以上20万元以下的罚款，并可以责令停业整顿直至吊销其快递业务经营许可证。

《违反公安行政管理行为的名称及其适用意见》（2020年修订）

100、冒领、隐匿、毁弃、私自开拆、非法检查他人邮件（第48条）

对冒领、隐匿、毁弃、私自开拆、非法检查他人快件，尚不构成犯罪的，违法行为名称表述为"冒领、隐匿、毁弃、私自开拆、非法检查他人邮件"，法律依据适用《快递暂行条例》第42条第1款和《中华人民共和国治安管理处罚法》第48条。

> **第五十八条 【对盗窃、诈骗、哄抢、抢夺、敲诈勒索行为的处罚】**
>
> 盗窃、诈骗、哄抢、抢夺或者敲诈勒索的，处五日以上十日以下拘留或者二千元以下罚款；情节较重的，处十日以上十五日以下拘留，可以并处三千元以下罚款。

⊙ 重点解读

本条规定所保护的法益是国家、集体或公民的财产权，所涉及的违法行为的行为主体为一般主体，即符合法律规定，能够承担违反治安管理责任的自然人。行为主观表现为故意，其目的为非法获取财物。

一、盗窃的行为认定和处罚

（一）行为认定

盗窃行为，是指行为人以非法占有财物的目的，窃取公私财物，尚不构成犯罪的行为。盗窃罪与盗窃行为的区分在于侵犯财物的多与少，盗窃行为的行为对象是少量财物。

（二）处罚

根据《公安机关对部分违反治安管理行为实施处罚的裁量指导意见》的规定，有下列情形之一的，属于"情节较重"：（1）盗窃财物价值达到有关司法解释认定构成《刑法》第二百六十四条规定的"数额较大"标准的百分之五十以上的；（2）盗窃防灾、救灾、救济等特定财物的；（3）在医院盗窃病人或者其亲友财物的；（4）采用破坏性手段盗窃的；（5）组织、控制未成年人、残疾人、孕妇或者哺乳期妇女盗窃的；（6）其他情节较重的情形。

二、诈骗的行为认定和处罚

（一）行为认定

诈骗行为，是指行为人以非法占有财物为目的，虚构事实隐瞒真相，使被害人陷入认识错误，被害人基于认识错误主动处分财产，尚不构成犯罪的行为。诈骗罪与诈骗行为的区分在于侵犯财物的多少，诈骗行为的行为对象是少量财物。

（二）处罚

根据《公安机关对部分违反治安管理行为实施处罚的裁量指导意见》的规定，有下列情形之一的，属于"情节较重"：（1）诈骗财物价值达到有关司法解释认定构成《刑法》第二百六十六条规定的"数额较大"标准的百分之五十以上的；（2）诈骗防灾、救灾、救济等特定财物的；（3）在公共场所或者公共交通工具上设局行骗的；（4）以开展慈善活动名义实施诈骗的；（5）其他情节较重的情形。

三、哄抢的行为认定和处罚

（一）行为认定

哄抢行为，是指行为人以非法占有财物为目的，采用起哄、制造混乱、滋扰等手段，趁乱将公私财物抢走，尚不构成犯罪的行为。此外，如果没有参加起哄行为但趁机抢夺财物，同样构成该行为。

（二）处罚

根据《公安机关对部分违反治安管理行为实施处罚的裁量指导意见》的规定，有下列情形之一的，属于"情节较重"：（1）哄抢防灾、救灾、救济、军用等特定财物的；（2）在自然灾害、交通事故等现场趁机哄抢，不听劝阻的；（3）造成人员受伤或者财物损失较大的；（4）其他情节较重的情形。

四、抢夺的行为认定和处罚

（一）行为认定

抢夺行为，是指行为人以非法占有为目的，乘人不备，公然夺取少量公私财物，尚不构成犯罪的。其中，"公然夺取"，是指对物使用暴力手段，在公私财物使用人或所有人的面前，趁其不备，夺取其财物。

（二）处罚

根据《公安机关对部分违反治安管理行为实施处罚的裁量指导意见》的规定，有下列情形之一的，属于"情节较重"：（1）抢夺财物价值达到有关司法解释认定构成《刑法》第二百六十七条规定的"数额较大"标准的百分之五十以上的；（2）抢夺防灾、救灾、救济等特定财物的；（3）造成人员受伤或者财物损坏的；（4）抢夺多人财物的；（5）驾驶机动车、非机动车或者其他交通工具实施抢夺的；（6）其他情节较重的情形。

五、敲诈勒索行为的认定和处罚

（一）行为认定

敲诈勒索行为，是指行为人以非法占有为目的，对公私财物的所有权人或使用人，通过威胁、恐吓的手段，迫使被害人交出自己少量财物，且尚不构成犯罪的行为。

（二）处罚

根据《公安机关对部分违反治安管理行为实施处罚的裁量指导意见》的规定，有下列情形之一的，属于"情节较重"：（1）敲诈勒索数额达到有关司法解释认定构成《刑法》第二百七十四条规定的"数额较大"标准的百分之五十以上的；（2）利用或者冒充国家机关工作人员、军人、新闻工作者等特殊身份敲诈勒索的；（3）敲诈勒索多人的；（4）其他情节较重的情形。

⊙ 关联规定

《刑法》（2023年修正）

第二百六十四条　盗窃公私财物，数额较大的，或者多次盗窃、入户盗窃、携带凶器盗窃、扒窃的，处三年以下有期徒刑、拘役或者管制，并处或者单处罚金；数额巨大或者有其他严重情节的，处三年以上十年以下有期徒刑，并处罚金；数额特别巨大或者有其他特别严重情节的，处十年以上有期徒刑或者无期徒刑，并处罚金或者没收财产。

第二百六十六条　诈骗公私财物，数额较大的，处三年以下有期徒刑、拘役或者管制，并处或者单处罚金；数额巨大或者有其他严重情节的，处三年以上十年以下有期徒刑，并处罚金；数额特别巨大或者有其他特别严重情节的，处十年以上有期徒刑或者无期徒刑，并处罚金或者没收财产。本法另有规定的，依照规定。

第二百六十七条　抢夺公私财物，数额较大的，或者多次抢夺的，处三年以下有期徒刑、拘役或者管制，并处或者单处罚金；数额巨大或者有其他严重情节的，处三年以上十年以下有期徒刑，并处罚金；数额特别巨大或者有其他特别严重情节的，处十年以上有期徒刑或者无期徒刑，并处罚金或者没收财产。

携带凶器抢夺的，依照本法第二百六十三条的规定定罪处罚。

第二百六十八条　聚众哄抢公私财物，数额较大或者有其他严重情节的，对首要分子和积极参加的，处三年以下有期徒刑、拘役或者管制，并处罚金；数额巨大或者有其他特别严重情节的，处三年以上十年以下有期徒刑，并处罚金。

第二百七十四条　敲诈勒索公私财物，数额较大或者多次敲诈勒索的，处三年以下有期徒刑、拘役或者管制，并处或者单处罚金；数额巨大或者有其他严重情节的，处三年以上十年以下有期徒刑，并处罚金；数额特别巨大或者有其他特别严重情节的，处十年以上有期徒刑，并处罚金。

《违反公安行政管理行为的名称及其适用意见》（2020年修订）

101、盗窃（第49条）

102、诈骗（第49条）

103、哄抢（第49条）

104、抢夺（第49条）

105、敲诈勒索（第49条）

第五十九条　【对故意损毁公私财物行为的处罚】

故意损毁公私财物的，处五日以下拘留或者一千元以下罚款；情节较重的，处五日以上十日以下拘留，可以并处三千元以下罚款。

⊙重点解读

相较于原法，新法将故意损毁公私财物行为单独列为一条规定，降低对故意损毁公私财物行为的处罚幅度。

首先，故意损毁公私财物相较于盗窃、哄抢、诈骗等行为，行为人的主观恶性较小。故意损毁公私财物，行为人仅具有毁坏财物的目的，只有排除意思没有利用意思；而盗窃、哄抢、诈骗等行为，行为人具有非法占有财物的目的，不仅具有排除意思，而且具有利用意思。

其次，故意毁坏公私财物相较于盗窃、哄抢、诈骗等行为，对被害人的影响较小，被害人更便于追偿。故意损毁财物行为虽然会导致财物价值的丧失，但行为人通常更容易被识别和追责，受害人可能有更多的机会获得赔偿；而盗窃、哄抢、诈骗等行为不仅导致受害人失去了对财物的占有，盗窃、诈骗等行为往往涉及销赃，使追回财物变得困难。

最后，故意毁坏公私财物相较于盗窃、哄抢、诈骗等行为，行为的危害程度更小。故意损毁财物行为只是对物质的暴力，令被害人产生恐慌程度远远小于盗窃、哄抢、诈骗等行为。

综上所述，如果侵犯的财物相同，故意损毁公私财物行为相较于盗窃、哄抢、诈骗等行为，从危害程度与危害结果来看要轻得多。根据过罚相当原则，应当降低对故意损毁公私财物行为的处罚幅度。

一、故意损毁公私财物的行为认定

本条规定旨在保护公私财物所有权。行为人主观表现为故意，即将财物损毁。本行为的客观表现为行为人故意非法损毁公私财物，使财物部分丧失或完全丧失使用价值，尚不构成犯罪的行为。

二、处罚

根据《公安机关对部分违反治安管理行为实施处罚的裁量指导意见》的规定，有下列情形之一的，属于"情节较重"：（1）故意损毁财物价值达到有关刑事立案追诉标准百分之五十以上的；（2）故意损毁防灾、救灾、救济等特定财物的；（3）故意损毁财物，对被侵害人生产、生活影响较大的；（4）损毁多人财物的；（5）其他情节较重的情形。

⊙ 关联规定

《刑法》（2023 年修正）

　　第二百七十五条　故意毁坏公私财物，数额较大或者有其他严重情节的，处三年以下有期徒刑、拘役或者罚金；数额巨大或者有其他特别严重情节的，处三年以上七年以下有期徒刑。

> **第六十条　【对学生欺凌行为的处罚】**
>
> 　　以殴打、侮辱、恐吓等方式实施学生欺凌，违反治安管理的，公安机关应当依照本法、《中华人民共和国预防未成年人犯罪法》的规定，给予治安管理处罚、采取相应矫治教育等措施。
>
> 　　学校违反有关法律法规规定，明知发生严重的学生欺凌或者明知发生其他侵害未成年学生的犯罪，不按规定报告或者处置的，责令改正，对其直接负责的主管人员和其他直接责任人员，建议有关部门依法予以处分。

⊙ 重点解读

　　本条是新增规定，增加规定以殴打、侮辱、恐吓等方式实施学生欺凌的，公安机关应当依法处理。将学生欺凌中以殴打、侮辱、恐吓等方式实施且违反治安管理的行为，明确规定为治安违法行为，改变了以往此类行为处罚依据不明确的状况。

　　一、对于学生欺凌行为的认定与处罚

　　2020 年修订的《未成年人保护法》第一次在法律文本中出现"学生欺凌"这一名词，将其规定为"发生在学生之间，一方蓄意或者恶意通过肢体、语言及网络等手段实施欺压、侮辱，造成另一方人身伤害、财产损失或者精神损害的行为"。本条规定的公布意味着，针对学生欺凌行为，我国采取校园内部治理与公安机关外部惩罚双轨制的治理方案，推动处罚与矫正并举。

本条规定则是对出现以殴打、侮辱、恐吓等方式实施学生欺凌，行为的社会危害性已经严重违反治安管理时，公安机关可以依据《治安管理处罚法》的相关规定加以处罚，为公安机关惩戒校园欺凌行为提供依据。同时，对于适用本法的学生欺凌行为，其行为界定应参照本法第五十条、第五十一条的规定，进一步限定殴打、侮辱、恐吓等行为方式。学生欺凌的危害程度、行为要件都符合本法第五十条、第五十一条，公安机关可以依法对其采取警告、罚款、行政拘留的措施。

需要指出的是，针对学生欺凌，治安管理处罚并不是唯一的手段，同时需要依据《预防未成年人犯罪法》中对未成年人不良行为采取相关的矫正措施以及对其重新犯罪的预防措施。对于因年龄等原因不适用治安处罚，或者即使处罚后仍需要进行行为矫正的欺凌者，公安机关应依据《预防未成年人犯罪法》的规定，采取训诫、责令具结悔过、责令赔礼道歉、责令赔偿损失、责令父母或者其他监护人严加管教、送入专门学校接受专门矫治教育等非处罚性的矫治教育措施。强调"等措施"意味着公安机关可以根据具体情况采取其他合法必要的措施。

二、针对学校及其责任人员在学生欺凌的失职行为的认定与处罚

根据本款规定旨在处罚对主管人员以及其他人员失职行为的处罚。而这种失职情形主要由以下两种：（1）明知发生严重的学生欺凌。其中严重的学生欺凌则需要根据本条第一款加以认定，当学校明知此类严重的学生欺凌事件发生时，若未采取有效措施，便是失职。例如，学校领导或教师接到学生或家长关于欺凌行为的反映，却未进行调查核实，或者对已知的欺凌行为视而不见、任其发展，这都属于明知发生严重学生欺凌的失职情形。（2）明知发生其他侵害未成年学生的犯罪。学校还可能明知发生其他更为严重的侵害未成年学生的犯罪行为，如性侵、抢劫、严重人身伤害等。这些犯罪行为对未成年学生的身心健康和生命安全构成极大威胁。学校若对这些犯罪行为知情不报，不采取积极措施加以制止和处理，同样属于严重的失职行为。例如，学校发现有校外人员进入校园对未成年学生实施性侵，却未及时报警和采取保护措施，或者对校内教师或学生涉嫌抢劫其他学生财物的行为隐瞒不报，这些都将使学校陷入失职

的困境。针对这两种情形，学校及其他主管人员应当按规定及时向教育行政部门和公安机关报告，同时应按照规定采取妥善的处置措施。这包括但不限于及时制止欺凌或犯罪行为、对受害者进行保护和救助、对欺凌者或犯罪者进行调查处理等措施。

针对学校的失职行为，执法机关可以采取相应的追责措施：（1）责令改正。执法机关在发现学校存在失职行为后，首先应要求学校立即纠正其错误行为，履行报告和处置义务。责令改正是一种行政命令，旨在促使学校及时采取措施，弥补失职行为带来的不良影响。（2）追究个人责任。在追究学校责任的同时，更要追究直接负责的主管人员和其他直接责任人员的责任。这突破了以往只对学校进行笼统处罚的模式，将责任具体落实到个人，大大提高了追责的精准性和威慑力。直接负责的主管人员通常包括校长、分管副校长、政教主任等，他们在学校管理中具有重要的决策权和领导权，对学校的各项工作负有主要责任。其他直接责任人员则可能包括涉事的班主任、年级组长、知情不报的教师等，他们在日常工作中直接接触学生，对学生的安全和行为状况负有直接的监管责任。（3）处分建议。执法机关在追究个人责任后，会向有权处分这些人员的部门，如教育行政部门，建议依法予以处分。处分形式可能包括警告、记过、记大过、降级、撤职、开除等。

⊙ 关联规定

《未成年人保护法》（2024年修正）

第一百三十条 本法中下列用语的含义：

……

（三）学生欺凌，是指发生在学生之间，一方蓄意或者恶意通过肢体、语言及网络等手段实施欺压、侮辱，造成另一方人身伤害、财产损失或者精神损害的行为。

《预防未成年人犯罪法》（2020年修订）

第三十一条 学校对有不良行为的未成年学生，应当加强管理教育，不得歧视；对拒不改正或者情节严重的，学校可以根据情况予以处分或者采取以下

第三章 违反治安管理的行为和处罚

管理教育措施：

（一）予以训导；

（二）要求遵守特定的行为规范；

（三）要求参加特定的专题教育；

（四）要求参加校内服务活动；

（五）要求接受社会工作者或者其他专业人员的心理辅导和行为干预；

（六）其他适当的管理教育措施。

第三十三条 未成年学生偷窃少量财物，或者有殴打、辱骂、恐吓、强行索要财物等学生欺凌行为，情节轻微的，可以由学校依照本法第三十一条规定采取相应的管理教育措施。

第三十八条 本法所称严重不良行为，是指未成年人实施的有刑法规定、因不满法定刑事责任年龄不予刑事处罚的行为，以及严重危害社会的下列行为：

（一）结伙斗殴，追逐、拦截他人，强拿硬要或者任意损毁、占用公私财物等寻衅滋事行为；

（二）非法携带枪支、弹药或者弩、匕首等国家规定的管制器具；

（三）殴打、辱骂、恐吓，或者故意伤害他人身体；

（四）盗窃、哄抢、抢夺或者故意损毁公私财物；

（五）传播淫秽的读物、音像制品或者信息等；

（六）卖淫、嫖娼，或者进行淫秽表演；

（七）吸食、注射毒品，或者向他人提供毒品；

（八）参与赌博赌资较大；

（九）其他严重危害社会的行为。

第三十九条 未成年人的父母或者其他监护人、学校、居民委员会、村民委员会发现有人教唆、胁迫、引诱未成年人实施严重不良行为的，应当立即向公安机关报告。公安机关接到报告或者发现有上述情形的，应当及时依法查处；对人身安全受到威胁的未成年人，应当立即采取有效保护措施。

第四十条 公安机关接到举报或者发现未成年人有严重不良行为的，应当及时制止，依法调查处理，并可以责令其父母或者其他监护人消除或者减轻违法后果，采取措施严加管教。

第四十一条 对有严重不良行为的未成年人，公安机关可以根据具体情况，采取以下矫治教育措施：

（一）予以训诫；

（二）责令赔礼道歉、赔偿损失；

（三）责令具结悔过；

（四）责令定期报告活动情况；

（五）责令遵守特定的行为规范，不得实施特定行为、接触特定人员或者进入特定场所；

（六）责令接受心理辅导、行为矫治；

（七）责令参加社会服务活动；

（八）责令接受社会观护，由社会组织、有关机构在适当场所对未成年人进行教育、监督和管束；

（九）其他适当的矫治教育措施。

第四十二条 公安机关在对未成年人进行矫治教育时，可以根据需要邀请学校、居民委员会、村民委员会以及社会工作服务机构等社会组织参与。

未成年人的父母或者其他监护人应当积极配合矫治教育措施的实施，不得妨碍阻挠或者放任不管。

第四十三条 对有严重不良行为的未成年人，未成年人的父母或者其他监护人、所在学校无力管教或者管教无效的，可以向教育行政部门提出申请，经专门教育指导委员会评估同意后，由教育行政部门决定送入专门学校接受专门教育。

第四十四条 未成年人有下列情形之一的，经专门教育指导委员会评估同意，教育行政部门会同公安机关可以决定将其送入专门学校接受专门教育：

（一）实施严重危害社会的行为，情节恶劣或者造成严重后果；

（二）多次实施严重危害社会的行为；

（三）拒不接受或者配合本法第四十一条规定的矫治教育措施；

（四）法律、行政法规规定的其他情形。

第四十五条 未成年人实施刑法规定的行为、因不满法定刑事责任年龄不予刑事处罚的，经专门教育指导委员会评估同意，教育行政部门会同公安机关可以决定对其进行专门矫治教育。

省级人民政府应当结合本地的实际情况，至少确定一所专门学校按照分校区、分班级等方式设置专门场所，对前款规定的未成年人进行专门矫治教育。

前款规定的专门场所实行闭环管理，公安机关、司法行政部门负责未成年人的矫治工作，教育行政部门承担未成年人的教育工作。

第四十六条 专门学校应当在每个学期适时提请专门教育指导委员会对接受专门教育的未成年学生的情况进行评估。对经评估适合转回普通学校就读的，专门教育指导委员会应当向原决定机关提出书面建议，由原决定机关决定是否将未成年学生转回普通学校就读。

原决定机关决定将未成年学生转回普通学校的，其原所在学校不得拒绝接收；因特殊情况，不适宜转回原所在学校的，由教育行政部门安排转学。

第四十七条 专门学校应当对接受专门教育的未成年人分级分类进行教育和矫治，有针对性地开展道德教育、法治教育、心理健康教育，并根据实际情况进行职业教育；对没有完成义务教育的未成年人，应当保证其继续接受义务教育。

专门学校的未成年学生的学籍保留在原学校，符合毕业条件的，原学校应当颁发毕业证书。

第四十八条 专门学校应当与接受专门教育的未成年人的父母或者其他监护人加强联系，定期向其反馈未成年人的矫治和教育情况，为父母或者其他监护人、亲属等看望未成年人提供便利。

第四十九条 未成年人及其父母或者其他监护人对本章规定的行政决定不服的，可以依法提起行政复议或者行政诉讼。

第五十条 公安机关、人民检察院、人民法院办理未成年人刑事案件，应当根据未成年人的生理、心理特点和犯罪的情况，有针对性地进行法治教育。

对涉及刑事案件的未成年人进行教育，其法定代理人以外的成年亲属或者教师、辅导员等参与有利于感化、挽救未成年人的，公安机关、人民检察院、人民法院应当邀请其参加有关活动。

第五十一条 公安机关、人民检察院、人民法院办理未成年人刑事案件，可以自行或者委托有关社会组织、机构对未成年犯罪嫌疑人或者被告人的成长经历、犯罪原因、监护、教育等情况进行社会调查；根据实际需要并经未成年犯罪嫌疑人、被告人及其法定代理人同意，可以对未成年犯罪嫌疑人、被告人进行心理测评。

社会调查和心理测评的报告可以作为办理案件和教育未成年人的参考。

第五十二条 公安机关、人民检察院、人民法院对于无固定住所、无法提供保证人的未成年人适用取保候审的，应当指定合适成年人作为保证人，必要时可以安排取保候审的未成年人接受社会观护。

第五十三条 对被拘留、逮捕以及在未成年犯管教所执行刑罚的未成年人，应当与成年人分别关押、管理和教育。对未成年人的社区矫正，应当与成年人分别进行。

对有上述情形且没有完成义务教育的未成年人，公安机关、人民检察院、人民法院、司法行政部门应当与教育行政部门相互配合，保证其继续接受义务教育。

第五十四条 未成年犯管教所、社区矫正机构应当对未成年犯、未成年社区矫正对象加强法治教育，并根据实际情况对其进行职业教育。

第五十五条 社区矫正机构应当告知未成年社区矫正对象安置帮教的有关规定，并配合安置帮教工作部门落实或者解决未成年社区矫正对象的就学、就业等问题。

第五十六条 对刑满释放的未成年人，未成年犯管教所应当提前通知其父母或者其他监护人按时接回，并协助落实安置帮教措施。没有父母或者其他监护人、无法查明其父母或者其他监护人的，未成年犯管教所应当提前通知未成年人原户籍所在地或者居住地的司法行政部门安排人员按时接回，由民政部门或者居民委员会、村民委员会依法对其进行监护。

第五十七条 未成年人的父母或者其他监护人和学校、居民委员会、村民委员会对接受社区矫正、刑满释放的未成年人，应当采取有效的帮教措施，协助司法机关以及有关部门做好安置帮教工作。

居民委员会、村民委员会可以聘请思想品德优秀，作风正派，热心未成年人工作的离退休人员、志愿者或其他人员协助做好前款规定的安置帮教工作。

第五十八条 刑满释放和接受社区矫正的未成年人,在复学、升学、就业等方面依法享有与其他未成年人同等的权利,任何单位和个人不得歧视。

第五十九条 未成年人的犯罪记录依法被封存的,公安机关、人民检察院、人民法院和司法行政部门不得向任何单位或者个人提供,但司法机关因办案需要或者有关单位根据国家有关规定进行查询的除外。依法进行查询的单位和个人应当对相关记录信息予以保密。

未成年人接受专门矫治教育、专门教育的记录,以及被行政处罚、采取刑事强制措施和不起诉的记录,适用前款规定。

第六十条 人民检察院通过依法行使检察权,对未成年人重新犯罪预防工作等进行监督。

第四节　妨害社会管理的行为和处罚

第六十一条　【对拒不执行紧急状态决定、命令和阻碍执行公务行为的处罚】

有下列行为之一的,处警告或者五百元以下罚款;情节严重的,处五日以上十日以下拘留,可以并处一千元以下罚款:

(一)拒不执行人民政府在紧急状态情况下依法发布的决定、命令的;

(二)阻碍国家机关工作人员依法执行职务的;

(三)阻碍执行紧急任务的消防车、救护车、工程抢险车、警车或者执行上述紧急任务的专用船舶通行的;

(四)强行冲闯公安机关设置的警戒带、警戒区或者检查点的。

阻碍人民警察依法执行职务的,从重处罚。

⊙ 重点解读

在拒不执行人民政府在紧急状态情况下依法发布的决定、命令的情形中，紧急状态是指发生或者即将发生特别重大突发事件，如暴乱、自然灾害时，国家机关依照宪法、法律规定宣布国家或者局部地区进入紧急状态，并在所宣布的地区对公民人身自由或者财产作出一定的限制，以应对危机。为维护公共利益，公民有义务对依法行使的相关限制进行容忍，但是紧急状态的范围也不能随意扩张。拒不执行是指行为人明知人民政府依法发布的决定、命令的内容而不予遵守。

阻碍国家机关工作人员依法执行职务的行为要求行为人以主动、非暴力的方式实施阻挠、妨碍。实践中体现为吵闹、谩骂和无理纠缠；向国家机关工作人员泼洒污物；抢夺、扣留、污损国家机关工作人员执行职务使用的交通工具、公务标志、器械等物品；当众撕毁国家机关工作人员依法执行职务的法律文书等。构成本项行为要求以非暴力形式实施阻挠，需与《刑法》第二百七十七条妨害公务罪进行区分。在阻碍过程中，若发生下列情形，以妨害公务罪处以刑罚：以暴力、威胁方法阻碍国家机关工作人员、全国人民代表大会和地方各级人民代表大会代表依法执行职务的；在自然灾害和突发事件中，以暴力、威胁方法阻碍红十字会工作人员依法履行职责的；故意阻碍国家安全机关、公安机关依法执行国家安全工作任务，未使用暴力、威胁方法，造成严重后果的。

在发生灾害或险情时，消防车、救护车等特种车辆依法具有优先通行权，若阻碍其通行，会损害公众生命财产安全。阻碍特种车辆情节严重的情形包括：不听执法人员制止，以挖掘壕沟、设置路障等方法阻碍特种车辆通行；纠集多人堵塞道路，阻碍特种车辆通行；带头阻碍特种车辆通行；造成人员受伤、财物损失等危害后果等。

公安机关执行特殊任务时，需要设立警戒区和警戒带，以确保公共场所安全或保存证据。

阻碍人民警察依法执行职务的，从重处罚。构成此行为要求以非暴力方式实施。若采取暴力方式，则依刑法中规定的袭警罪进行处罚。

⊙ 关联规定

《刑法》（2023年修正）

第二百七十七条　以暴力、威胁方法阻碍国家机关工作人员依法执行职务的，处三年以下有期徒刑、拘役、管制或者罚金。

以暴力、威胁方法阻碍全国人民代表大会和地方各级人民代表大会代表依法执行代表职务的，依照前款的规定处罚。

在自然灾害和突发事件中，以暴力、威胁方法阻碍红十字会工作人员依法履行职责的，依照第一款的规定处罚。

故意阻碍国家安全机关、公安机关依法执行国家安全工作任务，未使用暴力、威胁方法，造成严重后果的，依照第一款的规定处罚。

暴力袭击正在依法执行职务的人民警察的，处三年以下有期徒刑、拘役或者管制；使用枪支、管制刀具，或者以驾驶机动车撞击等手段，严重危及其人身安全的，处三年以上七年以下有期徒刑。

《突发事件应对法》（2024年修订）

第七十九条　突发事件发生地的个人应当依法服从人民政府、居民委员会、村民委员会或者所属单位的指挥和安排，配合人民政府采取的应急处置措施，积极参加应急救援工作，协助维护社会秩序。

第六十二条　【对招摇撞骗行为的处罚】

冒充国家机关工作人员招摇撞骗的，处十日以上十五日以下拘留，可以并处一千元以下罚款；情节较轻的，处五日以上十日以下拘留。

冒充军警人员招摇撞骗的，从重处罚。

盗用、冒用个人、组织的身份、名义或者以其他虚假身份招摇撞骗的，处五日以下拘留或者一千元以下罚款；情节较重的，处五日以上十日以下拘留，可以并处一千元以下罚款。

⊙重点解读

"冒充"是指非国家机关工作人员假冒国家机关工作人员的身份、职位，或者已有国家机关工作身份的人员冒用其他国家机关工作人员的身份、职位。被冒充的对象既可以是确有其人，也可以是行为人虚构的机关、职务和人员。国家机关工作人员包括在各级国家权力机关、行政机关、司法机关和军事机关中依法代表国家从事公务的人员。对于冒充军警人员招摇撞骗的情形，予以从重处罚。但需注意，这一从重处罚要求冒充的对象必须是现役军人和在职警察。若冒充退役军人和退休警察，则不构成冒充军警招摇撞骗行为，但行为人如果以此骗取公私财物，可构成诈骗行为或者诈骗罪。"招摇撞骗"是指以虚假的身份进行炫耀或行动，以骗取非法利益，包括职位、荣誉、他人感情或者少量财物等。

"盗用、冒用他人身份"是指违法使用能够证明他人身份的证件、档案、材料等，使自己替代他人的社会或法律地位，行使他人相关权利。既包括采用非法手段获取他人身份证件，如盗窃、骗取、收买、胁迫他人交出、伪造、变造他人身份证件，也包括合法取得但是超越法律或当事人授权而擅自使用。若盗用、冒用他人身份且顶替他人取得特殊资格，如高等学历教育入学资格、公务员录用资格、就业安置待遇的情形，则按照《刑法》第二百八十条之二冒名顶替罪处以刑罚。

"以其他虚假身份招摇撞骗的"，是指行为人冒充国家机关工作人员以外的身份，进行的欺骗行为，如冒充高干子弟、记者、教授、企业家等。

招摇撞骗行为和诈骗行为存在法条竞合，但是二者侵犯的主要法益有所区别。虽然招摇撞骗行为也时常侵犯公私财产利益，但并不限于此。冒充国家机关工作人员招摇撞骗的行为的本质在于行为人利用国家机关工作人员身份或职权，欺骗一般大众对于国家机关及工作人员管理职权的信赖，使人民群众以为不法行为是国家机关工作人员所为，因而直接破坏了国家机关的威信及其正常的活动。冒充国家机关工作人员招摇撞骗的情形，只要对国家机关形象及正常工作秩序造成损害，无论行为人是否实际获得非法利益，都应受处罚。此外，盗用、冒用他人身份或者以其他虚假身份招摇撞骗的，主要危害在于侵犯了身份证件管理秩序并严重影响了他人个人信息以及合法的社会存在状态。相较之下，诈骗行为所侵害的客体则比较单一，主要是财产所有权。

⊙关联规定

《刑法》（2023年修正）

第二百七十九条　冒充国家机关工作人员招摇撞骗的，处三年以下有期徒刑、拘役、管制或者剥夺政治权利；情节严重的，处三年以上十年以下有期徒刑。

冒充人民警察招摇撞骗的，依照前款的规定从重处罚。

第二百八十条之二　盗用、冒用他人身份，顶替他人取得的高等学历教育入学资格、公务员录用资格、就业安置待遇的，处三年以下有期徒刑、拘役或者管制，并处罚金。

组织、指使他人实施前款行为的，依照前款的规定从重处罚。

国家工作人员有前两款行为，又构成其他犯罪的，依照数罪并罚的规定处罚。

第六十三条　【对伪造、变造、买卖、出租、出借公文、证件、票证行为的处罚】

有下列行为之一的，处十日以上十五日以下拘留，可以并处五千元以下罚款；情节较轻的，处五日以上十日以下拘留，可以并处三千元以下罚款：

（一）伪造、变造或者买卖国家机关、人民团体、企业、事业单位或者其他组织的公文、证件、证明文件、印章的；

（二）出租、出借国家机关、人民团体、企业、事业单位或者其他组织的公文、证件、证明文件、印章供他人非法使用的；

（三）买卖或者使用伪造、变造的国家机关、人民团体、企业、事业单位或者其他组织的公文、证件、证明文件、印章的；

> （四）伪造、变造或者倒卖车票、船票、航空客票、文艺演出票、体育比赛入场券或者其他有价票证、凭证的；
>
> （五）伪造、变造船舶户牌，买卖或者使用伪造、变造的船舶户牌，或者涂改船舶发动机号码的。

⊙ 重点解读

伪造，是指无权制作国家机关、人民团体、企业、事业单位或者其他组织的公文、证件、证明文件、印章，或有价票证、凭证、船舶户牌的人，冒用有权制作相关文件的主体的名义，擅自制作本条规定的相关证照的行为。变造，是指对真实有效的公文、证件、证明文件、印章、有价票证、凭证、船舶户牌进行涂抹、修改、拼接，以改变其原有内容的行为。买卖，是指为达成特定目的，买入或卖出国家机关、人民团体、企业、事业单位或者其他组织的公文、证件、证明文件、印章，或有价票证、凭证、船舶户牌。倒卖，是指以营利为目的，通过正当或不正当手段获取并囤积车票、船票、航空客票、文艺演出票、体育比赛入场券或者其他有价票证、凭证，后再以大幅加价或变相加价的方式出售获利。虽然在实行实名制后，倒卖难度加大，但倒卖人依然可以通过抢票软件或其他正当或者不正当手段抢票囤积并高额加价牟利，扰乱正常购票秩序。

第一项所涉"伪造、变造或者买卖"和第二项"出租、出借"的相关文件，都应当是真实、有效的公文、证件、证明文件、印章，以区别于第三项中所规定的"买卖或者使用伪造、变造的国家机关、人民团体、企业、事业单位或者其他组织的公文、证件、证明文件、印章"。第三项中的"买卖"或"使用"要求行为人明知其所用的公文、证件、证明文件是虚假的，是经过伪造或者变造的，而继续使用，欺骗他人的行为。

第二项"出租、出借国家机关、人民团体、企业、事业单位或者其他组织的公文、证件、证明文件、印章供他人非法使用的"情形是此次修订新增的内容。本项要求出租人、出借人明知他人要用于非法目的而出租、出借。

第五项规定了与船舶户牌和船舶发动机号码有关的伪造、变造行为。需要注意的是，若伪造、变造的是机动车的号牌、登记证书、行驶证、驾驶证或者使用伪造、变造的相关机动车号牌、文件，则被纳入《道路交通安全法》的处罚范围。

⊙关联规定

《刑法》（2023年修正）

第二百二十七条　伪造或者倒卖伪造的车票、船票、邮票或者其他有价票证，数额较大的，处二年以下有期徒刑、拘役或者管制，并处或者单处票证价额一倍以上五倍以下罚金；数额巨大的，处二年以上七年以下有期徒刑，并处票证价额一倍以上五倍以下罚金。

倒卖车票、船票，情节严重的，处三年以下有期徒刑、拘役或者管制，并处或者单处票证价额一倍以上五倍以下罚金。

第二百八十条　伪造、变造、买卖或者盗窃、抢夺、毁灭国家机关的公文、证件、印章的，处三年以下有期徒刑、拘役、管制或者剥夺政治权利，并处罚金；情节严重的，处三年以上十年以下有期徒刑，并处罚金。

伪造公司、企业、事业单位、人民团体的印章的，处三年以下有期徒刑、拘役、管制或者剥夺政治权利，并处罚金。

伪造、变造、买卖居民身份证、护照、社会保障卡、驾驶证等依法可以用于证明身份的证件的，处三年以下有期徒刑、拘役、管制或者剥夺政治权利，并处罚金；情节严重的，处三年以上七年以下有期徒刑，并处罚金。

《道路交通安全法》（2021年修正）

第九十六条　伪造、变造或者使用伪造、变造的机动车登记证书、号牌、行驶证、驾驶证的，由公安机关交通管理部门予以收缴，扣留该机动车，处十五日以下拘留，并处二千元以上五千元以下罚款；构成犯罪的，依法追究刑事责任。

伪造、变造或者使用伪造、变造的检验合格标志、保险标志的，由公安机关交通管理部门予以收缴，扣留该机动车，处十日以下拘留，并处一千元以上三千元以下罚款；构成犯罪的，依法追究刑事责任。

使用其他车辆的机动车登记证书、号牌、行驶证、检验合格标志、保险标志的，由公安机关交通管理部门予以收缴，扣留该机动车，处二千元以上五千元以下罚款。

当事人提供相应的合法证明或者补办相应手续的，应当及时退还机动车。

> **第六十四条** 【对船舶擅自进入、停靠国家禁止、限制进入的水域或岛屿行为的处罚】
>
> 船舶擅自进入、停靠国家禁止、限制进入的水域或者岛屿的，对船舶负责人及有关责任人员处一千元以上二千元以下罚款；情节严重的，处五日以下拘留，可以并处二千元以下罚款。

⊙ 重点解读

"船舶"，是指各类船、艇、筏、水上飞行器、潜水器、移动式平台以及其他水上移动装置。

"擅自进入、停靠"是指未获授权而驶入、停靠。《沿海船舶边防治安管理规定》要求各类船舶进出港口时，除依照规定向渔港监督或者各级海事行政主管部门办理进出港签证手续外，还应当办理进出港边防签证手续。进出非本船籍港时，必须到当地公安边防部门或者其授权的船舶签证点，办理边防签证手续，接受检查。另外，出海船舶和人员不得擅自进入国家禁止或者限制进入的海域或岛屿，不得擅自搭靠外国籍或者香港、澳门特别行政区以及台湾地区的船舶。因避险及其他不可抗力的原因发生前款情形的，应当在原因消除后立即离开，抵港后及时向公安边防部门报告。

国家禁止、限制进入的水域或者岛屿，主要包括未被开放的水域、港口、水库以及军事相关地区等。"禁止进入"，是指未获批准不得驶入；"限制进入"，是指在特定时期或者特定条件下，符合条件的船舶可以进入，如需要满足特定的吨位、船型、载货限制；或者禁渔期限制等。

以下情形，属于"情节严重"：不听制止，强行进入、停靠；经责令离开而拒不驶离;多次进入国家禁止、限制进入的水域或者岛屿、水库。

> **第六十五条 【对违法设立社会组织行为的处罚】**
>
> 有下列行为之一的,处十日以上十五日以下拘留,可以并处五千元以下罚款;情节较轻的,处五日以上十日以下拘留或者一千元以上三千元以下罚款:
>
> (一)违反国家规定,未经注册登记,以社会团体、基金会、社会服务机构等社会组织名义进行活动,被取缔后,仍进行活动的;
>
> (二)被依法撤销登记或者吊销登记证书的社会团体、基金会、社会服务机构等社会组织,仍以原社会组织名义进行活动的;
>
> (三)未经许可,擅自经营按照国家规定需要由公安机关许可的行业的。
>
> 有前款第三项行为的,予以取缔。被取缔一年以内又实施的,处十日以上十五日以下拘留,并处三千元以上五千元以下罚款。
>
> 取得公安机关许可的经营者,违反国家有关管理规定,情节严重的,公安机关可以吊销许可证件。

⊙ **重点解读**

社会团体是指中国公民自愿组成,为实现会员共同意愿,按照其章程开展活动的非营利性社会组织。基金会是指利用自然人、法人或者其他组织捐赠的财产,以从事公益事业为目的,依法成立的非营利性法人。社会服务机构(民办非企业单位),是指企业事业单位、社会团体和其他社会力量以及公民个人利用非国有资产举办的,从事非营利性社会服务活动的社会组织。

社会团体、基金会、社会服务机构必须遵守宪法、法律、法规和国家政策。成立社会团体、基金会、社会服务机构,应当经其业务主管单位审查同意,并依法进行登记。其中,国务院有关部门和县级以上地方各级人民政府有关部门、国务院或者县级以上地方各级人民政府授权的组织，是有关行业、学科或者业务范围内社会团体的业务主管单位；国务院民政部门和县级以上地方各级人民政府民政部门是本级人民政府的社会团体登记管理机关。国务院有关部门或者国务院授权的组织，是国务院民政部门登记的基金会、境外基金会代表机构的业务主管单位；省、自治区、直辖市人民政府有关部门或者省、自治区、直辖市人民政府授权的组织，是省、自治区、直辖市人民政府民政部门登记的基金会的业务主管单位；国务院民政部门和省、自治区、直辖市人民政府民政部门是基金会的登记管理机关。医疗、教育、职业培训类社会服务机构，应当分别在卫生行政部门、教育行政部门、人力资源和社会保障行政部门办理许可证后，再到同级民政部门办理登记。

第一款第一项规定了对未经注册登记的社会团体、基金会、社会服务机构擅自活动的处罚。这些机构成立时未到上述有关登记机关进行登记注册，便擅自以社会团体、基金会、社会服务机构的名义开展活动。构成本项行为还要求这些未登记主体在被取缔后仍进行活动。

第一款第二项规定了对被撤销登记或者吊销登记证书的社会团体、基金会、社会服务机构继续活动的处罚。这一行为是指这些主体在成立时已依法进行登记，但由于其后续活动严重违法违规，被执行撤销登记的处罚，但相关主体依旧以其原有名义进行活动。

第一款第三项规定了针对未取得特种行业经营许可的处罚。特种行业指在工商服务业中，因经营业务内容和性质特殊，容易被违法犯罪分子利用以进行违法犯罪活动，或易发生治安灾害事故，为了保障公共安全和人民生命财产安全，维护社会治安秩序，依据行政法规，由公安机关实施治安管理的行业，包括旅馆业、印铸刻字业、旧货业、典当业、拍卖业、信托寄卖业、出入境服务、保安服务行业等。公安机关通过实施许可制度，对经营者的经营条件、安全设施、管理制度等进行审查，确保其符合法律法规和安全标准的要求。经营者需要依法取得公安机关的许可。

> **第六十六条　【对煽动、策划非法集会、游行、示威行为的处罚】**
>
> 煽动、策划非法集会、游行、示威，不听劝阻的，处十日以上十五日以下拘留。

⊙重点解读

根据《集会游行示威法》第二条的规定，集会是指聚集于露天公共场所，发表意见、表达意愿的活动；游行是指在公共道路、露天公共场所列队行进、表达共同意愿的活动；示威是指在露天公共场所或者公共道路上以集会、游行、静坐等方式，表达要求、抗议或者支持、声援等共同意愿的活动。

构成本条所规定的违反治安管理的行为必须符合下列条件：

首先，违法行为人实施了"煽动"或者"策划"非法集会、游行、示威的活动，即为集会、游行、示威的负责人或者直接责任人。若行为人仅是参与非法集会、游行、示威，则不构成违法行为。

其次，该集会、游行、示威是非法的。"非法的"集会、游行、示威包括三种情形：第一，未依照本法规定申请或者申请未获许可。集会、游行、示威须事先获得公安机关的许可，但是，存在反对宪法所确定的基本原则，危害国家统一、主权和领土完整的；煽动民族分裂的，或者公安机关有充分根据认定申请举行的集会、游行、示威将直接危害公共安全或者严重破坏社会秩序的，不予许可。第二，未按照主管机关许可的目的、方式、标语、口号、起止时间、地点、路线进行。《集会游行示威法》第二十五条规定，集会、游行、示威应当按照许可的目的、方式、标语、口号、起止时间、地点、路线及其他事项进行。必要时，公安机关可以设置临时警戒线，未经警察许可不得逾越。第三，在进行中出现危害公共安全或者严重破坏社会秩序情况。《集会游行示威法》第二十六条规定，举行集会、游行、示威，不得违反治安管理法规，不得进行犯罪活动或者煽动犯罪。相关犯罪活动包括携带武器、管制刀具或者爆炸物，包围、冲击国家机关，占领公共场所、拦截车辆行人或者聚众堵塞交通，严重破坏公共场所秩序、交通秩序等。

最后，违法行为人不听劝阻。根据《集会游行示威法》第二十七条的规定，警察应当对非法的集会、游行、示威予以制止。不听制止的，警察现场负责人有权命令解散；拒不解散的，警察现场负责人有权采取强行驱散、强行带离现场或者拘留等行为。

⊙ 关联规定

《集会游行示威法》（2009年修正）

第二十八条 举行集会、游行、示威，有违反治安管理行为的，依照治安管理处罚法有关规定予以处罚。

举行集会、游行、示威，有下列情形之一的，公安机关可以对其负责人和直接责任人员处以警告或者十五日以下拘留：

（一）未依照本法规定申请或者申请未获许可的；

（二）未按照主管机关许可的目的、方式、标语、口号、起止时间、地点、路线进行，不听制止的。

第六十七条 【对违法从事旅馆业经营活动行为的处罚】

从事旅馆业经营活动不按规定登记住宿人员姓名、有效身份证件种类和号码等信息的，或者为身份不明、拒绝登记身份信息的人提供住宿服务的，对其直接负责的主管人员和其他直接责任人员处五百元以上一千元以下罚款；情节较轻的，处警告或者五百元以下罚款。

实施前款行为，妨害反恐怖主义工作进行，违反《中华人民共和国反恐怖主义法》规定的，依照其规定处罚。

从事旅馆业经营活动有下列行为之一的，对其直接负责的主管人员和其他直接责任人员处一千元以上三千元以下罚款；情节

> 严重的，处五日以下拘留，可以并处三千元以上五千元以下罚款：
> （一）明知住宿人员违反规定将危险物质带入住宿区域，不予制止的；
> （二）明知住宿人员是犯罪嫌疑人员或者被公安机关通缉的人员，不向公安机关报告的；
> （三）明知住宿人员利用旅馆实施犯罪活动，不向公安机关报告的。

⊙ 重点解读

根据《旅馆业治安管理办法》第二条的规定，旅馆包括"经营接待旅客住宿的旅馆、饭店、宾馆、招待所、客货栈、车马店、浴池等"，而不区分国营、集体经营或者合伙经营、个体经营、外商投资经营，专营或者兼营，常年经营或者季节性经营。

本条第一款规定了旅馆对住宿人员的如实登记责任。旅馆应如实登记住宿人员的姓名、有效身份证件种类和号码以及入住、退房房号及时间等信息。接待境外旅客住宿，还应当在24小时内向当地公安机关报送住宿登记表。当住宿人员拒不提供身份证件、拒绝登记身份信息时，旅馆不得为其提供住宿服务。

第二款规定了法条竞合时的处理方式。《反恐怖主义法》中也规定了住宿业务经营者、服务提供者有义务对住宿人员的身份进行查验，并不得为身份不明、拒绝身份查验的人提供服务。根据特别法优于一般法的适用规则，违法行为人同时触犯《治安管理处罚法》和《反恐怖主义法》时应当优先适用属于特别法的《反恐怖主义法》，即对旅馆业经营者处十万元以上五十万元以下罚款，并对其直接负责的主管人员和其他直接责任人员处十万元以下罚款。

第三款规定了旅馆违反治安管理的行为。首先，旅馆有义务禁止旅客将危险物品带入旅馆，根据《旅馆业治安管理办法》第十一条的规定，"危险物品"包括易燃、易爆、剧毒、腐蚀性和放射性等物品。其次，旅馆对于犯罪嫌疑人和被公安通缉的人员承担报告义务。此处，《治安管理处罚法》相比于《旅馆业治安管理办法》，不要求旅馆对"行迹可疑的人"承担报告义务。最后，旅馆有义务禁止住宿人员利用旅馆实施犯罪活动，并负有报告的义务。根据《旅馆业治安管理办法》第十二条的规定，"犯罪行为"包括卖淫、嫖宿、赌博、吸毒、传播淫秽物品等违法犯罪活动。同时，构成本款所列的三种违法行为，均需要旅馆"明知"相关情况；若旅馆不知晓，则公安机关不得给予治安管理处罚。

⊙ 关联规定

《反恐怖主义法》（2018年修正）

　　第二十一条　电信、互联网、金融、住宿、长途客运、机动车租赁等业务经营者、服务提供者，应当对客户身份进行查验。对身份不明或者拒绝身份查验的，不得提供服务。

　　第八十六条第二款　住宿、长途客运、机动车租赁等业务经营者、服务提供者有前款规定情形的，由主管部门处十万元以上五十万元以下罚款，并对其直接负责的主管人员和其他直接责任人员处十万元以下罚款。

《旅馆业治安管理办法》（2022年修订）

　　第六条　旅馆接待旅客住宿必须登记。登记时，应当查验旅客的身份证件，按规定的项目如实登记。

　　接待境外旅客住宿，还应当在24小时内向当地公安机关报送住宿登记表。

　　第九条　旅馆工作人员发现违法犯罪分子，行迹可疑的人员和被公安机关通缉的罪犯，应当立即向当地公安机关报告，不得知情不报或隐瞒包庇。

　　第十一条　严禁旅客将易燃、易爆、剧毒、腐蚀性和放射性等危险物品带入旅馆。

　　第十二条　旅馆内，严禁卖淫、嫖宿、赌博、吸毒、传播淫秽物品等违法犯罪活动。

第六十八条　【对违法出租房屋行为的处罚】

房屋出租人将房屋出租给身份不明、拒绝登记身份信息的人的，或者不按规定登记承租人姓名、有效身份证件种类和号码等信息的，处五百元以上一千元以下罚款；情节较轻的，处警告或者五百元以下罚款。

房屋出租人明知承租人利用出租房屋实施犯罪活动，不向公安机关报告的，处一千元以上三千元以下罚款；情节严重的，处五日以下拘留，可以并处三千元以上五千元以下罚款。

⊙重点解读

1995年，公安部制定了《租赁房屋治安管理规定》。公安机关以此为依据，对租赁房屋实行治安管理，并建立了登记、安全检查等制度。该规定第七条明确了房屋出租人的治安责任，包括：（1）不准将房屋出租给无合法有效证件的承租人；（2）与承租人签订租赁合同，承租人是外来暂住人员的，应当带领其到公安派出所申报暂住户口登记，并办理暂住证；（3）对承租人的姓名、性别、年龄、常住户口所在地、职业或者主要经济来源、服务处所等基本情况进行登记并向公安派出所备案；（4）发现承租人有违法犯罪活动或者有违法犯罪嫌疑的，应当及时报告公安机关；（5）对出租的房屋经常进行安全检查，及时发现和排除安全隐患，保障承租人的居住安全；（6）房屋停止租赁的，应当到公安派出所办理注销手续；（7）房屋出租单位或者个人委托代理人管理出租房屋的，代理人必须遵守有关规定，承担相应责任。

本条第一款对应了《租赁房屋治安管理规定》中房屋出租人的前三项治安责任。相较于原法，新法将"无身份证件的人"变更为"身份不明"和"拒绝登记身份信息"两种情形；同时，新法提高了一般违法情形下的处罚幅度，并增设了情节较轻的情形。

本条第二款对应了房屋出租人向公安机关及时报告承租人的犯罪活动这一

项治安责任。构成本款规定的违法行为需满足两个条件：一是承租人利用出租房屋实施"犯罪活动"。二是出租人必须"明知"，即出租人知晓了承租人利用其出租房屋进行犯罪活动。如果出租人不知晓承租人的犯罪活动，则不承担向公安机关报告的义务。

> **第六十九条　【对娱乐场所等行业经营者不依法登记信息的处罚】**
>
> 　　娱乐场所和公章刻制、机动车修理、报废机动车回收行业经营者违反法律法规关于要求登记信息的规定，不登记信息的，处警告；拒不改正或者造成后果的，对其直接负责的主管人员和其他直接责任人员处五日以下拘留或者三千元以下罚款。

⊙重点解读

本条是对娱乐场所等行业经营者不依法登记信息行为及处罚所作的规定，是《治安管理处罚法》本次修订的新增条款，将娱乐场所和公章刻制、机动车修理、报废机动车回收行业经营者依法登记相关信息明确纳入经营活动规范。理解适用该条规定，应坚持责任义务主体、责任义务内容以及责任后果法定。

一是责任义务主体法定。该项登记职责的义务主体已明确限定为娱乐场所和公章刻制、机动车修理、报废机动车回收行业经营者，其他行业经营者未被纳入规制范围，不能成为该项责任的义务主体。在形式上，则可指在中华人民共和国境内以营利为目的从事经营活动的自然人、法人及非法人组织，主要包括：公司、非公司企业法人及其分支机构；个人独资企业、合伙企业及其分支机构；农民专业合作社（联合社）及其分支机构；个体工商户；外国公司分支机构以及法律、行政法规规定的其他市场主体。

二是责任义务内容法定。所谓依法登记信息，是指市场主体在开展相关业务时，违反法律法规关于要求登记信息的规定，未履行登记相关信息的义务。

该条义务仅限于法律法规的明确规定,未将规章纳入授权范围,规章如作相关登记规定,不能按照本条处罚,应直接按照规章予以处罚。比如,《娱乐场所治安管理办法》第十九条、《机动车维修管理规定》第三十三条等都规定市场经营主体履行特别登记职责,相对人违反上述规定,不能按照该条规定处理。需要注意的是,市场经营主体广泛涉及相关信息登记、申报等,本法所规定的"登记信息"是基于治安管理需要出发,应以国家法律法规基于治安管理而设定有明确义务为前提,不宜作扩大理解,不能将市场主体未履行其他领域的登记纳入适用范围。如有相对人未经登记而以市场主体名义从事经营活动,此处的申报登记,应属营业执照许可问题,违反的是《行政许可法》与《市场主体登记管理条例》有关规定,不能纳入该款调整。再如,有的规定对市场经营主体设定了备案义务,也不应纳入依法登记信息范围。

三是责任后果法定。该条违法行为的责任主体包括市场经营主体及直接负责的主管人员和其他直接责任人员。娱乐场所和公章刻制、机动车修理、报废机动车回收行业经营者不依法登记信息的,应对市场经营主体处警告处罚;市场经营主体仍拒不改正或者造成后果的,还应对其直接负责的主管人员和其他直接责任人员处五日以下拘留或者三千元以下罚款。市场经营主体的违法行为往往涉及一个违法行为与数个违法行为的界定问题,有的市场经营主体在开展某一经营活动中,既未履行其他法定义务构成违法行为,又未依法登记相关信息导致违反本法,其本质上是同一主体实施的同一行为,不能因不同领域的法律对其设定不同责任义务而认定为构成多个违法行为,对其作出处罚时,应遵照《行政处罚法》第二十九条"对当事人的同一个违法行为,不得给予两次以上罚款的行政处罚。同一个违法行为违反多个法律规范应当给予罚款处罚的,按照罚款数额高的规定处罚"的规定,择一重处罚。此外,由于该条为《治安管理处罚法》的新增条款,此前地方性法规等作有相关规定处罚,适用该条时应注意法律衔接。此前已经发生的违法行为,应当遵照行为发生时的规定作出处理,适用该规定更有利于保障相对人权益的,遵照"从旧兼从轻"原则适用该条处理。

⊙ 关联规定

《市场主体登记管理条例》

第四十三条 未经设立登记从事经营活动的，由登记机关责令改正，没收违法所得；拒不改正的，处1万元以上10万元以下的罚款；情节严重的，依法责令关闭停业，并处10万元以上50万元以下的罚款。

第四十四条 提交虚假材料或者采取其他欺诈手段隐瞒重要事实取得市场主体登记的，由登记机关责令改正，没收违法所得，并处5万元以上20万元以下的罚款；情节严重的，处20万元以上100万元以下的罚款，吊销营业执照。

《娱乐场所治安管理办法》

第十九条 娱乐场所对从业人员应当实行实名登记制度，建立从业人员名簿，统一建档管理。

第二十条 从业人员名簿应当记录以下内容：

（一）从业人员姓名、年龄、性别、出生日期及有效身份证件号码；

（二）从业人员户籍所在地和暂住地地址；

（三）从业人员具体工作岗位、职责。

外国人就业的，应当留存外国人就业许可证复印件。

《机动车维修管理规定》（2023年修正）

第三十三条 机动车维修经营者应当建立机动车维修档案，并实行档案电子化管理。维修档案应当包括：维修合同（托修单）、维修项目、维修人员及维修结算清单等。对机动车进行二级维护、总成修理、整车修理的，维修档案还应当包括：质量检验单、质量检验人员、竣工出厂合格证（副本）等。

机动车维修经营者应当按照规定如实填报、及时上传承修机动车的维修电子数据记录至国家有关汽车维修电子健康档案系统。机动车生产厂家或者第三方开发、提供机动车维修服务管理系统的，应当向汽车维修电子健康档案系统开放相应数据接口。

机动车托修方有权查阅机动车维修档案。

> **第七十条　【对非法安装、使用、提供窃听、窃照专用器材的处罚】**
> 非法安装、使用、提供窃听、窃照专用器材的,处五日以下拘留或者一千元以上三千元以下罚款;情节较重的,处五日以上十日以下拘留,并处三千元以上五千元以下罚款。

⊙重点解读

本条是对非法安装、使用、提供窃听、窃照专用器材的治安违法行为及处罚所作规定,是本次修订时的新增条款。在结构上,该款规定在刑事责任之下设定了治安违法责任,进一步完善了该种违法行为的行政违法、刑事犯罪责任的法律衔接适用体系。理解适用该规定,要注意以下几个方面。

在违法行为构成范围方面,《刑法》第二百八十三条第一款规定:"非法生产、销售专用间谍器材或者窃听、窃照专用器材的,处三年以下有期徒刑、拘役或者管制,并处或者单处罚金;情节严重的,处三年以上七年以下有期徒刑,并处罚金。"不同于《刑法》将非法生产、销售行为均纳入犯罪制裁范围,《治安管理处罚法》所涉及的治安违法行为仅有"非法安装、使用、提供"窃听、窃照专用器材的行为,不涉及生产、销售行为。《刑法》和《治安管理法》所涉及的违法行为调整范围有所不同,是行政法律部门的分工原因所致。一方面,《刑法》仅调整严重违法行为,安装、使用和提供窃听、窃照专用器材的所有行为尚不足以全部纳入刑法规制,但安装、使用和提供窃听、窃照专用器材的行为也具有一定的危害性,有予以治安处罚的必要,因此新修订的《治安管理处罚法》将其纳入调整范围。另一方面,虽然生产、销售行为纳入《刑法》规制,但并不意味着非法生产、销售行为一律入刑,对情节轻微构成行政违法行为的,同样应当追究行政法责任。但行政法体系庞大,由众多单行法构成,治安管理行政违法行为仅为规范行政违法行为的一个单行法,除此之外,还有《产品质量法》《安全生产法》等法律法规对相关违法行为予以调整。由于产品的生产销售行为已有相关单行法予以调整，因此《治安管理法》未将其纳入调整范围。本款中涉及安装、使用、提供三种违法行为。安装、使用一般是行为主体直接利用窃听、窃照专用器材实施违法行为，作字面理解即可。相对于"安装、使用"行为，非法"提供"窃听、窃照专用器材行为在理解上较为复杂，既泛指行为人向使用人交付窃听、窃照专用器材的行为，又要区分该行为人有无主观过错甚至主观故意。行为人在没有任何主观过错情况下实施该行为的，不应被认定为该款规定的违法行为。同时，"提供"行为也不同于"销售"行为，但二者之间存在较为复杂的交叉情形。有的行为人以出卖相关国家秘密为由，同时向使用人免费提供窃听、窃照专用器材，有的违法行为人为兜售窃听、窃照专用器材，而以免费形式提供国家机密，所涉违法行为不尽一致，因此要结合违法性质、情节轻重以及有无吸收可能予以评判。

  关于窃听、窃照专用器材的理解。可以参照相关文件精神认定，但最终应当通过法定程序鉴定。原国家工商行政管理总局、公安部、原国家质量监督检验检疫总局《禁止非法生产销售使用窃听窃照专用器材和"伪基站"设备的规定》第三条规定："本规定所称窃听专用器材，是指以伪装或者隐蔽方式使用，经公安机关依法进行技术检测后作出认定性结论，有以下情形之一的：（一）具有无线发射、接收语音信号功能的发射、接收器材；（二）微型语音信号拾取或者录制设备；（三）能够获取无线通信信息的电子接收器材；（四）利用搭接、感应等方式获取通讯线路信息的器材；（五）利用固体传声、光纤、微波、激光、红外线等技术获取语音信息的器材；（六）可遥控语音接收器件或者电子设备中的语音接收功能，获取相关语音信息，且无明显提示的器材（含软件）；（七）其他具有窃听功能的器材。"第四条规定："本规定所称窃照专用器材，是指以伪装或者隐蔽方式使用，经公安机关依法进行技术检测后作出认定性结论，有以下情形之一的：（一）具有无线发射功能的照相、摄像器材；（二）微型针孔式摄像装置以及使用微型针孔式摄像装置的照相、摄像器材；（三）取消正常取景器和回放显示器的微小相机和摄像机；（四）利用搭接、感应等方式获取图像信息的器材；（五）可遥控照相、摄像器件或者电子设备中的照相、摄像功能，获取相关图像信息，且无明显提示的器材（含软件）；（六）其他具有窃照功能的器材。"《最高人民法院、最高人民检察院关于办理组织考试作弊等刑事案件适用法律若干问题的解释》第三条第一款对"作弊器材"的认定标准作了明确规定："具有避开或者突破考场防范作弊的安全管理措施，获取、记录、传递、接收、存储考试试题、答案等功能的程序、工具，以及专门设计用于作弊的程序、工具，应当认定为刑法第二百八十四条之一第二款规定的'作弊器材'。"据此，通过伪装以规避考场检查并可以发送、接收考试试题、答案的纽扣式数码相机、眼镜式密拍设备等，均可以认定为"作弊器材"。第三条第二款进一步规定："对于是否属于刑法第二百八十四条之一第二款规定的'作弊器材'难以确定的，依据省级以上公安机关或者考试主管部门出具的报告，结合其他证据作出认定；涉及专用间谍器材、窃听、窃照专用器材、'伪基站'等器材的，依照相关规定作出认定。"

关于法律责任方面。按情节轻重不同分为两个档次。一般情况下，处五日以下拘留或者一千元以上三千元以下罚款。情节较重的，处五日以上十日以下拘留，并处三千元以上五千元以下罚款。需要注意的是，虽然该条款区分情节轻重设定不同法律责任，但并不意味着公安机关依照该款作出治安管理处罚时无需遵照行政处罚的一般原则。此处的情节较重，应当是综合查实违法行为人主客观因素以及危害后果的总结论。也就是说，公安机关在对违法行为人进行查处时，仍要遵照行政处罚的一般原则，坚持处罚与教育相结合原则，全面查实违法行为人主观过错程度、有无从轻减轻或者免予处罚情节等，如综合评价后违法行为人的违法行为不构成情节较重的，应当相应降等处罚。

⊙ 典型案例

朱某某、孟某某非法销售窃照专用器材罪[1]

2023年12月13日，被告人孟某某伙同被告人朱某某，在未取得销售许可的情况下，经被告人朱某某介绍客户，被告人孟某某在杭州市上城区某店铺以人民币8000元的价格向余某某出售隐藏有微型针孔式摄像头的手机1部及配套设备，被告人朱某某从中获取好处费人民币1500元。经鉴定，该手机为窃照专用器材。2023年12月21日，公安机关抓获二被告人，并从被告人孟某某处查

---

[1] 杭州市上城区人民法院刑事判决书，（2024）浙0102刑初469号。

扣手机、耳机等器材，经鉴定，其中 5 部手机为窃照专用器材。杭州市上城区人民法院（2024）浙 0102 刑初 469 号刑事判决认定，被告人孟某某、朱某某结伙非法销售窃照专用器材，其行为均已构成非法销售窃照专用器材罪。判决：（1）被告人孟某某犯非法销售窃照专用器材罪，判处有期徒刑七个月，缓刑一年二个月，并处罚金人民币 5000 元。（2）被告人朱某某犯非法销售窃照专用器材罪，判处拘役六个月，缓刑十个月，并处罚金人民币 3000 元。（3）暂扣的违法所得人民币 8000 元予以没收，上缴国库。

⊙ 关联规定

《刑法》（2023 年修正）

第二百八十三条 非法生产、销售专用间谍器材或者窃听、窃照专用器材的，处三年以下有期徒刑、拘役或者管制，并处或者单处罚金；情节严重的，处三年以上七年以下有期徒刑，并处罚金。

单位犯前款罪的，对单位判处罚金，并对其直接负责的主管人员和其他直接责任人员，依照前款的规定处罚。

第七十一条 【对违法典当、收购行为的处罚】

有下列行为之一的，处一千元以上三千元以下罚款；情节严重的，处五日以上十日以下拘留，并处一千元以上三千元以下罚款：

（一）典当业工作人员承接典当的物品，不查验有关证明、不履行登记手续的，或者违反国家规定对明知是违法犯罪嫌疑人、赃物而不向公安机关报告的；

（二）违反国家规定，收购铁路、油田、供电、电信、矿山、水利、测量和城市公用设施等废旧专用器材的；

（三）收购公安机关通报寻查的赃物或者有赃物嫌疑的物品的；

（四）收购国家禁止收购的其他物品的。

第三章 违反治安管理的行为和处罚

⊙重点解读

本条是对违法典当、收购行为及处罚的规定。本次修订主要根据社会经济发展状况，适当调整了罚款的上下限额。

第一，典当业工作人员承接典当的物品，不查验有关证明、不履行登记手续的，或者违反国家规定对明知是违法犯罪嫌疑人、赃物而不向公安机关报告的行为。典当行即历史上的当铺，是指以实物占有权转移形式为非国有中、小企业和公民个人提供临时性质押贷款的特殊金融行业。其经营活动主要特点是，典当行将当物人所当物品按照约定定期保管并支付所当物品价值相当的钱款，待当物人用钱款赎回时收取一定的保管费用。如当物人到期不能赎回，典当行就有权按双方事先的约定将其所当物品任意处置。实践中，典当业确实为人们提供了方便，但因其经营物品具有直接兑现特点，如果不加以规范，便会给予违法犯罪分子可乘之机，有可能将非法获得的物品进行典当，获取钱财。为规范典当业的经营活动，2005年2月9日商务部、公安部颁布了《典当管理办法》，并于2005年4月1日起实施。该办法第三十五条规定："办理出当与赎当，当户均应当出具本人的有效身份证件。当户为单位的，经办人员应当出具单位证明和经办人的有效身份证件；委托典当中，被委托人应当出具典当委托书、本人和委托人的有效身份证件。除前款所列证件外，出当时，当户应当如实向典当行提供当物的来源及相关证明材料。赎当时，当户应当出示当票。典当行应当查验当户出具的本条第二款所列证明文件。"第五十一条还明确规定："典当行应当如实记录、统计质押当物和当户信息，并按照所在地县级以上人民政府公安机关的要求报送备查。"这两条明确规定典当业工作人员在承接典当的物品时，应当首先查验当户的各种有效证件，并履行严格的登记手续。如典当业工作人员在承接典当物品时，不按规定查验有关证明、不履行登记手续，就容易被违法犯罪分子利用，给社会治安带来不利影响，构成违法行为。

根据本条规定，典当业工作人员承接典当的物品，不查验有关证明、不履行登记手续，或者明知是违法犯罪嫌疑人、赃物，不向公安机关报告的，处一千元以上三千元以下罚款；情节严重的，处五日以上十日以下拘留，并处一千元以上三千元以下罚款。"情节严重"是主观过错明显，包括：典当业的工作

· 193 ·

人员存在多次不履行查验有关证明和登记手续的行为；不健全的查验、登记制度，甚至在有关部门责令改正后，仍不按规定改进的行为；明知是违法犯罪嫌疑人或者赃物时不按规定及时向公安机关报告，贻误了时机使违法犯罪嫌疑人逃脱的行为；多次发现违法犯罪嫌疑人或者赃物而不向公安机关报告的行为。

第二，"违反国家规定，收购铁路、油田、供电、电信、矿山、水利、测量和城市公用设施等废旧专用器材的"，是废旧物品收购业违反治安管理的行为之一。这里的废旧物品收购业包括废旧金属收购业和废旧物资收购业。废旧金属收购业，是指专门收购废旧金属的废旧物品收购业；废旧物资收购业，是指专门收购废旧物资的收购业。为加强对废旧金属收购业的管理，公安部于1994年1月25日颁布了《废旧金属收购业治安管理办法》，于2023年进行了修订。该办法第二条规定："本办法所称废旧金属，是指生产性废旧金属和非生产性废旧金属。生产性废旧金属和非生产性废旧金属的具体分类由公安部会同有关部门规定。"这一条对废旧金属的范围作了具体的规定。废旧金属收购业应当严格按照规定，收购生产性废旧金属和非生产性废旧金属。第六条还规定："在铁路、矿区、油田、港口、机场、施工工地、军事禁区和金属冶炼加工企业附近，不得设点收购废旧金属。"根据上述规定，任何单位和个人，都不得在上述地方设点收购废旧金属。这些违法犯罪行为，一方面给国家生产建设和人民生活造成了严重破坏，应予严厉打击；另一方面，加强对废旧物品收购业的管理，切断这些违法犯罪分子的销赃后路，是配合打击盗窃国家生产建设物资设备行为的有效之举。

这里规定的铁路、油田、供电、电信、矿山、水利、测量和城市公用设施等废旧专用器材，主要是指生产性废旧金属。废旧金属收购业在收购上述生产性废旧金属时应当遵守国家规定。所谓国家规定，主要是指法律、法规、规章及其他政策性的规范性文件。为了加强对废旧金属收购业的管理，规范其经营活动，有关部门对废旧金属收购业在经营活动中，应当遵守的必经程序，都有明确和具体的规定。其中，履行登记手续，是规范废旧金属收购业经营活动的主要内容之一。

《废旧金属收购业治安管理办法》第七条规定："收购废旧金属的企业在收购生产性废旧金属时，应当查验出售单位开具的证明，对出售单位的名称和经办人的姓名、住址、身份证号码以及物品的名称、数量、规格、新旧程度等如实进行登记。"对本项规定的国家铁路、油田、供电、电信、矿山、水利、测量和城市公用设施等废旧专用器材的收购,更应当认真按照规定履行登记手续。有关法律、法规等对废旧金属收购业的经营活动有其他规定的,废旧金属收购业的经营者也应认真遵守执行。废旧金属收购业的经营者,不按上述规定认真履行登记手续的,构成违反治安管理的行为。

第三,收购公安机关通报寻查的赃物或者有赃物嫌疑的物品的行为,是该条第三项规定的违反治安管理行为。"公安机关通报寻查的赃物",主要是指由于丢失物品的单位或者个人向公安机关报告,公安机关经过侦查确认并向废旧金属收购业、废旧物品收购业发出通报的物品。比如,某铁路机务段丢失大量铁轨,立即向公安机关报案。公安机关经过侦查迅速查明是盗窃分子所为,并立即向有关废旧物品收购部门就丢失的铁轨的数量和型号发出通报,此即属于公安机关通报寻查的赃物。"有赃物嫌疑的物品",是指公安机关通报寻查的其他涉嫌被盗、被抢或被骗的赃物。《废旧金属收购业治安管理办法》第九条第一款规定:"收购废旧金属的企业和个体工商户发现有出售公安机关通报寻查的赃物或者有赃物嫌疑的物品的,应当立即报告公安机关。"这里也包括废旧物资收购业收购公安机关通报寻查的赃物或者有赃物嫌疑的物品的行为。

需要注意的是,"收购公安机关通报寻查的赃物"的规定,与《刑法》第三百一十二条规定的掩饰、隐瞒犯罪所得、犯罪所得收益罪有衔接关系。《刑法》第三百一十二条第一款规定:"明知是犯罪所得及其产生的收益而予以窝藏、转移、收购、代为销售或者以其他方法掩饰、隐瞒的,处三年以下有期徒刑、拘役或者管制,并处或者单处罚金;情节严重的,处三年以上七年以下有期徒刑,并处罚金。"对于公安机关通报寻查的赃物,只要一经收购就应视为明知的行为,但是否都构成《刑法》第三百一十二条的犯罪行为,实践中情况较为复杂,有的收购通报寻查的赃物,数量不多,都按照犯罪处理也不现实,对于情节显著轻微的,不认定为犯罪,按照本法给予治安处罚即可。

第四,收购国家禁止收购的其他物品的行为。"国家禁止收购的其他物品",主要是指国家法律、行政法规明令禁止收购的物品,该范围不宜作扩大解释。《废旧金属收购业治安管理办法》第八条规定,收购报废的不能直接使用的枪支、弹药等，属于该种情况。但如果收购的是可以使用的枪支、弹药，则构成刑法规定的买卖枪支、弹药罪，应依法追究刑事责任。废旧金属收购业、废旧物资收购业的经营者收购上述属于国家禁止收购的其他物品，且不构成犯罪的，应属构成违反治安管理的行为。本项违法行为构成"情节严重"，主要指废旧物品收购业经营者不认真遵守有关规定，屡次收购国家禁止收购的其他物品的情况。

⊙ 典型案例

朱某行政处罚案[①]

自2003年以来，原告朱某租用某废品收购站营业执照，长期收购废品。2008年6月1日，某市公安局决定对朱某收购赃物案立案侦查。当月16日，朱某主动投案，17日被某市公安局刑事拘留，于7月16日取保候审。某市公安局将查获的金属、作案工具及现金2万元予以扣押，6月24日、7月21日分别出具各1万元现金扣押清单，7月30日出具金属等物品扣押清单，并于当日将查获的金属、作案工具向某再生资源回收公司变现处置，变现款为120257元。2015年7月2日，某市公安局将扣押的2万元现金退还朱某。因朱某向人民检察院反映监督撤销刑事立案并纠正违法刑事侦查行为，退还或者赔偿被非法扣押财物，人民检察院向某市公安局发出《纠正违法通知书》。某市公安局于2016年3月15日，以朱某隐匿、掩饰犯罪所得案上游犯罪无法查清为由，决定撤销刑事案件，转为行政案件。同年4月26日，某市公安局在该局门口、朱某居住处各张贴行政处罚告知公告。5月4日，某市公安局作出公安行政处罚决定，根据《废旧金属收购业治安管理办法》第三条、《治安管理处罚法》第五十九条第四项之规定，对朱某行政拘留十日，并处罚款1000元。同日，该局根据《治安管理处罚法》第十一条第二款之规定，作出追缴决定，对扣押的生产性废旧金属变现款120257元予以追缴。行政处罚决定与追缴物品清单邮寄送达给朱某。朱某不服，向市人民政府申请行政复议。市人民政府于同年8月23日作出行政复议决定，认为某市公安局公安行政处罚决定认定事实清楚，证据

---

① 兰州铁路运输法院行政判决书，（2020）甘7101行初113号。

确实充分,适用依据正确,内容适当,决定予以维持。朱某不服,向某市中级人民法院提起行政诉讼。该院作出行政判决书,撤销被诉公安行政处罚决定以及行政复议决定。某市公安局不服,提起上诉。

某省高级人民法院经审理认为朱某非法收购生产性废旧金属13.625吨的事实证据确实充分,某市公安局对其收购行为具有行政处罚权,但在处罚程序方面存在以下问题:(1)送达方式不合法;(2)未告知当事人陈述和申辩权;(3)未告知当事人听证权;(4)行政处罚决定未经集体讨论。因此该处罚决定违反法定程序。此外,本案追诉时效虽然符合法律规定,但从行政处罚法设定追诉时效的目的来看,本案对朱某非法收购生产性废旧金属的行为在立案侦查八年后撤销刑事案件转为行政案件进行行政处罚不符合《行政处罚法》关于教育与惩罚相结合的原则。《行政处罚法》之所以规定两年的行政处罚追诉期,其目的就是在短时间内使违反行政法规的行为得到惩处。一方面,促使行政相对人改正错误,恢复行政管理秩序;另一方面,使行政相对人为违法行政行为付出代价,预防同样违法行为的再次发生,同时警示其他行政相对人。根据《行政处罚法》第一条、第五条的规定,本案在启动刑事侦查后,违法行为就已经终止,违法行为已经不再具有社会危害性,某市公安局在刑事侦查期间也已经给予朱某30日刑事拘留,在长达八年的侦查中,行政关系和社会管理秩序在新的条件下也已经得到了修护,故对此行为再进行行政处罚已经不具有教育警示、纠正违法行为的目的,有违行政处罚的立法目的。在法律、法规适用问题上,根据全国人大常委会法工委对《治安管理处罚法》第五十九条的释义,第四项所指"国家禁止收购的其他物品",主要是指国家法律、行政法规、规章明令禁止收购的物品,如收购报废的不能直接使用的枪支、弹药等,而收购生产性废旧金属并不属于第四项所指的"国家禁止收购的其他物品"。某市公安局对朱某非法收购生产性废旧金属的行为适用《治安管理处罚法》第五十九条第四项进行处罚,属于适用法律不当。在处罚结果方面,某市公安局根据《治安管理处罚法》第五十九条第四项的规定,对朱某非法收购生产性废旧金属的行为作出拘留十日、罚款一千元的顶格处罚,并未考虑本案中朱某在刑事侦查阶段存在主动投案的情节,有违过罚相当原则和比例原则。人民政府作出的行政复议决定程序合法,但适用法律错误,处理结果明显不当。省高级人民法院作出行政判决书，驳回上诉，维持原判。

2019年10月11日，某市公安局向朱某制作了询问笔录，告知依据《最高人民法院关于适用〈中华人民共和国行政诉讼法〉的解释》第九十条第二款的规定，将对其违法行为重新作出处罚，在告知拟处罚的事实、理由和依据的同时，另行作出公安行政处罚决定，认定朱某陈述其没有办理工商营业执照，租用他人的营业执照收购废品，被告某市公安局查获的铜、黄铜、不锈钢、铝、锌系盗窃物品，剩余部分属于生产性废旧金属，某市公安局分别根据《治安管理处罚法》第五十九条第三项、第十九条第四项、《公安机关执行〈中华人民共和国治安管理处罚法〉有关问题的解释（二）》的规定，认定朱某的行为构成收购有赃物嫌疑的物品，决定对朱某处行政拘留四日；另根据《废旧金属收购业治安管理办法》第三条、《治安管理处罚法》第五十九条第四项、第十九条第四项、《公安机关执行〈中华人民共和国治安管理处罚法〉有关问题的解释（二）》的规定，认定朱某的行为构成收购国家禁止收购的其他物品，决定处行政拘留四日。并依据《治安管理处罚法》第十六条的规定，决定合并执行行政拘留八日。履行方式：行政拘留与刑事拘留予以折抵不再执行。同日，该局依据《治安管理处罚法》第十一条第二款的规定，作出追缴物品决定，对查扣的生产性废旧金属以及作案工具的变现款120257元予以追缴。某市公安局在制作、告知、送达上述材料时，朱某拒绝签字签收，后于2019年12月6日提起行政诉讼，因某市公安局不服省高级人民法院的终审判决，向最高人民法院申请再审，兰州铁路运输法院告知朱某待再审结果后再行诉讼。2019年12月30日，最高人民法院作出行政裁定书，驳回了某市公安局的再审申请。朱某遂于2020年6月30日向兰州铁路运输法院提起本案诉讼。

另查明，某区人民法院于2007年6月14日作出刑事判决，认定朱某犯收购赃物罪，判处管制一年，并处罚金10000元。

兰州铁路运输法院认为，某市公安局对朱某非法收购生产性废旧金属的行为适用《治安管理处罚法》第五十九条第三项、第四项进行处罚，属于事实不清，证据不足，适用法律错误，判决撤销公安行政处罚决定。

⊙ **关联规定**

《刑法》（2023年修正）

第三百一十二条　明知是犯罪所得及其产生的收益而予以窝藏、转移、收购、代为销售或者以其他方法掩饰、隐瞒的，处三年以下有期徒刑、拘役或者管制，并处或者单处罚金；情节严重的，处三年以上七年以下有期徒刑，并处罚金。

单位犯前款罪的，对单位判处罚金，并对其直接负责的主管人员和其他直接责任人员，依照前款的规定处罚。

《废旧金属收购业治安管理办法》（2023年修订）

第三条　生产性废旧金属，按照国务院有关规定由有权经营生产性废旧金属收购业的企业收购。收购废旧金属的其他企业和个体工商户只能收购非生产性废旧金属，不得收购生产性废旧金属。

第七十二条　【对妨碍执法秩序行为的处罚】

有下列行为之一的，处五日以上十日以下拘留，可以并处一千元以下罚款；情节较轻的，处警告或者一千元以下罚款：

（一）隐藏、转移、变卖、擅自使用或者损毁行政执法机关依法扣押、查封、冻结、扣留、先行登记保存的财物的；

（二）伪造、隐匿、毁灭证据或者提供虚假证言、谎报案情，影响行政执法机关依法办案的；

（三）明知是赃物而窝藏、转移或者代为销售的；

（四）被依法执行管制、剥夺政治权利或者在缓刑、暂予监外执行中的罪犯或者被依法采取刑事强制措施的人，有违反法律、行政法规或者国务院有关部门的监督管理规定的行为的。

⊙ 重点解读

本条是对妨碍国家机关执法秩序行为及处罚的规定。

原法第六十条设定了四种妨碍国家机关执法秩序的行为及处罚规定。本次修订，在总体保持不变的情况下，进行了如下修改：一是根据社会经济发展情况调整了罚款的上下限额，增设了情节较轻的处罚。同时，进一步修正并处罚款的适用方式，由应当并处调整为可以并处，适度扩大公安机关裁量权。二是进一步规范了第一项的立法规范用语，将擅自使用行为以及扣留、先行登记保存的财物纳入规范范围。

1. 隐藏、转移、变卖、擅自使用或者损毁行政执法机关依法扣押、查封、冻结、扣留、先行登记保存的财物的行为。妨碍执法秩序的违反治安管理行为，既包括行政执法秩序，也包括司法活动秩序。根据《行政处罚法》及有关法律的规定，行政执法机关在查处行政违法案件时，可以扣押、查封、冻结涉案财物，并收集有关证据等。司法机关在办理有关案件时，也需要依法追缴有关赃物。为了维护正常的执法秩序，对妨碍执法秩序的行为，必须给予相应的处罚。该项规定仅涉及妨碍行政机关执法秩序的情形，违法的行为方式包括：隐藏、转移、变卖、擅自使用或者损毁行政执法机关依法扣押、查封、冻结、扣留、先行登记保存的财物。行政机关在执法过程中，有时为了保证执法活动的顺利进行，同时也是为了收集证据，需要对当事人的涉案财物作出扣押、查封和冻结的决定。比如，《海关法》第九十二条规定，海关依法扣留的货物、物品、运输工具，在人民法院判决或者海关处罚决定作出之前，不得处理。又如，《税收征收管理法》第三十七条、第三十八条规定，对未按照规定办理税务登记的从事生产、经营的纳税人，由税务机关核定其应纳税额，责令缴纳；不缴纳的，税务机关可以扣押其价值相当于应纳税的商品、货物。税务机关有根据认为从事生产、经营的纳税人有逃避纳税义务行为，并不提供纳税担保的，可以依法通知开户银行或者其他金融机构冻结纳税人相当于应纳税款的存款。如果违法行为人隐藏、转移、变卖、擅自使用或者损毁行政执法机关依法扣押、查封、冻结、扣留、先行登记保存的财物的，就构成本项规定的妨碍执法秩序的行为。其中，"隐藏"，是指将标的物私自隐匿，躲避行政执法机关查处的行为；"转移"，是指将标的物私自转送他处以逃避处理的行为；"变卖"，是指擅自将标的物作价出卖的行为；"擅自使用"，是指违反相关管理要求，未经批准使用标的物的情形；"损毁"，是指将标的物故意损坏或毁坏的行为。

2. 伪造、隐匿、毁灭证据或者提供虚假证言、谎报案情，影响行政执法机关依法办案的行为。该项规定的妨碍执法秩序的行为，是伪造、隐匿、毁灭证据或者提供虚假证言、谎报案情，影响行政执法机关办案的行为。这里所列举的行为不仅包括在行政机关办理行政案件的时候发生的行为，还包括公安机关在办理刑事案件的侦查阶段发生的行为。公安机关办理的刑事案件，经过侦查，最后不作为犯罪只按一般的治安案件予以处理。但是在公安机关侦查过程中有上述行为，妨害收集证据，尚未达到追究刑事责任程度的，也可以依照本法的规定予以治安处罚。所以这里规定的"影响行政执法机关依法办案"应作广义的理解。"伪造、隐匿、毁灭证据"，是指行为人为了逃避法律责任，捏造事实，制造假证据，或者对证据隐藏、销毁的行为。"提供虚假证言、谎报案情"，是指行政执法机关在执法活动中，需要收集证据时，作为案件的证人或者当事人不如实作证而提供虚假证言或谎报案情，从而影响行政执法机关依法办案的行为。

3. 明知是赃物而窝藏、转移、收购或者代为销售的行为。该项规定的妨碍执法秩序的行为，是明知是赃物而窝藏、转移、收购或者代为销售的行为。这里规定的赃物，主要是指由违法分子不法获得，并且需要由行政执法机关依法追查的财物。但也不排除刑事案件中司法机关需要依法追缴的赃物。《刑法》第三百一十二条第一款规定："明知是犯罪所得及其产生的收益而予以窝藏、转移、收购、代为销售或者以其他方法掩饰、隐瞒的，处三年以下有期徒刑、拘役或者管制，并处或者单处罚金；情节严重的，处三年以上七年以下有期徒刑，并处罚金。"即只要明知是犯罪所得赃物而予以窝藏、转移、收购或者代为销售的，就构成犯罪。但由于实践中情况比较复杂，有些收购、窝藏赃物的行为，根据刑法总则中关于情节显著轻微不构成犯罪的规定，可以不作为犯罪处理，按照本条给予治安管理处罚。

4. 被依法实行监外执行的罪犯或者被依法采取刑事强制措施的人，有违反法律、行政法规和公安部有关监督管理规定的行为的。该项规定的妨碍执法秩

· 201 ·

序的行为，是指被依法执行管制、剥夺政治权利或者在缓刑、保外就医等监外执行中的罪犯，抑或被依法采取刑事强制措施的人，又有违反法律、行政法规和公安部有关监督管理规定的行为的。该规定所涉几种人都属于不完全限制人身自由，且在监外执行的犯罪分子或者未被羁押的犯罪嫌疑人。"被依法执行管制"，是指由人民法院依法判决被判处管制的犯罪分子。由于管制主要适用于犯罪情节较轻、不致危害社会的犯罪分子。根据《刑法》规定，判处管制的犯罪分子交由公安机关执行。在被管制期间，犯罪分子必须遵守法律、行政法规，服从监督。如犯罪分子在被依法管制期间有违反法律、行政法规和公安部有关监督管理规定的行为，构成本条规定的妨碍执法秩序的行为。违反法律、行政法规和公安部有关监督管理规定的，是指不构成新的犯罪的情况。如果违反法律构成犯罪的，应当依法追究其刑事责任，而不是按妨碍执法秩序的行为给予治安处罚。"剥夺政治权利"，是由人民法院依法判决剥夺政治权利的犯罪分子。根据《刑法》规定，剥夺政治权利既可以附加适用，也可以独立适用。被剥夺政治权利的犯罪分子，在执行期间，应当遵守法律、行政法规，服从监管。被判处剥夺政治权利的犯罪分子如果有违反法律、行政法规和公安部有关监督管理规定的行为就构成妨害执法秩序的行为。"缓刑"，是指被人民法院依法判处刑罚，缓期予以执行的情况。被判处缓刑的犯罪分子在执行期间应当遵守法律、行政法规，服从监管。关于在缓刑考验期间的罪犯应当遵守的规定，刑法与本法的规定相同，但在情节的规定上是有区别的，《刑法》第七十七条规定："被宣告缓刑的犯罪分子，在缓刑考验期限内犯新罪或者发现判决宣告以前还有其他罪没有判决的，应当撤销缓刑，对新犯的罪或者新发现的罪作出判决，把前罪和后罪所判处的刑罚，依照本法第六十九条的规定，决定执行的刑罚。被宣告缓刑的犯罪分子，在缓刑考验期限内，违反法律、行政法规或者国务院有关部门关于缓刑的监督管理规定，或者违反人民法院判决中的禁止令，情节严重的，应当撤销缓刑，执行原判刑罚。"这里规定违反法律、行政法规和公安部有关缓刑的监督管理规定或人民法院判决中的禁止令的情况，是属于情节严重的。而本法规定给予治安处罚的情况，是指违反法律、行政法规和公安部有关监督管理规定或人民法院判决中的禁止令，情节尚不严重的。"暂予监外执行"，是指《刑事诉讼法》第二百六十五条规定的被判处有期徒刑或者拘役的犯罪分子有严重疾病需要保外就医，怀孕或者正在哺乳婴儿的妇女等情况。如果犯罪分子在保外就医等监外执行期间有违反法律、行政法规和国务院公安部门有关监督管理规定的行为，就构成了妨害执法秩序的行为。"被依法采取刑事强制措施的人"，主要是指根据《刑事诉讼法》的规定，由人民法院、人民检察院和公安机关根据案件情况，对犯罪嫌疑人、被告人采取拘传、取保候审或者监视居住这几种强制措施的情况。如果犯罪嫌疑人在被拘传、取保候审或者监视居住期间，有违反法律、行政法规和公安部有关监督管理规定的行为或人民法院判决中的禁止令就构成了妨害执法秩序的行为。

⊙典型案例

杨某某要求某派出所履行治安管理处罚职责案[①]

2022年2月11日14时许，在某县高速施工便道处，杨某某因阻碍施工与裴某某及案外人陈某、张某、冯某、孙某等人发生纠纷。在此过程中，裴某某将案外人吴某手机拍摄的照片删除，造成吴某手机损坏。当日15时许，裴某某等人将杨某某扭送至某派出所。后，办案民警分别对杨某某、裴某某及相关证人进行了调查询问，并对杨某某伤情进行检查，未发现明显外伤。当日22时许，杨某某在某县人民医院因全身多处软组织挫伤住院，后于同年2月14日出院。事后，裴某某等人就手机损坏向吴某作出补偿。2022年2月20日，杨某某向某县公安局邮寄《履行法定职责申请书》，认为裴某某等7人存在群殴、毁灭证据等行为，要求对裴某某等7人作出十日以上十五日以下行政拘留，并处五百元以上一千元以下罚款。某县公安局于次日签收该申请书，并于同年2月24日将案件线索交由某派出所经办。某派出所于同日受理后，对杨某某、裴某某及相关证人进行了调查询问。同年3月24日，因案情复杂，涉及人员较多，某派出所经准许，决定延长办理期限三十日。同年4月22日，某派出所经调查，认为没有充分证据证实杨某某反映的裴某某等7人殴打杨某某、删除证据的违法事实成立，遂根据《治安管理处罚法》第九十五条第二项的规定，作出《不予行政处罚决定书》，决定对裴某某不予行政处罚。该

[①] 江苏省宿迁市中级人民法院行政判决书，(2023)苏13行终59号。

决定于4月22日送达给裴某某，于4月24日送达给杨某某。杨某某不服，提起行政诉讼，请求撤销某派出所涉案不予处罚决定，并责令某派出所对裴某某作出行政处罚决定。

法院经审理认为，《治安管理处罚法》第六十条规定："有下列行为之一的，处五日以上十日以下拘留，并处二百元以上五百元以下罚款：……（二）伪造、隐匿、毁灭证据或者提供虚假证言、谎报案情，影响行政执法机关依法办案的……"上述所称毁灭证据是指行为人为了逃避法律责任，对证据隐藏、销毁，从而影响行政执法机关依法办案的行为。该案中，裴某某在询问笔录中陈述，因怕吴某拍摄照片断章取义引发负面影响，故删除手机照片，事后已就手机损坏对吴某作出补偿。根据上述规定，裴某某删除手机照片的行为并未对公安机关调查案件事实造成影响，照片恢复后也无法证实裴某某等人对杨某某有殴打行为，故对杨某某的上述意见，不予采信。为此，判决驳回杨某某的诉讼请求。

⊙关联规定

《刑法》（2023年修正）

第三百一十条　明知是犯罪的人而为其提供隐藏处所、财物，帮助其逃匿或者作假证明包庇的，处三年以下有期徒刑、拘役或者管制；情节严重的，处三年以上十年以下有期徒刑。

犯前款罪，事前通谋的，以共同犯罪论处。

《劳动保障监察条例》

第三十条　有下列行为之一的，由劳动保障行政部门责令改正；对有第（一）项、第（二）项或者第（三）项规定的行为的，处2000元以上2万元以下的罚款：

（一）无理抗拒、阻挠劳动保障行政部门依照本条例的规定实施劳动保障监察的；

（二）不按照劳动保障行政部门的要求报送书面材料，隐瞒事实真相，出具伪证或者隐匿、毁灭证据的；

（三）经劳动保障行政部门责令改正拒不改正，或者拒不履行劳动保障行政部门的行政处理决定的；

（四）打击报复举报人、投诉人的。

违反前款规定，构成违反治安管理行为的，由公安机关依法给予治安管理处罚；构成犯罪的，依法追究刑事责任。

第七十三条　【对违反法院、公安、监察等机关决定行为的处罚】

有下列行为之一的，处警告或者一千元以下罚款；情节较重的，处五日以上十日以下拘留，可以并处一千元以下罚款：

（一）违反人民法院刑事判决中的禁止令或者职业禁止决定的；

（二）拒不执行公安机关依照《中华人民共和国反家庭暴力法》、《中华人民共和国妇女权益保障法》出具的禁止家庭暴力告诫书、禁止性骚扰告诫书的；

（三）违反监察机关在监察工作中、司法机关在刑事诉讼中依法采取的禁止接触证人、鉴定人、被害人及其近亲属保护措施的。

⊙**重点解读**

本条是对妨碍刑事判决的职业禁止行为及公安机关、监察机关、司法机关相关预防性措施的行为及处罚的规定。本条是新增条款。第一项特指妨碍刑事判决中的禁止令或者职业禁止决定。所谓"禁止从事相关职业的预防性措施或者称为从业禁止"，是指人民法院对于实施特定犯罪被判处刑罚的人，依法禁止其在一定期限内从事相关职业以预防其再犯罪的法律措施。该种措施，是刑法从预防再犯罪的角度针对已被定罪判刑的人规定的一种预防性措施，不是新增加的刑罚种类。第二项特指妨碍公安机关依照《反家庭暴力法》《妇女权益保障法》出具的禁止家庭暴力告诫书和禁止性骚扰告诫书的行为。第三项特指妨碍监察机关在监察工作中、司法机关在刑事诉讼中采取的禁止接触证人及其近亲属保护措施的行为。对于未纳入该款调整的其他行为，不能参照该项处理。比如，《反家庭暴力法》第二十三条规定人民法院制发人身保护令，但相对人违反该保护令的，不能参照该款，而应适用《反家庭暴力法》第三十四条的规定作出处罚。

  本条在法律适用中，还要特别注意与其他法律责任的衔接。我国现有多部法律和有关法律问题的决定对受过刑事处罚人员有从事相关职业的禁止或者限制性规定，包括规定禁止或者限制担任一定公职，禁止或者限制从事特定职业，以及禁止或者限制从事特定活动等。这些其他法律、行政法规规定的禁止或者限制从事相关职业、活动，都属于行政性的预防性措施，与本条规定的从业禁止在适用条件、禁止期限等方面存在一定差异。如有的规定从业禁止只适用于特定犯罪，有的规定适用于被判处特定刑罚的人，有的规定禁止或者限制的期限是终身，有的规定了一定的期限。根据本条规定，其他法律、行政法规对从事相关职业另有禁止或者限制性规定的，从其规定，即依照这些法律、行政法规的规定处理。修订前的《治安管理处罚法》第六十条第四项规定："被依法执行管制、剥夺政治权利或者在缓刑、暂予监外执行中的罪犯或者被依法采取刑事强制措施的人，有违反法律、行政法规或者国务院有关部门的监督管理规定的行为。"此已涉及违反管制、缓刑、暂予监外执行等配套监管措施的行为的处罚。此前，最高人民法院、最高人民检察院、公安部、司法部印发的《关于对判处管制、宣告缓刑的犯罪分子适用禁止令有关问题的规定（试行）》规定，判处管制的犯罪分子违反禁止令，或者被宣告缓刑的犯罪分子违反禁止令尚不属情节严重的，由负责执行禁止令的社区矫正机构所在地的公安机关依照《治安管理处罚法》第六十条的规定处罚。此次修订，虽然原规定改为第七十二条，但修订前第六十条第四项的内容仍然保留，这意味着第七十三条第一项"违反人民法院刑事判决中的禁止令或者职业禁止决定的"与第七十二条第四项"被依法执行管制、剥夺政治权利或者在缓刑、暂予监外执行中的罪犯或者被依法采取刑事强制措施的人，有违反法律、行政法规或者国务院有关部门的监督管理规定的行为的"所约束调整的对象不同，不宜再继续参照适用，应区分不同情况分别适用。

总的来说，对于刑事判决中的禁止令或者职业禁止决定的，适用第七十三条的规定进行处罚，其他违法行为，则可适用第七十二条第四项的规定予以处罚。此外，还要注意对该条规定所涉违法行为情节轻重的理解，因行为人的情节不同，都可能涉及刑事责任与治安管理处罚责任的衔接。对于情节严重到构成刑事责任的，应当适用刑法予以追究。对于违法行为不构成刑事责任的，在此基础上仍应进一步区分情节轻重，并按照该条规定予以处罚。以第一项"违反人民法院刑事判决中的禁止令或者职业禁止决定的"情形为例，现行法律从以下两个层面对违反从业禁止决定的法律后果作出规定：一是被禁止从事相关职业的人违反人民法院依法作出的从业禁止的决定的，由公安机关依法给予处罚。此情形主要是针对违反人民法院作出的从业禁止决定，但情节比较轻微，尚不构成犯罪的行为。二是情节严重的，则应依照刑法定罪处罚。这里规定的"情节严重"，主要是指违反人民法院从业禁止决定，经有关方面劝告、纠正仍不改正的，因违反从业禁止决定受到行政处罚又违反的，或者违反从业禁止决定且在从业过程中又有违法行为的等情形。

⊙关联规定

《反家庭暴力法》

第十六条　家庭暴力情节较轻，依法不给予治安管理处罚的，由公安机关对加害人给予批评教育或者出具告诫书。

告诫书应当包括加害人的身份信息、家庭暴力的事实陈述、禁止加害人实施家庭暴力等内容。

第二十九条　人身安全保护令可以包括下列措施：

（一）禁止被申请人实施家庭暴力；

（二）禁止被申请人骚扰、跟踪、接触申请人及其相关近亲属；

（三）责令被申请人迁出申请人住所；

（四）保护申请人人身安全的其他措施。

第三十四条　被申请人违反人身安全保护令，构成犯罪的，依法追究刑事责任；尚不构成犯罪的，人民法院应当给予训诫，可以根据情节轻重处以一千元以下罚款、十五日以下拘留。

《妇女权益保障法》（2022年修订）

第八十条　违反本法规定，对妇女实施性骚扰的，由公安机关给予批评教育或者出具告诫书，并由所在单位依法给予处分。

学校、用人单位违反本法规定，未采取必要措施预防和制止性骚扰，造成妇女权益受到侵害或者社会影响恶劣的，由上级机关或者主管部门责令改正；拒不改正或者情节严重的，依法对直接负责的主管人员和其他直接责任人员给予处分。

《刑法》（2023年修正）

第三十七条之一　因利用职业便利实施犯罪，或者实施违背职业要求的特定义务的犯罪被判处刑罚的，人民法院可以根据犯罪情况和预防再犯罪的需要，禁止其自刑罚执行完毕之日或者假释之日起从事相关职业，期限为三年至五年。

被禁止从事相关职业的人违反人民法院依照前款规定作出的决定的，由公安机关依法给予处罚；情节严重的，依照本法第三百一十三条的规定定罪处罚。

其他法律、行政法规对其从事相关职业另有禁止或者限制性规定的，从其规定。

第三十八条　管制的期限，为三个月以上二年以下。

判处管制，可以根据犯罪情况，同时禁止犯罪分子在执行期间从事特定活动，进入特定区域、场所，接触特定的人。

对判处管制的犯罪分子，依法实行社区矫正。

违反第二款规定的禁止令的，由公安机关依照《中华人民共和国治安管理处罚法》的规定处罚。

第三百一十三条　对人民法院的判决、裁定有能力执行而拒不执行，情节严重的，处三年以下有期徒刑、拘役或者罚金；情节特别严重的，处三年以上七年以下有期徒刑，并处罚金。

单位犯前款罪的，对单位判处罚金，并对其直接负责的主管人员和其他直接责任人员，依照前款的规定处罚。

《监察法实施条例》（2025 年修订）

第九十七条　证人、鉴定人、被害人因作证，本人或者近亲属人身安全面临危险，向监察机关请求保护的，监察机关应当受理并及时进行审查；对于确实存在人身安全危险的，监察机关应当采取必要的保护措施。监察机关发现存在上述情形的，应当主动采取保护措施。

监察机关可以采取下列一项或者多项保护措施：

（一）不公开真实姓名、住址和工作单位等个人信息；

（二）禁止特定的人员接触证人、鉴定人、被害人及其近亲属；

（三）对人身和住宅采取专门性保护措施；

（四）其他必要的保护措施。

依法决定不公开证人、鉴定人、被害人的真实姓名、住址和工作单位等个人信息的，可以在询问笔录等法律文书、证据材料中使用化名。但是应当另行书面说明使用化名的情况并标明密级，单独成卷。

监察机关采取保护措施需要协助的，可以提请公安机关等有关单位和要求有关个人依法予以协助。

《刑事诉讼法》（2018 年修正）

第六十三条　人民法院、人民检察院和公安机关应当保障证人及其近亲属的安全。

对证人及其近亲属进行威胁、侮辱、殴打或者打击报复，构成犯罪的，依法追究刑事责任；尚不够刑事处罚的，依法给予治安管理处罚。

第七十四条　【对依法被关押人脱逃行为的处罚】

依法被关押的违法行为人脱逃的，处十日以上十五日以下拘留；情节较轻的，处五日以上十日以下拘留。

⊙ **重点解读**

本条是对妨碍国家机关对违法行为人关押行为及处罚的规定。

本条是本次修订《治安管理处罚法》的新增条款，进一步完善了国家惩治违法犯罪行为的法律适用衔接体系。所谓"脱逃"，是指行为人逃离司法机关的监管场所的行为，主要是指从监狱、看守所、拘留所等监管场所逃跑，也包括在押解途中逃跑等。

理解适用该条规定，应特别注意以下几个层面的问题：第一，行为人违反限制人身自由的强制措施脱逃，如吸毒人员在戒毒所强制戒毒期间脱逃的，属于在限制人身自由的强制措施期间实施脱逃，现行法律、法规未设定罚责，是否可以根据该条予以处罚，有待权威机关进一步作出解释，在未有权威解释前，不宜纳入该条予以规制。第二，行为人脱逃行为构成犯罪的，应当排除适用该条。因此，在适用该条规定时，要做好罪与非罪的衔接适用，遵循先刑后行原则，实施治安管理处罚时，应当依法审查违法行为人的脱逃行为是否构成犯罪。所谓"脱逃犯罪"，是指依法被关押的罪犯、被告人、犯罪嫌疑人脱逃的行为。罪犯、被告人、犯罪嫌疑人是脱逃罪的犯罪主体。这里所说的"依法被关押的罪犯"，是指经过法定程序，被人民法院定罪处刑并被关押的人；"依法被关押的被告人"，则是指依照法定程序，被司法机关逮捕关押，正在接受人民法院审判的人；"依法被关押的犯罪嫌疑人"，是指依照法定程序，被司法机关拘留、逮捕，正在接受侦查、审查起诉的人。如果上述脱逃行为情节轻微不构成脱逃犯罪的，则可能构成本条规定的违法行为。第三，《治安管理处罚法》大量设定了限制人身自由的治安拘留处罚，《行政处罚法》也明确将限制人身自由确定为行政处罚的法定种类，但违法行为人逃脱该种处罚行为的，尚未纳入刑法规制，故违法行为人以脱逃方式逃避行政拘留的，并非脱逃犯罪，依法可以按照该条规定予以处罚。

⊙ 关联规定

《刑法》（2023 年修正）

第三百一十六条　依法被关押的罪犯、被告人、犯罪嫌疑人脱逃的，处五年以下有期徒刑或者拘役。

劫夺押解途中的罪犯、被告人、犯罪嫌疑人的，处三年以上七年以下有期徒刑；情节严重的，处七年以上有期徒刑。

《戒毒条例》（2018年修订）

第三十二条　强制隔离戒毒人员脱逃的，强制隔离戒毒场所应当立即通知所在地县级人民政府公安机关，并配合公安机关追回脱逃人员。被追回的强制隔离戒毒人员应当继续执行强制隔离戒毒，脱逃期间不计入强制隔离戒毒期限。被追回的强制隔离戒毒人员不得提前解除强制隔离戒毒。

第七十五条　【对妨害文物管理行为的处罚】

有下列行为之一的，处警告或者五百元以下罚款；情节较重的，处五日以上十日以下拘留，并处五百元以上一千元以下罚款：

（一）刻划、涂污或者以其他方式故意损坏国家保护的文物、名胜古迹的；

（二）违反国家规定，在文物保护单位附近进行爆破、钻探、挖掘等活动，危及文物安全的。

⊙ **重点解读**

本条是对妨害文物管理的行为及处罚的规定。本次修订对该条罚款的上下限额作了适当调整，并将"钻探"行为纳入第二项的调整范围。

该条第一项规定的是刻划、涂污或者以其他方式故意损坏国家保护的文物、名胜古迹的行为。所谓"国家保护的文物"，应根据《文物保护法》以及有关规定确定。法律明确国家保护的文物范围，目的是让每个公民认识文物的历史价值，自觉保护文物。文物具有历史痕迹且本身具有鉴赏价值，一直被国家作为保护对象。但文物一般年代久远，有的本身又很脆弱，加上文物比较稀有，容易被毁损，更应加倍珍惜和爱护。所谓"名胜古迹"，是指可供人参观游览的著名风景区以及虽未被人民政府核定公布为文物保护单位但具有一定历史意义的古建筑、雕刻、石刻等历史陈迹。"刻划"，是指在文物、名胜古迹上面用各种硬物

（包括笔、尖石块、各种金属等）刻写、凿划的行为。现实生活中，如一些人在游览观光文物遗址或名胜古迹时，刻写"某某到此一游"，构成该项违法行为。"涂污"，是指在文物上进行涂抹的行为。比如，在古建筑上张贴广告、宣传品或者往古建筑上泼洒污物、乱涂乱画等行为。另外，本项还规定有兜底性的"以其他方式故意损坏国家保护的文物、名胜古迹"的行为。所谓"以其他方式"，是指除了刻划、涂污以外的方式。比如，在古建筑上钉钉子用以悬挂物品等。"以其他方式"是一种概括性的规定，概括了除去所列举的两种方式以外的所有损坏文物、名胜古迹的方式。需要指出的是，损坏文物、名胜古迹的行为应是一种故意的行为。如果出于过失，则不构成本项规定的妨害文物管理的行为。

违反国家规定，在文物保护单位附近进行爆破、钻探、挖掘等活动，危及文物安全的行为。本次修订中，特别将在文物保护单位附近进行钻探活动纳入规制范围，是与社会发展现实相适应的。实践中，出现了一些工程钻探活动危害文物保护的违法情形。其中的"文物保护单位"，是指由人民政府按照法定程序确定的，具有历史、艺术、科学价值的革命遗址、纪念建筑物、古文化遗址、古墓葬、古建筑、石窟、寺院、石刻等不可移动的文物，如颐和园、宋庆龄故居、清东陵等。文物保护单位根据其级别分别由国务院、省级人民政府和设区的市人民政府和县级人民政府核定公布，分为全国重点文物保护单位、省级文物保护单位、设区的市级文物保护单位、县级文物保护单位。这里规定的违反国家规定，在文物保护单位附近进行爆破、钻探、挖掘等活动，危及文物安全的，主要是指建筑施工等单位或者公民个人在建设、施工等活动中，违反国家有关规定或者未经有关主管部门批准，包括违反国家有关文物保护的法律、行政法规和国家文物保护主管部门颁发的各种有关规定等，在文物保护单位附近进行爆破、钻探、挖掘等活动，危及文物安全的行为。

根据该条规定，刻划、涂污或者以其他方式故意损坏国家保护的文物、名胜古迹的，或者违反国家规定，在文物保护单位附近进行爆破、钻探、挖掘等活动，处警告或者五百元以下罚款；情节较重的，处五日以上十日以下拘留，并处五百元以上一千元以下罚款。因此，在执法实践中，公安机关作出治安管理处罚，应当全面调查核实违法行为的性质、情节轻重并做好罪与非罪的界限划分。其中，"情节严重"，是指违法行为构成治安管理处罚法上的造成较严重损害的行为，而非刑法上情节严重情形。

根据《刑法》第三百二十四条的规定，故意损毁国家保护的珍贵文物或者被确定为全国重点文物保护单位、省级文物保护单位的文物的，处三年以下有期徒刑或者拘役，并处或者单处罚金；情节严重的，处三年以上十年以下有期徒刑，并处罚金。故意损毁国家保护的名胜古迹，情节严重的，处五年以下有期徒刑或者拘役，并处或者单处罚金。过失损毁国家保护的珍贵文物或者被确定为全国重点文物保护单位、省级文物保护单位的文物，造成严重后果的，处三年以下有期徒刑或者拘役。如果该条违法行为达到犯罪标准的，应当按照《刑法》的规定追究其刑事责任。

⊙关联规定

《刑法》（2023年修正）

第三百二十四条　故意损毁国家保护的珍贵文物或者被确定为全国重点文物保护单位、省级文物保护单位的文物的，处三年以下有期徒刑或者拘役，并处或者单处罚金；情节严重的，处三年以上十年以下有期徒刑，并处罚金。

故意损毁国家保护的名胜古迹，情节严重的，处五年以下有期徒刑或者拘役，并处或者单处罚金。

过失损毁国家保护的珍贵文物或者被确定为全国重点文物保护单位、省级文物保护单位的文物，造成严重后果的，处三年以下有期徒刑或者拘役。

第七十六条　【对非法驾驶交通工具行为的处罚】

有下列行为之一的，处一千元以上二千元以下罚款；情节严重的，处十日以上十五日以下拘留，可以并处二千元以下罚款：

（一）偷开他人机动车的；

（二）未取得驾驶证驾驶或者偷开他人航空器、机动船舶的。

⊙ 重点解读

本条是对非法驾驶交通工具行为及处罚的规定。

本次修法中，该条仅涉及罚款上下限额的调整。这是适应社会经济发展所作的调整，进一步强化了该规定的威慑力。"偷开"是指在不为机动车、航空器、机动船舶所有人知晓的情况下，行为人秘密开走机动车、航空器、机动船舶，使其不受所有人控制的行为。"未取得驾驶证驾驶"是指没有经过专门的训练，没有取得合法的驾驶机动车、航空器、机动船舶的专业驾驶证书而从事驾驶的行为。

执法实践中，要注意识别"偷开"行为与相关违法犯罪行为的界限和转化问题。"偷开"作为一种主观故意，不以占有机动车、航空器、机动船舶为目的，行为人的动机可以出于取乐、好奇、摆阔气等。"偷开"行为中，一般可以分为两种情形：一种是隐瞒车主偷拿钥匙去实施"偷开"的行为；另一种是撬开他人机动车车门或者趁车门没有上锁情况下实施偷开的行为。"偷开"行为与盗窃机动车的关系中，二者的主要区别在于行为人对于机动车是否具有非法占有的目的并实施了相应行为。如果行为人将机动车私自开走后予以改装、变卖或者遗弃的，构成盗窃罪，反之，如果行为人在实施该行为时，不以非法占有为目的，并且事后将偷开的机动车放回原处的，应当按照偷开机动车的违反治安管理行为处罚。同时，依据《最高人民法院、最高人民检察院关于办理盗窃刑事案件适用法律若干问题的解释》第十条的规定，偷开机动车，导致车辆丢失的，以盗窃罪定罪处罚；为盗窃其他财物，偷开机动车作为犯罪工具使用后非法占有车辆，或者将车辆遗弃导致丢失的，被盗车辆的价值计入盗窃数额；为实施其他犯罪，偷开机动车作为犯罪工具使用后非法占有车辆，或者将车辆遗弃导致丢失的，以盗窃罪和其他犯罪数罪并罚；将车辆送回未造成丢失的，按照其所实施的其他犯罪从重处罚。要注意"偷开"行为与其他违法驾驶或者危险驾驶行为的转化关系，如果行为人既属于未取得驾驶资格又属于偷开行为，构成刑事责任的，应当追究刑事责任，未构成刑事责任但同时违反不同行政法规的，应当根据相关规定分别予以处罚，涉及罚款的，择一重处罚。

⊙ 典型案例

王某不服李某治安处罚案[①]

2015年11月7日上午8时40分左右，原告王某驾驶自有营运电动四轮车在洛阳某学院东区西门口载两名学生到洛阳某学院西区东门口，下车后乘客付给王某50元，因王某无法找零，于是在未拔车钥匙情况下到该校门口北侧的超市换零钱。李某趁王某不备开走王某车辆，王某所载两名乘客及周围群众均看到这一事实。王某寻车未果，到公安机关报案。当天下午，王某得知李某开走其车辆，想通过他人调解让李某归还车辆，但遭到李某的否认并拒绝。11月8日上午10时左右，王某在洛阳某学院东区西门口附近发现了其车辆，车内一套监控设备及车钥匙丢失。2015年12月24日，李某到案并将原车内视频监控主机一台及液晶显示屏交予被告洛阳市公安局某分局，被告于当天组织王某、李某调解后达成协议，后王某反悔要求被告依法追究李某违法行为的责任。被告于2016年3月6日，依照《治安管理处罚法》第六十四条第一项之规定，对李某作出拘留十日并处罚款五百元的处罚决定。王某认为李某构成犯罪行为，对处罚决定不服，诉至法院。一审法院认为，被告在处罚决定书中将第三人的违法行为定性为偷开他人机动车，并依据《治安管理处罚法》第六十四条第一项之规定作出处罚决定，属认定事实的主要证据不足，且适用法律错误，该处罚决定应予撤销。遂判决撤销被诉处罚决定。

被告不服上诉，河南省洛阳市中级人民法院二审认为，李某与王某常在洛阳某学院附近开电动车运送客人，双方曾发生过矛盾。2015年11月7日上午8时40分左右，李某为泄私愤趁王某下车换零钱时，将王某的电动车从洛阳某学院西区东门口开到东区西门口附近，王某于次日上午10时左右找回电动车，该电动车的部分机件亦被损坏。李某的上述违法行为严重，洛阳市公安局某分局依据《治安管理处罚法》第六十四条第一项之规定，作出行政处罚决定书，对李某行政拘留十日，并处罚款五百元。因李某没有以非法占有为目的，系为泄私愤偷开王某的电动车，故洛阳市公安局某分局作出的行政处罚决定书认定事

[①] 河南省高级人民法院行政裁定书，(2018) 豫行申1011号。

实清楚，适用法律、法规正确，程序合法。王某以李某构成盗窃罪为由，主张撤销该行政处罚决定书，理由不足，不予支持。原审判决不当，予以纠正。为此，判决撤销一审判决，驳回王某的诉讼请求。王某仍不服，申请河南省高级人民法院再审，河南省高级人民法院（2018）豫行申1011号行政裁定认为，二审判决正确，裁定驳回王某的再审申请。

⊙ 关联规定

《刑法》（2023年修正）

第二百六十四条 盗窃公私财物，数额较大的，或者多次盗窃、入户盗窃、携带凶器盗窃、扒窃的，处三年以下有期徒刑、拘役或者管制，并处或者单处罚金；数额巨大或者有其他严重情节的，处三年以上十年以下有期徒刑，并处罚金；数额特别巨大或者有其他特别严重情节的，处十年以上有期徒刑或者无期徒刑，并处罚金或者没收财产。

第七十七条 【对破坏他人坟墓、尸体和乱停放尸体行为的处罚】

有下列行为之一的，处五日以上十日以下拘留；情节严重的，处十日以上十五日以下拘留，可以并处二千元以下罚款：

（一）故意破坏、污损他人坟墓或者毁坏、丢弃他人尸骨、骨灰的；

（二）在公共场所停放尸体或者因停放尸体影响他人正常生活、工作秩序，不听劝阻的。

⊙ 重点解读

本条是对破坏他人坟墓或者尸体的行为及处罚的规定。本次修订主要是适应社会经济发展需要，适当调整了罚款的上下限额。

该条第一项是关于故意破坏、污损他人坟墓或者毁坏、丢弃他人尸骨、骨灰的行为的规定。为死者建坟立碑，表达对死者的纪念和哀悼，是人类延续多年的一种传统。故意破坏、污损他人坟墓或者毁坏、丢弃他人尸骨、骨灰的行为是对死者的一种侮辱和践踏，极易引起死者的亲友在感情上的强烈不满和憎恨，从而引发社会矛盾。该类行为依法属于违反治安管理的行为。其中，"破坏、污损他人坟墓"，是指将他人坟墓挖掘、铲除或者将墓碑砸毁，或往墓碑上泼洒污物，或在墓碑上乱写、乱画等。"毁坏、丢弃他人尸骨、骨灰"，是指将埋在坟墓中的尸骨毁坏或者将尸骨取出丢弃，将骨灰扬撒和随意丢弃的行为。应当注意的是，破坏、污损他人坟墓或者毁坏、丢弃他人尸骨、骨灰的行为应是一种故意的行为。如果因为过失在生活中或生产施工时无意中造成他人坟墓、尸骨损坏的，则不属于本项所规定的行为，可按民事纠纷处理。根据本条规定，对故意破坏、污损他人坟墓或者毁坏、丢弃他人尸骨、骨灰的行为应当处五日以上十日以下拘留；情节严重的，处十日以上十五日以下拘留，可以并处二千元以下罚款。所谓"情节严重"，一般是指因主观过错程度较大，导致对他人的坟墓、尸骨等破坏的程度比较严重的情况。

该条第二项是关于在公共场所停放尸体或者因停放尸体影响他人正常生活、工作秩序，不听劝阻的行为的规定。在现实生活中，时常出现因事故或过失等人为原因造成他人死亡的情况。有些人不采取正确的解决问题的方法，仅凭意气办事甚至以制造事端为目的，故意将尸体停放在公共场所、单位门前或者他人家中，不达个人目的，誓不罢休，严重影响了工作秩序和他人正常生活。这种行为应当给予相应的治安管理处罚。根据本条规定，在公共场所停放尸体或者因停放尸体影响他人正常生活、工作秩序，不听劝阻的，处五日以上十日以下拘留；情节严重的，处十日以上十五日以下拘留，可以并处二千元以下罚款。"情节严重"，一般是指因停放尸体造成了恶劣影响，或者停放时间比较长的情况。应当注意的是，为了有利于化解社会矛盾，避免草率地对当事人进行处罚，执法过程中，公安机关对这种情况首先要进行耐心劝阻，帮助当事人解决实际问题，只有确实影响他人正常生活、工作秩序，且不听劝阻的，才能进行治安管理处罚。

⊙ 典型案例

邹某甲诉某公安局撤销行政处罚案[①]

原告邹某甲与第三人邹某乙均系某村村民。村民邹某丙生前无子女，邹某乙系邹某丙本家叔辈侄子。邹某丙生前与原告邹某甲签订房屋买卖协议书，约定其将相关房屋出卖给邹某甲，邹某甲支付邹某丙所需敬老院费用、医药费、零用钱等花费，直至邹某丙去世；邹某丙去世后，房屋归邹某甲所有。此后，邹某甲承担邹某丙生前在敬老院的费用以及相关住院费用。邹某甲主张，邹某丙去世后，其坟墓亦由邹某甲修建，邹某乙对此不予认可，主张邹某丙坟墓由村委经办。2022年10月16日，邹某乙将邹某丙的坟墓迁至新规划的墓地之中，迁后的坟墓由村里统一提供墓碑，邹某乙找人在墓碑上刻了邹某丙的相关文字，并在墓碑上刻上邹某乙立碑的文字。10月17日，邹某甲来到新墓地处，持锤子将邹某丙坟墓的墓碑盖砸碎。邹某甲认为，邹某乙无权动迁邹某丙的坟墓，无权在邹某丙墓碑上刻邹某乙的名字。邹某乙得知后报警。被告某公安局经调查，作出行政处罚决定书，认定邹某甲故意破坏坟墓行为成立，给予其行政拘留七日的行政处罚。原告邹某甲不服，诉至法院，要求撤销公安局作出的行政处罚决定书。2023年9月13日，龙口市人民法院作出判决，驳回原告邹某的诉讼请求。邹某不服，向烟台市中级人民法院提起上诉，烟台市中级人民法院于2023年11月24日作出判决予以维持。

⊙ 关联规定

《刑法》（2023年修正）

第三百零二条 盗窃、侮辱、故意毁坏尸体、尸骨、骨灰的，处三年以下有期徒刑、拘役或者管制。

《关于依法惩处涉医违法犯罪维护正常医疗秩序的意见》（2014年）

二、严格依法惩处涉医违法犯罪

……

[①] 山东省烟台市中级人民法院行政判决书，(2023) 鲁06行终423号。

(二) 在医疗机构私设灵堂、摆放花圈、焚烧纸钱、悬挂横幅、堵塞大门或者以其他方式扰乱医疗秩序，尚未造成严重损失，经劝说、警告无效的，要依法驱散，对拒不服从的人员要依法带离现场，依照治安管理处罚法第二十三条的规定处罚；聚众实施的，对首要分子和其他积极参加者依法予以治安处罚；造成严重损失或者扰乱其他公共秩序情节严重，构成寻衅滋事罪、聚众扰乱社会秩序罪、聚众扰乱公共场所秩序、交通秩序罪的，依照刑法的有关规定定罪处罚。

在医疗机构的病房、抢救室、重症监护室等场所及医疗机构的公共开放区域违规停放尸体，影响医疗秩序，经劝说、警告无效的，依照治安管理处罚法第六十五条的规定处罚；严重扰乱医疗秩序或者其他公共秩序，构成犯罪的，依照前款的规定定罪处罚。

……

第七十八条　【对卖淫、嫖娼和拉客招嫖行为的处罚】

卖淫、嫖娼的，处十日以上十五日以下拘留，可以并处五千元以下罚款；情节较轻的，处五日以下拘留或者一千元以下罚款。

在公共场所拉客招嫖的，处五日以下拘留或者一千元以下罚款。

⊙ 重点解读

本条是对卖淫、嫖娼和拉客招嫖的行为及处罚的规定。本次修订中，主要是适应社会经济发展情况，适当调整罚款的上下限额。

卖淫、嫖娼行为严重违反社会主义道德，毒化社会风气，影响社会治安，也是传播各种性病的主要途径。我国历来严禁卖淫嫖娼，该违法活动一直是我国治安管理处罚的对象。早期，《治安管理处罚条例》（已失效）第三十条规定："严厉禁止卖淫、嫖宿暗娼以及介绍或者容留卖淫、嫖宿暗娼，违者处十五日以下拘留、警告、责令具结悔过或者依照规定实行劳动教养，可以并处五千元以下罚款；构成犯罪的，依法追究刑事责任。"此后，考虑到从事卖淫活动的人是想通过出卖自身的肉体以获取嫖娼人员的金钱,警告或者责令其具结悔过的处罚,难以起到惩戒和教育作用,为了进一步加强对卖淫、嫖娼违法行为的打击力度,2005年《治安管理处罚法》调整了处罚措施,仅保留罚款和行政拘留的处罚规定。本次修订《治安管理处罚法》,在总体保持不变的情况下,根据社会经济发展状况适当调整了罚款上下限额

"卖淫",是指以牟利为目的,通过出卖自身肉体与他人进行金钱交易的行为。具体来说就是与他人发生性关系以获取金钱的行为。这里的性行为也包括为他人提供"口淫"等性行为而获取金钱的行为。"嫖娼",则是指通过金钱与从事卖淫的人进行交易的行为。具体来说就是用付出金钱的方式换取与卖淫人员进行性活动的行为。

应当注意的是,在现实生活中,有些卖淫人员为了招引嫖客,在一些街道、餐馆、娱乐场所等公共场所中拉客招嫖,采用明显的动作,纠缠过往行人要求卖淫,甚至在某些地方形成比较固定的卖淫一条街,严重败坏了社会风气,干扰群众正常生活。对这种行为应当给予治安管理处罚,且应充分考虑其主观恶性,依法从重查处。所谓"公共场所",主要是指街道两侧、宾馆、饭店、娱乐场所等。"拉客招嫖",包含两层含义:一是指卖淫人员必须有拉客招嫖的具体行为,如有公开拉扯他人、阻拦他人等行为,并有向他人要求卖淫的意图表示。如果没有上述行为的证据,不能以本条规定进行处罚。执行中公安机关应当严格把握政策界限,规范执法活动,注意防止将一般的休闲群众作为卖淫人员进行查处。二是拉客招嫖必须是卖淫人员自己招引嫖客的行为,以区别于那些通过他人介绍而卖淫的行为。如果是介绍他人进行卖淫,对尚未构成犯罪的,应当适用本法的其他有关条款进行处罚。

在一些实际执法中,公安机关对嫖娼行为进行认定时,以下问题容易产生争议:一是由他人出资,接受邀请进行嫖娼(包括人为设套陷害)是否影响对被处罚人嫖娼行为的认定;二是仅有嫖娼的意思联络,双方还未发生性行为,是否只应认定为准备嫖娼或嫖娼未遂,而非嫖娼行为;三是公安机关仅仅查明了支付嫖资的事实,但对具体支付细节未能查清,就作出了行政处罚行为,是否属于认定事实不清。

我国法律对涉及卖淫嫖娼行为的相关规定主要有三部:一是《全国人民代

表大会常务委员会关于严禁卖淫嫖娼的决定》。二是《刑法》。第三百六十条规定，明知自己患有梅毒、淋病等严重性病卖淫、嫖娼的，处五年以下有期徒刑、拘役或者管制，并处罚金。三是《治安管理处罚法》。这些都只规定了涉及卖淫嫖娼行为所承担的行政及刑事责任，但并没有对卖淫嫖娼的概念或如何认定作出明确规定。《最高人民法院关于如何适用〈治安管理处罚条例〉第三十条规定的答复》认为，卖淫嫖娼一般是指异性之间通过金钱交易，一方向另一方提供性服务以满足对方性欲的行为。至于具体性行为采用什么方式，不影响对卖淫嫖娼行为的认定。《公安部关于对同性之间以钱财为媒介的性行为定性处理问题的批复》指出，不特定的异性之间或者同性之间以金钱、财物为媒介发生不正当性关系的行为，包括口淫、手淫、鸡奸等行为，都属于卖淫嫖娼，对行为人应当依法处理。最高人民法院的答复和公安部的批复均是人民法院审理卖淫嫖娼行政处罚案件的依据和参照。

关于金钱财物给付对卖淫嫖娼定性的影响问题。根据前述最高人民法院的答复和公安部的批复，可以看出，卖淫和嫖娼是相对应的行为，卖淫是指以牟利为目的满足不特定对方性欲的行为，包括与不特定的对方发生性交和实施类似性交的行为；嫖娼则是指以交付金钱或其他财物为代价，使对方满足自己性欲的行为，包括与卖淫者发生性交或实施类似的性行为。无论是卖淫还是嫖娼，本质特征不在于发生性行为，而在于将性作为一种商品进行交易。这种交易的对象只能是不特定的，嫖娼者获得性欲上的满足，卖淫者获得金钱和财物上的满足。而给付金钱、财物就成了判断这种交易行为最直接的标准。这就意味着应将恋爱期间发生的性行为及以获取其他利益而与他人发生的性行为排除在卖淫嫖娼之外。

关于准备卖淫嫖娼是否构成卖淫嫖娼的问题。法律之所以禁止卖淫嫖娼行为，意在保护社会善良风俗和性伦理道德，维护正常的社会秩序。根据上述分析，卖淫嫖娼的本质特征不在于是否实际发生性行为，而在于将肉体当作牟利的手段或以钱财作为与肉体进行交易的媒介。因此，是否实际发生性行为对卖淫嫖娼的认定没有影响。对于已给付金钱、财物并着手实施，但因为行为人意志以外的原因尚未发生性关系的，也应当认为已构成卖淫嫖娼，但可以适用"情节较轻的，处五日以下拘留或者一千元以下罚款"的规定。《公安部关于以钱财为媒介尚未发生性行为或发生性行为尚未给付钱财如何定性问题的批复》对此作出了规定。

⊙ 关联规定

《刑法》（2023 年修正）

　　第三百六十条　明知自己患有梅毒、淋病等严重性病卖淫、嫖娼的，处五年以下有期徒刑、拘役或者管制，并处罚金。

第七十九条　【对引诱、容留、介绍他人卖淫行为的处罚】

　　引诱、容留、介绍他人卖淫的，处十日以上十五日以下拘留，可以并处五千元以下罚款；情节较轻的，处五日以下拘留或者一千元以上二千元以下罚款。

⊙ 重点解读

　　本条是对引诱、容留、介绍他人卖淫的行为及处罚规定。

　　卖淫嫖娼行为是明显与中国特色社会主义精神文明建设格格不入的丑恶现象。一直以来，国家通过法律手段严厉禁止和打击这类违法犯罪活动。早期，《治安管理处罚条例》第三十条第一款规定："严厉禁止卖淫、嫖宿暗娼以及介绍或者容留卖淫、嫖宿暗娼，违者处十五日以下拘留、警告、责令具结悔过或者依照规定实行劳动教养，可以并处五千元以下罚款；构成犯罪的，依法追究刑事责任。"1991 年《全国人民代表大会常务委员会关于严禁卖淫嫖娼的决定》规定："引诱、容留、介绍他人卖淫的，处五年以下有期徒刑或者拘役，并处五千元以下罚金；情节严重的，处五年以上有期徒刑，并处一万元以下罚金；情节较轻的，依照治安管理处罚条例第三十条的规定处罚。" 1997 年修订的《刑法》第三百五十九条第一款规定："引诱、容留、介绍他人卖淫的，处五年以下有期徒刑、拘役或者管制，并处罚金；情节严重的，处五年以上有期徒刑，并处罚金。"这些都是法律对引诱、容留、介绍卖淫行为及法律责任的明确规定。从法律修订的过程看，1986年通过的《治安管理处罚条例》只规定介绍和容留卖淫嫖娼的行为，没有规定引诱卖淫的行为。1991年《全国人民代表大会常务委员会关于严禁卖淫嫖娼的决定》增加了对引诱卖淫的行为追究刑事责任或者治安管理处罚的规定。2005年制定《治安管理处罚法》，针对引诱、介绍、容留他人卖淫的行为多为贪利性的特点，取消了警告、具结悔过的处罚规定，设定罚款和拘留的处罚，使得处罚手段更具有对这些违法犯罪分子的教育和处罚作用。本次修订，在总体上保持稳定的同时，提高了罚款的上下限额。

本条规定的"引诱"他人卖淫，是指行为人为了达到某种目的，以金钱诱惑或者通过宣扬腐朽生活方式等手段，诱使没有卖淫经历的人从事卖淫活动的行为。"容留"他人卖淫，是指行为人故意为他人从事卖淫、嫖娼活动提供场所的行为。"容留"既包括在自己所有的、管理的、使用的、经营的或者临时租借的场所容留卖淫、嫖娼人员从事卖淫、嫖娼活动，也包括在流动场所，如在运输工具中容留他人卖淫、嫖娼。"介绍"他人卖淫，是指为卖淫人员介绍嫖客，在他们之间牵线搭桥的行为，即人们通常所说的"拉皮条"。执法实践中，要注意罪与非罪的衔接，也要注意违法行为人违法行为轻重的全面调查取证。对于构成《刑法》第三百五十九条引诱、容留、介绍卖淫罪的，应当依法追究刑事责任。对于未构成犯罪行为的，应当全面调查核实违法行为人的主观过错程度、危害后果及其他情节，比如，涉及引诱、容留、介绍未成年人卖淫的，应属从重处罚情节。

⊙ 典型案例

刘某诉某公安分局行政处罚案[①]

2019年11月7日晚，外地乘客赵某、王某二人饭后乘坐原告刘某驾驶的车牌号为辽N的出租车，在车上赵某、王某二人明确向原告刘某表示想找一个有"特殊按摩服务"的地方，原告刘某遂将二人拉到某会所，该会所服务人员在确定赵某消费后，给了原告刘某450元好处费。赵某与郝某某在某会所内发

[①] 辽宁省朝阳市双塔区人民法院行政判决书，(2019)辽1302行初132号。

生卖淫嫖娼违法行为后，当日 23 时许，原告刘某驾驶辽 N 出租车再次回到某会所，接赵某、王某二人离开。某分局民警办案过程中，在朝阳市双塔区将出租车截停并将原告刘某及赵某、王某带回某分局盘查，并对某会所进行检查，当场抓获郝某某、李某。经办案单位询问，涉案违法人员对其违法行为均予以确认。2019 年 11 月 8 日，某分局作出行政处罚决定，依据《治安管理处罚法》第六十七条规定，给予刘某拘留十五日，并处罚款五千元的行政处罚。原告刘某认为某分局作出的行政处罚侵害了其人身自由和财产权利，请求法院撤销。

人民法院认为，《治安管理处罚法》第六十七条规定："引诱、容留、介绍他人卖淫的，处十日以上十五日以下拘留，可以并处五千元以下罚款；情节较轻的，处五日以下拘留或者五百元以下罚款。"本案中，某分局提供的证据能够证明原告刘某明知某会所存在卖淫嫖娼行为，在得知乘客赵某寻找卖淫嫖娼场所后，将其送至该场所并从中获利，其行为已构成上述法律规定的介绍他人卖淫的违法行为，依法应予处罚。被告依据上述法律规定作出被诉行政处罚决定，事实清楚、适用法律正确、程序合法。原告提出被告的民警对其询问时仅一人在场，所形成的笔录不是其真实意思表示的主张，虽该笔录的形成程序不合法，不能作为定案依据，但其所陈述的基本事实与本案其他有效证据能够吻合，故原告据此请求撤销对其作出处罚决定的理由不充分，不予支持，依法应予驳回。

⊙ 关联规定

《刑法》（2023 年修正）

第三百五十八条 组织、强迫他人卖淫的，处五年以上十年以下有期徒刑，并处罚金；情节严重的，处十年以上有期徒刑或者无期徒刑，并处罚金或者没收财产。

组织、强迫未成年人卖淫的，依照前款的规定从重处罚。

犯前两款罪，并有杀害、伤害、强奸、绑架等犯罪行为的，依照数罪并罚的规定处罚。

为组织卖淫的人招募、运送人员或者有其他协助组织他人卖淫行为的，处五年以下有期徒刑，并处罚金；情节严重的，处五年以上十年以下有期徒刑，并处罚金。

第三百五十九条 引诱、容留、介绍他人卖淫的，处五年以下有期徒刑、拘役或者管制，并处罚金；情节严重的，处五年以上有期徒刑，并处罚金。

引诱不满十四周岁的幼女卖淫的，处五年以上有期徒刑，并处罚金。

第八十条 【对制作、运输、复制、出售、出租淫秽物品及传播淫秽信息行为的处罚】

制作、运输、复制、出售、出租淫秽的书刊、图片、影片、音像制品等淫秽物品或者利用信息网络、电话以及其他通讯工具传播淫秽信息的，处十日以上十五日以下拘留，可以并处五千元以下罚款；情节较轻的，处五日以下拘留或者一千元以上三千元以下罚款。

前款规定的淫秽物品或者淫秽信息中涉及未成年人的，从重处罚。

⊙ 重点解读

本条是对制作、运输、复制、出售、出租淫秽物品及传播淫秽信息的行为及处罚的规定。本次修订中，适应社会经济发展适当调整罚款上下限额，并明确规定淫秽物品或者淫秽信息中涉及未成年人的，从重处罚。

我国历来非常重视对涉及淫秽物品的违法犯罪行为的打击。《治安管理处罚条例》《刑法》《全国人民代表大会常务委员会关于惩治走私、制作、贩卖、传播淫秽物品的犯罪分子的决定》对涉及淫秽物品的违法犯罪行为分别作了规定。尤其是对制作、运输、复制、出售、传播淫秽物品的行为，《刑法》规定了严厉的处罚。但随着科学技术的不断发展，这类违法犯罪的手段也不断变化，如利用计算机网络、手机等现代化通讯工具进行传播淫秽信息的情况也随之出现。为了从治安管理的角度有力地打击这类违法行为，为我国的改革开放创造一个良好的社会环境，抵制腐朽思想的侵蚀，保护未成年人的身心健康，加强精神文明建设，《治安管理处罚法》不仅对制作、运输、复制、出售、出租淫秽物品的违法行为和处罚作了规定，而且对传播淫秽信息的违法行为和处罚也作了明确的规定。本次修订中，结合经济社会发展状况，主要进行了以下修改：一是进一步提高了罚款的上下限额；二是根据信息化发展现状，进一步规范了信息网络的规范表述；三是进一步强化了对未成年人的保护。

第一，制作、运输、复制、出售、出租淫秽的书刊、图片、影片、音像制品等淫秽物品的行为。所谓"淫秽物品"，是指具体描绘性行为，即较详尽具体地描写性行为的过程及其心理感受；具体描写通奸、强奸、乱伦、卖淫、淫乱的过程细节；描写少年儿童的性行为或者其他变态行为及与性变态有关的暴力、虐待、侮辱行为和令普通人不能容忍的对性行为等的猥亵描写或者露骨宣扬色情，即公然地、不加掩饰地宣扬色情淫荡形象；着力表现人体生殖器官；挑动人们的性欲；足以导致普通人腐化堕落的具有刺激、挑逗性的诲淫性的书刊、图片、影片、音像制品等物品。但也要注意，有关人体生理、医学知识的科学著作不是淫秽物品，包含色情内容的有艺术价值的文学、艺术作品不应视为淫秽物品。这里的"制作"，是指生产、录制、编写、译著、绘画、印刷、刻制、摄制、洗印等行为。"运输"，是指通过各种交通运输工具输送淫秽物品的行为，如使用船舶水上运输、使用飞机空中运输、使用各种车辆通过陆地运输等。"复制"，是指通过翻印、翻拍、复印、复写、复录等方式对已有的淫秽等物品进行重复制作的行为。"出售"，是指将淫秽物品通过批发、零售的方式销售给他人的行为。"出租"，是指通过收取一定费用或好处的方法，将淫秽物品暂时给他人使用的行为。这里的"淫秽的书刊"，是指载有淫秽内容的图书、报纸、刊物、杂志、画册等。"音像制品"，是指载有淫秽内容的录像带、幻灯片、录音带、照片、激光唱片、影碟等。

第二，利用信息网络、电话以及其他通讯工具传播淫秽信息的行为。这是近年来新出现的一种传播淫秽信息的方式。主要是指通过网络，利用聊天室、论坛、即时通信软件、电子邮件等方式传播淫秽信息和通过电话、移动通讯终端传播淫秽电子信息、语音信息的违法行为。既包括直接实施传播行为的人，也包括明知是淫秽电子信息而在自己所有、管理或者使用的网站或者网页上提供链接的人。这里的"信息网络"是广义的,既包括互联网,也包括局域网、远程网等网络,一般是指由计算机及其相关的配套设备、设施构成的,按照一定的应用目标和规则对信息进行采集、加工、存储、传输、检索等处理的计算机系统。这里所说的"传播",是指通过文字、图片、音频、视频等方式致使淫秽信息流传的行为。传播,必须是故意进行传播,即明知是淫秽内容而有意传播给他人。如果主观上没有传播的故意,就不能认定为传播淫秽信息。这里的淫秽信息,是指带有淫秽内容的信息。

实践中要注意区分淫秽信息与色情信息的界限,主要应从程度上进行划分。色情信息一般是指在整体上不是淫秽的,该信息的宗旨不在于宣扬淫秽内容,但其中部分夹杂有上述所列淫秽信息的内容。有关人体生理、医学知识的电子信息和声讯台语音信息不是淫秽信息。包含色情内容的有艺术价值的电子文学、艺术作品不视为淫秽信息。这里规定的"其他通讯工具",是指除座机电话、手机外,能够用来传递信息的通讯工具,如对讲机、聊天软件等。

在适用该条规定处理治安违法案件时,也要注意区分罪与非罪的界限,应当根据《刑法》《最高人民法院、最高人民检察院关于办理利用互联网、移动通讯终端、声讯台制作、复制、出版、贩卖、传播淫秽电子信息刑事案件具体应用法律若干问题的解释(一)》等,以及本法的规定来加以区分。对于构成犯罪的,应当依照《刑法》的有关规定追究刑事责任。对于不构成犯罪的,应根据本条规定处罚。公安机关在办理治安案件时所查获的淫秽物品,根据本法第十一条的规定,应当一律收缴,并按照国家有关规定,在上级部门的监督下销毁。

⊙关联规定

《刑法》(2023年修正)

第三百六十三条 以牟利为目的,制作、复制、出版、贩卖、传播淫秽物品的,处三年以下有期徒刑、拘役或者管制,并处罚金;情节严重的,处三年以上十年以下有期徒刑,并处罚金;情节特别严重的,处十年以上有期徒刑或者无期徒刑,并处罚金或者没收财产。

为他人提供书号，出版淫秽书刊的，处三年以下有期徒刑、拘役或者管制，并处或者单处罚金；明知他人用于出版淫秽书刊而提供书号的，依照前款的规定处罚。

第三百六十四条　传播淫秽的书刊、影片、音像、图片或者其他淫秽物品，情节严重的，处二年以下有期徒刑、拘役或者管制。

组织播放淫秽的电影、录像等音像制品的，处三年以下有期徒刑、拘役或者管制，并处罚金；情节严重的，处三年以上十年以下有期徒刑，并处罚金。

制作、复制淫秽的电影、录像等音像制品组织播放的，依照第二款的规定从重处罚。

向不满十八周岁的未成年人传播淫秽物品的，从重处罚。

第三百六十七条　本法所称淫秽物品，是指具体描绘性行为或者露骨宣扬色情的诲淫性的书刊、影片、录像带、录音带、图片及其他淫秽物品。

有关人体生理、医学知识的科学著作不是淫秽物品。

包含有色情内容的有艺术价值的文学、艺术作品不视为淫秽物品。

> **第八十一条　【对组织、参与淫秽活动的处罚】**
>
> 有下列行为之一的，处十日以上十五日以下拘留，并处一千元以上二千元以下罚款：
>
> （一）组织播放淫秽音像的；
>
> （二）组织或者进行淫秽表演的；
>
> （三）参与聚众淫乱活动的。
>
> 明知他人从事前款活动，为其提供条件的，依照前款的规定处罚。
>
> 组织未成年人从事第一款活动的，从重处罚。

⊙ **重点解读**

本条是对其他淫秽活动的行为及处罚的规定。本次修订作了如下修改：一

第三章 违反治安管理的行为和处罚

是根据社会经济发展情况适当调整了罚款的上下限额;二是进一步加强了对未成年人的保护。本条第三款特别规定,组织未成年人从事第一款活动的,从重处罚。执法实践中,既要注意区分罪与非罪的关系,又要注意违法行为的身份差异。《刑法》对组织播放淫秽物品、组织进行淫秽表演和聚众进行淫乱等活动都有相应规定,对于这些行为,构成犯罪的,应当依法追究刑事责任。

第一,组织播放淫秽音像的行为。"组织播放",是指召集多人通过电影、电视、电脑等有录音、放像功能的音像设备进行传播具有淫秽内容的信息的行为。这里的"音像"不同于音像制品,是指通过音像设备放出来的声音和图片、图像等,让人们现场观看、收听的行为。这种行为实质上是一种传播淫秽信息的方式,鉴于该行为在传播淫秽信息的活动中比较突出,危害比较严重,所以,本条对组织播放淫秽音像的行为专门作了规定。根据这一规定,主要惩治组织播放者,对于只向个别人播放或者是仅仅参与观看等行为,不能认定为组织播放。

第二,组织淫秽表演和进行淫秽表演的行为。淫秽表演是一种丑恶行为,扰乱社会秩序,败坏社会风气,损害人们的身心健康,社会影响很恶劣。为维护社会秩序,净化社会环境,清除文化垃圾,必须对这种行为予以禁止和打击。"组织淫秽表演",是指组织他人当众进行淫秽性的表演。"组织",是指策划表演过程,纠集、招募、雇用表演者,寻找、租用表演场地,招揽观众等组织演出的行为。实践中淫秽表演的组织者,有的是专门从事组织淫秽表演的人;有的可能是酒吧等娱乐场所的老板,为招揽生意而组织他人进行淫秽表演等。"淫秽表演",是指关于性行为或者露骨宣扬色情的表演,如进行性交表演、手淫表演、脱衣舞表演等。"进行淫秽表演",是指亲自参与淫秽表演的人,既包括被招募、雇用来专门从事淫秽表演的人,也包括组织他人进行淫秽表演同时自己也参与淫秽表演的人。

第三,参与聚众淫乱的行为。聚众淫乱行为是有伤社会风化的行为,尤其不利于未成年人的健康成长。《刑法》对聚众进行淫乱活动的首要分子或多次参加的以及引诱未成年人参加聚众淫乱活动的行为规定了较重的刑罚。根据这一规定,只要是参与者都要给予治安处罚,体现了对这类行为从严打击的精神。"聚众",是指多人聚集在一起进行淫乱活动。"淫乱活动",主要是指性交行为，即群奸群宿。在男女性别上，既可以是男性多人，也可以是女性多人，还可以是男女混杂多人。

打击为组织播放淫秽音像、组织或者进行淫秽表演、参与聚众淫乱活动提供条件的行为，是打击上述活动中的重要一环。本条第二款对为组织播放淫秽音像、组织或者进行淫秽表演、参与聚众淫乱违法行为提供条件的违法行为规定了治安处罚。这里所说的"提供条件"，是指为组织播放淫秽音像、组织或者进行淫秽表演、聚众淫乱活动提供各种方便条件。既可以是提供房屋、场地、汽车等可以藏身又可以隐蔽地进行上述违法活动的地方，也可以是提供播放机、录像带等进行传播淫秽内容的工具，还可以是为进行上述活动提供人员等各种条件。实践中，可能有些提供场所的人会收取一定的费用，也可能免费提供，无论是哪种提供方式，提供的次数多少、人员多少，都应一律打击。为上述活动提供条件的行为，主观上是出于故意，即明知他人进行上述活动而为其提供各种便利条件。对于本人是否参加上述违法活动，不影响这一行为的构成。

⊙ 关联规定

《刑法》（2023年修正）

第三百零一条　聚众进行淫乱活动的，对首要分子或者多次参加的，处五年以下有期徒刑、拘役或者管制。

引诱未成年人参加聚众淫乱活动的，依照前款的规定从重处罚。

第三百六十四条　传播淫秽的书刊、影片、音像、图片或者其他淫秽物品，情节严重的，处二年以下有期徒刑、拘役或者管制。

组织播放淫秽的电影、录像等音像制品的，处三年以下有期徒刑、拘役或者管制，并处罚金；情节严重的，处三年以上十年以下有期徒刑，并处罚金。

制作、复制淫秽的电影、录像等音像制品组织播放的，依照第二款的规定从重处罚。

向不满十八周岁的未成年人传播淫秽物品的，从重处罚。

第三百六十五条　组织进行淫秽表演的，处三年以下有期徒刑、拘役或者管制，并处罚金；情节严重的，处三年以上十年以下有期徒刑，并处罚金。

> **第八十二条 【对赌博行为的处罚】**
>
> 以营利为目的，为赌博提供条件的，或者参与赌博赌资较大的，处五日以下拘留或者一千元以下罚款；情节严重的，处十日以上十五日以下拘留，并处一千元以上五千元以下罚款。

⊙重点解读

本条是对赌博和为赌博提供条件的行为及处罚的规定。本次修订根据社会经济发展现状适当调整了本条罚款处罚的上下限额。

赌博行为长期以来一直是我国法律、法规所禁止的行为，《刑法》以及此前的《治安管理处罚条例》，都对赌博违法犯罪行为作了处罚规定。赌博行为因主观过错程度、损害后果等而可能构成不同程度的违法行为，这要求立法上要完善不同层级的立法衔接。为了解决实践中正确把握赌博违法犯罪行为的界限问题，也为了与《刑法》规定的赌博罪相衔接，2005年制定《治安管理处罚法》时，对《治安管理处罚条例》的内容作了修改，增加了"以营利为目的"的条件，明确了对赌博违法行为给予处罚的主要界限。

该款违法行为，要注意以下几个方面的内容：

第一，以营利为目的，为赌博提供条件的行为。"以营利为目的"，是指行为人实施的为赌博提供条件的行为，是以获取金钱或财物等好处为目的。要认定为赌博提供条件，首先要认定什么是赌博行为。"赌博"，是指以获取金钱或其他物质利益为目的，以投入一定赌资为条件进行的输赢活动。一是赌博行为多是以牟取利益或好处为目的，应当从其主观目的和客观行为上认定是否以牟利为目的。对于不是以营利为目的，只是出于娱乐消遣目的进行的游戏性质的活动，虽然带有少量财物的输赢，但不能按赌博处理。二是从参与的人员来判断，是亲朋好友之间的娱乐，还是纯粹的赌输赢活动。在赌博方式上，不能仅理解为以下赌注打扑克牌、玩麻将等方式，还包括计算机网络、老虎机或与之相类似的带有赌博性质的游戏机等，实践中，还发现有通过斗牛、斗鸟等方式实施赌博的，总之，不管使用什么方法，只要是具有赌博的性质的行为，就应认定为赌博活动。构成"为赌博提供条件",是指为赌博提供赌场、赌具,帮助招揽他人参与赌博等行为。这里的赌场包括房屋、场院、场地等能够从事赌博活动的场所。但也要注意,实践中对于进行带有少量财物输赢的娱乐活动,以及提供棋牌室等娱乐场所只收取正常的服务费用的经营行为和纯粹家庭或亲朋好友之间的娱乐活动等,不应视为赌博行为和为赌博提供条件。

第二,参与赌博赌资较大的行为。对参与赌博赌资较大的,首先要认定是参与赌博的违法行为,在此基础上认定是否为赌资较大。这里的"赌资",是指专门用于赌博的款物,即金钱或财物。根据本条规定,赌资必须达到数额较大,才能给予治安管理处罚。赌资是否较大,是认定赌博违法行为的一个客观标准。至于赌资是以个人用于赌博的款物计算,还是以参与赌博的人用于赌博的款物总数计算以及多少算"赌资较大"等问题,应当由公安机关在司法实践中根据实际情况和当地的不同情况而定。对于不构成违反治安管理处罚的行为,有关部门可以对其进行教育。实践中应当注意区分赌博行为和非赌博行为,防止扩大打击面。

对于赌博所用的赌具,如用于赌博的麻将、扑克牌、游戏机、麻将桌和具有赌博功能的直接用于赌博的赌具,根据本法第十一条的规定,公安机关在办理治安案件时查获的赌具应一律收缴,并按照有关规定,一律集中予以销毁。公安机关在执法过程中应当严格掌握。赌资,是指专门用于赌博的款物,如在赌博活动中用作赌注的款物、换取筹码的款物等。根据本法第十一条的规定,赌资应当收缴,按照国家有关规定处理。

⊙典型案例

李某某、黄某某等诉广州市公安局某区分局行政处罚案[①]

2008年8月12日14时左右,李某某、黄某某等人在某区某店内与韦某某、冯某某打麻将,约定和牌以5元为一注,外带杠牌和奖4个码。至当日17时许,广州市公安局某区分局派出所民警接到群众举报后赶到现场将李某某等人查获,在李某某、黄某某身上各搜获赌资330元和150元,在其他参与者身上

---

① 广东省广州市中级人民法院行政判决书,(2009)穗中法行终字第61号。

搜获赌资几十元到几百元不等。其后民警口头传唤李某某、黄某某等到派出所接受询问。次日，某分局根据《治安管理处罚法》第七十条的规定，分别对李某某、黄某某作出行政处罚决定，决定对李某某、黄某某处以拘留5日的行政处罚。李某某等不服，诉至法院，请求法院撤销被诉处罚决定。

广州市中级人民法院认为：关于上诉人的行为是否构成赌博行为的认定问题。上诉人等在进行打麻将活动时，约定和牌、杠牌、买码者每和一次牌、杠一次牌和中一个码均以5元为一注向同局其他参与者收取财物。由于打麻将活动中的和牌、杠牌和中码在很大程度上具有偶然性，故上诉人等所参与的上述打麻将活动实质上是以较小金额付出的可能性博取较大金额收入的可能性，即通常所谓之赌博。此时的打麻将活动已不再是单纯的娱乐活动，更是参与者通过偶然性博取金钱收益的一种方式。据此，可认定上诉人参与了以打麻将为方式，以获取金钱收益为目的的赌博活动。上诉人认为其参与的上述打麻将活动并未构成赌博的上诉理由不能成立，不予采纳。关于上诉人参与赌博活动的赌资是否属于较大及其情节严重程度的认定问题。广州市2007年度城镇职工月平均工资为3349元，根据被上诉人现场检获的情况，参与打麻将赌博者的赌资从几十元到几百元不等，人均一百余元，相较而言，上诉人参与赌博活动的赌资应尚不构成赌资较大。另外，基于上诉人等原是相识相熟者，虽在公共场所参与赌博活动，但该次打麻将赌博活动在相当程度上仍具有娱乐性，参与者亦是随意为之，其性质有别于纯粹以赌博为目的固定设局参赌者，其违法行为应属显著轻微。综上所述，上诉人虽参与了赌博活动，但赌资未达到较大的数额，其情节亦未达到严重的程度，被上诉人作出的被诉处罚决定不完全符合《治安管理处罚法》第七十条的规定，应予撤销。

⊙关联规定

《刑法》（2023年修正）

第三百零三条 以营利为目的，聚众赌博或者以赌博为业的，处三年以下有期徒刑、拘役或者管制，并处罚金。

开设赌场的，处五年以下有期徒刑、拘役或者管制，并处罚金；情节严重的，处五年以上十年以下有期徒刑，并处罚金。

组织中华人民共和国公民参与国（境）外赌博，数额巨大或者有其他严重情节的，依照前款的规定处罚。

《娱乐场所管理条例》（2020年修订）

第十四条 娱乐场所及其从业人员不得实施下列行为，不得为进入娱乐场所的人员实施下列行为提供条件：

（一）贩卖、提供毒品，或者组织、强迫、教唆、引诱、欺骗、容留他人吸食、注射毒品；

（二）组织、强迫、引诱、容留、介绍他人卖淫、嫖娼；

（三）制作、贩卖、传播淫秽物品；

（四）提供或者从事以营利为目的的陪侍；

（五）赌博；

（六）从事邪教、迷信活动；

（七）其他违法犯罪行为。

娱乐场所的从业人员不得吸食、注射毒品，不得卖淫、嫖娼；娱乐场所及其从业人员不得为进入娱乐场所的人员实施上述行为提供条件。

第八十三条 【对涉及毒品原植物行为的处罚】

有下列行为之一的，处十日以上十五日以下拘留，可以并处五千元以下罚款；情节较轻的，处五日以下拘留或者一千元以下罚款：

（一）非法种植罂粟不满五百株或者其他少量毒品原植物的；

（二）非法买卖、运输、携带、持有少量未经灭活的罂粟等毒品原植物种子或者幼苗的；

（三）非法运输、买卖、储存、使用少量罂粟壳的。

有前款第一项行为，在成熟前自行铲除的，不予处罚。

⊙ 重点解读

本条是对违反毒品原植物管理规定的行为及处罚的规定。《刑法》第三百五十二条对非法买卖、运输、携带、持有未经灭活的罂粟等毒品原植物种子或者幼苗，数量较大的，规定为犯罪行为。为了与《刑法》规定相衔接，打击毒品违法行为，本法将以下几种应当予以治安处罚的毒品违法行为纳入规制范围，完善行刑衔接程序。本次修订主要是根据社会经济发展现状，适当调整了罚金的处罚额度。构成违法情形以及应予免予处罚的情形保持不变。

第一，非法种植罂粟或者其他少量毒品原植物的行为。对于非法种植罂粟或者其他毒品原植物的行为，《刑法》第三百五十一条规定，种植罂粟五百株以上不满三千株或者其他毒品原植物数量较大的、经公安机关处理后又种植的、抗拒铲除的构成非法种植毒品原植物罪，并规定处五年以下有期徒刑、拘役或者管制，并处罚金。同时，《刑法》第三百五十一条还规定，非法种植罂粟或者其他毒品原植物，在收获前自动铲除的，可以免除处罚。这一规定是与刑法规定相衔接，即规定非法种植罂粟不满五百株或者其他少量毒品原植物的情形。"罂粟"是毒品原植物的一种，考虑到在我国境内非法种植的毒品原植物，主要是罂粟，法律将其明确。"其他少量毒品原植物"的情况比较复杂，在我国常见的是大麻等毒品原植物。这里的"少量"，是相对于刑法中所规定的数量较大而言的，是区分罪与非罪的界限，只有未构成刑事犯罪的，才应当按照本法处罚。

第二，非法买卖、运输、携带、持有少量未经灭活的毒品原植物种子或者幼苗的行为。《刑法》第三百五十二条规定，非法买卖、运输、携带、持有未经灭活的罂粟等毒品原植物种子或者幼苗，数量较大的，构成犯罪。实践中，应当以数量较大作为罪与非罪的主要界限。对于不构成犯罪的，即本法规定的"少量"，应当给予治安处罚。这里的非法"买卖"，是指以金钱或实物作价非法购买或出售未经灭活的毒品原植物种子或者幼苗的行为。非法"运输"，是指非法从事未经灭活的毒品原植物种子或者幼苗的运输行为。包括在国内运输和在国境、边境非法输入输出。非法"携带"，是指违反国家规定，随身携带未经灭活的毒品原植物种子或者幼苗的行为。非法"持有"，是指私藏未经灭活的毒品原植物种子或者幼苗的行为。"未经灭活的罂粟等毒品原植物种子",是指未经过烘烤、放射线照射等处理手段,还能继续繁殖、发芽的罂粟等毒品原植物种子。罂粟籽本身不具有毒性,联合国有关严禁贩运毒品的公约和我国麻醉药品表中都未将其列为毒品,但联合国公约中明确规定对罂粟籽应当严格加以管制。对罂粟籽等毒品原植物种子必须经过灭活处理,否则,会被犯罪分子用于种植和制毒。这一规定与联合国公约中对毒品原植物种子进行严格管制的精神完全一致。

第三,非法运输、买卖、储存、使用罂粟壳的行为。罂粟壳是罂粟的外壳,是毒品原植物的组成部分,有药用价值,也可以放入食品中作为调味品,具有与毒品一样使人上瘾的作用,所以,药品、食品等有关部门对此有严格的限制,防止被不法分子利用。如果使大量的罂粟壳流传到社会上,既对社会不利,也对人身体健康不利,尤其是对一些不知情的人的危害会更大。法律应当禁止非法运输、买卖、储存、使用罂粟壳的行为。

根据本条规定,行为人有非法种植罂粟不满五百株或者其他少量毒品原植物,非法买卖、运输、携带、持有少量未经灭活的罂粟等毒品原植物种子或者幼苗,非法运输、买卖、储存、使用少量罂粟壳行为之一的,处十日以上十五日以下拘留,可以并处五千元以下罚款;情节较轻的,处五日以下拘留或者一千元以下罚款。执法实践中,公安机关应全面调查核实违法行为人主观过错程度、危害后果等,注重罪与非罪的关系,全面审查行为人有无从轻、减轻或者免予处罚的情节。对于非法种植但在成熟前自行铲除的,由于毒品原植物必须成熟后才具有毒品的功效,如果在成熟或收获前自行铲除的,其危害后果甚微,所以,公安机关应当给予违法行为人主动改正违法行为的机会,非法种植罂粟等毒品原植物或者其他少量毒品原植物,经说服教育自愿在成熟前自行铲除的,不应予以处罚。这里的"成熟前",是指收获毒品前,如对罂粟进行割浆等。"自行铲除",是指非法种植毒品原植物的人主动铲除或者委托他人帮助铲除的,而不是由公安机关发现后责令其铲除或者强制铲除的。

⊙ 典型案例

许某某诉某公安局行政处罚案[①]

2014年9月16日8时30分许,吉林省某公安局治安大队民警在辖区工作时发现,许某某有种植疑似毒品原植物的行为,公安机关于2014年9月16日9时依法对许某某进行了口头传唤,对许某某进行了询问并制作了询问笔录。经询问调查,得知许某某种植了一批线麻。吉林省某公安局于9月24日在大兴沟林业局社区工作人员李某某、田某某的见证下,依法对许某某种植的疑似毒品原植物进行了抽样取证,并于9月25日聘请延边朝鲜族自治州公安司法鉴定中心对许某某种植的植物进行了定性分析。延边朝鲜族自治州公安司法鉴定中心于2014年9月25日作出检验鉴定报告,认定许某某种植的植物内含有"四氢大麻酚"成分。吉林省某公安局调查认定许某某种植线麻(大麻)的行为违反了《治安管理处罚法》第七十一条第一款第一项的规定,因情节特别轻微,根据《治安管理处罚法》第十九条第一项之规定,决定对上诉人许某某不予行政处罚并对许某某作出不予处罚决定书。某公安局在执法过程中没有对许某某种植的线麻进行强制铲除和要求许某某自行铲除及阻止上诉人采收线麻籽等行为。许某某认为其行为不构成违法,某公安局造成其财物损失,向人民法院起诉要求撤销不予处罚决定并赔偿其损失。法院对其诉讼请求予以驳回。

⊙ 关联规定

《刑法》(2023年修正)

第三百五十二条 非法买卖、运输、携带、持有未经灭活的罂粟等毒品原植物种子或者幼苗,数量较大的,处三年以下有期徒刑、拘役或者管制,并处或者单处罚金。

《禁毒法》

第十九条 国家对麻醉药品药用原植物种植实行管制。禁止非法种植罂粟、古柯植物、大麻植物以及国家规定管制的可以用于提炼加工毒品的其他原植物。禁

[①] 吉林省敦化市人民法院行政裁定书,(2016)吉2403行初44号。

止走私或者非法买卖、运输、携带、持有未经灭活的毒品原植物种子或者幼苗。

地方各级人民政府发现非法种植毒品原植物的，应当立即采取措施予以制止、铲除。村民委员会、居民委员会发现非法种植毒品原植物的，应当及时予以制止、铲除，并向当地公安机关报告。

第三十条　国家建立健全毒品监测和禁毒信息系统，开展毒品监测和禁毒信息的收集、分析、使用、交流工作。

> 第八十四条　【对毒品违法行为的处罚】
>
> 有下列行为之一的，处十日以上十五日以下拘留，可以并处三千元以下罚款；情节较轻的，处五日以下拘留或者一千元以下罚款：
>
> （一）非法持有鸦片不满二百克、海洛因或者甲基苯丙胺不满十克或者其他少量毒品的；
>
> （二）向他人提供毒品的；
>
> （三）吸食、注射毒品的；
>
> （四）胁迫、欺骗医务人员开具麻醉药品、精神药品的。
>
> 聚众、组织吸食、注射毒品的，对首要分子、组织者依照前款的规定从重处罚。
>
> 吸食、注射毒品的，可以同时责令其六个月至一年以内不得进入娱乐场所、不得擅自接触涉及毒品违法犯罪人员。违反规定的，处五日以下拘留或者一千元以下罚款。

⊙ **重点解读**

本条是对非法持有、向他人提供以及吸食、注射毒品的行为及处罚的规定。

打击毒品犯罪是我国乃至全世界的一个共同而长期的任务。我国1979年《刑法》就规定了毒品方面的犯罪。20世纪80年代初，国际制毒、贩毒活动猖獗，不断向我国渗透，国内一些不法分子也趁机进行贩毒活动，种植、吸食毒品的现象在一些地区又死灰复燃，对人类的生存构成很大的威胁。为了打击毒品犯罪，全国人大常委会于1990年制定《全国人民代表大会常务委员会关于禁毒的决定》（已失效），对毒品方面的犯罪作了更为具体的规定，并提高了刑罚处罚的幅度。1997年修改《刑法》又将决定的内容纳入刑法。1985年、1989年我国先后加入联合国《1961年麻醉品单一公约》《1971年精神药物公约》《禁止非法贩运麻醉药品和精神药物公约》等，与国际社会共同打击毒品犯罪。为了与《刑法》的规定相衔接，本条对一些不构成犯罪的毒品违法行为，规定了治安处罚。本次修订，为适应社会经济发展调整了罚款的上下限额，同时完善了聚众吸毒行为的治安管理处罚责任体系。

第一，规定了非法持有毒品的行为，明确规定了非法持有鸦片、海洛因、甲基苯丙胺（冰毒）几种毒品和其他少量毒品的行为。"其他少量毒品"，是指除鸦片、海洛因或者甲基苯丙胺外的毒品，如大麻、K粉等。《刑法》对非法持有毒品构成犯罪的最低数额规定为：鸦片二百克、海洛因或者甲基苯丙胺十克，其他毒品数量较大的。故，本规定将非法持有鸦片不满二百克、海洛因或者甲基苯丙胺不满十克或者其他少量毒品的行为，界定为属于违反治安管理应予处罚的行为。

第二，规定了向他人提供毒品的行为。向他人提供毒品是吸毒、贩毒违法犯罪行为的根源，应当予以打击。实践中有的人向其朋友提供毒品，使其吸毒；有的医务人员违反国家规定，向吸食、注射毒品的人非法提供麻醉药品和精神药品等。这些行为既违反国家规定，又危害人身体健康，具有很大的社会危害性，应予打击。提供毒品中的"毒品"，包括鸦片、海洛因、甲基苯丙胺等。应当注意的是，实践中应当注意区分向他人提供毒品的行为和贩卖毒品行为的界限。本规定所称的向他人提供毒品的行为，特指无偿提供。如果向他人提供毒品，收取钱财的，则属于贩卖毒品，要依照《刑法》的规定定罪处罚。

第三，规定了吸食、注射毒品的行为。吸食、注射毒品有以下几大危害：（1）严重危害人体健康，吸毒过量会导致生命危险；（2）吸食、注射毒品是某些传染病传播的重要途径；（3）由于吸食、注射毒品会使人上瘾产生依赖性，所以，吸食者要有足够的金钱来购买毒品满足其生理、心理上的需求。由于毒品昂贵，吸食、注射毒品者往往有的倾家荡产，有的不得已实施盗窃、抢劫等犯罪活动，直接危害社会治安，成为社会的不安定因素。目前，我国立法未将吸食、注射毒品纳入刑法规制范围，仅予以治安处罚，主要考虑到吸食、注射毒品虽然具有一定的社会危害性，但吸毒者本身又是毒品的受害者，主要应对其采取戒毒措施，使其戒掉毒瘾。且吸食、注射毒品可能存在涉及面大的问题，都作为犯罪处理，会带来一系列社会问题。根据联合国《禁止非法贩运麻醉药品和精神药物公约》的规定，对吸毒者可以采取治疗、教育、善后护理、康复、回归社会等措施作为定罪处刑的替代办法。不把吸食、注射毒品作为犯罪处理，符合实际情况，符合联合国公约精神。这里所说的"吸食、注射毒品"，是指用口吸、鼻吸、吞服、饮用或者皮下、静脉注射等方法使用鸦片、海洛因、吗啡、大麻、可卡因、冰毒等毒品以及由国家管制的其他能够使人成瘾癖的麻醉药品和精神药品。对于因治疗疾病的需要，依照医生的嘱咐和处方服用、注射的麻醉药品和精神药品的，不属于本项所说的吸食注射毒品行为。要特别注意的是，本次修订，特别增加第二款规定，聚众、组织吸食、注射毒品的，对首要分子、组织者依照前款规定从重处罚。这也是根据实践情况，将聚众、组织吸食、注射毒品的违法情形纳入处罚范围。公安机关在执法过程中，应当注意对此予以查实。

第四，规定了胁迫、欺骗医务人员开具麻醉药品、精神药品的行为。麻醉药品和精神药品可以在医学上使用，但使用过量就会使人上瘾，危及身体健康，所以，根据联合国有关公约的规定以及国家有关规定，麻醉药品、精神药品属于严格管制的药品，并被列入毒品的范围内，使用时必须按照国家规定，进行严格的审批，有关医务人员不得随意乱开药方为病人提供。《刑法》第三百五十五条将有关人员违反国家规定，向吸食、注射毒品的人提供国家规定管制的能够使人形成瘾癖的麻醉药品、精神药品的规定为犯罪。这里的规定，是指行为人使用胁迫、欺骗手段致使医务人员为其开具麻醉药品或精神药品的行为。其中，"胁迫"是指违法行为人对医务人员施以威胁、恫吓，进行精神上的强制，以迫使医务人员按照他的意思开具麻醉药品或精神药品，以达到其目的。"欺骗"是指编造虚假事实，如编造谎言，谎称自己或家人或亲戚朋友，由于患有癌症，急需麻醉药品或精神药品等情况，让医务人员信以为真，为其开出麻醉药品、精神药品的行为。"医务人员"既包括在医院从事就诊有开具处方权的正式执业资格的医务人员,如医院门诊或急诊的医生,也包括虽没有开处方的权力,但可以通过其他有开处方权的医生开出药品的从事医务工作的研究人员、司药人员、护士以及从事医院行政工作的人员等。"麻醉药品",主要是指连续使用后容易使人产生身体的依赖性、易形成瘾癖的药品,如吗啡。"精神药品",是指直接作用于中枢神经系统,使之兴奋或抑制,连续使用能使人体产生依赖性的药品,如甲基苯丙胺、安纳咖等。

在处罚方式和幅度上,本条规定,有非法持有毒品,向他人提供毒品,吸食毒品、注射毒品或者以胁迫、欺骗手段使医务人员为自己或他人开具麻醉药品或精神药品行为之一的,处十日以上十五日以下拘留,可以并处三千元以下罚款;情节较轻的,处五日以下拘留或者一千元以下罚款。这里的可以并处是选择性的,公安机关应当根据情况决定并处或者不并处罚款。对于情节较轻的,根据情况,可以处五日以下拘留,也可以处一千元以下罚款。

第五,本法修订前,仅规定对于吸毒者给予治安管理处罚。但考虑到仅给予吸食者治安处罚不足以完全排除其社会危害性,也不利于以适当方式帮助吸毒者进行治疗、教育,及时戒毒,本次修订,增加第三款规定,吸食、注射毒品的,可以同时责令其六个月至一年不得进入娱乐场所、不得擅自接触涉及毒品违法犯罪人员。违反规定的,处五日以下拘留或者一千元以下罚款。这一规定进一步完善了对吸毒者进行教育、帮扶和处罚的治安管理措施。实践中,公安机关执法活动中,对于吸毒者,既要依法审查是否应当按照《戒毒法》规定,予以强制戒毒,又要视情况考虑是否予以本条第三款处罚,还要注意,根据本法第十一条的规定,公安机关在办理治安案件时查获的毒品以及吸食、注射毒品的器具,无论是否属于吸毒者本人所有,一律收缴,按照规定处理,该销毁的一律都要销毁。这样有利于杜绝吸毒者在经过处罚或戒毒后再次复吸,也有利于打击其他毒品违法犯罪行为。

⊙ 关联规定

《刑法》(2023年修正)

第三百四十八条 非法持有鸦片一千克以上、海洛因或者甲基苯丙胺五十克以上或者其他毒品数量大的，处七年以上有期徒刑或者无期徒刑，并处罚金；非法持有鸦片二百克以上不满一千克、海洛因或者甲基苯丙胺十克以上不满五十克或者其他毒品数量较大的，处三年以下有期徒刑、拘役或者管制，并处罚金；情节严重的，处三年以上七年以下有期徒刑，并处罚金。

> **第八十五条** 【对引诱、教唆、欺骗、强迫、容留他人吸食、注射毒品，介绍买卖毒品的处罚】
>
> 引诱、教唆、欺骗或者强迫他人吸食、注射毒品的，处十日以上十五日以下拘留，并处一千元以上五千元以下罚款。
>
> 容留他人吸食、注射毒品或者介绍买卖毒品的，处十日以上十五日以下拘留，可以并处三千元以下罚款；情节较轻的，处五日以下拘留或者一千元以下罚款。

⊙ 重点解读

本条是对引诱、教唆、欺骗、强迫、容留他人吸食、注射毒品的行为，介绍买卖毒品行为及处罚的规定。引诱、教唆、欺骗、强迫他人吸食、注射毒品是一种唆使他人实施违法行为的恶劣行为，被害者一旦沾上毒品，对身心健康会造成很大的伤害，有的甚至毁掉终生，对国家、家庭和个人都是贻害无穷的，对这种行为应当严厉打击。本次修订作了如下修改：一是将强迫他人吸食、注射毒品纳入规制范围，实现了与《刑法》第三百五十三条的衔接。二是提高了并处罚款的幅度。三是增加一款，将容留他人吸食、注射毒品或者介绍买卖毒品，纳入了治安管理处罚范围，此举完善了行政违法责任与刑事犯罪责任的衔接，回应了社会现实需要。

这里的"引诱、教唆"，是指通过向他人宣传吸毒后的感受和体验，示范吸毒的方法，或者对他人进行蛊惑，从而促使他人吸食、注射毒品的行为。"欺骗"他人吸食、注射毒品，是指在他人不知道的情况下，给他人吸食、注射毒品的行为，如在香烟或食品、药品中掺入毒品，供他人吸食或使用，使其不知不觉地由少到多地染上毒瘾。"强迫"他人吸食、注射毒品，是指违背他人的意愿，以暴力、胁迫或者其他手段，迫使他人吸食、注射毒品的行为。"容留"是指为他人吸食、注射毒品提供场所的行为。该种"容留"，既可以是主动提供，也可以是在吸食者要求下被动提供。既可以是有偿提供，也可以是无偿提供。容留场所不仅包括长期固定的住所，也包括可临时控制、支配的酒店房间、KTV、饭店包厢以及车、船等交通工具。"介绍"是指居间介绍者为贩毒者和购毒者牵线搭桥、相互介绍，提供交易信息、居中传递或斡旋毒品交易价格和数量，或者提供其他相关帮助，以期促成毒品买卖交易的行为。该行为不必然以居间介绍者有营利或者获利为前提。

对于引诱、教唆、欺骗、强迫他人吸食、注射毒品的行为人，不要求以牟利为目的，如由于对社会不满或对某件事情不满，通过这种手段来达到报复社会或控制他人的目的。也有的是在朋友之间，引诱、教唆、欺骗他人吸食、注射毒品。无论出于何种目的，都不影响违法行为的构成。同样要注意的是，对于引诱、教唆、欺骗、强迫他人吸食、注射毒品的行为人，是否构成违法行为，不以被害人是否实际吸食、注射毒品为标准，但应作为违法情节轻重的考量情形。

实践中，应当注意区分罪与非罪的界限。《刑法》第三百五十三条将此行为规定为犯罪，但实践中仍然存在情节显著轻微、危害不大的情形，如有的只是偶尔为之，或虽然有的人被引诱、教唆、欺骗吸食或注射毒品，但由于种种原因，被引诱、教唆、欺骗的人，没有吸食或注射毒品。引诱、教唆、欺骗他人吸食或注射毒品的行为未遂，且情节显著轻微、危害不大的，应当依照本法的规定给予治安处罚。对于引诱、教唆、欺骗他人吸食、注射毒品，构成犯罪的，应当依照《刑法》的规定定罪处罚。

⊙关联规定

《刑法》（2023年修正）

第三百五十三条 引诱、教唆、欺骗他人吸食、注射毒品的，处三年以下有期徒刑、拘役或者管制，并处罚金；情节严重的，处三年以上七年以下有期徒刑，并处罚金。

强迫他人吸食、注射毒品的，处三年以上十年以下有期徒刑，并处罚金。

引诱、教唆、欺骗或者强迫未成年人吸食、注射毒品的，从重处罚。

> **第八十六条** 【对非法生产、经营、购买、运输用于制造毒品的原料、配剂行为的处罚】
>
> 违反国家规定，非法生产、经营、购买、运输用于制造毒品的原料、配剂的，处十日以上十五日以下拘留；情节较轻的，处五日以上十日以下拘留。

⊙ 重点解读

本条是对行为人违反国家规定，非法生产、经营、购买、运输用于制造毒品的原料、配剂的行为及处罚的规定，是本次修订的新增条款。

严厉打击涉毒品犯罪，切实保障公民、法人及其他组织的合法权益，是我国重要的刑事司法政策。自1997年以来，《刑法》不断完善毒品犯罪责任体系。1997年《刑法》第三百五十条规定，违反国家规定，非法运输、携带用于制造毒品的原料或者配剂进出境的，构成走私制毒物品罪。2015年将非法生产、买卖用于制造毒品的原料或者配剂纳入规制范围。本次修订《治安管理处罚法》，对不构成刑事犯罪的轻微违法行为设定治安责任，有利于健全法律责任体系，强化法律的威慑作用。

该条规定要注意刑事责任与治安管理处罚责任的有序衔接，划清罪与非罪的界限。《刑法修正案（九）》在入罪条件中特别增加"情节较重"，目的就是把握罪与非罪的界限。这意味着，并不是出现了生产、买卖、运输制毒物品的行为，就要追究刑事责任。实践中，有些易制毒化学品一般同时具有正常的生产、生活、医药等用途。对于为生产、生活需要，但在生产、运输等过程中违反有关规定的，如具有生产药用麻黄素资质的合法企业，未按照要求履行批准手续，或者超过批准数量、品种要求而生产的，个人未办理许可证或者备案证明而购买高锰酸钾等易制毒化学品的，在追究责任的过程中，需要划清罪与非罪的界限。2016年的《最高人民法院关于审理毒品犯罪案件适用法律若干问题的解释》规定，易制毒化学品生产、经营、购买、运输单位或者个人未办理许可证明或者备案证明，生产、销售、购买、运输易制毒化学品，确实用于合法生产、生活需要的，不以制毒物品犯罪论处。对于情节严重构成犯罪的，应当按照《刑法》第三百五十条的规定追究刑事责任。如情节轻微不构成刑事犯罪的，才能依照该条规定予以治安处罚。

本条规定的"用于制造毒品的原料、配剂"，是指提炼、分解毒品使用的原材料及辅助性配料，在范围上，与刑法所涉及的制造毒品的原料、配剂之范围是一致的，包括醋酸酐、乙醚、三氯甲烷等制毒物品。根据有关司法解释，制毒物品的具体品种范围应按照国家关于易制毒化学品管理的规定确定。《易制毒化学品管理条例》规定，易制毒化学品分为三类：第一类是可以用于制毒的主要原料，包括1-苯基-2-丙酮等；第二类是可以用于制毒的化学配剂，包括苯乙酸等；第三类也是可以用于制毒的化学配剂，包括甲苯等。易制毒化学品的分类和品种需要调整的，由国务院公安部门会同国务院药品监督管理部门、安全生产监督管理部门、商务主管部门、卫生主管部门和海关总署提出方案，报国务院批准。省、自治区、直辖市人民政府认为有必要在本行政区域内调整分类或者增加该条例规定以外的品种的，应当向国务院公安部门提出，由国务院公安部门会同国务院有关行政主管部门提出方案，报国务院批准。

"违反国家规定，非法生产、经营、购买、运输"用于制造毒品的原料、配剂，是指除了依照国家规定，经过法定审批手续的以外，非法生产、买卖、运输以及携带这些物品进出境的行为。国家对易制毒化学品的生产、经营、购买、运输和进口、出口实行分类管理和许可制度。《禁毒法》第二十一条第二款、第三款规定，国家对易制毒化学品的生产、经营、购买、运输实行许可制度。禁止非法生产、买卖、运输、储存、提供、持有、使用易制毒化学品。第二十二条规定，国家对易制毒化学品的进口、出口实行许可制度。国务院有关部门应当按照规定的职责，对进口、出口易制毒化学品依法进行管理。禁止走私易制毒化学品。根据《禁毒法》和国务院有关规定，生产、买卖、运输、进出口易制毒化学品的，应当履行相关手续。还要注意的是，这里所规定的"生产"，包括制造、加工、提炼等不同环节。本法将《刑法》所称的"买卖"进一步划分为"经营"和"购买"，目的在于特别强调"购买"行为可以构成违法行为，仅是表述方式不同，并无实质差异。实践中，要特别注意把握"罪"与"非罪"，刑法上的情节轻重和治安管理处罚法上的情节轻重问题。

⊙ 关联规定

《刑法》（2023 年修正）

第三百五十条　违反国家规定，非法生产、买卖、运输醋酸酐、乙醚、三氯甲烷或者其他用于制造毒品的原料、配剂，或者携带上述物品进出境，情节较重的，处三年以下有期徒刑、拘役或者管制，并处罚金；情节严重的，处三年以上七年以下有期徒刑，并处罚金；情节特别严重的，处七年以上有期徒刑，并处罚金或者没收财产。

明知他人制造毒品而为其生产、买卖、运输前款规定的物品的，以制造毒品罪的共犯论处。

单位犯前两款罪的，对单位判处罚金，并对其直接负责的主管人员和其他直接责任人员，依照前两款的规定处罚。

第八十七条　【对为违法犯罪行为人通风报信行为的处罚】

旅馆业、饮食服务业、文化娱乐业、出租汽车业等单位的人员，在公安机关查处吸毒、赌博、卖淫、嫖娼活动时，为违法犯罪行为人通风报信的，或者以其他方式为上述活动提供条件的，处十日以上十五日以下拘留；情节较轻的，处五日以下拘留或者一千元以上二千元以下罚款。

⊙ 重点解读

本条是对为违法犯罪行为人通风报信的行为及处罚的规定。

旅馆业、饮食服务业、文化娱乐业、出租汽车业属于营利性服务行业。伴随着经济社会的发展，各种娱乐场所和娱乐项目不断出现。既丰富了人们的文化生活，也带来了一些糟粕。一些不法分子为获取暴利，投机钻营，在这些营业场所提供色情服务、吸毒条件等，有的甚至明目张胆地在自己经营的旅馆出售毒品。公安机关查处时，相关知情人员又为违法行为人通风报信，加大了查处难度。为了打击这类违法犯罪行为，全国人大常委会于1991年制定《全国人民代表大会常务委员会关于严禁卖淫嫖娼的决定》，对组织、强迫、引诱、容留、介绍他人卖淫的行为规定为犯罪，并规定了严厉的处罚。同时，对旅馆业、饮食服务业、文化娱乐业、出租汽车业等单位的人员，在公安机关查处卖淫、嫖娼活动时，隐瞒情况或者为违法犯罪分子通风报信的，依照《刑法》关于窝藏、包庇罪的规定追究刑事责任。1997年修改《刑法》时，将决定中的这一规定纳入《刑法》第三百六十二条，旅馆业、饮食服务业、文化娱乐业、出租汽车业等单位的人员，在公安机关查处卖淫、嫖娼活动时，为违法犯罪分子通风报信，情节严重的，依照《刑法》第三百一十条的规定（窝藏、包庇罪）定罪处罚。为此，《治安管理处罚法》进一步完善了与《刑法》的衔接，对上述行为，情节较轻，不构成犯罪的，规定给予治安处罚。同时，针对实践中公安机关在查处吸毒、赌博活动中遇到过类似影响执法的情况，增加了公安机关在查处"吸毒、赌博"活动时，上述单位的人员向违法犯罪人员通风报信的行为。本次修订《治安管理处罚法》，对该条作了进一步的完善：一是将以其他方式为本条所涉违法活动提供条件的，纳入了规制范围，进一步完善了违法行为的类型，加大了处罚力度。二是进一步完善了责任构成，一般情况下，处十日以上十五日以下拘留；情节较轻的，处五日以下拘留或者一千元以上二千元以下罚款。

旅馆业、饮食服务业、文化娱乐业、出租汽车业等单位的人员，指的是在这些单位中工作的人员。既包括单位的负责人，如法定代表人、经理等，也包括单位的一般职工。为违法犯罪行为人通风报信，是指在公安机关依法查处吸毒、赌博、卖淫、嫖娼违法活动时，将行动的时间、方式等情况告知吸毒、赌博、卖淫、嫖娼的违法犯罪分子。既包括向违法分子通风报信，也包括向犯罪人员通风报信的行为。这里所说的"公安机关查处吸毒、赌博、卖淫、嫖娼活动时"，包括公安机关依法查处违法活动的全过程，既包括查处的部署阶段，也包括实施阶段。无论在哪一阶段向违法犯罪人员通风报信，以使违法犯罪分子隐藏、逃避查处的行为，都应按本条的规定处罚。通风报信，包括各种传递消息的方法和手段，如打电话、发送短信息、传呼信号和事先约定的各种联系暗号等。

应当注意的是，该条主要是对旅馆业、饮食服务业、文化娱乐业、出租汽车业等单位的从业人员实施通风报信等违法行为的处罚，因该种违法行为一般不可能由法人或者其他组织实施，故，该条的责任主体不包括旅馆业、饮食服务业、文化娱乐业、出租汽车业等单位。如果通风报信的行为名义上是相关工作人员所为，但实际上是旅馆业、饮食服务业、文化娱乐业、出租汽车业等单位一众人员的集体决策行为，仍应对实施相关行为的人员进行处罚。其他法律、行政法规因此对单位规定了其他处罚的，如罚款、停业整顿、吊销营业执照等，则可按照有关法律、行政法规的规定对单位予以处罚。

实践中还要注意：（1）区分罪与非罪的界限。《刑法》规定上述行为情节严重的构成犯罪，故情节严重是区分罪与非罪的界限。在不构成犯罪的情况下，再区分是否属于《治安管理处罚法》规定的"情节轻重"情形，给予相应处罚。（2）通风报信的行为在主观上应属明知的故意情节，一般指旅馆业、饮食服务业、文化娱乐业、出租汽车业等单位的人员，通过各种渠道事先知道公安机关查处违法犯罪活动的消息，并将消息告诉违法犯罪行为人。（3）如消息来源于公安机关有关人员内部，即公安机关的有关警察通风报信的，根据本法第一百三十九条的规定，依法给予行政处分；构成犯罪的，依法追究刑事责任。

⊙关联规定

《刑法》（2023年修正）

第三百六十二条　旅馆业、饮食服务业、文化娱乐业、出租汽车业等单位的人员，在公安机关查处卖淫、嫖娼活动时，为违法犯罪分子通风报信，情节严重的，依照本法第三百一十条的规定定罪处罚。

第八十八条 【对违反社会生活噪声污染防治规定的处罚】

违反关于社会生活噪声污染防治的法律法规规定，产生社会生活噪声，经基层群众性自治组织、业主委员会、物业服务人、有关部门依法劝阻、调解和处理未能制止，继续干扰他人正常生活、工作和学习的，处五日以下拘留或者一千元以下罚款；情节严重的，处五日以上十日以下拘留，可以并处一千元以下罚款。

⊙重点解读

本条是对违反关于社会生活噪声污染防治的法律法规规定，制造噪声干扰他人正常生活的行为及处罚的规定。本次修订，同时对该条违法行为的构成要件及责任后果作了调整。构成该条违法行为，应当同时符合三个条件：一是违反了关于社会生活噪声污染防治的法律法规规定；二是制造噪声干扰了他人正常生活；三是经基层群众性自治组织、业主委员会、物业服务人、有关部门依法劝阻、调解和处理未能制止，继续干扰他人正常生活、工作和学习。所谓"噪声"，是指在工业生产、建筑施工、交通运输和社会生活中所产生的干扰周围生活环境的声音。广义上的"噪声"，既包括工业噪声，还包括建筑施工噪声、交通运输噪声和社会生活噪声。其中，工业噪声，是指在工业生产活动中使用固定的设备时产生的干扰周围生活环境的声音。建筑施工噪声，是指在建筑施工过程中产生的干扰周围生活环境的声音。交通运输噪声，是指机动车辆、铁路机车、机动船舶、航空器等交通运输工具在运行时所产生的干扰周围生活环境的声音。社会生活噪声，是指人为活动所产生的除工业噪声、建筑施工噪声和交通运输噪声之外的干扰周围生活环境的声音。该条所说的"噪声"，一般指社会生活噪声。对于各种噪声污染的防治，国家都有明确的规定，如噪声的排放标准、防治措施、赔偿标准、审批程序等，都有严格的规定。对于制造噪声者，如果其行为严格依照国家法律法规的规定，并严格履行了其应尽的职责和义务，取得了其影响到的周围群众的谅解并作了相应赔偿的，则不属于本法规定的要处罚的行为。否则，应承担法律责任。

该条对制造噪声干扰他人生活的行为，规定了两种位阶的处罚：（1）处五日以下拘留或者一千元以下罚款。噪声的危害与其他的对人身伤害的危害不同，有些情况下，只要及时停止其侵害行为，危害后果即可以停止发生，因此，本条规定对制造噪声干扰他人正常生活的行为，首先经基层群众性自治组织、业主委员会、物业服务人、有关部门依法劝阻、调解和处理未能制止，才构成应予处罚的违法行为。（2）情节严重的，处五日以上十日以下拘留，可以并处一千元以下罚款。相对于第一种情形，该条设定了行政拘留并处罚款的行政处罚，至于何谓"情节严重"，则应根据主观方面、违法行为的次数及影响范围等情节予以综合认定。此处还涉及持续或者连续进行的违法行为如何处罚的问题，对于行为人持续进行的违法行为，公安机关在作出处罚前，应当综合处罚前的持续或者连续状况予以一次处罚，不宜分段认定、分段处罚。但是，在公安机关作出处罚后，相对人如继续实施新的违法行为，公安机关仍可继续对其作出新的处罚，不因此前已经作出处罚而不得再次处罚。还应当指出的是，该条规定的处罚是治安管理处罚，对于制造噪声干扰他人正常生活的行为同时还违反了其他法律法规的规定，应当受到其他行政处罚的，则应当依据其他法律法规的规定，给予相应的行政处罚，与该条的规定并不冲突。但不同法律法规同时涉及罚款处罚的，仍应遵循《行政处罚法》第二十九条的规定，对当事人的同一个违法行为，不得给予两次以上罚款的行政处罚。同一个违法行为违反多个法律规范应当给予罚款处罚的，按照罚款数额高的规定处罚。

⊙ 典型案例

周某诉某公安分局不履行法定职责案[①]

原告周某系居住在长沙市某城区某社区居民，该社区部分居民经常在晚上8点左右到原告楼下的人行道上跳广场舞（每次跳舞时间约一小时）并使用音响器材播放音乐。原告认为跳广场舞的居民使用的音响器材音量过大，严重影响原告生活，于2013年5月2日晚8时许拨打110报警，称其楼下跳广场舞的

---

① 湖南省长沙市岳麓区人民法院行政判决书，（2013）岳行初字第00249号。

音乐声音太大，影响居民休息，请求公安部门解决。某公安分局接警后派员到场处理，出警民警到场了解情况后制作了接处警案（事）件登记表，告知原告"建议去环保部门申请鉴定"。后原告又多次要求公安部门按照《环境噪声污染防治法》第四十五条第二款、第五十八条、第六十三条以及《治安管理处罚法》第五十八条规定，对跳舞居民使用音响器材播放音量过大的行为进行处理。此后，某公安分局干警多次到现场劝说跳舞居民将音响音量调小，对参与跳广场舞的居民进行了调查询问，到原告所在居民楼的其他十余户住户家中进行了走访（均反映跳舞行为对其生活"不影响"或"影响不大"）；某公安分局还与当地社区干部一起，召集参与跳广场舞的居民进行协商交流，劝说他们更换跳舞场地或自觉调低音量。但由于参与跳舞的居民年龄偏大，附近又缺乏合适的场地，而且参与跳舞的居民认为自己的跳舞时间和音乐音量都在合理范围以内，不会影响到其他居民的正常生活，因此协商一直没有结果。原告对此不满，遂诉至法院。

法院经审理认为，根据《治安管理处罚法》第七条、第五十八条的规定，"违反关于社会生活噪声污染防治的法律规定，制造噪声干扰他人正常生活的"属于一种妨害社会管理的行为，对该类行为的查处属于公安机关的法定职责。而《环境噪声污染防治法》第五十八条规定："违反本法规定，有下列行为之一的，由公安机关给予警告，可以并处罚款：……（二）违反当地公安机关的规定，在城市市区街道、广场、公园等公共场所组织娱乐、集会等活动，使用音响器材，产生干扰周围生活环境的过大音量的；……"所以，对于使用音响器材产生噪声干扰周围生活环境的行为进行查处也属于公安机关的法定职责。因此，本案原告的报警事项属于当地公安机关即被告的职责范围。

根据《公安机关办理行政案件程序规定》（以下简称《程序规定》）第四十七条的规定，公安机关接到报案，应当及时受理、登记，对属于本单位管辖范围内的事项，应当及时调查处理。原告的报警事项已经涉嫌违反《治安管理处罚法》第五十八条的规定，被告在接到110报警服务台转来的原告报警信息后即可视为收到报案，应当作为行政案件及时登记受理，按照《程序规定》规定的程序进行调查处理，并在《程序规定》第一百四十一条规定的期限内作出处理决定。在被告于2013年5月2日受理原告的报警至原告提起诉讼之间的半年多时间里,虽然原告多次报警、多方投诉,被告也做了大量的调查走访、劝说协调工作,但对于原告报案中所称的部分居民在原告楼下跳广场舞并使用音响器材这一行为是否存在违法事项、是否需要作出行政处罚等实质问题一直没有作出明确认定,对案件的办理也至今没有作出处理决定,应当认定被告系拖延履行法定职责。为此,判决被告按照《程序规定》的相关规定对本案中原告周某的报案作出处理。

⊙关联规定

《噪声污染防治法》

第八十二条 违反本法规定,有下列行为之一,由地方人民政府指定的部门说服教育,责令改正;拒不改正的,给予警告,对个人可以处二百元以上一千元以下的罚款,对单位可以处二千元以上二万元以下的罚款:

(一)在噪声敏感建筑物集中区域使用高音广播喇叭的;

(二)在公共场所组织或者开展娱乐、健身等活动,未遵守公共场所管理者有关活动区域、时段、音量等规定,未采取有效措施造成噪声污染,或者违反规定使用音响器材产生过大音量的;

(三)对已竣工交付使用的建筑物进行室内装修活动,未按照规定在限定的作业时间内进行,或者未采取有效措施造成噪声污染的;

(四)其他违反法律规定造成社会生活噪声污染。

第八十九条 【对饲养动物相关违法行为的处罚】

饲养动物,干扰他人正常生活的,处警告;警告后不改正的,或者放任动物恐吓他人的,处一千元以下罚款。

违反有关法律、法规、规章规定,出售、饲养烈性犬等危险动物的,处警告;警告后不改正的,或者致使动物伤害他人的,处五日以下拘留或者一千元以下罚款;情节较重的,处五日以上十日以下拘留。

> 未对动物采取安全措施,致使动物伤害他人的,处一千元以下罚款;情节较重的,处五日以上十日以下拘留。
>
> 驱使动物伤害他人的,依照本法第五十一条的规定处罚。

⊙重点解读

本条是对饲养动物干扰他人正常生活、违法出售、饲养危险动物等行为及处罚的规定。

随着人们生活水平不断提高,各地饲养动物现象日益普遍,增进了人与自然和谐共处,丰富了人们的生活,但也带来了一些新的问题。特别是在城镇居民居住区,人口密度大,有些动物主人没有看管好动物,损坏了他人的财物,甚至出现动物咬伤人的现象,引起了一些纠纷或矛盾。饲养宠物是个人权利,管住管好是法定义务。为了保障公民的健康和人身安全,维护环境和社会公共秩序,立法必须顺应社会发展,及时将饲养动物责任纳入立法调整对象。在民法责任体系中,原《侵权责任法》规定了饲养动物损害责任,《民法典》继承原《侵权责任法》的规定,进一步完善了饲养动物损害责任。在行政法责任体系中,中央和地方都展开积极立法行动。1980年原卫生部、原农业部、原对外贸易部、全国供销合作社共同颁布了《家犬管理条例》(已失效),规定所有养犬者都必须接受对犬免疫注射,并在犬身作统一标记。犬如伤人,追查犬主。犬主应负被咬伤者的全部医疗费用及造成的一切损失。如有违犯本条例者,按情节轻重给予批评教育、罚款,直至起诉追究刑事责任。2003年北京市人大常委会通过《北京市养犬管理规定》,明确了各部门的分工,明确了养犬管理的主管机关,大量设定了养犬主体的管理责任义务。2005年制定的《治安管理处罚法》第七十五条将饲养动物干扰他人正常生活的行为纳入责任规制体系。此次修订,又对该条作了多方面的修订完善:一是调整了罚款的上下限额,饲养动物,干扰他人正常生活的处罚由原先二百元到五百元调整为一千元以下。二是对出售、饲养烈性犬等危险动物的违法行为及处罚作出了规定。三是对未对动物采取安全措施,致使动物伤害他人的行为及处罚作出了规定。

本条所涉"动物",不是狭义的家养小宠物,如狗、猫等,而是广义的所有能够人工饲养的动物,如马、牛、羊、猪、鸡、鸭、鸟等各种牲畜、家禽、飞禽和走兽等。所谓"饲养",既包括动物养殖场里圈养的动物,也包括公民自家饲养的动物。目前,群众反映比较强烈的是饲养狗、鸽子等动物干扰他人生活的情况。"干扰他人正常生活",也同样是一个广义的概念,主要是指违反圈养或饲养的规定,给他人的正常生活带来一定影响。例如,在夜深人静或午休时,狗的狂吠声,使他人无法得到正常休息;饲养者违反规定,遛狗时不亲自牵引或不给狗束绳子或链子,让狗随意嗅他人的身体或追逐他人甚至咬人;违反规定,在人员出入高峰时带狗上下电梯等。这些行为都给环境卫生和他人的正常生活带来不便。"警告后不改正",是指如饲养动物有干扰他人正常生活的行为,公安机关对其进行警告后,仍然没有改正的情况。"放任动物恐吓他人",是指对自己饲养的动物向他人吠叫、袭击等使人惊吓的动作放任不管的行为。

第二款涉及出售、饲养烈性犬等危险性动物的处罚,构成违法的前提是违反有关法律、法规、规章规定。目前,中央层面对危险动物的范围和名录没有统一的界定,烈性犬等危险动物的范围主要依据各地的具体规定而定,如某地的地方性法规对禁止出售、饲养的烈性犬的范围有明确规定,即可依此适用本条第二款规定予以处罚。例如,《济南市文明养犬管理条例》第十一条第二款、第三款明确规定:"禁止个人在重点管理区内饲养大型犬、烈性犬,但盲人饲养导盲犬、肢体重残的残疾人饲养扶助犬的除外。禁止饲养大型犬的身高、体长标准和烈性犬的品种,由市公安机关会同市农业农村部门确定,报市人民政府批准后公布。"但《南宁市养犬管理条例》并未全面禁止出售、饲养烈性犬等危险动物,这决定了两地具体适用该款规定的前提条件是不一样的。

该条第三款对未对动物采取安全措施,致使动物伤害他人的违法行为及处罚作了规定,进一步细化了饲养动物,干扰他人正常生活的治安违法责任情形。将未对动物采取安全措施的情形从第一款中分离出来,有利于进一步强化饲养人的责任义务。从立法技术上看,不同于原《侵权责任法》和《民法典》,均强调违反管理规定是导致责任后果的前提要件,本条规定未以违反管理规定为前提要件,只要未对动物采取安全措施造成他人损害的,动物饲养人或者管理人均可构成违法行为。这意味着，一方面，饲养人应当按照相关管理规定对动物采取安全措施。这里的"管理规定"泛指以民法和行政法名义在国家层面和地方层面颁布的关于饲养动物的各类法律法规的总称。另一方面，即使法律、法规、规章甚至其他规范性文件均未具体明确相关管理规定，但作为动物饲养人，也应当采取必要的安全措施，避免动物伤害他人，如其因疏忽大意未采取必要措施导致伤害他人的，仍应当承担责任。

根据该条规定，被处罚的对象是饲养动物的人或者牵领动物的人，既包括个人也包括单位。"驱使动物伤害他人"，是指饲养动物或牵领动物的人，故意用声音、语言、眼神或动作暗示或指使动物对他人进行攻击的行为。这种行为一般有两种情况：一种是为了报复他人，故意使用动物伤害他人；另一种是出于好奇取乐。不管动机如何，只要伤害了他人，就构成驱使动物伤害他人应当给予治安处罚的行为。但是，如果在动物比赛过程中，动物按照主人的指示不慎伤害他人的，不属于驱使动物伤害他人的情况，可以依照其他有关规定进行赔偿。饲养动物或牵领动物的人，故意驱使动物伤害他人的，按照本法第五十一条规定的故意伤害他人身体的行为处罚。实践中，应当根据行为的情节作出不同的处罚决定。对于伤害他人身体构成犯罪的，应当依照《刑法》的有关规定追究刑事责任。

⊙ 典型案例

徐某与某派出所警告处罚案[①]

徐某饲养蜜蜂多年。2019 年 7 月 2 日，该县某小区居民向某派出所报案称，徐某饲养的蜜蜂经常飞到该小区东门处，对小区居民休息娱乐产生妨碍，严重影响小区居民的正常生活。当日，某派出所民警办理了受案登记，对某小区相关居民进行了询问，制作了笔录，对某小区东门现场进行了勘验，对蜜蜂飞行停留的花坛喷泉现场进行了拍照，对徐某饲养蜜蜂场所进行了拍照。徐某在询问笔录中自认，其饲养的蜜蜂在蜂场方圆七公里范围内飞，有因喝水需要而飞到某小区内喷泉处的事实。某派出所拟对徐某作出警告处罚，并在行政处

---

① 黑龙江省齐齐哈尔市中级人民法院二审行政判决书，(2020) 黑 02 行终 102 号。

罚前向徐某告知，徐某不提出陈述和申辩。2019年7月3日，某派出所作出行政处罚决定书，依法向徐某送达。徐某不服，向该县公安局申请复议，复议机关予以维持。徐某仍不服，向该县法院提起诉讼。一审法院判决驳回徐某诉讼请求。徐某上诉，二审法院对一审判决予以维持。

⊙ 关联规定

《民法典》

  第一千二百四十五条　饲养的动物造成他人损害的，动物饲养人或者管理人应当承担侵权责任；但是，能够证明损害是因被侵权人故意或者重大过失造成的，可以不承担或者减轻责任。

  第一千二百四十六条　违反管理规定，未对动物采取安全措施造成他人损害的，动物饲养人或者管理人应当承担侵权责任；但是，能够证明损害是因被侵权人故意造成的，可以减轻责任。

  第一千二百四十七条　禁止饲养的烈性犬等危险动物造成他人损害的，动物饲养人或者管理人应当承担侵权责任。

  第一千二百五十一条　饲养动物应当遵守法律法规，尊重社会公德，不得妨碍他人生活。

第四章　处罚程序

第一节　调　查

第九十条　【治安案件的立案及处理】
公安机关对报案、控告、举报或者违反治安管理行为人主动投案，以及其他国家机关移送的违反治安管理案件，应当立即立案并进行调查；认为不属于违反治安管理行为的，应当告知报案人、控告人、举报人、投案人，并说明理由。

⊙重点解读

本条是关于公安机关对接报案和立案的规定。

《治安管理处罚法》本次修订之前，没有立案，只有受案，受案标志着治安案件办理的开始。《行政处罚法》第五十四条第二款规定："符合立案标准的，行政机关应当及时立案。"据此，立案成为实施行政处罚的一个基本程序，《治安管理处罚法》此次修订，新增立案制度，更加契合行政处罚程序的一般要求。

治安案件的来源有两类：一是公安机关自己发现，二是公安机关接报案。本条主要是针对第二类治安案件来源所作的规定。接报案，包括报案、控告、举报、扭送、投案、移送等情形。无论是何种情形的报案，公安机关接报案后，都应当及时受理并登记，经审查发现符合治安案件立案标准的，应当立即立案并进行调查。为了进一步减少执法层级、明确执法责任、加强当事人权益保护，接报案和立案的主体不是所有的公安机关，而是"县级公安机关及其公安派出所、依法具有独立执法主体资格的公安机关业务部门以及出入境边防检查站"，公安部和省级公安机关一般不能成为治安案件的立案主体。如表4-1所示，公安机关接报案后，如果当事人行为涉嫌违反治安管理，且属于本公安机关管辖的，应当立案调查；如果当事人行为涉嫌违反治安管理，但不属于本公安机关管辖的，不予立案，但应当在二十四小时内将案件移送有管辖权的单位处理，并告知报案人、控告人、举报人、投案人；如果当事人行为没有违反治安管理的，不予立案，但应当将不予立案决定及其理由告知报案人、控告人、举报人、投案人。公安机关履行不予立案告知义务，如在接报案时能够当场判断的，应当口头告知报案人、控告人、举报人、投案人，但报案人、控告人、举报人、投案人对口头告知内容有异议或者不能当场判断的，应当书面告知，但因没有联系方式、身份不明等客观原因无法书面告知的除外。公安机关履行不予立案告知义务的对象不包括移送的其他有关国家机关，公安机关对其他国家机关移送的违反治安管理案件，即使认为当事人行为没有违反治安管理或者当事人行为涉嫌违反治安管理，但认为不属于本公安机关管辖的，也不能再退回移送的其他国家机关，亦不能移送到其他公安机关，此时，应当与移送的其他国家机关协商解决或者报请共同的上级公安机关适用指定管辖规则解决。

表4-1 治安案件的立案处理

治安案件的立案	属于公安机关职责范围，且属于本公安机关管辖的案件，应予立案调查
	属于公安机关职责范围，但不属于本公安机关管辖的案件，不予立案并告知
	不属于公安机关职责范围，不予立案并告知

⊙ 典型案例

孟某江诉日照市公安局某分局不履行法定职责案[①]

孟某江与孟某迎、孟某迎的继父孟某竖同系日照市某镇某村村民。孟某

---

① 山东省日照市中级人民法院行政判决书，(2016) 鲁11行终124号。

江房屋在孟某竖房屋北面,双方房屋东侧为南北向通行的村内道路,道路东侧为孟某江于十年前建设的三间猪圈。双方曾因猪圈问题多次发生纠纷。2014年8月28日11时许,孟某迎与他人将孟某江的三间猪圈拆除,造成猪圈及附属配套设施损坏。当日,孟某江向日照市公安局东港分局报警要求处理,日照市公安局东港分局出警后,一直未作出处理,遂提起行政诉讼。

日照市东港区人民法院经审理后认为,根据《治安管理处罚法》的规定,被告负有"维护社会治安秩序,保障公共安全,保护公民、法人和其他组织的合法权益"的法定职责。现代法律以禁止私力救济为原则,一个健康、有序的社会,通过法律来化解矛盾、解决纠纷是基本手段,如果孟某迎认为孟某竖是合法土地使用权人,应当通过合法途径解决,即寻求公力救济,而不应采取自行拆除猪圈、激化矛盾的行为。民事责任和治安行政法律责任是不同性质的法律责任,两种责任不能相互代替。孟某迎主张其"为了保护继父孟某竖的合法土地使用权,破坏了孟某江的猪圈",如果对上述行为不予受理,无疑会引起并鼓励他人效仿,无形中助长了此类行为蔓延,从而在更大程度上危害社会长治久安。原告孟某江向原审被告报警要求处理孟某迎与他人拆除孟某江猪圈的行为,被告应当及时受理,并根据认定的案件事实,依法及时作出相应的行政处理决定,被告至今没有受理,有违《治安管理处罚法》的规定。

因此,法院未采纳日照市公安局某分局所称的"属于民事纠纷,公安机关无权管辖"的辩解理由,遂作出履行判决,内容为限日照市公安局某分局于判决生效之日起三十日内对孟某江2014年8月28日报警案件予以受理("立案"),并作出行政处理。

⊙ 关联规定

《行政处罚法》(2021年修订)

　　第五十四条第二款　符合立案标准的,行政机关应当及时立案。

《公安机关办理行政案件程序规定》(2020年修正)

　　第六十条　县级公安机关及其公安派出所、依法具有独立执法主体资格的公安机关业务部门以及出入境边防检查站对报案、控告、举报、群众扭送或者违法嫌疑人投案,以及其他国家机关移送的案件,应当及时受理并按照规定进行网上接报案登记。对重复报案、案件正在办理或者已经办结的,应当向报案人、控告人、举报人、扭送人、投案人作出解释,不再登记。

第六十一条 公安机关应当对报案、控告、举报、群众扭送或者违法嫌疑人投案分别作出下列处理,并将处理情况在接报案登记中注明:

(一)对属于本单位管辖范围内的案件,应当立即调查处理,制作受案登记表和受案回执,并将受案回执交报案人、控告人、举报人、扭送人;

(二)对属于公安机关职责范围,但不属于本单位管辖的,应当在二十四小时内移送有管辖权的单位处理,并告知报案人、控告人、举报人、扭送人、投案人;

(三)对不属于公安机关职责范围的事项,在接报案时能够当场判断的,应当立即口头告知报案人、控告人、举报人、扭送人、投案人向其他主管机关报案或者投案,报案人、控告人、举报人、扭送人、投案人对口头告知内容有异议或者不能当场判断的,应当书面告知,但因没有联系方式、身份不明等客观原因无法书面告知的除外。

在日常执法执勤中发现的违法行为,适用前款规定。

第九十一条 【严禁非法取证】

公安机关及其人民警察对治安案件的调查,应当依法进行。严禁刑讯逼供或者采用威胁、引诱、欺骗等非法手段收集证据。

以非法手段收集的证据不得作为处罚的根据。

⊙ **重点解读**

本条内容涉及两个方面:一是关于公安机关依法调查原则的规定;二是关于非法证据排除规则的规定。公安机关办理治安案件的调查,依其对当事人权利影响的大小和调查实效保证手段的有无,可以分为任意性调查和强制性调查。本条规定的依法调查主要是针对强制性调查,即公安机关实施的询问、检查、鉴定、检测、辨认、证据保全措施等调查活动，应当严格依照法定条件、法定步骤、法定时限和法定方式进行，否则构成程序违法。依法调查原则的核心要义是依法取证原则。公安机关对治安案件的调查，其目的在于收集证据，查明案件事实真相，而不是追究违法嫌疑人的法律责任，因此，公安机关在调查中应当全面、客观、公正地收集证据，既要收集不利于违法嫌疑人的证据，又要收集有利于违法嫌疑人的证据。

本条在规定依法调查取证原则的基础上，又进一步规定了严禁刑讯逼供或者采用威胁、引诱、欺骗等非法手段收集证据，确立起非法证据排除规则。非法收集证据是行为模式，非法证据排除是法律后果。非法证据排除规则因非法证据的种类不同，而有不同的适用效果。对于非法言词证据，严格适用排除规则，也就是说，采用刑讯逼供等非法方法收集的违法嫌疑人的陈述和申辩以及采用暴力、威胁等非法方法收集的被侵害人陈述、其他证人证言，不能作为定案的根据。对于非法实物证据，因其属于客观证据，具有唯一性，故需区别适用排除规则。收集物证、书证等实物证据如不符合法定程序，可能严重影响执法公正的，应当予以补正或者作出合理解释，在公安机关予以补正或者作出合理解释后，可以作为定案根据。不能补正或者作出合理解释的，不能作为定案根据。对于违反法定程序收集实物证据何种情形下能够予以补正或者作出合理解释，具体可以依据《公安机关办理行政案件程序规定》第二十八条至第三十二条、《最高人民法院关于适用〈中华人民共和国刑事诉讼法〉的解释》第八十六条和最高人民法院、最高人民检察院、公安部、国家安全部、司法部《关于办理死刑案件审查判断证据若干问题的规定》第九条的规定。

⊙ 关联规定

《行政处罚法》（2021年修订）

  第四十六条第三款 以非法手段取得的证据，不得作为认定案件事实的根据。

《行政诉讼法》（2017年修正）

  第四十三条第三款 以非法手段取得的证据，不得作为认定案件事实的根据。

《公安机关办理行政案件程序规定》(2020年修正)

第二十七条　公安机关必须依照法定程序，收集能够证实违法嫌疑人是否违法、违法情节轻重的证据。

严禁刑讯逼供和以威胁、欺骗等非法方法收集证据。采用刑讯逼供等非法方法收集的违法嫌疑人的陈述和申辩以及采用暴力、威胁等非法方法收集的被侵害人陈述、其他证人证言，不能作为定案的根据。收集物证、书证不符合法定程序，可能严重影响执法公正的，应当予以补正或者作出合理解释；不能补正或者作出合理解释的，不能作为定案的根据。

> **第九十二条　【收集、调取证据的权力和告知义务】**
>
> 公安机关办理治安案件，有权向有关单位和个人收集、调取证据。有关单位和个人应当如实提供证据。
>
> 公安机关向有关单位和个人收集、调取证据时，应当告知其必须如实提供证据，以及伪造、隐匿、毁灭证据或者提供虚假证言应当承担的法律责任。

⊙ **重点解读**

本条是此次修订新增条款，包含两款内容。首先规定了公安机关有向有关单位和个人收集、调取证据的权力，其次规定了有关单位和个人如实提供证据的义务，最后特别规定了公安机关向有关单位和个人收集、调取证据应当履行的告知义务。

公安机关根据《治安管理处罚法》的授权，承担实施治安管理处罚的职责，这就必然需要行使收集、调取证据的职权。公安机关向有关单位和个人收集、调取证据必须依法进行，并符合法定程序。

本条第二款规定了有关单位和个人如实提供证据的义务，该义务包括作为义务和不作为义务两个方面。有关单位和个人如实提供证据，首先是一种作为义务，即有关单位和个人应当按照公安机关的要求，积极配合，协助调查，如实提供证据。有关单位和个人如实提供证据，同时也是一种不作为义务，即有关单位和个人不能妨碍公安机关收集证据，也就是不得采取对抗手段，特别是以伪造、隐匿、毁灭证据或者提供虚假证言方式，阻挠公安机关收集、调取证据。

本条还特别规定了公安机关向有关单位和个人收集、调取证据应当履行告知义务。公安机关只有向有关单位和个人明确告知收集、调取证据的种类和范围，有关单位和个人才能更有针对性地提供证据。同时，公安机关向有关单位和个人收集、调取证据应当告知其相应的作为义务和不作为义务，特别是告知不履行不作为义务时将面临的法律制裁，从而促使有关单位和个人如实提供证据。公安机关向有关单位和个人收集、调取证据履行告知义务，应当尽可能"留痕"，原则上应当经公安机关办案部门负责人批准，开具调取证据通知书，必要时，公安机关应当采用录音、录像等方式固定收集、调取证据过程。

⊙ 典型案例

李某某诉呼玛县公安局治安行政处罚案[1]

玄某某与刘某系邻居关系，2021年7月，两家因李某某驾驶车辆停车占道问题发生矛盾。玄某某先是打了刘某的女儿王某某一巴掌，接着王某某和顾某某（刘某儿子王某3的女朋友）对玄某某进行殴打，造成玄某某多处挫伤，顾某某手臂等处受伤。其间邻居王某1、罗某上前拉架，造成王某1手臂受伤。刘某和其子王某3先后从屋里出来，但未参与打架。玄某某的儿子战某1、战某2到现场后打电话报警。案发后李某某驾车和王某某、顾某某、刘某一同去派出所接受询问时，四人在车内相互串通，预谋向公安机关提供玄某某的儿子参与打架的虚假证言。李某某在询问笔录中证实玄某某的儿子战某1打了刘某。呼玛县公安局作出行政处罚决定书，认定李某某提供虚假证言，给予其行政拘留七日并处300元罚款的行政处罚，同时对其他违法行为人也作出了相应处罚。李某某对行政处罚不服，提出行政复议申请，呼玛县人民政府作出维持行政复

---

[1] 黑龙江省呼玛县人民法院行政判决书，（2021）黑2721行初11号。

议决定。李某某遂向呼玛县人民法院提起行政诉讼。

  法院认为，本案争议的焦点是李某某的行为是否构成提供虚假证言的违法行为。李某某到派出所接受调查前，在车内与王某某、顾某某、刘某相互串通，预谋向公安机关提供玄某某的儿子战某1参与打架的虚假证言。在民警向李某某调查案情时，李某某证实"这时玄某某的儿子就用手怼了刘某的胸口一下，然后王某3就把我拉进屋里了，不让我参与这些事"，而王某3则证实从屋里出来后"我没看见有人打架"。另外，在场的邻居罗某、王某1也证实玄某某的两个儿子未参与打架，因此，应当认定玄某某的儿子战某1、战某2未参与打架。李某某称玄某某的儿子参与打架系故意歪曲案件事实，属提供虚假证言的违法行为，并影响到公安机关依法办案。公安机关依据《治安管理处罚法》第六十条第二项之规定，以提供虚假证言给予李某某行政拘留七日并处300元罚款的行政处罚符合法律规定。呼玛县人民政府受理李某某提出的行政复议申请后，根据《行政复议法》的规定，对案涉行政处罚决定进行了审查，在法定期限内作出了维持复议决定并送达给李某某并无不当。

  综上所述，呼玛县公安局对李某某所作行政处罚及呼玛县人民政府所作行政复议决定认定事实清楚，证据充分，程序合法，适用法律法规正确。李某某诉请撤销呼玛县公安局作出的行政处罚决定和呼玛县人民政府所作行政复议决定无事实根据和法律依据，不予支持，故驳回李某某的诉讼请求。

⊙ 关联规定

《行政处罚法》（2021年修订）

  第五十五条第二款　当事人或者有关人员应当如实回答询问，并协助调查或者检查，不得拒绝或者阻挠。询问或者检查应当制作笔录。

《公安机关办理行政案件程序规定》（2020年修正）

  第二十八条　公安机关向有关单位和个人收集、调取证据时，应当告知其必须如实提供证据，并告知其伪造、隐匿、毁灭证据，提供虚假证词应当承担的法律责任。

  需要向有关单位和个人调取证据的，经公安机关办案部门负责人批准，开具调取证据通知书，明确调取的证据和提供时限。被调取人应当在通知书上盖章或者签名，被调取人拒绝的，公安机关应当注明。必要时，公安机关应当采用录音、录像等方式固定证据内容及取证过程。

需要向有关单位紧急调取证据的，公安机关可以在电话告知人民警察身份的同时，将调取证据通知书连同办案人民警察的人民警察证复印件通过传真、互联网通讯工具等方式送达有关单位。

第三十四条　凡知道案件情况的人，都有作证的义务。

生理上、精神上有缺陷或者年幼，不能辨别是非、不能正确表达的人，不能作为证人。

> **第九十三条**　【证据的转换】
> 在办理刑事案件过程中以及其他执法办案机关在移送案件前依法收集的物证、书证、视听资料、电子数据等证据材料，可以作为治安案件的证据使用。

⊙重点解读

本条是关于刑事证据和其他执法办案证据在治安案件中转换使用的规定。不同的法律，所保障的权益程度是不同的，因此，法律对行政执法证据和刑事执法证据有着不同的证据能力要求。法律对刑事证据的证据能力要求极为严格，是因为刑事制裁是最后一道法网，而行政证据较刑事证据而言，"门槛"相对低。具有证据能力的刑事证据，其在证据形式、证据内容、取证主体、取证手段等方面都具有合法性，且较行政证据的证据能力要求更高，因此，刑事证据必然具备行政证据能力，当然能够在行政执法中直接使用。行政执法中直接使用的刑事证据既包括书证、物证等实物证据，也包括证人证言等言词证据。公安机关办理治安案件，亦不例外。《监察法》第三十六条明确规定，监察机关在收集、固定、审查、运用证据时，应当与刑事审判关于证据的要求和标准相一致。监察机关依法收集的证据，不论是实物证据还是言词证据，都具有和刑事证据相同的证据能力,故其当然可以在公安机关办理治安案件中作为证据使用。

其他行政执法机关在移送案件前依法收集的书证、物证、视听资料、电子数据等实物证据,因其客观性,可以在公安机关办理治安案件中作为证据使用。其他行政执法机关在移送案件前依法收集的言词证据,因具有主观性,本条未规定其可以在公安机关办理治安案件中作为证据使用。因此,公安机关办理治安案件时,对于其他行政执法机关在移送案件前依法收集的言词证据,应当重新收集并查证属实,方能作为定案根据。

⊙ 典型案例

贾某海诉被告某县公安局、某县人民政府及第三人某煤田地质油气钻采有限公司治安行政处罚案①

2015年3月,第三人某煤田地质油气钻采有限公司30139钻井队进驻某县某乡某村环37-11井场进行钻井施工。在施工期间,贾某海以妻子患有脑病、第三人施工产生的噪声和震动影响其妻子正常休息并震损其住宅为由,先后两次阻挡第三人施工。同年5月,第三人施工结束,贾某海、贾某贵、贾某某以第三人没有赔偿其损失为由阻挡第三人搬迁。第三人分别向贾某海、贾某贵、贾某某三人支付赔偿款31000元、5000元、3000元,三人收到赔偿款后分别向第三人出具收条并准许第三人搬离。

同年6月,第三人因上述事实向被告县公安局某派出所报案,当日该所即受理了第三人的报案。县公安局决定将该案转为刑事案件,对贾某海、贾某贵、贾某某三人采取刑事拘留的强制措施,向县人民检察院提请逮捕贾某海、贾某贵、贾某某。县人民检察院以三人的行为系民事纠纷引起,不构成敲诈勒索罪为由,决定不批准逮捕。当日县公安局收到不批准逮捕决定书,释放了贾某海、贾某贵、贾某某。随后,县公安局决定将刑事案件撤销并转为治安案件处理,并作出行政处罚决定书,决定对贾某海行政拘留十四天并处罚款1000元,追缴违法所得17400元,补偿八间房屋、十三孔窑洞13600元。贾某海不服被诉处

---

① 甘肃省庆阳林区基层法院行政判决书,(2015)庆林行初字第65号。

罚决定，向县人民政府提起行政复议，复议维持了被诉处罚决定，贾某海不服，遂向法院提起诉讼。

在法定举证期限内，被告县公安局及被告县人民政府向法院提交了相关证据，其中有对贾某某、贾某贵、贾某海的讯问笔录，老乡阻挠钻井队施工情况说明与各项损失计算表，县公安局某派出所现场勘验检查工作记录及现场照片等，从而证明贾某某、贾某海、贾某贵以其住宅受损为由多次阻拦该井队施工、搬迁，造成第三人经济损失558384元，第三人支付贾某海31000元、贾某贵5000元、贾某某3000元的事实；法院经庭审质证，认为对贾某某、贾某海、贾某贵的讯问笔录、收据、现场勘验检查工作记录及现场照片无异议，但不能证明被诉处罚决定合法，原告不存在敲诈勒索行为。

综上，法院认为，本案中原告的住宅因第三人施工而致损，原告在向第三人索赔未果的情况下，采取阻挡施工、阻拦搬迁的行为促使第三人赔偿其损失的行为虽有不当，但其索要赔偿的行为无非法占有的主观故意，因此，撤销被告作出的行政处罚决定及行政复议决定。

⊙关联规定

《公安机关办理行政案件程序规定》（2020年修正）

第三十三条　刑事案件转为行政案件办理的，刑事案件办理过程中收集的证据材料，可以作为行政案件的证据使用。

第九十四条　【公安机关的保密义务】

公安机关及其人民警察在办理治安案件时，对涉及的国家秘密、商业秘密、个人隐私或者个人信息，应当予以保密。

⊙重点解读

本条是关于公安机关保密义务的规定。保守工作秘密，不得泄露涉及的国家秘密、商业秘密、个人隐私或者个人信息,这是对公安机关及其人民警察办理治安案件的工作要求。保守工作秘密的内容,本条未作规定,其主要见诸《公职人员政务处分法》《人民警察法》《公安机关人民警察内务条令》《公安机关办理行政案件程序规定》等法律规范中。公安机关及其人民警察办理治安案件,出于依法履行职责和维护公共利益的需要,可以依法查询和收集与案件有关但涉及国家秘密、商业秘密、个人隐私或者个人信息的证据材料,但在收集、保管和使用这类证据材料时应当做好保密工作,不得让不该知晓其内容的人知悉,以免对国家、单位或者个人权益造成损害。

国家秘密是指关系到国家安全和利益,依照法定程序确定,在一定时间内只限一定范围的人员知悉的事项;商业秘密是指不为公众所知悉,能给权利人带来经济利益,具有实用性并经权利人采取保密措施的工业、商业和管理等方面的技术信息和经营信息;个人隐私是指与公共利益无关,公民个人生活中不愿为他人(一定范围以外的人)公开或知悉的私生活秘密。对国家秘密、商业秘密、个人隐私予以保密,该义务早已为2005年《治安管理处罚法》所规定。传统观点认为个人信息属于个人隐私范畴,但二者实则存在一定差异。如将二者简单等同,将会降低个人信息的保护力度。个人信息是指以电子或者其他方式记录的能够单独或者与其他信息结合识别特定自然人的各种信息。个人信息基于主体的知情同意,可以为他人知晓甚至使用。此次《治安管理处罚法》修订增列个人信息的保密义务,有利于加大对个人信息权的保障力度,也符合《个人信息保护法》的相关规定。

⊙关联规定

《公职人员政务处分法》

第三十九条 有下列行为之一,造成不良后果或者影响的,予以警告、记过或者记大过;情节较重的,予以降级或者撤职;情节严重的,予以开除:

(一)滥用职权,危害国家利益、社会公共利益或者侵害公民、法人、其他组织合法权益的;

(二)不履行或者不正确履行职责,玩忽职守,贻误工作的;

（三）工作中有形式主义、官僚主义行为的；

（四）工作中有弄虚作假，误导、欺骗行为的；

（五）泄露国家秘密、工作秘密，或者泄露因履行职责掌握的商业秘密、个人隐私的。

《人民警察法》（2012年修正）

第二十二条 人民警察不得有下列行为：

（一）散布有损国家声誉的言论，参加非法组织，参加旨在反对国家的集会、游行、示威等活动，参加罢工；

（二）泄露国家秘密、警务工作秘密；

（三）弄虚作假，隐瞒案情，包庇、纵容违法犯罪活动；

（四）刑讯逼供或者体罚、虐待人犯；

（五）非法剥夺、限制他人人身自由，非法搜查他人的身体、物品、住所或者场所；

（六）敲诈勒索或者索取、收受贿赂；

（七）殴打他人或者唆使他人打人；

（八）违法实施处罚或者收取费用；

（九）接受当事人及其代理人的请客送礼；

（十）从事营利性的经营活动或者受雇于任何个人或者组织；

（十一）玩忽职守，不履行法定义务；

（十二）其他违法乱纪的行为。

《居民身份证法》（2011年修正）

第六条第三款 公安机关及其人民警察对因制作、发放、查验、扣押居民身份证而知悉的公民的个人信息，应当予以保密。

《刑法》（2023年修正）

第二百五十三条之一 违反国家有关规定，向他人出售或者提供公民个人信息，情节严重的，处三年以下有期徒刑或者拘役，并处或者单处罚金；情节特别严重的，处三年以上七年以下有期徒刑，并处罚金。

违反国家有关规定，将在履行职责或者提供服务过程中获得的公民个人信息，出售或者提供给他人的，依照前款的规定从重处罚。

窃取或者以其他方法非法获取公民个人信息的,依照第一款的规定处罚。

单位犯前三款罪的,对单位判处罚金,并对其直接负责的主管人员和其他直接责任人员,依照各该款的规定处罚。

《公安机关办理行政案件程序规定》(2020年修正)

第五十一条　公安机关调查取证时,应当防止泄露工作秘密。

第九十五条　【回避的适用条件和决定】

人民警察在办理治安案件过程中,遇有下列情形之一的,应当回避;违反治安管理行为人、被侵害人或者其法定代理人也有权要求他们回避:

(一)是本案当事人或者当事人的近亲属的;

(二)本人或者其近亲属与本案有利害关系的;

(三)与本案当事人有其他关系,可能影响案件公正处理的。

人民警察的回避,由其所属的公安机关决定;公安机关负责人的回避,由上一级公安机关决定。

⊙ **重点解读**

本条是关于人民警察应当回避的情形以及如何回避的规定。古老的自然公正原则要求"任何人不得做自己案件的法官",这一法理的规范表达就是回避制度。回避制度的目的是从源头上防止人民警察以权谋私、滥用权力,有效提高案件办理的公正性。本条从回避的类型、应当回避的情形和回避的决定三个方面对回避制度予以较为系统的规定。

人民警察在办理治安案件过程中的回避,有自行回避和申请回避两种类型。自行回避,是指人民警察遇有法定情形,主动向有权决定的公安机关提出不参加本案件的调查取证和处理决定。申请回避,是指应当回避的人民警察没有自行回避,当事人(包括其法定代理人等)可以向有权决定的公安机关提出申请，请求让其回避。自行回避是人民警察的义务，知晓自己具有应当回避情形，人民警察应当主动提出。申请回避是当事人的权利，当事人未必知晓自己这一权利，人民警察在办理治安案件中，应当积极向当事人告知申请回避的权利。申请回避可以书面提出，也可以口头提出。如系口头提出，公安机关应当记录在案。如果有应当回避的情形，而人民警察没有自行回避，当事人也没有申请回避的，有权决定回避的公安机关可以指令回避。

人民警察应当回避的情形有三种：一是本人是本案当事人或者当事人的近亲属的。关于"近亲属"的范围，可以参照《最高人民法院关于适用〈中华人民共和国行政诉讼法〉的解释》第十四条第一款的规定。二是本人或者其近亲属与本案有利害关系的。这里的利害关系是一种直接关联性质的利益关系，可能影响到案件的公正办理。三是人民警察与本案当事人有其他关系，可能影响案件公正处理的。相较亲属关系和利害关系，这种其他关系的关联性并不显性，但其对案件公正处理的可能性也许会更大，如老乡关系、同学关系、恩怨关系等。人民警察如有此种情形，均应当回避，不参与案件的调查处理。

发生法定回避情形，人民警察应当回避。无论是自行回避，还是申请回避，都有赖于有权决定回避的公安机关进行审查后方能决定。人民警察的回避，由其所属的公安机关决定；公安机关负责人的回避，由上一级公安机关决定。值得注意的是，回避的主体是人民警察，不是公安机关或者办案部门；同时，公安机关在办理治安案件中，鉴定人和翻译人员尽管不是人民警察，但有本条应当回避三种情形的发生，也会影响其鉴定和通译的公正性，因此，也适用本条。在回避决定作出之前，人民警察不得停止案件的调查处理，其收集的证据如符合法律规定，一样具有证据能力。

⊙ 典型案例

郑某诉某市公安局治安行政处罚案[①]

2011年10月13日12时37分，某市公安局某派出所接到纠纷报警，即派民警M、L到事发地点处理。因涉嫌盗窃，纠纷双方想自行解决未果，民警即

[①] 浙江省桐乡市人民法院行政判决书，（2012）嘉桐行初字第2号。

要将嫌疑人带到派出所调查处理。但郑某同W等人采用围拦警车等方式，阻碍民警依法处理。由此，市公安局因W、郑某阻碍人民警察依法执行职务，通过询问当事人、证人，传唤当事人，组织进行辨认等，对该违法事实进行调查。同日，市公安局因郑某、W行为构成阻碍人民警察依法执行职务，将拟处罚决定向两人告知，两人拒绝在笔录上签字。同日，市公安局作出行政处罚决定，对郑某给予行政拘留六日的处罚。

郑某认为，本案中调查取证的民警与被阻碍执行职务的民警在同一个派出所，系同事关系，根据法律及法律通说，当事人有理由怀疑，民警对案件的调查取证存有不公，应当回避，故被告作出行政处罚决定程序违法，故请求撤销该行政处罚决定。

法院经审理认为，行政回避是指行政机关工作人员在行使职权过程中，因其与所处理的事务有利害关系，为保证实体处理结果和程序进展的公正性，根据当事人的申请或行政机关工作人员的请求，有权机关依法终止其职务的行使并由他人代理的一种法律制度。本案中，对事发经过情况的调查取证，分别由某市公安局及其巡特警大队、某派出所的民警对案件当事人、证人及纠纷双方有关人员进行询问并制作笔录。原告于庭审中提出询问人员都是某派出所的民警，与事实不符。本案的承办单位是市公安局的巡特警大队，虽然某派出所的其他民警也参与了调查询问工作，但原告没有证据证明这些民警可能有偏私的情况。因此，原告仅以调查取证的民警与被阻碍的处警民警系同事关系而认为违反回避制度，属程序违法的观点，缺乏法律依据。

综上所述，被诉治安处罚决定，事实清楚，适用法律正确，处罚程序合法，原告的诉讼理由，缺乏事实和法律依据，其诉讼请求，法院不予支持。

⊙关联规定

《行政处罚法》（2021年修订）

第四十三条 执法人员与案件有直接利害关系或者有其他关系可能影响公正执法的，应当回避。

当事人认为执法人员与案件有直接利害关系或者有其他关系可能影响公正

执法的，有权申请回避。

当事人提出回避申请的，行政机关应当依法审查，由行政机关负责人决定。决定作出之前，不停止调查。

《公安机关办理行政案件程序规定》（2020年修正）

第十七条 公安机关负责人、办案人民警察有下列情形之一的，应当自行提出回避申请，案件当事人及其法定代理人有权要求他们回避：

（一）是本案的当事人或者当事人近亲属的；

（二）本人或者其近亲属与本案有利害关系的；

（三）与本案当事人有其他关系，可能影响案件公正处理的。

第十八条 公安机关负责人、办案人民警察提出回避申请的，应当说明理由。

第十九条 办案人民警察的回避，由其所属的公安机关决定；公安机关负责人的回避，由上一级公安机关决定。

第二十条 当事人及其法定代理人要求公安机关负责人、办案人民警察回避的，应当提出申请，并说明理由。口头提出申请的，公安机关应当记录在案。

第二十一条 对当事人及其法定代理人提出的回避申请，公安机关应当在收到申请之日起二日内作出决定并通知申请人。

第二十二条 公安机关负责人、办案人民警察具有应当回避的情形之一，本人没有申请回避，当事人及其法定代理人也没有申请其回避的，有权决定其回避的公安机关可以指令其回避。

第二十三条 在行政案件调查过程中，鉴定人和翻译人员需要回避的，适用本章的规定。

鉴定人、翻译人员的回避，由指派或者聘请的公安机关决定。

第二十四条 在公安机关作出回避决定前，办案人民警察不得停止对行政案件的调查。

作出回避决定后，公安机关负责人、办案人民警察不得再参与该行政案件的调查和审核、审批工作。

第二十五条 被决定回避的公安机关负责人、办案人民警察、鉴定人和翻译人员，在回避决定作出前所进行的与案件有关的活动是否有效，由作出回避决定的公安机关根据是否影响案件依法公正处理等情况决定。

> **第九十六条　【传唤的适用】**
>
> 　　需要传唤违反治安管理行为人接受调查的,经公安机关办案部门负责人批准,使用传唤证传唤。对现场发现的违反治安管理行为人,人民警察经出示人民警察证,可以口头传唤,但应当在询问笔录中注明。
>
> 　　公安机关应当将传唤的原因和依据告知被传唤人。对无正当理由不接受传唤或者逃避传唤的人,经公安机关办案部门负责人批准,可以强制传唤。

⊙重点解读

　　本条规定了治安传唤的适用条件、不同类型及其批准权限。传唤,系公安机关在办理治安案件过程中,通知违法嫌疑人在规定的时间内到指定地点接受询问查证的一种调查手段。传唤是询问查证的配套保障法律制度,传唤的适用对象只能是违法嫌疑人,对于被害人和证人,不适用传唤,而是适用通知。传唤,原则上是书面传唤,即公安机关传唤违法嫌疑人接受询问查证时,必须向违法嫌疑人出示人民警察证,表明执法身份,再出具由公安机关办案部门负责人批准签发的传唤证,方能实施传唤。公安机关并不是对所有的违法嫌疑人都要传唤,而是根据办案需要特别是调查取证需要而定,不能为"传唤"而传唤,比如对于投案自首或者群众扭送的违法嫌疑人,公安机关无需办理传唤手续。违法嫌疑人被传唤到案后和询问查证结束后,应当由其在传唤证上填写到案和离开时间并签名。拒绝填写或者签名的,办案人民警察应当在传唤证上注明。口头传唤是相对于书面传唤而言的,其适用有着严格的限定条件,即只有对于现场发现的违法嫌疑人,根据办案需要,才能采取口头传唤。这里的现场,不是指案发现场,而是发现违法嫌疑人的地方,既包括案发现场,也可以是案发现场之外其他发现违法嫌疑人的地方。办案人民警察无论是在案发现场还是在案发现场以外进行调查取证或是巡逻盘查发现的违法嫌疑人,都可以进行口头传唤。如公安机关人民警察接报警后赶到案发现场，违法嫌疑人已经离去，此时原则上只能对该违法嫌疑人实施书面传唤，但人民警察正好在其他巡逻工作中发现了该违法嫌疑人，就能采取口头传唤。办案人民警察现场发现违法嫌疑人，并不一定要实施口头传唤，而是根据办案的具体实际情况而定。实施口头传唤，并不需要公安机关办案部门负责人批准，但无论是书面传唤还是口头传唤，公安机关办案人民警察都应当履行告知义务，向被传唤人告知传唤的理由和依据。

书面传唤和口头传唤并不必然是行政强制措施，只要违法嫌疑人予以配合，前往指定场所接受询问查证，办案人民警察实施口头传唤和书面传唤，就不能使用约束性警械等予以强制。只有在实施口头传唤和书面传唤时，违法嫌疑人无正当理由不接受传唤或者逃避传唤的，办案人民警察才能采取强制传唤。强制传唤是一种行政强制措施，原则上必须事先经由公安机关办案部门负责人批准后方能实施。书面传唤，已有公安机关办案部门负责人批准签发传唤证，该传唤证已包括可能实施强制传唤的批准，此时如发生违法嫌疑人无正当理由不接受传唤或者逃避传唤情形，办案人民警察无须就强制传唤事项再向办案部门负责人呈请批准，即可径行实施强制传唤。口头传唤，如发生违法嫌疑人无正当理由不接受传唤或者逃避传唤情形，办案人民警察如再就强制传唤事项事先向办案部门负责人呈请批准，不符合情理，故可以现场先实施强制传唤，在返回单位后再立即向所属公安机关部门负责人报告并补办批准手续。必须注意的是，公安机关人民警察对于无正当理由不接受传唤或者逃避传唤的违法嫌疑人，并不是一定要采取强制传唤，而是"可以"强制传唤；换言之，强制传唤的实施，仍得受比例原则的拘束。强制传唤属于行政强制措施，其实施应当履行相应的审批义务，即采取强制传唤应当经公安机关办案部门负责人批准。对于现场发现的违法嫌疑人，如发生无正当理由不接受传唤或者逃避传唤之情形，此时公安机关可以先实施强制传唤；强制传唤系对违法嫌疑人实施限制公民人身自由的行政强制措施，办案人民警察应当在返回单位后立即报告，并补办批准手续。

⊙ 典型案例

张某诉某县公安局治安管理行政强制案[①]

张某与谢某均系离异，2017年年初经人介绍恋爱并同居，后谢某提出与张某分手。2017年9月25日约22时，张某酒后购买水果到谢某家敲门，谢某拒绝开门，张某在门外长时间大力敲门并影响到邻居，谢某不堪其扰打开门后，两人发生争吵打斗，互打了对方耳光。谢某报警后，某县公安局河西派出所民警到达现场，经谢某同意，民警让双方进入谢某家中试图对双方矛盾进行调解。民警核实报警人谢某身份后，询问张某，张某拒绝讲出自己姓名、职业、住址等情况，还多次叫警察"你铐我嘛"，并扬言"要跳楼"相威胁。其间，谢某陈述张某多次骚扰她，以要喝敌敌畏、跳楼等方式进行威胁。见难以调解，谢某坚决要求张某离开其住宅，张某拒绝离开，处警民警口头要求张某离开谢某家到派出所接受调查，张某仍拒不听从，民警和辅警在强制其离开、背铐手铐过程中，张某拒绝配合致左手臂骨折。民警拨打120叫急救车，将张某送到某县人民医院住院医治，诊断为：左肱骨下端粉碎性骨折；左桡骨远端陈旧性骨折；慢性胃炎等。

法院经审理认为，本案中，张某骚扰其前女友谢某生活安宁，并影响到邻居，某县公安局接到谢某打110报警后安排民警出警处置警情符合相关规定。处警民警到达现场时张某拒不向民警提供姓名、职业、住址等信息，扬言"你铐我嘛""要跳楼"威胁民警。在民警对张某与谢某的纠纷调处不成时，张某拒绝房屋主人和民警要求，拒不离开谢某住宅。为制止张某滞留谢某住宅的违法行为、消除其侵犯他人住宅权的状态，处警人员采取现场处置措施强制其离开住宅是必要的、合法的。反之，若处警人员任由张某滞留在谢某住宅内、自行离开现场，则可能产生严重后果，是对谢某人身和住宅权益的漠视。处警人员在强制张某离开时采用背铐手铐方式，是根据张某有过激言行，为了安全目的所作的现场裁量，应予尊重。故某县公安局的出警和处警行为合法。张某受伤主要因其自身行为违法、不配合执法所致。张某要求确认某县公安局执法行

[①] 四川省荣县人民法院行政判决书，(2019) 川0321行初8号。

为违法的诉讼请求,该院不予支持,因此判决驳回张某的诉讼请求。

⊙ 关联规定

《人民警察使用警械和武器条例》

第八条 人民警察依法执行下列任务,遇有违法犯罪分子可能脱逃、行凶、自杀、自伤或者有其他危险行为的,可以使用手铐、脚镣、警绳等约束性警械:

(一)抓获违法犯罪分子或者犯罪重大嫌疑人的;

(二)执行逮捕、拘留、看押、押解、审讯、拘传、强制传唤的;

(三)法律、行政法规规定可以使用警械的其他情形。

人民警察依照前款规定使用警械,不得故意造成人身伤害。

《公安机关办理行政案件程序规定》(2020年修正)

第六十六条 询问违法嫌疑人,可以到违法嫌疑人住处或者单位进行,也可以将违法嫌疑人传唤到其所在市、县内的指定地点进行。

第六十七条 需要传唤违法嫌疑人接受调查的,经公安派出所、县级以上公安机关办案部门或者出入境边防检查机关负责人批准,使用传唤证传唤。对现场发现的违法嫌疑人,人民警察经出示人民警察证,可以口头传唤,并在询问笔录中注明违法嫌疑人到案经过、到案时间和离开时间。

单位违反公安行政管理规定,需要传唤其直接负责的主管人员和其他直接责任人员的,适用前款规定。

对无正当理由不接受传唤或者逃避传唤的违反治安管理、出境入境管理的嫌疑人以及法律规定可以强制传唤的其他违法嫌疑人,经公安派出所、县级以上公安机关办案部门或者出入境边防检查机关负责人批准,可以强制传唤。强制传唤时,可以依法使用手铐、警绳等约束性警械。

公安机关应当将传唤的原因和依据告知被传唤人,并通知其家属。公安机关通知被传唤人家属适用本规定第五十五条第一款第五项的规定。

第六十八条 使用传唤证传唤的,违法嫌疑人被传唤到案后和询问查证结束后,应当由其在传唤证上填写到案和离开时间并签名。拒绝填写或者签名的,办案人民警察应当在传唤证上注明。

> **第九十七条　【询问查证期限与要求】**
> 　　对违反治安管理行为人，公安机关传唤后应当及时询问查证，询问查证的时间不得超过八小时；涉案人数众多、违反治安管理行为人身份不明的，询问查证的时间不得超过十二小时；情况复杂，依照本法规定可能适用行政拘留处罚的，询问查证的时间不得超过二十四小时。在执法办案场所询问违反治安管理行为人，应当全程同步录音录像。
> 　　公安机关应当及时将传唤的原因和处所通知被传唤人家属。
> 　　询问查证期间，公安机关应当保证违反治安管理行为人的饮食、必要的休息时间等正当需求。

⊙重点解读

本条是关于询问查证时限、传唤通知家属和询问违法嫌疑人全程同步录音录像的规定。

违反治安管理行为人被传唤到案后，公安机关应当及时询问查证，不得将人传唤到案后置之不理，或者故意拖延询问查证时间。"及时"询问查证并不是"立即"询问查证。办案人民警察将违反治安管理行为人带至指定地点后，有可能还要为询问查证做一些准备工作。公安机关在规定的时限内不能完成询问查证任务的，应当立即将人释放。如果需要继续进行调查取证的，公安机关可以另行传唤，但不得连续传唤。询问查证的时间不得超过八小时。涉案人数众多、违反治安管理行为人身份不明的，询问查证的时间不得超过十二小时。情况复杂，依照《治安管理处罚法》规定可能适用行政拘留处罚的，询问查证的时间不得超过二十四小时。从不得超过八小时延长至不得超过十二小时或者是不得超过二十四小时，既要有法定事由的存在，更要有法定程序的履行。延长审批无论是口头进行还是书面进行，办案人民警察都应当记录在案。需要说明的是，询问查证时间不得超过八小时、不得超过十二小时或者不得超过二十四小时,并不是说对违反治安管理行为人的询问查证时间都必须达到八小时、十二小时或者二十四小时。这个时限是最长时限,公安机关能够在较短时间内结束询问查证,就应当尽可能减少询问查证时间。办案人民警察超过询问查证时间限制违反治安管理行为人人身自由的,将会承担相应的法律责任。另外,询问查证时间不得超过八小时、不得超过十二小时或者不得超过二十四小时,是指一次传唤后的最长询问查证时限。在这个最长询问查证时限内,办案人民警察可以根据调查取证的需要,开展多次询问查证。每次询问查证的时间可以不一致,但无论进行了几次询问查证,违反治安管理行为人从到达公安机关指定地点到其自由离开均不得超过八小时、十二小时或者二十四小时。

在执法办案场所询问违反治安管理行为人,应当全程同步录音录像。这是本法此次修订的一个亮点。如此规定,既有利于查明案件事实、获得真实可靠的证据,也有利于防止非法询问的发生,保证询问工作的顺利进行。《行政处罚法》第四十七条规定:"行政机关应当依法以文字、音像等形式,对行政处罚的启动、调查取证、审核、决定、送达、执行等进行全过程记录,归档保存。"其中有对调查取证全过程记录的要求,但并没有要求必须全程同步录音录像。公安机关在执法办案场所询问违法嫌疑人全程同步录音录像,实际上是立法对公安机关执法规范化提出了更高的要求。公安机关应当保持录音、录像资料的完整性,不能出现剪辑、空白等情形。

为了保障被传唤人及其家属的知情权,公安机关有义务及时将传唤的原因和处所通知被传唤人家属。传唤通知家属的时间,视案件具体情况不同而不同。如实施传唤时,家属就在现场的,办案人民警察当场就可以进行告知。如实施传唤时,家属不在现场的,办案人民警察应当在将人带至指定地点后立即通过电话、短信、传真等方式通知其家属。如果违反治安管理行为人身份不明、拒不提供家属联系方式或者因自然灾害等不可抗力导致无法通知的,可以不予通知。公安机关应当将传唤通知家属情况在询问笔录中予以注明。

严禁饥饿询问和疲劳询问,办案人民警察进行询问查证,必须保证违法嫌疑人饮食和必要的休息时间。也就是说,公安机关应当免费提供违反治安管理行为人在询问查证期间的饮食,义务提供必要的场所和卧具供其休息,从而保障其基本权利,彰显尊重和保障人权的宪法精神。

⊙ 典型案例

王某诉郑州市公安局行政强制案①

2017年5月23日20时许，郑州市公安局某分局民警对某村进行检查时，王某拒不配合民警检查，其行为已经涉嫌阻碍执行职务。某分局民警将其传唤至公安机关接受调查，王某不配合询问，加之其家中租户不配合取证，在法定传唤时间内无法查清其违法事实。某分局民警于2017年5月24日18时许让王某离开。王某认为某分局对其询问时间超过八小时，而未办理审批手续，故提起行政诉讼。

法院认为，本案中，某分局以王某涉嫌阻碍执行职务为由将其口头传唤至该局超过八小时，但某分局在举证期限内未能提供证据证明案情复杂，可能适用行政拘留处罚，因而对王某超过八小时延时传唤的证据材料、审批材料，即未能提供证据证明其对王某口头传唤超过八小时的行为合法。一审庭审后，某分局提交了包含上述证据材料的公安卷宗，理由是因承办人工作调动未能及时提交法庭。而根据《行政诉讼法》第三十四条规定，被告不提供或者无正当理由逾期提供证据，视为没有相应证据。故郑州市公安局某分局庭后逾期举证，应视为没有证据。

综上，法院判决确认郑州市公安局某分局对王某口头传唤的行政行为违法。

⊙ 关联规定

《行政处罚法》（2021年修订）

第四十七条 行政机关应当依法以文字、音像等形式，对行政处罚的启动、调查取证、审核、决定、送达、执行等进行全过程记录，归档保存。

《公安机关办理行政案件程序规定》（2020年修正）

第六十七条 需要传唤违法嫌疑人接受调查的，经公安派出所、县级以上公安机关办案部门或者出入境边防检查机关负责人批准，使用传唤证传唤。对现场发现的违法嫌疑人，人民警察经出示人民警察证，可以口头传唤，并在询

---

① 河南省郑州市中级人民法院行政判决书，(2018) 豫01行终120号。

问笔录中注明违法嫌疑人到案经过、到案时间和离开时间。

单位违反公安行政管理规定，需要传唤其直接负责的主管人员和其他直接责任人员的，适用前款规定。

对无正当理由不接受传唤或者逃避传唤的违反治安管理、出境入境管理的嫌疑人以及法律规定可以强制传唤的其他违法嫌疑人，经公安派出所、县级以上公安机关办案部门或者出入境边防检查机关负责人批准，可以强制传唤。强制传唤时，可以依法使用手铐、警绳等约束性警械。

公安机关应当将传唤的原因和依据告知被传唤人，并通知其家属。公安机关通知被传唤人家属适用本规定第五十五条第一款第五项的规定。

第六十九条 对被传唤的违法嫌疑人，应当及时询问查证，询问查证的时间不得超过八小时；案情复杂，违法行为依法可能适用行政拘留处罚的，询问查证的时间不得超过二十四小时。

不得以连续传唤的形式变相拘禁违法嫌疑人。

《公安机关执行〈中华人民共和国治安管理处罚法〉有关问题的解释》（2006年）

八、关于询问查证时间问题。《治安管理处罚法》第83条第1款规定，"对违反治安管理行为人，公安机关传唤后应当及时询问查证，询问查证的时间不得超过八小时；情况复杂，依照本法规定可能适用行政拘留处罚的，询问查证的时间不得超过二十四小时"。这里的"依照本法规定可能适用行政拘留处罚"，是指本法第三章对行为人实施的违反治安管理行为设定了行政拘留处罚，且根据其行为的性质和情节轻重，可能依法对违反治安管理行为人决定予以行政拘留的案件。

根据《治安管理处罚法》第82条和第83条的规定，公安机关或者办案部门负责人在审批书面传唤时，可以一并审批询问查证时间。对经过询问查证，属于"情况复杂"，且"依照本法规定可能适用行政拘留处罚"的案件，需要对违反治安管理行为人适用超过8小时询问查证时间的，需口头或者书面报经公安机关或者其办案部门负责人批准。对口头报批的，办案民警应当记录在案。

第九十八条 【询问笔录、书面材料和询问未成年人的规定】

询问笔录应当交被询问人核对；对没有阅读能力的，应当向其宣读。记载有遗漏或者差错的，被询问人可以提出补充或者更正。被询问人确认笔录无误后，应当签名、盖章或者按指印，询问的人民警察也应当在笔录上签名。

被询问人要求就被询问事项自行提供书面材料的，应当准许；必要时，人民警察也可以要求被询问人自行书写。

询问不满十八周岁的违反治安管理行为人，应当通知其父母或者其他监护人到场；其父母或者其他监护人不能到场的，也可以通知其他成年亲属，所在学校、单位、居住地基层组织或者未成年人保护组织的代表等合适成年人到场，并将有关情况记录在案。确实无法通知或者通知后未到场的，应当在笔录中注明。

⊙重点解读

本条规定了询问笔录的制作规范、被询问人自行提供书面材料和询问未成年人的特别要求等三个方面的内容。

询问，是指公安机关为查明治安案件案情，获取案件证据，根据已掌握的案件线索，依照法定程序对违反治安管理行为人、受害人、证人以及其他案件相关人员进行当面了解、查问的调查取证方法或措施。询问主要是为了获得相应证据和证据线索，如获得嫌疑人陈述和申辩、受害人陈述、证人证言等。根据询问对象的不同，可以将询问分成对嫌疑人的询问、对受害人的询问、对证人和其他案件相关人的询问；根据询问地点的不同，可以将询问分成办案场所询问、指定地点询问和现场询问。无论是对何人、在何地进行的询问，都应当同步制作询问笔录。

询问笔录包括开头、事实和结尾三部分，本条第一款主要规定的是询问笔录结尾部分的制作规范。询问笔录开头部分，包括文书名称、询问起止时间、询问地点、询问人的姓名和单位、被询问人基本信息。其中，首次询问违法嫌疑人时，应当问明违法嫌疑人的姓名、出生日期、户籍所在地、现住址、身份证件种类及号码，是否为各级人民代表大会代表，是否受过刑事处罚或者行政拘留，是否有过强制隔离戒毒、社区戒毒、收容教养等情况。必要时，还应当问明其家庭主要成员、工作单位、文化程度、民族、身体状况等情况。违法嫌疑人为外国人的，首次询问时还应当问明其国籍、出入境证件种类及号码、签证种类、入境时间、入境事由等情况。必要时，还应当问明其在华关系人等情况。询问笔录事实部分，包括询问人应当依法表明身份，告诉被询问人接受询问的原因；讲明接受询问的法律义务和故意隐瞒、作虚伪陈述或者作伪证的法律后果，告知其在询问中的权利，特别是有权申请询问人员回避和对与案件无关的问题有拒绝回答的权利；询问并记录本次违法行为构成要件事实内容。对主体要件重点询问核实违法行为人是否具备法定责任年龄和具有承担违法责任的能力；对主观要件主要询问行为人实施违法行为以及出现危害结果后的心理状态；对客观方面的询问是笔录事实部分的核心内容，应当问清是一人作案还是几个人共同作案，如属后者须详细询问每一人在案件中的分工情况，问清行为的时间、地点、作案手段、作案工具、行为后果等详细内容。询问笔录结尾部分，包括询问人按照预先拟定的提纲询问完毕后应当问被询问人是否还有补充，如有，应判断补充内容是否与本案有关联，有关联的应当予以记录，没有关联的应当向被询问人说明情况，如补充内容为被询问人的辩解或者有揭发其他违法行为情形，应当予以记录；将本次询问笔录交由被询问人阅读核对，是否与其所说一致，如被询问人没有阅读能力，应当向其宣读，记录有误或者遗漏，应当允许被询问人更正或者补充，并要求其在修改处捺指印；被询问人确认笔录无误后，应当在询问笔录上逐页签名、盖章或者捺指印。拒绝签名、盖章和捺指印的，办案人民警察应当在询问笔录中注明；办案人民警察应当在询问笔录上签名，翻译人员应当在询问笔录的结尾处签名等。

一般情况下，询问笔录都是由两名办案人民警察记录，但是被询问人请求自行书写的，办案人民警察应当允许。被询问人如具有书写能力，允许其自行提供书面材料，反而更有利于查明案件事实真相，更有利于询问查证工作的进行。被询问人自行提供书面材料，一经提出请求，办案人民警察不得拒绝，更不能进行阻挠。当然,如果被询问人没有提出自行提供书面材料的请求,办案人民警察也能够要求其自行提供书面材料,其启动条件就是本条规定的"必要时"。对于"必要时"的判定,需要根据询问查证的具体情况而定。比如,被询问人由于生理或者语言方面的原因,表达能力较差或者有缺陷,难以口头准确表达或者不能准确表达其欲表达的真实意思,或者被询问人口音太过浓重,办案人民警察难以听懂的。再如,从被询问人笔录中发现线索涉及笔迹鉴定的,办案人民警察都可以要求被询问人自行书写提供的书面材料。违法嫌疑人、被侵害人或者其他证人应当在其提供的书面材料上签名或者捺指印,其具体又可以分为两种情形:一是被询问人提供的是手写书面材料,此时,其只需在其提供的书面材料的结尾处签名或者捺指印即可;二是被询问人提供的是打印书面材料,此时,其必须在其提供的书面材料逐页签名或者捺指印方可。自行提供的无论是手写书面材料,还是打印书面材料,办案人民警察在收到书面材料后,都应当在首页注明收到日期,并签名。

办理涉及未成年人的治安案件时,公安机关应当注意对未成年人的保护。为此,法律修订时,本条第三款主要有两个方面的调整:一是将"不满十六周岁"改为"不满十八周岁";二是增加了对未成年人父母或监护人不能到场情形的规定。询问不满十八周岁未成年人时,办案人民警察应当通知其父母或者其他监护人到场。但在实际办案中,公安机关尽管已经履行该通知义务,但经常会发生监护人难以到场的情形,故本款又规定,未成年人父母或者其他监护人不能到场的,也可以通知未成年人的其他成年亲属,所在学校、单位、居住地基层组织或者未成年人保护组织的代表等合适成年人到场,并将有关情况记录在案。办案人民警察确实无法通知或者通知后未到场的,询问查证工作仍得进行,但应当在询问笔录中注明通知情况,并由办案人民警察、被询问人以及其他在场人员签名或者盖章予以确认。监护人、其他成年亲属或者其他合适成年人到场,是为了保护未成年人的合法权益,有利于减轻询问查证时未成年人的心理压力,确保询问查证更有效地进行,同时也有利于监督办案人民警察的询问查证执法工作。监护人、其他成年亲属或者其他合适成年人可以代替未成年人行使相应的权利,如申请回避、提出陈述与申辩等权利,但其故意干扰询问查证的,办案人民警察可以责令其离开,如果情节严重的,公安机关可以依法对其予以治安管理处罚。

⊙典型案例

邱某诉福州市公安局某镇派出所治安行政处罚案[①]

2017年3月4日16时30分左右,居住在福新支路某厂×座206的邱某与楼上306的林某1因装修噪声问题发生纠纷,邱某从楼梯上摔倒受伤。某镇派出所接邱某报警后,于当日向邱某、林某1分别进行了询问并制作询问笔录,并于同年3月5日进行了现场勘验。后被告某镇派出所又对邱某、第三人林某1以及证人林某、卢某、杨某进行询问并制作询问笔录。福州市公安局某镇派出所经调查取证后,认为邱某因不慎踩空楼梯摔倒受伤,林某1未殴打邱某,根据《治安管理处罚法》第九十五条第二项之规定,对林某1作出不予行政处罚决定。邱某不服,遂提起行政诉讼,请求撤销该行政处罚决定。

法院经审理认为,被告某镇派出所提交的邱某询问笔录(时间:2017年3月4日19时01分至19时30分,询问地点:福州市鼓楼区某医院急诊,询问人:吴某1,周某1)、林某1询问笔录(时间:2017年3月4日18时46分至19时05分,询问地点:某镇派出所执法办案区,询问人:周某1、田某1),两份询问笔录有同一询问人周某1,但是笔录制作时间却有4分钟的重叠,可以认定以上两份笔录制作程序轻微违法。同时,根据被告某镇派出所提供的案件调查过程中收集的证据材料以及原告邱某提交的相关证据,尚无充分证据证明第三人林某1有实施脚踹或推搡原告邱某并导致原告摔倒受伤的行为。

综上,被告某镇派出所对第三人林某1不予行政处罚的行政行为,程序上存在轻微违法,但是并未对原告的权利产生实际影响。原告申请撤销该不予行政处罚决定书的请求缺乏相关事实及法律依据,该诉讼请求不予支持。法院最终作出判决,确认被告福州市公安局某镇派出所于2017年3月31日作出的不予行政处罚决定违法。

[①] 福建省福州市台江区人民法院行政判决书,(2017)闽0103行初72号。

⊙ 关联规定

《公安机关办理行政案件程序规定》（2020 年修正）

　　第七十五条　询问未成年人时，应当通知其父母或者其他监护人到场，其父母或者其他监护人不能到场的，也可以通知未成年人的其他成年亲属，所在学校、单位、居住地基层组织或者未成年人保护组织的代表到场，并将有关情况记录在案。确实无法通知或者通知后未到场的，应当在询问笔录中注明。

　　第七十七条　询问笔录应当交被询问人核对，对没有阅读能力的，应当向其宣读。记录有误或者遗漏的，应当允许被询问人更正或者补充，并要求其在修改处捺指印。被询问人确认笔录无误后，应当在询问笔录上逐页签名或者捺指印。拒绝签名和捺指印的，办案人民警察应当在询问笔录中注明。

　　办案人民警察应当在询问笔录上签名，翻译人员应当在询问笔录的结尾处签名。

　　询问时，可以全程录音、录像，并保持录音、录像资料的完整性。

《公安机关执行〈中华人民共和国治安管理处罚法〉有关问题的解释》（2006 年）

　　九、关于询问不满 16 周岁的未成年人问题。《治安管理处罚法》第 84 条、第 85 条规定，询问不满 16 周岁的违反治安管理行为人、被侵害人或者其他证人，应当通知其父母或者其他监护人到场。上述人员父母双亡，又没有其他监护人的，因种种原因无法找到其父母或者其他监护人的，以及其父母或者其他监护人收到通知后拒不到场或者不能及时到场的，办案民警应当将有关情况在笔录中注明。为保证询问的合法性和证据的有效性，在被询问人的父母或者其他监护人不能到场时，可以邀请办案地居（村）民委员会的人员，或者被询问人在办案地有完全行为能力的亲友，或者所在学校的教师，或者其他见证人到场。询问笔录应当由办案民警、被询问人、见证人签名或者盖章。有条件的地方，还可以对询问过程进行录音、录像。

> **第九十九条　【询问被侵害人和其他证人的规定】**
>
> 人民警察询问被侵害人或者其他证人，可以在现场进行，也可以到其所在单位、住处或者其提出的地点进行；必要时，也可以通知其到公安机关提供证言。
>
> 人民警察在公安机关以外询问被侵害人或者其他证人，应当出示人民警察证。
>
> 询问被侵害人或者其他证人，同时适用本法第九十八条的规定。

⊙重点解读

本条是有关询问被侵害人、证人的地点和要求的规定。对于违法嫌疑人，基于方便执法，公安机关传唤其至公安机关办案场所或者其他指定地方进行询问查证。对于被侵害人和证人，基于方便被询问人，办案人民警察开展询问查证的地点相对宽松，可以在现场进行，也可以到其所在单位、住处或者其提出的地点进行；必要时，也可以通知其到公安机关进行。在现场或者在其所在单位、住处进行询问查证，有利于消除被侵害人或者证人的紧张情绪，往往不会影响被侵害人或者证人正常的工作与生活。如果被侵害人或者证人认为在其所在单位进行询问，有可能影响其正常的工作与生活，公安机关可以到其提出的地点进行询问。必要时，也可以通知其到公安机关提供证言。这里的"证言"并不限于证人证言，也包括被侵害人陈述，所以，公安机关在必要时，既可以通知被侵害人，也可以通知证人到公安机关提供证言。"必要时"的判定，办案人民警察应当结合具体案件情况进行，如果在被侵害人或者证人所在单位、住处进行询问，可能发生干扰或者泄露案情以及不利于保护被侵害人、证人安全等情况，办案人民警察就可以通知其到公安机关提供证言。公安机关通知被侵害人或者证人到公安机关提供证言的，被侵害人或者证人不能拒绝，应当到场。

办案人民警察在公安机关询问被侵害人或者证人的，如被侵害人或者证人要求出示人民警察证的，应当出示人民警察证。办案人民警察在被侵害人或者证人所在单位、住所或者其所提供的地点进行询问的，无论被侵害人或者证人是否要求，都应当主动出示人民警察证，从而表明执法身份，消除被侵害人或者证人的怀疑。被侵害人和证人不同于违法嫌疑人，办案人民警察应当注意对其身份和提供的证据材料的保密，进行询问时的方式、语气和态度要尽可能顾及被侵害人和证人，帮助其消除思想顾虑，以保证其提供证言的真实性和有效性。做好询问查证工作，相应的准备工作必不可少。办案人民警察在对被侵害人和证人进行询问前，应当了解被询问人的身份以及其与被侵害人、其他证人、违法嫌疑人之间的关系。只有这样，办案人民警察才能了解需要询问什么、怎么开展询问，从而做到询问查证工作的有的放矢。

⊙ 典型案例

陈某、李某诉北京市公安局东城分局某派出所行政强制措施案[①]

陈某与其妻李某居住在北京市东城区某小区2号楼1807室。自2012年起，陈某屡次向"110"报警服务台称其楼上1907室住户噪声扰民问题。2014年1月4日至1月6日晚，陈某、李某夫妻二人拨打"110"报警电话20余次，反映楼上1907室住户群租扰民、噪声扰民。2014年1月5日21时40分许，民警到陈某家中并对其报警情况制作了询问笔录。陈某在询问笔录中称："每天晚上10点以后，楼上1907室住户故意制造噪声，并对我进行定位控制。他们安装一种设备可以让我窒息，让我妻子身体疼痛。但我们都没有见过这种设备……"民警调查走访时，有多名小区业主及居委会反映陈某夫妻经常以使用音箱播放录音的方式扰民。2014年1月7日上午10时许，某派出所民警到陈某家中了解其报警情况。陈某称楼上1907室住户利用高科技设备干扰其夫妻二人的身体健康。民警随即带陈某到1907室查找陈某所称的设备，未能发现相关线索。后，民警口头告知陈某、李某二人到该所接受调查，二人应许，并随民警于当日12时许到达某派出所。在社区精防医生在场的情况下，民警对陈某、李

[①] 北京市东城区人民法院行政判决书，（2014）东行初字第107号。

某二人分别进行询问后制作了询问笔录。精防医生听诊后告知民警，该二人存在被害妄想及幻听症状，不排除伤害他人安全的可能。民警得知此情况后于 14 时许，与精防医生一同前往陈某父母家中，向其反映陈某日常表现，并要求陈某父母陪同就医。陈某父母称身体不便，并出具"只同意看病，发生费用由我们负责"的书面意见。16 时许，民警带陈某夫妇二人到北京某医院就医。经医生诊断，陈某为妄想状态。李某拒不配合大夫诊断，北京某医院未能出具诊断证明。后，陈某夫妇自行离去。陈某、李某认为 2014 年 1 月 7 日某派出所将其带至派出所询问 4 小时，后又带至北京某医院作 2 小时精神检查的行为违法。请求法院予以确认。

一审法院经审理认为，公安机关具有传唤违法嫌疑人到指定地点接受询问的职权，也有通知被侵害人或者证人到公安机关接受调查的职责和义务。本案中，某派出所为解决陈某、李某夫妻二人与邻居 1907 室之间的噪声扰民纠纷，于 2014 年 1 月 7 日上午 10 时许到陈某、李某家中调查情况，并到 1907 室查找证据线索。后，又当场通知陈某、李某二人到派出所接受调查，陈某、李某表示愿意随同前往。因此，某派出所通知陈某、李某二人到派出所接受协助调查的行为，系公安机关依法履行职责的表现，不违反《公安机关办理行政案件程序规定》的办案程序，亦不属于行政强制措施范畴。在询问查证期间，某派出所对陈某、李某二人分别制作了询问笔录，且询问时间未超过法定时限，亦不存在限制陈某、李某二人人身自由的行为。陈某、李某认为某派出所强制传唤陈某、李某二人到派出所并限制其二人人身自由 4 小时的行为，证据不足。故，对陈某、李某二人要求法院确认某派出所该行政行为违法的诉讼请求，法院依法应予驳回。

⊙ 关联规定

《公安机关办理行政案件程序规定》（2020 年修正）

第七十二条 询问违法嫌疑人、被侵害人或者其他证人，应当个别进行。

第七十九条 询问被侵害人或者其他证人，可以在现场进行，也可以到其单位、学校、住所、其居住地居（村）民委员会或者其提出的地点进行。必要时，也可以书面、电话或者当场通知其到公安机关提供证言。

在现场询问的，办案人民警察应当出示人民警察证。

询问前，应当了解被询问人的身份以及其与被侵害人、其他证人、违法嫌疑人之间的关系。

第一百条　【异地代为询问和远程视频询问的规定】

违反治安管理行为人、被侵害人或者其他证人在异地的，公安机关可以委托异地公安机关代为询问，也可以通过公安机关的视频系统远程询问。

通过远程视频方式询问的，应当向被询问人宣读询问笔录，被询问人确认笔录无误后，询问的人民警察应当在笔录上注明。询问和宣读过程应当全程同步录音录像。

⊙ 重点解读

本条是关于公安机关异地询问调查场景下办案协作的规定。本条是新增内容，共分为两款：第一款规定了异地询问调查的特殊场景及办案协作的具体形式；第二款则规定了异地条件下公安机关远程视频方式询问的相关要求。

一、异地询问调查场景下办案协作的两种选择

本条第一款规定的"异地"，主要是指立案受理的公安机关所在地以外的其他地区。而本条中涉及的异地询问调查，主要是指公安机关跨越其辖区范围，到所在地以外的其他地区开展调查工作的情形。这种辖区范围通常由物理意义上的空间距离所形成，并经过严格法定程序而具有一定的明确性。一般来说，公安机关对"违反治安管理行为人、被侵害人或者其他证人"的询问调查活动，都应当现场进行，并据此形成一定规范性的询问笔录。"现场进行"主要是指物理意义上的空间距离，表现为公安机关与当事人之间"面对面"的接触。这也可以说是直接言词原则在行政执法领域的一种具体呈现，其主要目的

在于简化行政程序,确保证据的真实性与可靠性,提高治安案件的处理效率。同时,按照《治安管理处罚法》第九十九条的规定,询问的地点主要包括现场、所在单位、住所、公安机关等。但如果这些地点超出了办案地公安机关的行政辖区范围,那就需要请求异地公安机关的协作,并严格履行《公安机关办理行政案件程序规定》第七章第八节"办案协作"的相关规定,如制作办案协作函件、与协作地公安机关联系等内容。责任承担问题上,《公安机关办理行政案件程序规定》第一百二十二条还规定:"协作地公安机关依照办案地公安机关的要求,依法履行办案协作职责所产生的法律责任,由办案地公安机关承担。"

按照本条第一款的规定,公安机关异地询问调查场景下的办案协作存在委托代为询问、远程视频方式询问两种方式。这同时也表明,委托代为询问以及远程视频方式询问的适用前提是被询问人与办案地公安机关两者处于异地的事实状态。具言之,委托代为询问方式是指办案地公安机关可以委托异地公安机关代为询问"违反治安管理行为人、被侵害人或者其他证人"。根据《公安机关办理行政案件程序规定》第一百二十一条第二款的相关规定,委托代为询问的,办案地公安机关应当列出明确具体的询问提纲。远程视频方式询问是指办案地公安机关可以通过公安机关的视频系统远程询问"违反治安管理行为人、被侵害人或者其他证人"。这种方式主要顺应了数字化时代治安案件的办案要求,当治安案件出现不可抗力或情势变更等不确定性因素而阻却了物理空间意义上的取证要求时,远程视频方式询问便成为一项解决治安案件"久拖不决"问题的必然选择。但远程视频方式询问必然面临对远程信息共享协作机制的技术性依赖,以及证据收集后的证明力质疑问题,因此本条特地列出第二款内容,主要目的在于通过一定的程序性控制方案来强化远程视频方式询问的可行性、有效性。

二、远程视频方式询问的程序要求

按照本条第二款的规定,并结合本法第九十八条关于一般情形下的询问程序,远程视频方式询问应当注意如下要点。

第一,应当向被询问人宣读询问笔录。宣读询问笔录一般不是治安案件询问调查阶段的必经环节,只有在特殊情形下才需要适用。例如,《治安管理处罚法》第九十八条第一款规定的宣读询问笔录就是出于对没有阅读能力的被询问人的一种公正考虑。而本条第二款则是出于远程视频方式询问的特殊情形而设定了宣读询问笔录环节，其主要目的是核对询问笔录，尽可能消除记载有遗漏或者差错之处。同时，这还能增强远程视频方式询问的严肃性。对于公安机关而言，也可以确保记录的内容能够真实反映出被询问人的陈述，验证询问笔录是否完整、准确，防止因记录偏差而影响案件的公正处理。

第二，被询问人确认笔录无误后，询问的人民警察应当在笔录上注明。《治安管理处罚法》第九十八条第一款规定了一般情形下询问笔录的制作，即被询问人确认笔录无误后，应当签名、盖章或者按指印，询问的人民警察也应当在笔录上签名。但在远程视频方式询问场合中，无法由被询问人立即履行签名、盖章或者按指印的程序，因而需要询问的人民警察在询问笔录上予以注明。这是考虑到，在后续当事人寻求司法救济时，办案地公安机关能向人民法院说明为何没有被询问人的签名和指印，以证明远程视频方式询问程序的合法性。

第三，询问和宣读过程应当全程同步录音录像。全程同步录音录像无疑是为了进一步增强远程视频方式询问的真实性、完整性、合法性，提高远程视频方式询问过程的透明度、可信度，可以与询问笔录形成相互印证的佐证材料，有效杜绝询问人"弄虚作假"，也防止被询问人拒不承认此前询问笔录的内容。

本条第二款的规定主要围绕远程视频方式询问的程序要求而展开，这实际上是针对第一款规定的异地询问调查场景下办案地公安机关远程视频方式询问的程序性控制。通过行政程序来控制公安机关在治安案件调查取证过程中的裁量权，这是防止公安机关滥用职权的重要路径。比如，"应当"一词的明确规定，就表明公安机关在此情形下并没有可供自由选择的裁量余地，并直接影响到非法证据排除规则在治安案件所涉公民权利救济中的具体适用，特别是在数字化时代面临潜在的不确定风险与挑战时尤为必要。从历史维度来看，本条第二款内容在一定程度上吸收了《公安机关办理行政案件程序规定》第一百二十条的相关规定。

⊙ 典型案例

唐某诉某县公安局确认行政行为违法案[①]

2019 年 8 月 2 日，被告某县公安局通过情报信息研判，决定对原告唐某是否有吸毒嫌疑进行查实。在洛阳市邙山分局民警协助下，某县公安局民警到洛阳市某区唐某居住地进行例行检查。原告唐某在家但拒不开门，并拨打"110"报警。邙山分局民警接警后到场说明情况，原告仍拒绝配合，被告遂联系开锁人员将房门打开，把唐某就近带至孟津县公安局进行毛发和尿液检测，检测结果为阴性，排除其吸毒嫌疑。后，某县公安局民警将唐某送回。原告唐某不服以上行为，向某县人民法院提起行政诉讼，后申请追加接处警单位洛阳市公安局邙山分局及毛发和尿液检测单位孟津县公安局为第三人，某县人民法院作出（2020）豫 0324 行初 7 号行政裁定书，裁定驳回唐某的追加申请。后因案件审理需要，某县人民法院向洛阳市中级人民法院申请指定管辖，洛阳市中级人民法院作出（2020）洛行辖字第 23 号行政裁定书，裁定该案由汝阳县人民法院管辖。

法院认为，某县公安局经排查发现唐某有吸毒嫌疑后，依法律规定有权对其传唤并进行吸毒检测，从而排除其吸毒嫌疑。某县公安局的履职行为，并未侵犯其合法权益。根据《公安机关办理行政案件程序规定》第十条的规定，行政案件由违法行为地的公安机关管辖。第十五条规定，对于重大、复杂的案件，上级公安机关可以指定管辖。上级公安机关指定管辖的，应当书面通知被指定管辖的公安机关和其他有关的公安机关。本案中，某县公安局在没有取得上级公安机关书面指定管辖通知的情况下，虽有权对涉嫌吸毒人员进行传唤和吸毒检测，但唐某不在其管辖区内，其对唐某的行政行为明显存在程序违法。河南省汝阳县人民法院作出判决，确认被告某县公安局对唐某进行检测的行政行为程序违法。宣判后，原告唐某、被告某县公安局均不服一审判决，提起上诉。河南省洛阳市中级人民法院判决：驳回上诉，维持原判。

[①] 河南省洛阳市中级人民法院行政判决书，（2020）豫 03 行终 407 号。

⊙ **关联规定**

《行政处罚法》（2021年修订）

第二十六条 行政机关因实施行政处罚的需要，可以向有关机关提出协助请求。协助事项属于被请求机关职权范围内的，应当依法予以协助。

《公安机关办理行政案件程序规定》（2020年修正）

第一百二十条 需要进行远程视频询问、处罚前告知的，应当由协作地公安机关事先核实被询问、告知人的身份。办案地公安机关应当制作询问、告知笔录并传输至协作地公安机关。询问、告知笔录经被询问、告知人确认并逐页签名或者捺指印后，由协作地公安机关协作人员签名或者盖章，并将原件或者电子签名笔录提供给办案地公安机关。办案地公安机关负责询问、告知的人民警察应当在首页注明收到日期，并签名或者盖章。询问、告知过程应当全程录音录像。

第一百二十一条 办案地公安机关可以委托异地公安机关代为询问、向有关单位和个人调取电子数据、接收自行书写材料、进行辨认、履行处罚前告知程序、送达法律文书等工作。

委托代为询问、辨认、处罚前告知的，办案地公安机关应当列出明确具体的询问、辨认、告知提纲，提供被辨认对象的照片和陪衬照片。

委托代为向有关单位和个人调取电子数据的，办案地公安机关应当将办案协作函件和相关法律文书传真或者通过执法办案信息系统发送至协作地公安机关，由协作地公安机关办案部门审核确认后办理。

第一百零一条 【询问中的语言帮助】

询问聋哑的违反治安管理行为人、被侵害人或者其他证人，应当有通晓手语等交流方式的人提供帮助，并在笔录上注明。

询问不通晓当地通用的语言文字的违反治安管理行为人、被侵害人或者其他证人，应当配备翻译人员，并在笔录上注明。

⊙重点解读

本条是关于询问聋哑人或者不通晓当地通用语言文字的人，应当为其提供语言帮助的规定。

一、聋哑的被询问人

第一款是关于询问聋哑人应当有通晓手语等交流方式的人提供帮助的规定。聋，是指双耳失聪，不能像正常人那样感受语音信息，导致公安人员不能像对普通人那样通过语言方式直接发问；哑，是指因为生理上的缺陷不能说话，因此不能通过口语形式来回答人民警察的提问。这些生理上的缺陷不仅影响聋哑人正确表达自己的意愿，也影响其充分行使申辩权等。《宪法》第三十三条第二款、第三款规定："中华人民共和国公民在法律面前一律平等。国家尊重和保障人权。"为保护聋哑人的合法权益，保证询问调查工作的顺利进行，本条规定，询问聋哑的违反治安管理行为人、被侵害人或者其他证人，应当有通晓手语等交流方式的人提供帮助。其中，既包括违反治安管理行为人，也包括被侵害人或者其他证人，可见该规定并未排除某一方特定的当事人，这也充分体现了国家对残疾人权利的特别保护。

同时，由于办案人民警察不一定通晓手语，也会给询问调查工作带来一定的困难。手语是一种通过手势等身体语言进行交流的信息表达方式，聋哑人可以通过后天的特殊训练掌握手语。这种表达方式，必须经过特殊训练的人才能理解和使用。我国法律并不排除对聋哑人的询问，因而公安机关需要为被询问的聋哑人提供一定的语言帮助，以保证询问的公正、客观进行。这不仅体现在适用《治安管理处罚法》的行政案件中，而且体现在适用《刑事诉讼法》的刑事案件中，如《刑事诉讼法》第一百二十一条规定："讯问聋、哑的犯罪嫌疑人，应当有通晓聋、哑手势的人参加，并且将这种情况记明笔录。"此外，公安机关还需在询问笔录中注明对聋哑的被询问人提供语言帮助的情况。比如，《公安机关办理行政案件程序规定》第七十六条第一款就明确规定，在询问笔录中注明被询问人的聋哑情况以及翻译人员的姓名、住址、工作单位和联系方式。

二、不通晓当地通用的语言文字的被询问人

第二款是关于为不通晓当地通用的语言文字的人员配备翻译人员的规定。

不通晓，是指很难熟练地对交流沟通中所使用的语言文字进行听说和翻译，难以正确理解另一方对话者的提问及回答。通用的语言文字，是指当地国家机关，包括权力机关、行政机关、司法机关及其工作人员，在行使权力和履行职责时正式使用的语言文字。本条第二款规定的"当地通用的语言文字"，可能是一种，也可能是多种。比如，根据《国家通用语言文字法》第二条的相关规定："本法所称的国家通用语言文字是普通话和规范汉字。"这说明我国在国家层面的通用语言文字仅为普通话和规范汉字。普通话是现代汉语的标准语，以北京语音为标准音、以北方话为基础方言、以典范的现代白话文著作为语法规范。

但是，到了地方层面特别是少数民族聚集区域，通用的语言文字就不仅为一种，有可能包含多种通用的语言文字。而《治安管理处罚法》中规定的"当地通用的语言文字"，不仅是指普通话和规范汉字，还包括其他种类的语言文字，如地方方言、少数民族语言。因此，在这些实行多种通用语言文字的地区，应当由被询问人自己选择适用的语言文字。一方面，现代汉语有标准语和方言之分。其中的标准语即为前述普通话。而汉语方言通常分为十大方言，各方言区内又分布着若干次方言和许多种"土语"。另一方面，我国是一个幅员广阔、民族众多的国家，各民族一律平等，国家保障各少数民族的合法的权利和利益，维护和发展各民族的平等团结互助和谐关系，各民族都有使用和发展自己的语言文字的自由。《宪法》第一百二十一条规定，各少数民族聚居的地方实行区域自治，设立自治机关，行使自治权，民族自治地方的自治机关在执行职务的时候，依照本民族自治地方自治条例的规定，使用当地通用的一种或者几种语言文字。据教育部网站统计，我国有约30种文字。[①]

此外，本条的规定并不局限于中国公民，针对外国人、无国籍人，即使询问人通晓其使用的语言文字，或者外国人通晓当地通用的语言文字的，也应当根据其意愿为其提供语言帮助。语言平等不仅是我国各民族平等的重要内容，而且是世界各国之间相互友好交流、和平发展的重要基础。当我国各民族公民或外国公民不通晓当地通用的语言文字，公安机关有义务在治安案件询问调查

[①] 《中国语言文字概况（2021年版）》，载教育部，http://www.moe.gov.cn/jyb_sjzl/wenzi/202108/t20210827_554992.html，最后访问时间：2025年7月9日。

过程中提供语言帮助。当然，这些情况均应当在询问笔录中注明翻译人员的姓名、住址、工作单位和联系方式，并要求翻译人员在询问笔录上签字，以备核实，用以证明该询问调查程序的合法性。

⊙ 关联规定

《宪法》（2018 年修正）

第四条 中华人民共和国各民族一律平等。国家保障各少数民族的合法的权利和利益，维护和发展各民族的平等团结互助和谐关系。禁止对任何民族的歧视和压迫，禁止破坏民族团结和制造民族分裂的行为。

国家根据各少数民族的特点和需要，帮助各少数民族地区加速经济和文化的发展。

各少数民族聚居的地方实行区域自治，设立自治机关，行使自治权。各民族自治地方都是中华人民共和国不可分离的部分。

各民族都有使用和发展自己的语言文字的自由，都有保持或者改革自己的风俗习惯的自由。

《公安机关办理行政案件程序规定》（2020 年修正）

第七十六条 询问聋哑人，应当有通晓手语的人提供帮助，并在询问笔录中注明被询问人的聋哑情况以及翻译人员的姓名、住址、工作单位和联系方式。

对不通晓当地通用的语言文字的被询问人，应当为其配备翻译人员，并在询问笔录中注明翻译人员的姓名、住址、工作单位和联系方式。

第一百零二条　【检查中个人信息的提取或采集】

为了查明案件事实，确定违反治安管理行为人、被侵害人的某些特征、伤害情况或者生理状态，需要对其人身进行检查，提取或者采集肖像、指纹信息和血液、尿液等生物样本的，经公安机关办案部门负责人批准后进行。对已经提取、采集的信息或者样本，不得重复提取、采集。提取或者采集被侵害人的信息或者样本，应当征得被侵害人或者其监护人同意。

⊙ 重点解读

本条是关于人身检查中人体生物识别信息和生物样本收集的规定，是新增条文。

按照本条的规定，在执法实践中，公安机关有权对违反治安管理行为人、被侵害人进行人身检查。该权力是法律授予公安机关实施的，由于对公民的人身检查极易侵犯其个人隐私权，因而需要加以严格限制。《宪法》第三十七条、第三十八条明确规定，中华人民共和国公民的人身自由不受侵犯，禁止非法搜查公民的身体，中华人民共和国公民的人格尊严不受侵犯。因此，《治安管理处罚法》在此处规定了"需要"一词，说明对人身进行的检查应当根据办理案件的实际需要来确定。而且此处还设定了必须"经公安机关办案部门负责人批准后进行"的程序性条件。

按照本条的规定，人身检查是"为了查明案件事实，确定违反治安管理行为人、被侵害人的某些特征、伤害情况或者生理状态"。同时，根据行政法中比例原则和禁止不当联结原则的基本要求，人身检查应当具有明确、合理的目的，并应当与处理目的直接相关，严格限于调查相关行政案件之用，同时确保采取对个人权益影响最小的方式。

第一，本条明确了人身检查的人员范围仅为"违反治安管理行为人、被侵害人"，并不包括其他证人、翻译人员或者案外第三人等。国家机关为履行法定职责进行人身搜查，应当依照法律、行政法规规定的权限、程序进行，不得超出履行法定职责所必需的范围和限度。如果公安机关对违反治安管理行为人、被侵害人以外的人进行人身检查的话，显然超越了法律授权的范围。

第二，本条明确了人身检查主要针对的是"某些特征、伤害情况或者生理状态"。某些特征，是指当事人的体表特征，如相貌、肤色、特殊痕迹、机体有无缺损等；伤害情况，是指伤害的位置、程度、伤势形态等；生理状态，是指有无生理缺陷，如智力发育情况、各种生理机能等。

这些内容实际上都可以归集为个人信息的内容。所谓个人信息，是以电子或者其他方式记录的与已识别或者可识别的自然人有关的各种信息，不包括匿名化处理后的信息。对个人信息的获取、收集等行为往往容易侵犯到个人隐私权、知情同意权等。按照《个人信息保护法》的规定，对个人信息通常区分为"一般个人信息"和"敏感个人信息"来进行分级分类处理。其中的"敏感个人信息"，一般是指一旦泄露或者非法使用，容易导致自然人的人格尊严受到侵害或者人身、财产安全受到危害的个人信息，包括生物识别、宗教信仰、特定身份、医疗健康、金融账户、行踪轨迹等信息，以及不满十四周岁未成年人的个人信息。《个人信息保护法》第二十八条第二款还规定："只有在具有特定的目的和充分的必要性，并采取严格保护措施的情形下，个人信息处理者方可处理敏感个人信息。"

由此可知，《治安管理处罚法》中所规定的"提取或者采集肖像、指纹信息和血液、尿液等生物样本"在很大程度上可归属敏感个人信息，而法律对于这些人身检查事项内容并非完全禁止，而是需要遵循特定目的、具有充分的必要性以及采取严格保护措施的法定要求。例如，根据《公安机关办理行政案件程序规定》第八十三条的规定，对违法嫌疑人，可以依法提取或者采集肖像、指纹等人体生物识别信息；涉嫌酒后驾驶机动车、吸毒、从事恐怖活动等违法行为的，可以依照《道路交通安全法》《禁毒法》《反恐怖主义法》等规定提取或者采集血液、尿液、毛发、脱落细胞等生物样本。由此提取或采集的人体生物识别信息和生物样本，经鉴定、化验，可以与其他证据相互印证，形成证据链。有的生物样本甚至可以直接作为证据使用，如违反治安管理行为人指纹、DNA等。这实际体现了"具有特定的目的和充分的必要性"的要求，也能防范因再次采集血液等行为对公民人身造成的二次以上的不可逆伤害。

本条最后规定"不得重复提取、采集"，"应当征得被侵害人同意或者其监护人同意"，则体现了"采取严格保护措施"的要求。例如，当被侵害人属于未成年人或精神病患者时，则需要其监护人同意。需注意，这里已经排除了征得违反治安管理行为人同意的要求。

⊙ 关联规定

《个人信息保护法》

第四条 个人信息是以电子或者其他方式记录的与已识别或者可识别的自然人有关的各种信息，不包括匿名化处理后的信息。

个人信息的处理包括个人信息的收集、存储、使用、加工、传输、提供、公开、删除等。

第六条 处理个人信息应当具有明确、合理的目的，并应当与处理目的直接相关，采取对个人权益影响最小的方式。

收集个人信息，应当限于实现处理目的的最小范围，不得过度收集个人信息。

第十三条 符合下列情形之一的，个人信息处理者方可处理个人信息：

（一）取得个人的同意；

（二）为订立、履行个人作为一方当事人的合同所必需，或者按照依法制定的劳动规章制度和依法签订的集体合同实施人力资源管理所必需；

（三）为履行法定职责或者法定义务所必需；

（四）为应对突发公共卫生事件，或者紧急情况下为保护自然人的生命健康和财产安全所必需；

（五）为公共利益实施新闻报道、舆论监督等行为，在合理的范围内处理个人信息；

（六）依照本法规定在合理的范围内处理个人自行公开或者其他已经合法公开的个人信息；

（七）法律、行政法规规定的其他情形。

依照本法其他有关规定，处理个人信息应当取得个人同意，但是有前款第二项至第七项规定情形的，不需取得个人同意。

第二十八条 敏感个人信息是一旦泄露或者非法使用，容易导致自然人的人格尊严受到侵害或者人身、财产安全受到危害的个人信息，包括生物识别、宗教信仰、特定身份、医疗健康、金融账户、行踪轨迹等信息，以及不满十四周岁未成年人的个人信息。

只有在具有特定的目的和充分的必要性，并采取严格保护措施的情形下，个人信息处理者方可处理敏感个人信息。

第三十四条 国家机关为履行法定职责处理个人信息，应当依照法律、行政法规规定的权限、程序进行，不得超出履行法定职责所必需的范围和限度。

《行政处罚法》（2021年修订）

第五十条 行政机关及其工作人员对实施行政处罚过程中知悉的国家秘密、商业秘密或者个人隐私，应当依法予以保密。

《公安机关办理行政案件程序规定》（2020年修正）

第八十三条 对违法嫌疑人，可以依法提取或者采集肖像、指纹等人体生物识别信息；涉嫌酒后驾驶机动车、吸毒、从事恐怖活动等违法行为的，可以依照《中华人民共和国道路交通安全法》《中华人民共和国禁毒法》《中华人民共和国反恐怖主义法》等规定提取或者采集血液、尿液、毛发、脱落细胞等生物样本。人身安全检查和当场检查时已经提取、采集的信息，不再提取、采集。

第一百零三条　【检查时应遵守的程序】

公安机关对与违反治安管理行为有关的场所或者违反治安管理行为人的人身、物品可以进行检查。检查时，人民警察不得少于二人，并应当出示人民警察证。

对场所进行检查的，经县级以上人民政府公安机关负责人批准，使用检查证检查；对确有必要立即进行检查的，人民警察经出示人民警察证，可以当场检查，并应当全程同步录音录像。检查公民住所应当出示县级以上人民政府公安机关开具的检查证。

检查妇女的身体，应当由女性工作人员或者医师进行。

◯ **重点解读**

本条是关于公安机关在办理治安案件中进行检查应当遵守的程序的规定。

本条共分为三款，进一步完善了场所检查的相关规定，同时新增了医师对妇女人身检查的规定。

第一款是关于检查范围、人员数量、出示证件等重要事项的规定。

首先，检查的具体范围。根据本款的规定，公安机关对与违反治安管理行为有关的场所或者违反治安管理行为人的人身、物品可以进行检查。这里的"场所"，主要是指违反治安管理行为发生现场及其他可能留有相关痕迹、物品等证据的地方。这里的"人身"，包括违反治安管理行为人身体。对违反治安管理行为人的身体进行检查，一方面是为了检查其身上是否藏有违禁品、枪支、管制刀具、赃款、赃物以及作案工具等，另一方面则是为了确定某些身体特征、进行身份认证、确定伤害情况或者生理状态。这里的"物品"，主要指违反治安管理行为人的作案工具及现场遗留物等，包括违反治安管理行为人所有的物品、衣物、毛发、血迹等。但是检查不能突破必要的范围，按照禁止不当联结原则，上述"场所"必须"与违反治安管理行为有关"，对与违反治安管理行为无关的场所则不能进行检查。同时，上述"人身、物品"是指违反治安管理行为人的人身和物品，并不包括被侵害人等其他人的人身和物品。因此，在进行检查之前，为了保证检查工作的顺利进行，检查人员应当熟悉已有的案件材料，明确检查的场所、人身和物品范围，严格按照法律的规定进行检查。

其次，进行检查是公安机关的职权。"可以进行检查"，是指公安机关根据违反治安管理行为的情况和调查处理的需要，认为进行检查对查明违反治安管理行为、正确处理治安案件有必要的，有权决定进行检查。违反治安管理行为人以及与被检查事项有关的人员，有义务配合公安机关的检查。

最后，检查中执法人员数量和出示证件的要求。执法人员不得少于二人，法律另有规定的除外。人民警察"不得少于二人"的数量要求，便于执法人员互相监督，也有利于防止被检查人在检查过程中对执法人员的诬陷、贿赂等行为的发生。人民警察"应当出示人民警察证"的程序要求，有利于约束执法人员依法进行检查工作，防止执法人员在检查中出现非法拘禁、限制人身自由等侵犯公民和法人合法权益的非法检查行为。此次修改中，本条规定将"工作证件"修改为"人民警察证"，更加强调人民警察应当具备一定行政执法的资格证明，而不仅仅是一项工作证明。

本条第二款是场所检查的具体规定。场所检查，即本条所称"对场所进行检查"，与本条第一款的人身检查和物品检查相对应。

根据本条规定，场所检查以时间的紧迫性为划分依据，可以分为一般的场所检查和即时的场所检查。一般的场所检查中，需要公安机关履行一定的批准程序，即"经县级以上人民政府公安机关负责人批准，使用检查证检查"。值得注意的是，这里的"负责人"并未严格区分正职领导与副职领导，也未严格区分主要负责人与直接负责人。这里的"检查证"是经由公安机关开具的具有特定检查内容和事项，且不能重复使用的证明文件。也就是说检查证只能是一次有效，一次一证，办理不同的案件需要分别办理检查证。这不同于执法人员个人持有的并可以反复使用的"执法证件"，也即《公安机关人民警察证使用管理规定》规定的"人民警察证"。即时的场所检查并不需要履行严格的批准程序，但为了防止执法人员的权力滥用，本条设定了三项限制条件。其一，"确有必要立即进行检查"，其中的确有必要一般是指紧急情况下，为了节约时间，及时办案而需要的；其二，"出示人民警察证"，表明执法人员身份；其三，"全程同步录音录像"。

场所检查以场所的居住性质为划分依据，可以分为对公民住所进行检查和对公民住所以外的场所进行检查。对于后者，适用本条前述规定即可，本条并未对此例外规定。而对于前者，即"对公民住所进行检查"，本条则作了一定的例外规定："检查公民住所应当出示县级以上人民政府公安机关开具的检查证。"这一规定相对于前述规定而言，删除了"负责人"的表述。由此表明，对公民住所进行检查，相较于对公民住所以外的场所进行检查明显更严格。此外，关于居住场所与经营场所合一的检查问题，《公安机关执行〈中华人民共和国治安管理处罚法〉有关问题的解释（二）》还规定："违反治安管理行为人的居住场所与其在工商行政管理部门注册登记的经营场所合一的，在经营时间内对其检查时，应当按照检查经营场所办理相关手续；在非经营时间内对其检查时，应当按照检查公民住所办理相关手续。"

本条第三款是关于对妇女进行人身检查的特殊规定。执法人员应当文明执法，尊重和保护当事人合法权益。根据本款规定，对妇女的人身进行检查，应当由女性工作人员或者医师进行。这一规定体现了对妇女的特殊保护，有利于保护女性违反治安管理行为人的人身权利和人格尊严不受侵犯，防止不必要的误解，保证检查活动的顺利进行。

⊙关联规定

《行政处罚法》（2021年修订）

第五十五条　执法人员在调查或者进行检查时，应当主动向当事人或者有关人员出示执法证件。当事人或者有关人员有权要求执法人员出示执法证件。执法人员不出示执法证件的，当事人或者有关人员有权拒绝接受调查或者检查。

当事人或者有关人员应当如实回答询问，并协助调查或者检查，不得拒绝或者阻挠。询问或者检查应当制作笔录。

《公安机关办理行政案件程序规定》（2020年修正）

第五十三条　对查获或者到案的违法嫌疑人应当进行安全检查，发现违禁品或者管制器具、武器、易燃易爆等危险品以及与案件有关的需要作为证据的物品的，应当立即扣押；对违法嫌疑人随身携带的与案件无关的物品，应当按照有关规定予以登记、保管、退还。安全检查不需要开具检查证。

前款规定的扣押适用本规定第五十五条和第五十六条以及本章第七节的规定。

第八十二条　对与违法行为有关的场所、物品、人身可以进行检查。检查时，人民警察不得少于二人，并应当出示人民警察证和县级以上公安机关开具的检查证。对确有必要立即进行检查的，人民警察经出示人民警察证，可以当场检查；但检查公民住所的，必须有证据表明或者有群众报警公民住所内正在发生危害公共安全或者公民人身安全的案（事）件，或者违法存放危险物质，不立即检查可能会对公共安全或者公民人身、财产安全造成重大危害。

对机关、团体、企业、事业单位或者公共场所进行日常执法监督检查，依照有关法律、法规和规章执行，不适用前款规定。

第八十四条　对违法嫌疑人进行检查时，应当尊重被检查人的人格尊严，不得以有损人格尊严的方式进行检查。

检查妇女的身体，应当由女性工作人员进行。

依法对卖淫、嫖娼人员进行性病检查，应当由医生进行。

第八十五条 检查场所或者物品时，应当注意避免对物品造成不必要的损坏。检查场所时，应当有被检查人或者见证人在场。

> **第一百零四条 【检查笔录的制作】**
> 检查的情况应当制作检查笔录，由检查人、被检查人和见证人签名、盖章或者按指印；被检查人不在场或者被检查人、见证人拒绝签名的，人民警察应当在笔录上注明。

⊙重点解读

本条是关于检查笔录制作的规定。本次修订新增了关于"按指印""被检查人不在场""见证人拒绝签名"等情形的规定。该规定明确了在检查调查过程中，制作检查笔录时的基本要求和程序，以证明检查过程的透明性和合法性，同时保障当事人的合法权益。

第一，本条规定"检查的情况应当制作检查笔录"。所谓检查笔录，是指公安机关及其人民警察在进行场所、物品、人身检查过程中制作的，用以记载检查过程、结果以及相关程序和实体事项的文书。检查的情况直接关系到证据的取得是否合法，证据材料是否真实可靠，进一步调查方案如何确定或者处罚决定如何作出等问题。如果在检查中出现警察违法的现象，不仅可能影响检查的准确性，还可能对公安机关和人民警察的威信造成不良影响。通过检查笔录记载检查事项以及检查的进行情况，可以规范警察的检查活动，固定和保存检查获得的相关证据，将警察主观检查获得的信息通过固定的载体和形式记录下来，变为客观的证据形式，为作出治安管理处罚提供稳定的依据，便于人民警察、当事人进行核对，也便于在可能的行政复议或者行政诉讼中作为证据使用。

第二，本条规定"由检查人、被检查人和见证人签名、盖章或者按指印"。根据文义解释，"检查人""被检查人""见证人"三者之间应当是并列关系，即三者必须同时在场；而"签名""盖章""按指印"三者之间则是选择关系，即三者只需择一即可。签名、盖章或者按指印是检查笔录发生法律效力的要件之一。值得注意的是,"按指印"是本条的新增内容。本条规定的签名、盖章或者按指印,对检查工作的开展和检查笔录的制作都具有重要意义。一是固定检查过程所获得的信息。经过检查人、被检查人和见证人签名、盖章或者按指印,检查笔录上的内容就被固定了,可以防止有关人员伪造或者篡改。二是有助于证明检查笔录的合法来源。在后续查处治安案件时,可以通过相关人员作证的方式来及时核查,证明检查笔录的真实性、合法性。这既可以表明见证人的中立性,其与被检查人、被检查事项以及案件的处理结果没有利害关系,又可以发挥群众监督作用,督促检查人员认真、负责、依法履行检查职责。

第三,本条规定"被检查人不在场或者被检查人、见证人拒绝签名的,人民警察应当在笔录上注明"。在实践中,并不是每个被检查人都愿意在检查笔录上签名。比如,有的被检查人或者近亲属不同意对自己的场所、物品或者人身进行检查,或者不认可检查的结果,甚至有的对人民警察无理纠缠,拒绝在检查笔录上签名。有的被检查人已经潜逃,无法通知到场,自然也无法在检查笔录上签名,这种情况也应当视为拒绝签名的情形。对于上述情况,人民警察应当在检查笔录上予以注明,从而不影响检查笔录的法律效力。

近年来,随着执法视音频记录设备的普遍应用以及执法全过程记录制度的推行,公安机关已基本实现现场执法行为全程同步录音录像。为充分发挥科技手段的效用,简化行政办案程序,兼顾公平和效率,针对检查时的全程录音录像,《公安机关办理行政案件程序规定》第八十六条第二款规定:"检查时的全程录音录像可以替代书面检查笔录,但应当对视听资料的关键内容和相应时间段等作文字说明。"这里的"关键内容"主要包括出示检查证的过程、进行检查的过程、查获的证据等。

⊙关联规定

《公安机关办理行政案件程序规定》(2020年修正)

第八十五条 检查场所或者物品时,应当注意避免对物品造成不必要的损坏。

检查场所时，应当有被检查人或者见证人在场。

第八十六条 检查情况应当制作检查笔录。检查笔录由检查人员、被检查人或者见证人签名；被检查人不在场或者拒绝签名的，办案人民警察应当在检查笔录中注明。

检查时的全程录音录像可以替代书面检查笔录，但应当对视听资料的关键内容和相应时间段等作文字说明。

第一百零五条 【扣押的适用条件与要求】

公安机关办理治安案件，对与案件有关的需要作为证据的物品，可以扣押；对被侵害人或者善意第三人合法占有的财产，不得扣押，应当予以登记，但是对其中与案件有关的必须鉴定的物品，可以扣押，鉴定后应当立即解除。对与案件无关的物品，不得扣押。

对扣押的物品，应当会同在场见证人和被扣押物品持有人查点清楚，当场开列清单一式二份，由调查人员、见证人和持有人签名或者盖章，一份交给持有人，另一份附卷备查。

实施扣押前应当报经公安机关负责人批准；因情况紧急或者物品价值不大，当场实施扣押的，人民警察应当及时向其所属公安机关负责人报告，并补办批准手续。公安机关负责人认为不应当扣押的，应当立即解除。当场实施扣押的，应当全程同步录音录像。

对扣押的物品，应当妥善保管，不得挪作他用；对不宜长期保存的物品，按照有关规定处理。经查明与案件无关或者经核实属于被侵害人或者他人合法财产的，应当登记后立即退还；满六个月无人对该财产主张权利或者无法查清权利人的，应当公开拍卖或者按照国家有关规定处理，所得款项上缴国库。

⊙ 重点解读

本条是关于公安机关办理治安案件时扣押物品的规定。本条共分为四款，其中第三款为新增内容，第一款和第四款内容也略有调整。

一、扣押物品的范围

本条第一款规定了扣押物品的范围。治安管理案件中的扣押仅适用于物品，而不得限制他人的人身自由。这是《治安管理处罚法》中的"扣押"与《海关法》中的人身"扣留"的不同之处。首先，无关联的物品肯定不得扣押，这是法治社会的基本价值共识。本条第一款最后一句规定："对与案件无关的物品，不得扣押。"扣押物品的最主要目的在于保全证据，防止证据被隐匿或者毁损等情况发生。从立法技术来看，本条主要通过物品与治安案件的关联性差异来区分"可以扣押"的物品和"不得扣押"的物品。其次，扣押的物品与治安案件的关联性具有法定性。事物与事物之间的关联性具有多样性，如位置关系、因果关系等，而本条第一款中规定的扣押物品和治安案件之间的关联性属于法律上的关联性，具有法定性。也就是说，只有法律明确规定的那种关联性才属于扣押物品与治安案件之间的关联性。

按照本条的规定，这种关联性被区分为三种情形：第一种情形，"与案件有关的需要作为证据的物品"；第二种情形，"被侵害人或者善意第三人合法占有的财产"；第三种情形，"与案件有关的必须鉴定的物品"。至于三者之间的关系，应当按照法条之间的一般与特别关系加以理解。

第一种情形，"对与案件有关的需要作为证据的物品，可以扣押"，这应当理解为本条第一款的一般性规定。"可以扣押"，说明公安机关办理治安案件时对物品进行扣押具有一定自由裁量权，这是《治安管理处罚法》授予公安机关的一项职权。针对有权扣押的物品而言，公安机关既可以扣押，也可以不扣押，而这均由公安机关自行决定，如发现违禁品或者管制器具、武器、易燃易爆等危险品应当立即扣押。

第二种情形，"对被侵害人或者善意第三人合法占有的财产，不得扣押，应当予以登记"，这应当理解为对第一种情形的例外规定。据此，第一种情形下的物品可以扣押，而第二种情形下的物品虽然满足"与案件有关的需要作为证据"的条件,但不得扣押,只需要登记即可。这是因为第二种情形的物品一般不会存在隐匿、毁损的情况,只要予以登记注明,保证在办理治安案件时可以随时进行查验即可,没有必要进行扣押。扣押物品反而会影响被侵害人或者善意第三人对其合法占有的财产之使用、收益、处分等合法权益。另外,《公安机关办理行政案件程序规定》第一百零七条还规定,对于"公民个人及其所扶养家属的生活必需品"也不得扣押。

第三种情形,"对其中与案件有关的必须鉴定的物品,可以扣押,鉴定后应当立即解除",这是《治安管理处罚法》在本次修改中新增的规定。"其中"一词,说明了第三种情形是第二种情形下的特殊情形。一般而言,对被侵害人或者善意第三人合法占有的财产,不得扣押。例外情况下,对其中与案件有关的必须鉴定的物品,可以扣押。但这种扣押目的在于"必须鉴定"以形成案件的鉴定意见等证据材料。这里实际上面临着公共利益与个人利益之间的冲突,而第三种情况下的物品在扣押、鉴定后应当立即解除扣押,则反映了对这种利益冲突的衡量。第一种情形与第三种情形关于扣押物品的目的具有一定差异性:前者的目的在于形成证据,为后续处罚决定的作出提供依据;后者的目的在于通过鉴定方式,更充分地收集相关的证明材料,有利于形成更完整的证据链,而不是直接作为证据。因此,相较之下,第三种情形下物品扣押的特殊之处在于,鉴定后应当立即解除,不得恶意长期扣押。

二、扣押物品的查点

本条第二款规定了扣押物品的查点。第一,扣押物品应当有见证人在场,以加强群众监督和证明扣押情况。第二,调查人员应当会同在场见证人和被扣押物品持有人对扣押的物品查点清楚。第三,查点清楚后应当制作清单。该清单必须是当场开列的,并且在数量上要满足一式二份的要求,调查人员、见证人和持有人签名或者盖章,一份交给持有人,另一份附卷备查。

三、扣押的批准手续

本条第三款规定了扣押的批准手续。该部分内容是《治安管理处罚法》在本次修改中新增的规定。首先,一般情形下,在办理治安案件过程中需要扣押物品的,应当履行一定的批准手续,即"实施扣押前应当报经公安机关负责人批准"。其目的在于以批准程序限制公权力在扣押中的恣意,从而保护公民的合法权益。如果办案人民警察未经批准,那么原则上不得进行扣押。其次,根据本法规定,因情况紧急或者物品价值不大,当场实施扣押的,人民警察应当及时向其所属公安机关负责人报告,并补办批准手续。换言之,在紧急情况下,如果办案人民警察需要当场实施扣押的,那么也必须履行批准手续。只不过《治安管理处罚法》将此时的这个批准手续进行了程序后置,可以事后补办批准手续。但为了防止办案人民警察的主观恣意,本法还设定了办案人民警察的报告义务。此外,本条还规定了"当场实施扣押的,应当全程同步录音录像"。通过设定该项程序性义务,当场实施扣押的行为可以进一步得到合法控制。最后,公安机关负责人认为不应当扣押的,应当立即解除,防止对公民合法权益造成不必要的损失。

四、对扣押物品的保管与处理

本条第四款规定了对扣押物品的保管与处理。对该款内容可以从两个方面理解。

一方面,对扣押物品应当妥善保管,不得挪作他用。妥善保管,是指将扣押的物品放置于安全设施比较完备的地方保管,以备随时核查,防止证据遗失、毁灭或者被偷换。不得挪作他用,是指既不能挪作公用,也不能挪作私用,否则造成当事人利益损失的,将承担法律责任。例如,《行政处罚法》第八十条规定:"行政机关使用或者损毁查封、扣押的财物,对当事人造成损失的,应当依法予以赔偿,对直接负责的主管人员和其他直接责任人员依法给予处分。"

另一方面,对扣押物品的处理。按照本款的规定,主要有三个处理规则。其一,对不宜长期保存的物品,按照有关规定处理。这些物品主要是指一些易腐烂变质及其他不宜长期保存的物品。其二,经查明与案件无关或者经核实属于被侵害人或者他人合法财产的,应当登记后立即退还。这种情形下的物品,实际上也是本条第一款中规定的不得扣押的物品。既然无法扣押,那么办案公安机关就应当先进行登记,然后立即退还。其三,满六个月无人对该财产主张权利或者无法查清权利人的,应当公开拍卖或者按照国家有关规定处理,所得款项上缴国库。据此可知,公安机关应当对前述"无主"物品进行折价充公,公安机关不得截留或私分。这里"按照国家有关规定处理",一般是指对一些涉案违禁品或作案工具应当直接没收,公民不得私自留存、使用,如本法第十一条规定的毒品、淫秽物品等违禁品以及赌具等作案工具。

⊙ 关联规定

《行政处罚法》（2021年修订）

第八十条 行政机关使用或者损毁查封、扣押的财物，对当事人造成损失的，应当依法予以赔偿，对直接负责的主管人员和其他直接责任人员依法给予处分。

《公安机关办理行政案件程序规定》（2020年修正）

第一百零七条 对下列物品，经公安机关负责人批准，可以依法扣押或者扣留：

（一）与治安案件、违反出境入境管理的案件有关的需要作为证据的物品；

（二）道路交通安全法律、法规规定适用扣留的车辆、机动车驾驶证；

（三）《中华人民共和国反恐怖主义法》等法律、法规规定适用扣押或者扣留的物品。

对下列物品，不得扣押或者扣留：

（一）与案件无关的物品；

（二）公民个人及其所扶养家属的生活必需品；

（三）被侵害人或者善意第三人合法占有的财产。

对具有本条第二款第二项、第三项情形的，应当予以登记，写明登记财物的名称、规格、数量、特征，并由占有人签名或者捺指印。必要时，可以进行拍照。但是，与案件有关必须鉴定的，可以依法扣押，结束后应当立即解除。

第一百一十一条 实施扣押、扣留、查封、抽样取证、先行登记保存等证据保全措施时，应当会同当事人查点清楚，制作并当场交付证据保全决定书。必要时，应当对采取证据保全措施的证据进行拍照或者对采取证据保全的过程进行录像。证据保全决定书应当载明下列事项：

（一）当事人的姓名或者名称、地址；

（二）抽样取证、先行登记保存、扣押、扣留、查封的理由、依据和期限；

（三）申请行政复议或者提起行政诉讼的途径和期限；

（四）作出决定的公安机关的名称、印章和日期。

证据保全决定书应当附清单，载明被采取证据保全措施的场所、设施、物品的名称、规格、数量、特征等，由办案人民警察和当事人签名后，一份交当事人，一份附卷。有见证人的，还应当由见证人签名。当事人或者见证人拒绝签名的，办案人民警察应当在证据保全清单上注明。

对可以作为证据使用的录音带、录像带，在扣押时应当予以检查，记明案由、内容以及录取和复制的时间、地点等，并妥为保管。

对扣押的电子数据原始存储介质，应当封存，保证在不解除封存状态的情况下，无法增加、删除、修改电子数据，并在证据保全清单中记录封存状态。

第一百零六条　【鉴定的适用】

为了查明案情，需要解决案件中有争议的专门性问题的，应当指派或者聘请具有专门知识的人员进行鉴定；鉴定人鉴定后，应当写出鉴定意见，并且签名。

⊙重点解读

本条是关于鉴定的规定。鉴定是公安机关在办理治安案件时，为了解决案件的专门性问题，指派或者聘请具有专门知识的人进行鉴别和判断，并提供专门性意见的活动。对公安机关办理治安案件的鉴定程序而言，除了本条的相关规定之外，《公安机关办理行政案件程序规定》第八十七条至第一百条还进行了细化规定。据此，《治安管理处罚法》中的鉴定环节，主要可以从三个方面予以理解。

第一，"为了查明案情，需要解决案件中有争议的专门性问题的"，应当进行鉴定。"专门性问题"，是指在查处治安管理案件时，属于案件证明对象范围内的，仅凭直观、直觉或者逻辑推理无法作出肯定或者否定的判断，必须运用科学技术手段或者专门知识进行鉴别和判断才能得出正确结论的事项，如血型的确定、人身伤情鉴定、精神疾病的认定、价格鉴定、文物鉴定，以及对淫秽物品、毒品、枪支弹药、假币等一些违禁品的鉴定。专门性问题不属于公众知道的普通知识的范畴，要对这些问题作出正确的认识和判断，一般来说需要具有某些方面的专门知识，或者需要具有专门的技能。

第二，鉴定过程中"应当指派或者聘请具有专门知识的人员进行鉴定"。鉴定是运用科学技术或者专门知识进行鉴别和判断的活动，并不是任何人都可以从事的活动。作为重要的调查取证活动，有些问题不能凭着直观、直觉或逻辑推理认识和判断，因此必须借助科学技术或者专门知识进行鉴别。所谓"专门知识"，是指人们在某一领域的生产劳动实践中积累起来的知识经验，是人类在认识自然和改造自然过程中形成的反映自然、社会、思维等客观规律的知识体系。治安案件中涉及的专门知识主要有法医学、弹道研究、指纹研究等。"具有专门知识的人员"，是指掌握了某个专业领域较为全面深入的知识，或者熟练掌握某些技能，因此可以对常人不能解决的问题作出解释的人员。"指派"，是指由公安机关内部的专业技术人员对相关专门性问题作出技术认定。我国各级公安机关为了工作需要，在内部设立了一些技术鉴定科、研究所等机构。如果这些机构无法对案件涉及的专门性问题作出认定，公安机关也可以聘请一些教学科研机构、专业技术部门中的具有专门知识的人员进行鉴定。一般而言，鉴定费用由公安机关承担，如《行政强制法》第二十五条第三款规定，"检测、检验、检疫或者技术鉴定的费用由行政机关承担"。

第三，鉴定人鉴定后，应当写出鉴定意见，并且签名。"鉴定意见"，是指鉴定人在对专门性问题进行鉴别和判断的基础上得出的结论性意见。根据《公安机关办理行政案件程序规定》第九十六条的相关规定可知，"鉴定意见应当载明委托人、委托鉴定的事项、提交鉴定的相关材料、鉴定的时间、依据和结论性意见等内容"，同时"通过分析得出鉴定意见的，应当有分析过程的说明。鉴定意见应当附有鉴定机构和鉴定人的资质证明或者其他证明文件"。鉴定过程中应当保持独立性，严格按照鉴定的技术操作规范进行，其他任何人不得干涉或施加影响，不得指令或代替鉴定人进行鉴定，确保鉴定意见的客观性和公正性。当然，鉴定意见作为证据之一，实质上是一种个人意见，是鉴定人凭借其专门知识对某个问题作出的认识和判断。因此，公安机关办理治安案件时，不能仅以鉴定意见为依据，还需要结合案件的其他证据，综合审查判断。由于鉴定意见代表的只是一种个人意见，同时鉴定人只能是公民个人，而不能是单位，所以鉴定人应当以个人名义出具鉴定意见，并在鉴定意见上签名。如果有多名鉴定人，应当分别签名。这样既可以保证鉴定意见的真实性，防止其他人员进行伪造或者篡改，也可以确保鉴定过程的客观性，对有争议之处还能及时查找鉴定人进行核实。

⊙关联规定

《公安机关办理行政案件程序规定》（2020年修正）

第八十七条　为了查明案情，需要对专门性技术问题进行鉴定的，应当指派或者聘请具有专门知识的人员进行。

需要聘请本公安机关以外的人进行鉴定的，应当经公安机关办案部门负责人批准后，制作鉴定聘请书。

第八十八条　公安机关应当为鉴定提供必要的条件，及时送交有关检材和比对样本等原始材料，介绍与鉴定有关的情况，并且明确提出要求鉴定解决的问题。

办案人民警察应当做好检材的保管和送检工作，并注明检材送检环节的责任人，确保检材在流转环节中的同一性和不被污染。

禁止强迫或者暗示鉴定人作出某种鉴定意见。

第八十九条　对人身伤害的鉴定由法医进行。

卫生行政主管部门许可的医疗机构具有执业资格的医生出具的诊断证明，可以作为公安机关认定人身伤害程度的依据，但具有本规定第九十条规定情形的除外。

对精神病的鉴定，由有精神病鉴定资格的鉴定机构进行。

第九十条　人身伤害案件具有下列情形之一的，公安机关应当进行伤情鉴定：

（一）受伤程度较重，可能构成轻伤以上伤害程度的；

（二）被侵害人要求作伤情鉴定的；

（三）违法嫌疑人、被侵害人对伤害程度有争议的。

第四章 处罚程序

第九十一条 对需要进行伤情鉴定的案件，被侵害人拒绝提供诊断证明或者拒绝进行伤情鉴定的，公安机关应当将有关情况记录在案，并可以根据已认定的事实作出处理决定。

经公安机关通知，被侵害人无正当理由未在公安机关确定的时间内作伤情鉴定的，视为拒绝鉴定。

第九十二条 对电子数据涉及的专门性问题难以确定的，由司法鉴定机构出具鉴定意见，或者由公安部指定的机构出具报告。

第九十三条 涉案物品价值不明或者难以确定的，公安机关应当委托价格鉴证机构估价。

根据当事人提供的购买发票等票据能够认定价值的涉案物品，或者价值明显不够刑事立案标准的涉案物品，公安机关可以不进行价格鉴证。

第九十四条 对涉嫌吸毒的人员，应当进行吸毒检测，被检测人员应当配合；对拒绝接受检测的，经县级以上公安机关或者其派出机构负责人批准，可以强制检测。采集女性被检测人检测样本，应当由女性工作人员进行。

对涉嫌服用国家管制的精神药品、麻醉药品驾驶机动车的人员，可以对其进行体内国家管制的精神药品、麻醉药品含量检验。

第九十五条 对有酒后驾驶机动车嫌疑的人，应当对其进行呼气酒精测试，对具有下列情形之一的，应当立即提取血样，检验血液酒精含量：

（一）当事人对呼气酒精测试结果有异议的；

（二）当事人拒绝配合呼气酒精测试的；

（三）涉嫌醉酒驾驶机动车的；

（四）涉嫌饮酒后驾驶机动车发生交通事故的。

当事人对呼气酒精测试结果无异议的，应当签字确认。事后提出异议的，不予采纳。

第九十六条 鉴定人鉴定后，应当出具鉴定意见。鉴定意见应当载明委托人、委托鉴定的事项、提交鉴定的相关材料、鉴定的时间、依据和结论性意见等内容，并由鉴定人签名或者盖章。通过分析得出鉴定意见的，应当有分析过程的说明。鉴定意见应当附有鉴定机构和鉴定人的资质证明或者其他证明文件。

鉴定人对鉴定意见负责，不受任何机关、团体、企业、事业单位和个人的干涉。多人参加鉴定，对鉴定意见有不同意见的，应当注明。

鉴定人故意作虚假鉴定的，应当承担法律责任。

第九十七条 办案人民警察应当对鉴定意见进行审查。

对经审查作为证据使用的鉴定意见，公安机关应当在收到鉴定意见之日起五日内将鉴定意见复印件送达违法嫌疑人和被侵害人。

医疗机构出具的诊断证明作为公安机关认定人身伤害程度的依据的，应当将诊断证明结论书面告知违法嫌疑人和被侵害人。

违法嫌疑人或者被侵害人对鉴定意见有异议的，可以在收到鉴定意见复印件之日起三日内提出重新鉴定的申请，经县级以上公安机关批准后，进行重新鉴定。同一行政案件的同一事项重新鉴定以一次为限。

当事人是否申请重新鉴定，不影响案件的正常办理。

公安机关认为必要时，也可以直接决定重新鉴定。

第九十八条 具有下列情形之一的，应当进行重新鉴定：

（一）鉴定程序违法或者违反相关专业技术要求，可能影响鉴定意见正确性的；

（二）鉴定机构、鉴定人不具备鉴定资质和条件的；

（三）鉴定意见明显依据不足的；

（四）鉴定人故意作虚假鉴定的；

（五）鉴定人应当回避而没有回避的；

（六）检材虚假或者被损坏的；

（七）其他应当重新鉴定的。

不符合前款规定情形的，经县级以上公安机关负责人批准，作出不准予重新鉴定的决定，并在作出决定之日起的三日以内书面通知申请人。

第九十九条 重新鉴定，公安机关应当另行指派或者聘请鉴定人。

第一百条 鉴定费用由公安机关承担，但当事人自行鉴定的除外。

《公安机关办理伤害案件规定》（2005年）

第十七条 公安机关办理伤害案件，应当对人身损伤程度和用作证据的痕迹、物证、致伤工具等进行检验、鉴定。

第十八条 公安机关受理伤害案件后，应当在24小时内开具伤情鉴定委托书，告知被害人到指定的鉴定机构进行伤情鉴定。

第一百零七条　【辨认的适用】

为了查明案情,人民警察可以让违反治安管理行为人、被侵害人和其他证人对与违反治安管理行为有关的场所、物品进行辨认,也可以让被侵害人、其他证人对违反治安管理行为人进行辨认,或者让违反治安管理行为人对其他违反治安管理行为人进行辨认。

辨认应当制作辨认笔录,由人民警察和辨认人签名、盖章或者按指印。

⊙重点解读

本条是关于辨认的规定,属于新增内容,共分为两款。

辨认,是指公安机关在办理治安案件过程中,为查明案件真实情况,让违反治安管理行为人、被侵害人和其他证人对与违反治安管理行为有关的场所、物品或违反治安管理行为人等进行辨别,作出判断。经过审查核实的辨认结果,可以有效印证被询问人陈述、其他有关证据的可靠程度和真伪,从而查明案件的真实情况。但从辨认的必要性角度来看,辨认只是办案人民警察办理治安案件时所采取的一种调查手段,并不是办理所有治安案件的必经环节。只有办案人民警察认为有必要的时候才组织辨认,至于在什么情况下组织辨认,应由办案人民警察根据案件的具体情况决定。一般而言,当出现被侵害人陈述、其他证人证言、违反治安管理行为人的陈述和辩解与违反治安管理行为案发现场的情况不一致或者不完全一致的情况,或者违反治安管理行为人之间的陈述发生矛盾,采用一般的询问手段或者调查方式仍不能判断案件事实,采用辨认方法可以尽快查清案件的真实情况时,办案人民警察可以组织辨认。

根据本条规定,辨认的主体包括违反治安管理行为人、被侵害人和其他证人等。辨认的对象主要包括与违法行为有关的物品、场所或者违反治安管理行为人。对能够确认或者已经确认的与违反治安管理行为有关的物品、场所和违反治安管理行为人,以及与案件无关的物品、场所和人员无需进行辨认。

对于治安案件中的辨认程序，还需要结合《公安机关办理行政案件程序规定》第一百零一条至第一百零六条的相关规定予以补充理解。

首先，辨认前的准备工作。公安机关组织辨认前，应当向辨认人详细询问辨认对象的具体特征，并避免辨认人见到辨认对象。这样既能防止辨认人因产生心理上的错觉而失去客观性和准确性，又能在一定程度上保护辨认人的安全，避免辨认人遭受辨认对象的打击报复。特别是在辨认人不愿意暴露身份的情况下，公安机关及其人民警察应当为其保守秘密。另外，辨认由二名以上办案人民警察主持，办案公安机关应当在辨认前予以确定。

其次，辨认中应当遵循一定的辨认规则。治安案件中的辨认规则，一般包括个别辨认规则、混杂辨认规则。个别辨认规则，主要是指多名辨认人对同一辨认对象或者一名辨认人对多名辨认对象进行辨认时，应当个别进行。这是为了避免辨认人之间相互干扰，影响辨认效果。混杂辨认规则，主要是指在辨认时，应当将辨认对象混杂在特征相类似的其他对象中，不得给辨认人任何暗示。这是为了保证辨认工作客观有效，提高辨认工作的公正性，达到查清案件事实的目的。另外，为了保证辨认工作准确，防止出现偏差，辨认的数量需要控制最低数量，如《公安机关办理行政案件程序规定》第一百零四条第二款、第三款就明确规定："辨认违法嫌疑人时，被辨认的人数不得少于七人；对违法嫌疑人照片进行辨认的，不得少于十人的照片。辨认每一件物品时，混杂的同类物品不得少于五件。"当然，辨认中还需要注意一个重复使用的问题，也即同一辨认人对与同一案件有关的辨认对象进行多组辨认的，不得重复使用陪衬照片或者陪衬人。

最后，辨认经过和结果，应当制作辨认笔录。根据本条规定，辨认笔录应当由人民警察和辨认人签名、盖章或者按指印，以确保辨认笔录的真实性、有效性和证明力。由于多种因素影响，辨认笔录同通过其他调查手段获取的证据一样，也有可能出现偏差，因此，办案人民警察应当结合案件的其他证据对辨认结果进行分析判断，经审查核实后，才能将辨认笔录作为有效证据使用。按照行政执法全过程记录的执法要求，同时考虑到避免引起不必要的争议，必要时，办案公安机关应当对辨认过程进行录音、录像。

⊙ 关联规定

《公安机关办理行政案件程序规定》（2020年修正）

第一百零一条　为了查明案情，办案人民警察可以让违法嫌疑人、被侵害人或者其他证人对与违法行为有关的物品、场所或者违法嫌疑人进行辨认。

第一百零二条　辨认由二名以上办案人民警察主持。

组织辨认前，应当向辨认人详细询问辨认对象的具体特征，并避免辨认人见到辨认对象。

第一百零三条　多名辨认人对同一辨认对象或者一名辨认人对多名辨认对象进行辨认时，应当个别进行。

第一百零四条　辨认时，应当将辨认对象混杂在特征相类似的其他对象中，不得给辨认人任何暗示。

辨认违法嫌疑人时，被辨认的人数不得少于七人；对违法嫌疑人照片进行辨认的，不得少于十人的照片。

辨认每一件物品时，混杂的同类物品不得少于五件。

同一辨认人对与同一案件有关的辨认对象进行多组辨认的，不得重复使用陪衬照片或者陪衬人。

第一百零五条　辨认人不愿意暴露身份的，对违法嫌疑人的辨认可以在不暴露辨认人的情况下进行，公安机关及其人民警察应当为其保守秘密。

第一百零六条　辨认经过和结果，应当制作辨认笔录，由办案人民警察和辨认人签名或者捺指印。必要时，应当对辨认过程进行录音、录像。

> **第一百零八条　【两人执法和一人办案的要求】**
>
> 公安机关进行询问、辨认、勘验，实施行政强制措施等调查取证工作时，人民警察不得少于二人。
>
> 公安机关在规范设置、严格管理的执法办案场所进行询问、扣押、辨认的，或者进行调解的，可以由一名人民警察进行。

> 依照前款规定由一名人民警察进行询问、扣押、辨认、调解的，应当全程同步录音录像。未按规定全程同步录音录像或者录音录像资料损毁、丢失的，相关证据不能作为处罚的根据。

⊙ 重点解读

本条是关于两人执法和一人办案的规定，属于新增内容，共分为三款。

本条第一款规定了"两人执法"模式，即"公安机关进行询问、辨认、勘验，实施行政强制措施等调查取证工作时，人民警察不得少于二人"。行政强制措施是对公民的人身自由实施暂时性限制，或者对公民、法人或者其他组织的财物实施暂时性控制的行为，极易侵犯行政相对人的基本权利，因此需要严格限制行政强制措施的适用。而"两人执法"模式可以在一定程度上实现此要求。"两人执法"模式，旨在通过执法人员之间的互相制约、互相监督，确保执法的规范性、合法性、公正性。该执法模式严格要求"两人以上"共同参与执法活动的全过程，一方面有助于消除执法偏见，防止权力滥用，另一方面有利于规避执法风险，保障执法人员人身安全与自身权益。如《行政处罚法》第四十二条、《行政强制法》第十八条以及《公安机关办理行政案件程序规定》第五十二条第一款都规定，行政执法应当由两名以上行政执法人员实施。

然而，随着我国社会进入加速转型期，人口日益增长，人民警察不仅要承担治安案件的调查取证工作，还要承担日常的维稳、安保任务，公安机关办案警力紧张，案多人少的矛盾突出。与此同时，现代科技在公安领域得到广泛应用，如同步录音录像的应用、智能化办案场所的建设等，"一人执法"模式逐步成为一种可行路径。而这当然也符合《行政处罚法》第四十二条关于"法律另有规定的除外"的规范目的。为了缓解警力不足的问题，本条第二款、第三款分别规定了"一人执法"的适用规定。从立法的背景与目的来看，本次修改中增加了"一人执法"的规定，主要是为了缓解公安机关警力不足的现实难题。不过，此次修改虽然在参照《公安机关办理行政案件程序规定》第五十二条关于"一警一辅"执法模式的基础上，新增了"一人执法"规定，但是这打破了执法

第四章 处罚程序

人员不少于二人的传统执法模式，因而需要严格限制"一人执法"模式的适用。

本条第二款规定了"一人执法"模式的适用范围。"一人执法"适用于公安机关"在规范设置、严格管理的执法办案场所进行询问、扣押、辨认的，或者进行调解的"情形。首先，询问、扣押、辨认、调解才可以适用"一人执法"，而检查则不能适用"一人执法"模式。这主要是出于保障公民人身权利的考虑，因为在检查调查程序中包括物品检查和人身检查，其中人身检查涉及公民的人身权利，需要严格予以限制，而询问、扣押、辨认、调解程序中一般不涉及人身权利，所以检查需要排除"一人执法"模式的适用。其次，询问、扣押、辨认应当在"规范设置、严格管理的"执法办案场所内进行。如果公安机关人民警察不是在"规范设置、严格管理的"执法办案场所内进行的询问、扣押、辨认，那么就不能适用"一人执法"模式。这里的"执法办案场所"，一般是指根据《公安机关执法办案场所设置规范》与《公安机关执法办案场所办案区使用管理规定》等进行规范化建设、改造并投入使用的场所。至于公安机关进行调解的，则并无"在规范设置、严格管理的执法办案场所进行"的严格要求，即可采用"一人执法"模式。另外，本条所称"人民警察"，是指被公安机关正式录用、经确认具有执法主体资格的负责办理行政案件的人民警察。对于公安机关雇用的联防队员、合同制民警、内部工勤人员等不具有执法主体资格的人员均不属于此处"人民警察"的范围，但这些人员可以在办案人民警察的领导下，协助办案人民警察做一些事务性工作。

本条第三款规定，"一人执法"模式应当全程同步录音录像。这可以客观地记录整个执法过程，保障执法过程的客观性、真实性和合法性。全程同步录音录像的规定，客观上是对"一人执法"模式的全过程、可回溯的监督，而其监督效果并不亚于两名以上执法人员之间的相互监督。全程同步录音录像还体现在全过程性，这就要求执法人员不能随意关闭或重启执法办案场所内的录音录像设备，不得有选择地进行录音录像。如果未按规定全程同步录音录像或者录音录像资料损毁、丢失的，"一人执法"模式下收集的相关证据不能作为处罚的根据。

⊙ 典型案例

廖某诉重庆市公安局交通管理局某支队道路交通管理行政处罚决定案[①]

交警某支队的一名交通警察拦住正常行车的廖某，说廖某驾车违章掉头。廖某当即申辩"没有违章掉头，你一个人躲在树林后面看不清楚"，但该警察不听申辩，当场制作处罚决定书，决定对廖某处以罚款200元。廖某不服，向重庆市公安局申请行政复议，重庆市公安局维持了处罚决定书。廖某不服，提起行政诉讼。法院认为，道路交通安全管理具有其特殊性。道路上的交通违法行为一般都是瞬间发生的，对这些突发的交通违法行为如果不及时纠正，就会埋下交通安全隐患，甚至当即引发交通安全事故，破坏道路交通安全秩序。但要及时纠正这些突发的交通违法行为，则会面临取证难题。交通警察发现交通违法行为后应当及时纠正，如果必须先取证再纠正违法，则可能既无法取得足够的证据，也无法及时纠正违法行为，甚至还可能在现场影响车辆、行人的通行。考虑到上述因素，为了遵循《道路交通安全法》第三条确立的依法管理、方便群众，保障道路交通有序、安全、畅通的原则，《道路交通安全法》第七十九条规定："公安机关交通管理部门及其交通警察实施道路交通安全管理，应当依据法定的职权和程序，简化办事手续，做到公正、严格、文明、高效。"因此，交通警察一人执法时，当场给予行政管理相对人罚款200元的行政处罚，是合法的具体行政行为。法院维持被告作出的处罚决定书。一审宣判后，双方当事人在法定期限内均未提出上诉，一审判决发生法律效力。

⊙ 关联规定

《行政处罚法》（2021年修订）

第四十二条 行政处罚应当由具有行政执法资格的执法人员实施。执法人员不得少于两人，法律另有规定的除外。

执法人员应当文明执法，尊重和保护当事人合法权益。

第四十七条 行政机关应当依法以文字、音像等形式，对行政处罚的启动、

[①] 《最高人民法院公报》2007年第1期。

调查取证、审核、决定、送达、执行等进行全过程记录，归档保存。

《公安机关办理行政案件程序规定》（2020年修正）

第五十二条 公安机关进行询问、辨认、检查、勘验，实施行政强制措施等调查取证工作时，人民警察不得少于二人，并表明执法身份。

接报案、受案登记、接受证据、信息采集、调解、送达文书等工作，可以由一名人民警察带领警务辅助人员进行，但应当全程录音录像。

第二节 决 定

> **第一百零九条 【处罚的决定机关】**
> 治安管理处罚由县级以上地方人民政府公安机关决定；其中警告、一千元以下的罚款，可以由公安派出所决定。

⊙重点解读

本条是关于治安管理处罚的决定机关的规定。依据《行政处罚法》的相关规定，行政处罚应当由违法行为发生地的县级以上地方人民政府具有行政处罚权的行政机关管辖。故据此，本条规定治安管理处罚要由县级以上地方人民政府公安机关决定。这里要说明的有两点：一是治安管理案件的处罚权只能由公安机关行使，而且级别应当是县级以上地方人民政府公安机关。二是对违反治安管理行为处以较轻的处罚，即警告和一千元以下的罚款，可以由公安派出所决定。公安派出所作为公安局的派出机构，例外时可以作为处罚的决定机关，这是因为《治安管理处罚法》作为《行政处罚法》的特别法，给予了派出机构一定的授权，允许派出机构在一定范围内拥有部分的行政管理权。故在此种情况下，公安派出所是作为"法律法规授权的组织"来行使职权的。新法修订后将公安派出所行政职权的罚款额度由"五百元以下"提高到"一千元以下"，这将进一步增强基层公安机关的执法能力，提高处罚效率，并更好地应对日益复杂的治安形势。此次修订也旨在赋予公安派出所更大的行政处罚权，使其在处理轻微违法行为时能够更加灵活和高效。

⊙ 关联规定

《行政处罚法》（2021 年修订）

  第二十二条　行政处罚由违法行为发生地的行政机关管辖。法律、行政法规、部门规章另有规定的，从其规定。

  第二十三条　行政处罚由县级以上地方人民政府具有行政处罚权的行政机关管辖。法律、行政法规另有规定的，从其规定。

《公安机关执行〈中华人民共和国治安管理处罚法〉有关问题的解释》（2006 年）

  十、关于铁路、交通、民航、森林公安机关和海关侦查走私犯罪公安机构以及新疆生产建设兵团公安局的治安管理处罚权问题。《治安管理处罚法》第 91 条规定："治安管理处罚由县级以上人民政府公安机关决定；其中警告、五百元以下罚款可以由公安派出所决定。"根据有关法律，铁路、交通、民航、森林公安机关依法负责其管辖范围内的治安管理工作，《中华人民共和国海关行政处罚实施条例》第 6 条赋予了海关侦查走私犯罪公安机构对阻碍海关缉私警察依法执行职务的治安案件的查处权。为有效维护社会治安，县级以上铁路、交通、民航、森林公安机关对其管辖的治安案件，可以依法作出治安管理处罚决定，铁路、交通、民航、森林公安派出所可以作出警告、500 元以下罚款的治安管理处罚决定；海关系统相当于县级以上公安机关的侦查走私犯罪公安机构可以依法查处阻碍缉私警察依法执行职务的治安案件，并依法作出治安管理处罚决定。

  新疆生产建设兵团系统的县级以上公安局应当视为"县级以上人民政府公安机关"，可以依法作出治安管理处罚决定；其所属的公安派出所可以依法作出警告、500 元以下罚款的治安管理处罚决定。

> **第一百一十条　【行政拘留的折抵】**
> 对决定给予行政拘留处罚的人，在处罚前已经采取强制措施限制人身自由的时间，应当折抵。限制人身自由一日，折抵行政拘留一日。

⊙重点解读

本条是关于限制人身自由的时间折抵行政拘留时间的规定。本条的规范意旨在于避免同一违法犯罪行为受到两次评价，即广义上的"一事不二罚"或者是"禁止双重评价"。从立法例上来看，我国在处理行政处罚与刑罚的关系时，采用了二元主义，既要适用刑法，也要适用行政处罚，但处罚种类相同的部分予以折抵。首先，只有被采取强制措施限制人身自由的时间才可以折抵行政拘留处罚，而其他措施是不可以折抵的，比如询问查证和继续盘问的时间就不可以折抵。其次，被折抵的处罚只能是行政拘留，而不能是警告、罚款等其他处罚措施。最后，折抵计算是限制人身自由一日，折抵行政拘留一日，即"一日对一日"。需要注意的是，限制人身自由的强制措施与行政拘留必须是基于同一行政行为，如果是不同的行为导致的不同处罚，则不能折抵。这里的"采取强制措施限制人身自由的时间"，包括违法行为人在被行政拘留前因同一行为被依法刑事拘留、逮捕的时间。如果违法行为人被刑事拘留、逮捕的时间已超过被行政拘留的时间的，则行政拘留不再执行，但办案部门必须将《治安管理处罚决定书》送达被处罚人。

⊙关联规定

《公安机关办理行政案件程序规定》（2020年修正）

第一百六十三条　对决定给予行政拘留处罚的人，在处罚前因同一行为已经被采取强制措施限制人身自由的时间应当折抵。限制人身自由一日，折抵执行行政拘留一日。询问查证、继续盘问和采取约束措施的时间不予折抵。

被采取强制措施限制人身自由的时间超过决定的行政拘留期限的，行政拘留决定不再执行。

> **第一百一十一条** 【本人陈述与其他证据的关系】
> 公安机关查处治安案件，对没有本人陈述，但其他证据能够证明案件事实的，可以作出治安管理处罚决定。但是，只有本人陈述，没有其他证据证明的，不能作出治安管理处罚决定。

⊙重点解读

本条是关于治安管理处罚案件中当事人陈述与其他相关证据之间关系的规定，亦是公安机关查处治安案件时"重证据不轻信口供"原则的体现。该原则要求公安机关在作出治安管理处罚决定时，必须以事实清楚、证据确凿为前提。本条规定了两种情况：一是没有本人陈述，但其他证据能够证明案件事实。此时，其他证据确实、充分，而且相互吻合，能够证明案件事实，已经达到了"事实清楚、证据确凿"的要求，因而可以据此作出治安管理处罚决定。如某人实施了冒充国家机关工作人员招摇撞骗的行为，被公安机关抓获，其本人既不主动交代，又不承认实施过这种行为，但有多名受害者指认，并且有其为了冒充国家机关工作人员进行招摇撞骗而制作的相关假证件等，此时可以据此作出处罚决定。二是只有本人陈述，没有其他证据证明的。虽然本人陈述也是证据的一种，但仅凭其陈述而无其他相关证据，不能认定当事人实施了违反治安管理的行为，因为当事人在陈述的时候，很自然地会考虑到陈述内容与其处罚结果之间的关系，对其是否有利等，这样就会存在避重就轻，或者提供含虚假成分的陈述，甚至完全是虚假的陈述的可能。现实中，还存在个别公安人员采用打骂、诱供等手段，迫使当事人提供虚假陈述的情况。

⊙关联规定

《治安管理处罚法》（2025年修订）

第六条 治安管理处罚必须以事实为依据，与违反治安管理的事实、性质、情节以及社会危害程度相当。

实施治安管理处罚，应当公开、公正，尊重和保障人权，保护公民的人格尊严。

办理治安案件应当坚持教育与处罚相结合的原则，充分释法说理，教育公民、法人或者其他组织自觉守法。

《劳动保障监察条例》

第三十条 有下列行为之一的，由劳动保障行政部门责令改正；对有第（一）项、第（二）项或者第（三）项规定的行为的，处2000元以上2万元以下的罚款：

（一）无理抗拒、阻挠劳动保障行政部门依照本条例的规定实施劳动保障监察的；

（二）不按照劳动保障行政部门的要求报送书面材料，隐瞒事实真相，出具伪证或者隐匿、毁灭证据的；

（三）经劳动保障行政部门责令改正拒不改正，或者拒不履行劳动保障行政部门的行政处理决定的；

（四）打击报复举报人、投诉人的。

违反前款规定，构成违反治安管理行为的，由公安机关依法给予治安管理处罚；构成犯罪的，依法追究刑事责任。

第一百一十二条　【告知义务与陈述权、申辩权】

公安机关作出治安管理处罚决定前，应当告知违反治安管理行为人拟作出治安管理处罚的内容及事实、理由、依据，并告知违反治安管理行为人依法享有的权利。

> 违反治安管理行为人有权陈述和申辩。公安机关必须充分听取违反治安管理行为人的意见,对违反治安管理行为人提出的事实、理由和证据,应当进行复核;违反治安管理行为人提出的事实、理由或者证据成立的,公安机关应当采纳。
>
> 违反治安管理行为人不满十八周岁的,还应当依照前两款的规定告知未成年人的父母或者其他监护人,充分听取其意见。
>
> 公安机关不得因违反治安管理行为人的陈述、申辩而加重其处罚。

⊙ 重点解读

本条第一款是有关公安机关告知义务的规定。公安机关的告知义务对应的是违反治安管理行为人享有的被告知的权利,即知情权。告知是公安机关作出治安管理处罚决定的必经程序,公安机关不告知当事人拟作出的治安管理处罚内容及事实、理由、依据的,治安管理处罚决定可以被撤销。告知有利于发现客观事实,同时也是惩罚和教育相结合的体现,能够充分发挥治安管理处罚的矫正和预防功能。对此,需要注意的是法条中规定的履行告知义务的时间要求和告知内容。告知义务应在作出治安管理处罚决定之前履行,即只要公安机关负责人没有正式签发治安管理处罚决定,公安机关都应当依照本条履行告知义务。因此,告知义务的履行可能不止一次,而是要根据治安管理处罚决定的调整情况逐次告知。告知的内容包括拟作出治安管理处罚的内容、事实、理由、依据以及违反治安管理行为人依法享有的权利。本次修订增加了告知"拟作出治安管理处罚的内容"的要求,这主要基于两个方面的考虑:一是与新修订的《行政处罚法》保持一致;二是本条第三款规定了不因违反治安管理行为人的陈述、申辩而给予更重的处罚。如何判断公安机关是否给予违反治安管理行为人更重的处罚,参照物是公安机关最初告知的初步治安管理处罚决定。因此,告知的内容就是拟作出的初步治安管理处罚决定。

本条第二款是关于陈述权和申辩权的规定。陈述权，是指违反治安管理行为人对公安机关给予治安管理处罚所认定的事实及适用法律是否准确、适当，陈述自己的看法和意见，同时也可以提出自己的主张和要求的权利。申辩权，是指违反治安管理行为人对公安机关的指控、证据等提出不同意见，进行申辩，以正当手段如要求召开听证会等方式，驳斥公安机关的指控以及驳斥公安机关提出的不利证据的权利。规定陈述权、申辩权的主要考虑：一是可以督促公安机关在作出治安管理处罚时，注意以事实为根据、以法律为准绳，防止和减少错误。二是事先告诉违反治安管理行为人，有利于违反治安管理行为人维护自己的合法权利。三是符合重在教育的原则，使违反治安管理行为人知道自己哪些行为违反了法律，有利于提高其法治观念。

值得注意的是，新修订的第三款增加了"违反治安管理行为人不满十八周岁的，还应当依照前两款的规定告知未成年人的父母或者其他监护人，充分听取其意见"的规定。这主要基于两点考虑：一是保护未成年人的合法权益。未成年人是社会的弱势群体，其身心发展尚未成熟，对于复杂的社会现象和法律问题缺乏足够的认识和判断能力。因此，在未成年人涉及违反治安管理行为时，必须充分保障其合法权益，避免其受到不公正的待遇或惩罚。告知其父母或其他监护人，并充分听取意见，是保障未成年人合法权益的重要措施之一。二是促进家庭教育与监护的落实。未成年人的父母或其他监护人对其负有监护和教育责任，可以及时了解未成年人的行为和思想状况，对其进行教育和引导，帮助其纠正错误行为，避免再次违法。

⊙典型案例

郑某诉某市公安局公安行政管理案[①]

2018年4月28日17时许，胡某明、郑某到某州中级法院递交材料时，遇到与其公司有经济纠纷的周某林及其代理律师袁某达在中院办事，胡某明、郑某在某州中级法院大门外等待，当周某林及其代理律师袁某达办完事走出中级法院大门时，胡某明、郑某将周某林拉住讨要说法，并发生口角、拉扯，袁

---

① 湖北省某土家族苗族自治州中级人民法院行政判决书，(2019)鄂28行再3号。

某达见状即用手机进行拍照，胡某明、郑某遂对袁某达进行殴打。而后胡某明、郑某驾车离开。某市公安局接警后立即赶到现场，展开调查并对现场进行勘验。某市公安局根据查明的事实、证据，作出《行政处罚决定书》，对郑某处以行政拘留十五日，并处罚款五百元。郑某不服，向某州公安局申请复议，某州公安局复议维持。郑某不服，向某市人民法院提起行政诉讼。

法院再审认为，《治安管理处罚法》第九十四条第二款规定："违反治安管理行为人有权陈述和申辩。公安机关必须充分听取违反治安管理行为人的意见，对违反治安管理行为人提出的事实、理由和证据，应当进行复核；违反治安管理行为人提出的事实、理由或者证据成立的，公安机关应当采纳。"某市公安局在对郑某作出行政处罚之前，已明确告知郑某有权陈述和申辩，郑某仅表示要申诉，但既未提交书面申辩材料，也未向某市公安局陈述申辩意见。某市公安局对本案的处罚程序不存在违法情形。

⊙关联规定

《行政处罚法》（2021 年修订）

第七条 公民、法人或者其他组织对行政机关所给予的行政处罚，享有陈述权、申辩权；对行政处罚不服的，有权依法申请行政复议或者提起行政诉讼。

公民、法人或者其他组织因行政机关违法给予行政处罚受到损害的，有权依法提出赔偿要求。

《公安机关办理行政案件程序规定》（2020 年修正）

第一百六十七条 在作出行政处罚决定前，应当告知违法嫌疑人拟作出行政处罚决定的事实、理由及依据，并告知违法嫌疑人依法享有陈述权和申辩权。单位违法的，应当告知其法定代表人、主要负责人或者其授权的人员。

适用一般程序作出行政处罚决定的，采用书面形式或者笔录形式告知。

依照本规定第一百七十二条第一款第三项作出不予行政处罚决定的，可以不履行本条第一款规定的告知程序。

第一百六十八条 对违法行为事实清楚，证据确实充分，依法应当予以行政处罚，因违法行为人逃跑等原因无法履行告知义务的，公安机关可以采取公告方式予以告知。自公告之日起七日内，违法嫌疑人未提出申辩的，可以依法作出行政处罚决定。

第一百六十九条 违法嫌疑人有权进行陈述和申辩。对违法嫌疑人提出的新的事实、理由和证据，公安机关应当进行复核。

公安机关不得因违法嫌疑人申辩而加重处罚。

第一百一十三条 【治安案件的处理】

治安案件调查结束后，公安机关应当根据不同情况，分别作出以下处理：

（一）确有依法应当给予治安管理处罚的违法行为的，根据情节轻重及具体情况，作出处罚决定；

（二）依法不予处罚的，或者违法事实不能成立的，作出不予处罚决定；

（三）违法行为已涉嫌犯罪的，移送有关主管机关依法追究刑事责任；

（四）发现违反治安管理行为人有其他违法行为的，在对违反治安管理行为作出处罚决定的同时，通知或者移送有关主管机关处理。

对情节复杂或者重大违法行为给予治安管理处罚，公安机关负责人应当集体讨论决定。

⊙ **重点解读**

该条是有关公安机关办理治安案件针对不同情况作出不同处理结果的规定。

该条第一款第二项中"依法不予处罚的，或者违法事实不能成立的"情况主要有以下几种：一是法定不予处罚的，如不满14周岁的人违反治安管理的，精神病人在不能辨认或不能控制自己行为的时候违反治安管理的，不予处罚。

二是可以不予处罚的，如盲人或既聋又哑的人违反治安管理情节特别轻微的，可以不予处罚。三是违法事实不能成立的。如果对于行为人是否实施违反治安管理的行为无法明确而又肯定地认定，根据"疑罪从无"的原则，公安机关应当依法作出不予处罚的决定。

该条第一款第三项中，只要求违法行为已涉嫌犯罪的，即可移送有关主管机关。这一规定降低了公安机关移送的门槛，与《行政处罚法》《刑事诉讼法》《行政执法机关移送涉嫌犯罪案件的规定》的规定保持一致。认定是否构成犯罪的机关是人民法院，不能要求公安机关在移送涉嫌犯罪案件时即确定涉案行为已经构成犯罪。

本次修订，将原法第一款第四项中的"通知"改为"通知或者移送"，将"行政主管部门"改为"主管机关"，实现了两方面突破。第一，强化了主体适配性。原表述"行政主管部门"侧重政府行政序列内的部门，但实践中违法行为可能涉及司法机关（如检察院、法院）、法律法规授权的组织（如证券会、行业协会）或跨部门联合机构。修订后的"主管机关"涵盖范围更广，包括行政、司法及其他法定职权主体，避免因管辖主体模糊导致案件移交不畅或推诿。第二，体现了程序强制性。原条款仅要求"通知"，实践中可能流于形式，对接受部门是否介入缺乏强制约束。新增"移送"赋予公安机关主动移交案卷、证据的法律义务，确保违法行为由最具管辖权的机关接手，避免"一罚了之"的执法漏洞。

此次修订，本条新增加了第二款，即处理结果的集体讨论，这与新修订的《行政处罚法》第五十七条保持了一致。集体讨论是准司法程序，为的是通过合议的方式查清事实，准确适用法律。集体讨论是法定程序，需要做好记录，记录由参加人签名，缺席的应注明事由。对于符合集体讨论条件的，不予讨论，则构成违反法定程序。

⊙ 关联规定

《行政处罚法》（2021年修订）

第五十七条 调查终结，行政机关负责人应当对调查结果进行审查，根据不同情况，分别作出如下决定：

（一）确有应受行政处罚的违法行为的，根据情节轻重及具体情况，作出行政处罚决定；

（二）违法行为轻微，依法可以不予行政处罚的，不予行政处罚；

（三）违法事实不能成立的，不予行政处罚；

（四）违法行为涉嫌犯罪的，移送司法机关。

对情节复杂或者重大违法行为给予行政处罚，行政机关负责人应当集体讨论决定。

《公安机关办理行政案件程序规定》（2020 年修正）

第一百七十二条 公安机关根据行政案件的不同情况分别作出下列处理决定：

（一）确有违法行为，应当给予行政处罚的，根据其情节和危害后果的轻重，作出行政处罚决定；

（二）确有违法行为，但有依法不予行政处罚情形的，作出不予行政处罚决定；有违法所得和非法财物、违禁品、管制器具的，应当予以追缴或者收缴；

（三）违法事实不能成立的，作出不予行政处罚决定；

（四）对需要给予社区戒毒、强制隔离戒毒、收容教养等处理的，依法作出决定；

（五）违法行为涉嫌构成犯罪的，转为刑事案件办理或者移送有权处理的主管机关、部门办理，无需撤销行政案件。公安机关已经作出行政处理决定的，应当附卷；

（六）发现违法行为人有其他违法行为的，在依法作出行政处理决定的同时，通知有关行政主管部门处理。

对已经依照前款第三项作出不予行政处罚决定的案件，又发现新的证据的，应当依法及时调查；违法行为能够认定的，依法重新作出处理决定，并撤销原不予行政处罚决定。

治安案件有被侵害人的，公安机关应当在作出不予行政处罚或者处罚决定之日起二日内将决定书复印件送达被侵害人。无法送达的，应当注明。

> **第一百一十四条　【重大处罚决定法制审核】**
> 有下列情形之一的，在公安机关作出治安管理处罚决定之前，应当由从事治安管理处罚决定法制审核的人员进行法制审核；未经法制审核或者审核未通过的，不得作出决定：
> （一）涉及重大公共利益的；
> （二）直接关系当事人或者第三人重大权益，经过听证程序的；
> （三）案件情况疑难复杂、涉及多个法律关系的。
> 公安机关中初次从事治安管理处罚决定法制审核的人员，应当通过国家统一法律职业资格考试取得法律职业资格。

⊙重点解读

该条是有关治安管理处罚决定法制审核制度的规定，是本次修订新增的内容。治安管理处罚决定法制审核制度重在合法行政，要义在于通过推进专业化，既实现内部职能分离与互相监督，又提高行政效率，规范治安管理处罚行为，确保治安管理处罚行为合法。《法治政府建设实施纲要（2021—2025年）》提出："全面严格落实行政执法公示、执法全过程记录、重大执法决定法制审核制度。"在此之前，一些地方和国务院部门根据实践需要开展了一些探索和尝试。国务院组织开展行政执法三项制度试点后，2018年国务院办公厅印发了《关于全面推行行政执法公示制度执法全过程记录制度重大执法决定法制审核制度的指导意见》。此次修订新增的治安管理处罚决定法制审核，限于重大治安管理处罚决定，即涉及重大公共利益的，直接关系当事人或者第三人重大权益、经过听证程序的，案件情况疑难复杂、涉及多个法律关系的。

本条吸收了《国务院办公厅关于全面推行行政执法公示制度执法全过程记录制度重大执法决定法制审核制度的指导意见》关于审核范围等的规定。治安管理处罚决定审核的内容主要包括执法主体是否合法，执法人员是否具备执法资格；执法程序是否合法；案件事实是否清楚，证据是否合法充分；适用法律、法规、规章是否准确，裁量基准运用是否适当；同类案件是否有畸轻畸重等明显差异；执法是否超越执法机关法定权限；行政执法文书是否完备、规范；违法行为是否涉嫌犯罪、需要移送司法机关等。同时，该条还规定"未经法制审核或者审核未通过的，不得作出决定"，对于应当进行法制审核，而没有经过法制审核的，应认定"违反法定程序"，存在"重大且明显违法"的，根据《行政处罚法》第三十八条之规定，行政处罚无效。

此外，法制审核完成后，要根据不同情形，提出同意或者存在问题的书面审核意见。

⊙ 关联规定

《行政处罚法》（2021 年修订）

第五十八条　有下列情形之一，在行政机关负责人作出行政处罚的决定之前，应当由从事行政处罚决定法制审核的人员进行法制审核；未经法制审核或者审核未通过的，不得作出决定：

（一）涉及重大公共利益的；

（二）直接关系当事人或者第三人重大权益，经过听证程序的；

（三）案件情况疑难复杂、涉及多个法律关系的；

（四）法律、法规规定应当进行法制审核的其他情形。

行政机关中初次从事行政处罚决定法制审核的人员，应当通过国家统一法律职业资格考试取得法律职业资格。

《优化营商环境条例》

第五十八条　行政执法机关应当按照国家有关规定，全面落实行政执法公示、行政执法全过程记录和重大行政执法决定法制审核制度，实现行政执法信息及时准确公示、行政执法全过程留痕和可回溯管理、重大行政执法决定法制审核全覆盖。

《国务院办公厅关于全面推行行政执法公示制度执法全过程记录制度重大执法决定法制审核制度的指导意见》（2018年）

四、全面推行重大执法决定法制审核制度

重大执法决定法制审核是确保行政执法机关作出的重大执法决定合法有效的关键环节。行政执法机关作出重大执法决定前，要严格进行法制审核，未经法制审核或者审核未通过的，不得作出决定。

（十一）明确审核机构。各级行政执法机关要明确具体负责本单位重大执法决定法制审核的工作机构，确保法制审核工作有机构承担、有专人负责。加强法制审核队伍的正规化、专业化、职业化建设，把政治素质高、业务能力强、具有法律专业背景的人员调整充实到法制审核岗位，配强工作力量，使法制审核人员的配置与形势任务相适应，原则上各级行政执法机关的法制审核人员不少于本单位执法人员总数的5%。要充分发挥法律顾问、公职律师在法制审核工作中的作用，特别是针对基层存在的法制审核专业人员数量不足、分布不均等问题，探索建立健全本系统内法律顾问、公职律师统筹调用机制，实现法律专业人才资源共享。

（十二）明确审核范围。凡涉及重大公共利益，可能造成重大社会影响或引发社会风险，直接关系行政相对人或第三人重大权益，经过听证程序作出行政执法决定，以及案件情况疑难复杂、涉及多个法律关系的，都要进行法制审核。各级行政执法机关要结合本机关行政执法行为的类别、执法层级、所属领域、涉案金额等因素，制定重大执法决定法制审核目录清单。上级行政执法机关要对下一级执法机关重大执法决定法制审核目录清单编制工作加强指导，明确重大执法决定事项的标准。

（十三）明确审核内容。要严格审核行政执法主体是否合法，行政执法人员是否具备执法资格；行政执法程序是否合法；案件事实是否清楚，证据是否合法充分；适用法律、法规、规章是否准确，裁量基准运用是否适当；执法是否超越执法机关法定权限；行政执法文书是否完备、规范；违法行为是否涉嫌犯罪、需要移送司法机关等。法制审核机构完成审核后，要根据不同情形，提出同意或者存在问题的书面审核意见。行政执法承办机构要对法制审核机构提出的存在问题的审核意见进行研究，作出相应处理后再次报送法制审核。

（十四）明确审核责任。行政执法机关主要负责人是推动落实本机关重大执法决定法制审核制度的第一责任人，对本机关作出的行政执法决定负责。要结合实际，确定法制审核流程，明确送审材料报送要求和审核的方式、时限、责任，建立健全法制审核机构与行政执法承办机构对审核意见不一致时的协调机制。行政执法承办机构对送审材料的真实性、准确性、完整性，以及执法的事实、证据、法律适用、程序的合法性负责。法制审核机构对重大执法决定的法制审核意见负责。因行政执法承办机构的承办人员、负责法制审核的人员和审批行政执法决定的负责人滥用职权、玩忽职守、徇私枉法等，导致行政执法决定错误，要依纪依法追究相关人员责任。

第一百一十五条　【治安管理处罚决定书的内容】

公安机关作出治安管理处罚决定的，应当制作治安管理处罚决定书。决定书应当载明下列内容：

（一）被处罚人的姓名、性别、年龄、身份证件的名称和号码、住址；

（二）违法事实和证据；

（三）处罚的种类和依据；

（四）处罚的执行方式和期限；

（五）对处罚决定不服，申请行政复议、提起行政诉讼的途径和期限；

（六）作出处罚决定的公安机关的名称和作出决定的日期。

决定书应当由作出处罚决定的公安机关加盖印章。

⊙**重点解读**

该条是有关治安管理处罚决定书内容的规定。行政处罚决定书载明了当事人的基本情况，公安机关调查获悉的事实以及相应的证据，作出处罚的种类和处罚的依据，公安机关如何执行治安管理处罚决定，当事人如何获得救济，等等。上述必备要件是为了保证治安管理处罚正确作出，使当事人的合法权益在程序上得到妥善保护。治安管理处罚决定书是一种法律文书，意味着治安管理处罚决定的成立。制作治安管理处罚决定书，既是公安机关依法实施治安管理的一项权利，同时也是必须履行的一项义务。无论是当场处罚还是依照一般程序作出的处罚，都应当制作治安管理处罚决定书，并应当交付当事人。本条明确规定了治安管理处罚决定书应当列明的内容。要注意，处罚决定书必须加盖公安机关印章，而不能只有执法人员的签名或盖章。但在本法第一百一十九条规定的当场处罚的情况下，可由人民警察签名或盖章。此外，治安管理处罚决定书逐步实现电子现代化。当前，有的地方已经在全域范围内推行电子行政处罚决定书。第二款规定的"印章"也可以是电子印章。由于电子印章的虚拟性，有部门要求使用电子印章时，要同步录音录像。如，《公安机关办理行政案件程序规定》第二百六十三条第三款规定："公安机关可以使用电子签名、电子指纹捺印技术制作电子笔录等材料，可以使用电子印章制作法律文书。对案件当事人进行电子签名、电子指纹捺印的过程，公安机关应当同步录音录像。"行政处罚决定书可以附带多个二维码。如执行二维码，当事人拿到行政处罚决定书直接缴费即可。再如教育二维码，行政机关可以将法律教育素材附在行政处罚决定书上，集惩罚与教育于一体。

⊙ 关联规定

《行政处罚法》（2021年修订）

第五十九条　行政机关依照本法第五十七条的规定给予行政处罚，应当制作行政处罚决定书。行政处罚决定书应当载明下列事项：

（一）当事人的姓名或者名称、地址；

（二）违反法律、法规、规章的事实和证据；

（三）行政处罚的种类和依据；

（四）行政处罚的履行方式和期限；

（五）申请行政复议、提起行政诉讼的途径和期限；

（六）作出行政处罚决定的行政机关名称和作出决定的日期。

行政处罚决定书必须盖有作出行政处罚决定的行政机关的印章。

《公安机关办理行政案件程序规定》（2020年修正）

第一百六十一条 一人有两种以上违法行为的，分别决定，合并执行，可以制作一份决定书，分别写明对每种违法行为的处理内容和合并执行的内容。

一个案件有多个违法行为人的，分别决定，可以制作一式多份决定书，写明给予每个人的处理决定，分别送达每一个违法行为人。

> **第一百一十六条　【决定书的宣告与送达】**
> 公安机关应当向被处罚人宣告治安管理处罚决定书，并当场交付被处罚人；无法当场向被处罚人宣告的，应当在二日以内送达被处罚人。决定给予行政拘留处罚的，应当及时通知被处罚人的家属。
> 有被侵害人的，公安机关应当将决定书送达被侵害人。

⊙ 重点解读

该条是有关治安管理处罚决定书的宣告与送达的规定。送达是治安管理处罚过程中的重要程序，治安管理处罚决定书自送达之日起生效，申请行政复议或者提起行政诉讼的时间也是从送达之日起计算。本条规定，当场交付治安管理处罚决定书是原则，不能当场交付的，应当在两日内送达，未当场交付和送达的治安管理处罚决定书对被处罚人不具有法律效力。当事人如果对处罚没有异议，应当按照处罚决定书的要求及时履行义务；如果对处罚决定不服，应当按照处罚决定书载明的途径和期限，及时申请行政复议或者提起行政诉讼。需要注意，"当场"是宣布处罚决定的现场，而不仅仅是当场处罚的现场。送达有多种形式，如直接送达、邮寄送达、留置送达、委托送达等。

此外，此次修订将该条第二款的"将决定书副本抄送被侵害人"改为"将决定书送达被侵害人"，这一修改是对《民事诉讼法》的相关规定进行了援引，将违反治安管理行为人和被侵害人作为案件双方当事人在权利义务上进行平等看待，从而进一步保障被侵害人的合法权益，促进社会矛盾的化解以及确保治安管理处罚决定的公开、公正。

⊙关联规定

《公安机关办理行政案件程序规定》（2020年修正）

第三十六条 送达法律文书，应当遵守下列规定：

（一）依照简易程序作出当场处罚决定的，应当将决定书当场交付被处罚人，并由被处罚人在备案的决定书上签名或者捺指印；被处罚人拒绝的，由办案人民警察在备案的决定书上注明；

（二）除本款第一项规定外，作出行政处罚决定和其他行政处理决定，应当在宣告后将决定书当场交付被处理人，并由被处理人在附卷的决定书上签名或者捺指印，即为送达；被处理人拒绝的，由办案人民警察在附卷的决定书上注明；被处理人不在场的，公安机关应当在作出决定的七日内将决定书送达被处理人，治安管理处罚决定应当在二日内送达。

送达法律文书应当首先采取直接送达方式，交给受送达人本人；受送达人不在的，可以交付其成年家属、所在单位的负责人员或者其居住地居（村）民委员会代收。受送达人本人或者代收人拒绝接收或者拒绝签名和捺指印的，送达人可以邀请其邻居或者其他见证人到场，说明情况，也可以对拒收情况进行录音录像，把文书留在受送达人处，在附卷的法律文书上注明拒绝的事由、送达日期，由送达人、见证人签名或者捺指印，即视为送达。

无法直接送达的，委托其他公安机关代为送达，或者邮寄送达。经受送达人同意，可以采用传真、互联网通讯工具等能够确认其收悉的方式送达。

经采取上述送达方式仍无法送达的，可以公告送达。公告的范围和方式应当便于公民知晓，公告期限不得少于六十日。

第四章 处罚程序

第一百一十七条　【听证】

公安机关作出吊销许可证件、处四千元以上罚款的治安管理处罚决定或者采取责令停业整顿措施前，应当告知违反治安管理行为人有权要求举行听证；违反治安管理行为人要求听证的，公安机关应当及时依法举行听证。

对依照本法第二十三条第二款规定可能执行行政拘留的未成年人，公安机关应当告知未成年人和其监护人有权要求举行听证；未成年人和其监护人要求听证的，公安机关应当及时依法举行听证。对未成年人案件的听证不公开举行。

前两款规定以外的案情复杂或者具有重大社会影响的案件，违反治安管理行为人要求听证，公安机关认为必要的，应当及时依法举行听证。

公安机关不得因违反治安管理行为人要求听证而加重其处罚。

⊙重点解读

听证程序，是行政机关在作出行政处罚决定之前听取当事人的陈述和申辩，由听证程序参加人就有关问题相互进行质问、辩论和反驳，从而查明事实的过程。听证程序赋予了当事人为自己辩护的权利，为当事人充分维护和保障自己的权益提供了程序上的条件。《行政处罚法》对听证制度作出了明确的规定，行政机关作出较大数额罚款等行政处罚决定之前，应当告知当事人有要求听证的权利；当事人要求听证的，行政机关应当组织听证，当事人不承担行政机关组织听证的费用。

本条规定了治安管理处罚决定之前需要告知当事人听证权利的三种情况：公安机关作出吊销许可证件、处四千元以上罚款的治安管理处罚决定或者采取责令停业整顿措施前。吊销许可证件是指公安机关对违反治安管理的公民、法人或其他组织，依法实行撤销其许可证件，剥夺其继续从事某项活动的权利的处罚，其后果是比较严重的，被处罚人将不能继续从事此类生产经营活动。此次修订将罚款需要告知当事人听证的标准由两千元提高到四千元，这反映了人民生活水平的提高，提高数额有利于更好地适应经济发展水平，避免大量轻微或者一般违法行为被纳入听证程序，从而提高行政执法的效率，也为当事人减少不必要的烦扰。新增的"责令停业整顿措施"契合了《行政处罚法》第六十三条有关听证程序的适用范围，这种措施属于限制当事人的经营权，属于严重的侵益性行为，有必要明确列入听证范围。

此次修订在听证范围中增加了"对依照本法第二十三条第二款规定可能执行行政拘留的未成年人，公安机关应当告知未成年人和其监护人有权要求举行听证"。这有利于实现惩戒与保护的平衡。一方面，扩大听证适用范围，明确强制告知义务。将听证范围限定于"可能执行行政拘留的未成年人"，即符合本法第二十三条第二款情形的案件，避免对所有未成年人案件泛化适用听证，聚焦于实际可能被执行拘留的"高风险案件"，既节约执法资源，又确保关键案件中当事人的程序权利。另一方面，衔接实体法与程序法，避免执法冲突。本法第二十三条第二款是新设的未成年人行政拘留例外条款，明确突破了原法"未成年人不执行拘留"的原则。故，若听证程序独立于实体标准，可能导致本不应拘留的未成年人启动听证，造成程序空转。将听证程序的启动条件与本法第二十三条第二款相衔接，确保程序仅适用于实体法允许拘留的情形，实现实体与程序统一。此外，增设"不公开听证"，强化了对未成年人的隐私保护，防止未成年人因听证公开遭受社会歧视，造成心理创伤，亦契合《预防未成年人犯罪法》的"教育矫治为主"的理念，减少"标签效应"。

听证程序和陈述权、申辩权一样，都是违反治安管理行为人的重要权利，是确保程序公正的关键环节。同时，举行听证程序也是为了更好地保护违反治安管理行为人陈述、申辩的权利。故，本条第四款比照本法第一百一十二条第四款的规定，增加了"公安机关不得因违反治安管理行为人要求听证而加重其处罚"的规定，从而消除当事人的顾虑，切实维护当事人的权利，保证治安管理处罚决定的公正性和合法性。

第四章 处罚程序

⊙ **关联规定**

《行政处罚法》（2021年修订）

第六十三条 行政机关拟作出下列行政处罚决定，应当告知当事人有要求听证的权利，当事人要求听证的，行政机关应当组织听证：

（一）较大数额罚款；

（二）没收较大数额违法所得、没收较大价值非法财物；

（三）降低资质等级、吊销许可证件；

（四）责令停产停业、责令关闭、限制从业；

（五）其他较重的行政处罚；

（六）法律、法规、规章规定的其他情形。

当事人不承担行政机关组织听证的费用。

第六十四条 听证应当依照以下程序组织：

（一）当事人要求听证的，应当在行政机关告知后五日内提出；

（二）行政机关应当在举行听证的七日前，通知当事人及有关人员听证的时间、地点；

（三）除涉及国家秘密、商业秘密或者个人隐私依法予以保密外，听证公开举行；

（四）听证由行政机关指定的非本案调查人员主持；当事人认为主持人与本案有直接利害关系的，有权申请回避；

（五）当事人可以亲自参加听证，也可以委托一至二人代理；

（六）当事人及其代理人无正当理由拒不出席听证或者未经许可中途退出听证的，视为放弃听证权利，行政机关终止听证；

（七）举行听证时，调查人员提出当事人违法的事实、证据和行政处罚建议，当事人进行申辩和质证；

（八）听证应当制作笔录。笔录应当交当事人或者其代理人核对无误后签字或者盖章。当事人或者其代理人拒绝签字或者盖章的，由听证主持人在笔录中注明。

《公安机关办理行政案件程序规定》（2020年修正）

第一百二十四条 听证由公安机关法制部门组织实施。

依法具有独立执法主体资格的公安机关业务部门以及出入境边防检查站依法作出行政处罚决定的，由其非本案调查人员组织听证。

第一百二十五条 公安机关不得因违法嫌疑人提出听证要求而加重处罚。

第一百二十六条 听证人员应当就行政案件的事实、证据、程序、适用法律等方面全面听取当事人陈述和申辩。

第一百二十七条 听证设听证主持人一名，负责组织听证；记录员一名，负责制作听证笔录。必要时，可以设听证员一至二名，协助听证主持人进行听证。

本案调查人员不得担任听证主持人、听证员或者记录员。

第一百二十八条 听证主持人决定或者开展下列事项：

（一）举行听证的时间、地点；

（二）听证是否公开举行；

（三）要求听证参加人到场参加听证，提供或者补充证据；

（四）听证的延期、中止或者终止；

（五）主持听证，就案件的事实、理由、证据、程序、适用法律等组织质证和辩论；

（六）维持听证秩序，对违反听证纪律的行为予以制止；

（七）听证员、记录员的回避；

（八）其他有关事项。

第一百二十九条 听证参加人包括：

（一）当事人及其代理人；

（二）本案办案人民警察；

（三）证人、鉴定人、翻译人员；

（四）其他有关人员。

第一百三十条 当事人在听证活动中享有下列权利：

（一）申请回避；

（二）委托一至二人代理参加听证；

（三）进行陈述、申辩和质证；

（四）核对、补正听证笔录；

（五）依法享有的其他权利。

第一百三十一条 与听证案件处理结果有直接利害关系的其他公民、法人或者其他组织，作为第三人申请参加听证的，应当允许。为查明案情，必要时，听证主持人也可以通知其参加听证。

第一百三十二条 对适用听证程序的行政案件，办案部门在提出处罚意见后，应当告知违法嫌疑人拟作出的行政处罚和有要求举行听证的权利。

第一百三十三条 违法嫌疑人要求听证的，应当在公安机关告知后三日内提出申请。

第一百三十四条 违法嫌疑人放弃听证或者撤回听证要求后，处罚决定作出前，又提出听证要求的，只要在听证申请有效期限内，应当允许。

第一百三十五条 公安机关收到听证申请后，应当在二日内决定是否受理。认为听证申请人的要求不符合听证条件，决定不予受理的，应当制作不予受理听证通知书，告知听证申请人。逾期不通知听证申请人的，视为受理。

第一百三十六条 公安机关受理听证后，应当在举行听证的七日前将举行听证通知书送达听证申请人，并将举行听证的时间、地点通知其他听证参加人。

第一百三十七条 听证应当在公安机关收到听证申请之日起十日内举行。

除涉及国家秘密、商业秘密、个人隐私的行政案件外，听证应当公开举行。

第一百三十八条 听证申请人不能按期参加听证的，可以申请延期，是否准许，由听证主持人决定。

第一百三十九条 二个以上违法嫌疑人分别对同一行政案件提出听证要求的，可以合并举行。

第一百四十条 同一行政案件中有二个以上违法嫌疑人，其中部分违法嫌疑人提出听证申请的，应当在听证举行后一并作出处理决定。

第一百四十一条 听证开始时，听证主持人核对听证参加人；宣布案由；宣布听证员、记录员和翻译人员名单；告知当事人在听证中的权利和义务；询问当事人是否提出回避申请；对不公开听证的行政案件，宣布不公开听证的理由。

第一百四十二条 听证开始后,首先由办案人民警察提出听证申请人违法的事实、证据和法律依据及行政处罚意见。

第一百四十三条 办案人民警察提出证据时,应当向听证会出示。对证人证言、鉴定意见、勘验笔录和其他作为证据的文书,应当当场宣读。

第一百四十四条 听证申请人可以就办案人民警察提出的违法事实、证据和法律依据以及行政处罚意见进行陈述、申辩和质证,并可以提出新的证据。

第三人可以陈述事实,提出新的证据。

第一百四十五条 听证过程中,当事人及其代理人有权申请通知新的证人到会作证,调取新的证据。对上述申请,听证主持人应当当场作出是否同意的决定;申请重新鉴定的,按照本规定第七章第五节有关规定办理。

第一百四十六条 听证申请人、第三人和办案人民警察可以围绕案件的事实、证据、程序、适用法律、处罚种类和幅度等问题进行辩论。

第一百四十七条 辩论结束后,听证主持人应当听取听证申请人、第三人、办案人民警察各方最后陈述意见。

第一百四十八条 听证过程中,遇有下列情形之一,听证主持人可以中止听证:

(一)需要通知新的证人到会、调取新的证据或者需要重新鉴定或者勘验的;

(二)因回避致使听证不能继续进行的;

(三)其他需要中止听证的。

中止听证的情形消除后,听证主持人应当及时恢复听证。

第一百四十九条 听证过程中,遇有下列情形之一,应当终止听证:

(一)听证申请人撤回听证申请的;

(二)听证申请人及其代理人无正当理由拒不出席或者未经听证主持人许可中途退出听证的;

(三)听证申请人死亡或者作为听证申请人的法人或者其他组织被撤销、解散的;

(四)听证过程中,听证申请人或者其代理人扰乱听证秩序,不听劝阻,致使听证无法正常进行的;

（五）其他需要终止听证的。

第一百五十条 听证参加人和旁听人员应当遵守听证会场纪律。对违反听证会场纪律的，听证主持人应当警告制止；对不听制止，干扰听证正常进行的旁听人员，责令其退场。

第一百五十一条 记录员应当将举行听证的情况记入听证笔录。听证笔录应当载明下列内容：

（一）案由；

（二）听证的时间、地点和方式；

（三）听证人员和听证参加人的身份情况；

（四）办案人民警察陈述的事实、证据和法律依据以及行政处罚意见；

（五）听证申请人或者其代理人的陈述和申辩；

（六）第三人陈述的事实和理由；

（七）办案人民警察、听证申请人或者其代理人、第三人质证、辩论的内容；

（八）证人陈述的事实；

（九）听证申请人、第三人、办案人民警察的最后陈述意见；

（十）其他事项。

第一百五十二条 听证笔录应当交听证申请人阅读或者向其宣读。听证笔录中的证人陈述部分，应当交证人阅读或者向其宣读。听证申请人或者证人认为听证笔录有误的，可以请求补充或者改正。听证申请人或者证人审核无误后签名或者捺指印。听证申请人或者证人拒绝的，由记录员在听证笔录中记明情况。

听证笔录经听证主持人审阅后，由听证主持人、听证员和记录员签名。

第一百五十三条 听证结束后，听证主持人应当写出听证报告书，连同听证笔录一并报送公安机关负责人。

听证报告书应当包括下列内容：

（一）案由；

（二）听证人员和听证参加人的基本情况；

（三）听证的时间、地点和方式；

（四）听证会的基本情况；

（五）案件事实；

（六）处理意见和建议。

> **第一百一十八条　【期限】**
>
> 公安机关办理治安案件的期限，自立案之日起不得超过三十日；案情重大、复杂的，经上一级公安机关批准，可以延长三十日。期限延长以二次为限。公安派出所办理的案件需要延长期限的，由所属公安机关批准。
>
> 为了查明案情进行鉴定的期间、听证的期间，不计入办理治安案件的期限。

⊙重点解读

本条是关于公安机关办理治安案件期限的规定。本条的规范意旨在于防止案件久拖不决，从而使经济社会秩序长期处于不确定状态，影响当事人的合法权益。为了体现行政执法效率原则，依法及时有效地办理治安案件，维护社会秩序，本条对公安机关办理治安案件的时间予以规定。(1) 一般情况下的治安案件的办案期限为三十日，从立案之日起计算。(2) 案情重大、复杂的治安案件的办理期限最长为九十日，条件是经过上一级公安机关的批准，期限延长以二次为限，每次可以延长三十日，故最多可延长六十日。所谓案情重大、复杂，主要是指该治安案件涉及面广、影响大。(3) 鉴定时间不计入办案期限。在有些治安案件中，为了查明案情，需要对某些专门性的问题进行鉴定。由于鉴定需要占用一定的时间，而无论是三十日、六十日还是九十日都是一个固定的时限，鉴定占用时间将直接影响公安机关能否在规定的办案期限内完成案件的办理。所以为了查明案情进行鉴定的时间，不计入办理治安案件的期限。(4) 听证时间不计入办案期限。听证程序与鉴定同样需要专业技术准备（如专家证人、证据开示），耗时较长，故应排除期限计算。

此次修订新增"公安派出所办理的案件需要延长期限的,由所属公安机关批准"的规定,这是因为公安派出所是公安机关的派出机构,其办案权限和责任由所属公安机关承担。此次修订也是与《公安机关执行〈中华人民共和国治安管理处罚法〉有关问题的解释》的规定相呼应,即"公安派出所承办的案情重大、复杂的案件,需要延长办案期限的,应当报所属县级以上公安机关负责人批准",从而进一步确保办案的合法性与公正性,防止因办案期限过长或不当延长而导致的不公平现象。针对此条,超出办案期限的,属于程序违法,视情况可依法变更、撤销、确认违法或确认无效。

最后,还要注意本法与《行政处罚法》相关具体规定的异同(详见表4-2)。

表4-2 《行政处罚法》和《治安管理处罚法》的不同期限

	行政处罚法	治安管理处罚法
处罚时效	2年	6个月
处罚期限	立案之日起90日	立案之日起30日,重大复杂案件,可以延长30日,延长以二次为限
送达期限	能当场就当场,不能当场则7日	能当场就当场,不能当场则2日

⊙典型案例

郭某江诉重庆市公安局某分局不履行治安处罚法定职责案[1]

2016年5月3日18时30分左右,李某、洪某等多人在重庆某商贸公司,与郭某江及该公司人员因承揽快递业务发生争执后发生侮骂、殴打,且双方均有多人参加,导致多人受伤。重庆市公安局某分局民警到场制止纠纷后,将部分参与斗殴人员带至派出所进行询问。经调查取证后,重庆市公安局某分局于5月4日对部分涉案人员分别进行行政处罚,对李某和洪某各拘留五日,对郭某江拘留三日,对郭某兴和李某明各拘留两日。郭某江认为重庆市公安局某分

---

[1] 重庆市第五中级人民法院行政判决书,(2017)渝05行终528号。

局未对李某、洪某方参加斗殴的其他违法行为人予以行政惩处，请求法院责令重庆市公安局某分局追究未受行政处罚的其他违法行为人的法律责任。

法院认为，《治安管理处罚法》（2012年）第九十九条规定："公安机关办理治安案件的期限，自受理之日起不得超过三十日，案情重大、复杂的，经上一级公安机关批准，可以延长三十日。为了查明案情进行鉴定的期间，不计入办理治安案件的期限。"《公安机关办理行政案件程序规定》（2014年）第一百四十一条第一款、第二款作出了同样的规定，第三款还规定："对因违反治安管理行为人逃跑等客观原因造成案件在法定期限内无法作出行政处理决定的，公安机关应当继续进行调查取证，并向被侵害人说明情况，及时依法作出处理决定。"本案中，重庆市公安局某分局于2016年5月3日立案，经过大量的调查询问取证工作，对部分违法行为人进行了处罚。但至2016年11月郭某江向人民法院提起本案行政诉讼时，仍未对重庆市公安局某分局通过询问笔录等证据，能够确认身份的部分违法人员作出处理，违反前述法律规定。一审法院以此为由，判决上诉人重庆市公安局某分局在本判决生效之日起30日内依法对本案参与的其他人员作出处理，并无不当。上诉人的上诉理由不能成立，对其上诉请求法院依法不予支持。

⊙关联规定

《公安机关办理行政案件程序规定》（2020年修正）

第一百六十五条 公安机关办理治安案件的期限，自受理之日起不得超过三十日；案情重大、复杂的，经上一级公安机关批准，可以延长三十日。办理其他行政案件，有法定办案期限的，按照相关法律规定办理。

为了查明案情进行鉴定的期间，不计入办案期限。

对因违反治安管理行为人不明或者逃跑等客观原因造成案件在法定期限内无法作出行政处理决定的，公安机关应当继续进行调查取证，并向被侵害人说明情况，及时依法作出处理决定。

《公安机关执行〈中华人民共和国治安管理处罚法〉有关问题的解释》（2006年）

十二、关于办理治安案件期限问题。《治安管理处罚法》第99条规定：

"公安机关办理治安案件的期限,自受理之日起不得超过三十日;案情重大、复杂的,经上一级公安机关批准,可以延长三十日。为了查明案情进行鉴定的期间,不计入办理治安案件的期限。"这里的"鉴定期间",是指公安机关提交鉴定之日起至鉴定机构作出鉴定结论并送达公安机关的期间。公安机关应当切实提高办案效率,保证在法定期限内办结治安案件。对因违反治安管理行为人逃跑等客观原因造成案件不能在法定期限内办结的,公安机关应当继续进行调查取证,及时依法作出处理决定,不能因已超过法定办案期限就不再调查取证。因违反治安管理行为人在逃,导致无法查清案件事实,无法收集足够证据而结不了案的,公安机关应当向被侵害人说明原因。对调解未达成协议或者达成协议后不履行的治安案件的办案期限,应当从调解未达成协议或者达成协议后不履行之日起开始计算。

公安派出所承办的案情重大、复杂的案件,需要延长办案期限的,应当报所属县级以上公安机关负责人批准。

第一百一十九条 【当场处罚】

违反治安管理行为事实清楚,证据确凿,处警告或者五百元以下罚款的,可以当场作出治安管理处罚决定。

⊙ 重点解读

本条是关于公安机关当场作出治安管理处罚决定的规定。当场处罚,是指对违反治安管理行为人不再传唤到公安机关而是直接当场作出治安管理处罚决定的一种处罚程序。此制度的意义在于为公安机关及人民警察迅速处理简单治安案件、高效履行治安管理职责、及时维护社会秩序提供了可行的程序。当场处罚的法定条件是:一是证据条件,即违反治安管理行为事实清楚,证据确凿;二是处罚条件,即处警告或者500元以下罚款。只有当这两个条件同时具备时,才"可以"而非"必须"当场处罚。注意,在此种情况下作出的处罚决定书只需由人民警察签名或盖章,不需要按本法第一百一十五条的规定由公安机关加盖印章。此次修订将罚款金额由 200 元以下调整至 500 元以下，这是出于社会发展的需要和执法效率提升的考虑。一方面，随着社会经济的发展和城市化进程的加快，一些小额违法行为频繁发生，原来的 200 元以下的罚款限额已经不能满足实际执法需求；另一方面，将罚款上限提高到 500 元，可以使更多的违法行为当场处理，减少了案件处理的时间和流程，提高了执法效率，同时确保罚款金额在合理范围内。

⊙ 关联规定

《公安机关办理行政案件程序规定》（2020 年修正）

第三十七条　违法事实确凿，且具有下列情形之一的，人民警察可以当场作出处罚决定，有违禁品的，可以当场收缴：

（一）对违反治安管理行为人或者道路交通违法行为人处二百元以下罚款或者警告的；

（二）出入境边防检查机关对违反出境入境管理行为人处五百元以下罚款或者警告的；

（三）对有其他违法行为的个人处五十元以下罚款或者警告、对单位处一千元以下罚款或者警告的；

（四）法律规定可以当场处罚的其他情形。

涉及卖淫、嫖娼、赌博、毒品的案件，不适用当场处罚。

第一百二十条　【当场处罚决定程序】

当场作出治安管理处罚决定的，人民警察应当向违反治安管理行为人出示人民警察证，并填写处罚决定书。处罚决定书应当当场交付被处罚人；有被侵害人的，并应当将决定书送达被侵害人。

前款规定的处罚决定书，应当载明被处罚人的姓名、违法行为、处罚依据、罚款数额、时间、地点以及公安机关名称，并由经办的人民警察签名或者盖章。

> 适用当场处罚，被处罚人对拟作出治安管理处罚的内容及事实、理由、依据没有异议的，可以由一名人民警察作出治安管理处罚决定，并应当全程同步录音录像。
>
> 当场作出治安管理处罚决定的，经办的人民警察应当在二十四小时以内报所属公安机关备案。

⊙ 重点解读

本条是关于人民警察当场作出治安管理处罚决定程序的规定。当场处罚作为处罚程序中的一种简易程序，具有简便、迅速的特点，但其仍然是代表国家实施的一种执法行为，所以并不意味着当场处罚可以不受限制、不守规定。恰恰相反，实施当场处罚必须严格遵守法律程序的规定。因此，依据本条规定，人民警察在作出当场处罚决定时应当出示人民警察证、告知被处罚人依法享有的权利、制作并当场交付处罚决定书，并于24小时以内向所属公安机关备案。本条第三款适用的前提必须同时满足两个条件：一是案件依法"适用当场处罚"；二是"被处罚人对拟作出的处罚内容、事实、理由、依据没有异议"。若被处罚人对拟作出治安管理处罚的内容及事实、理由、依据其中一项有异议的，则不能适用此简易程序。这种修订有利于简化决定主体，在满足上述前提下，可以突破一般程序要求，仅需"由一名人民警察"即可作出正式的治安管理处罚决定。

此外，作为程序简化的必要保障和监督措施，警察在作出该当场处罚决定的"全程"，必须进行"同步录音录像"。这是该程序的强制性要求，旨在固定证据、规范执法、保障当事人权益并防止争议。当场处罚必然当场送达，因为在决定并宣告处罚文书后必然当面交付当事人处罚决定书。当场处罚是指处罚决定的过程，当场送达是指宣告处罚后将处罚决定书交付当事人的方式。此外，新修订的《治安管理处罚法》将该条第一款的"决定书副本抄送被侵害人"改为"决定书送达被侵害人"，与第一百一十六条第二款保持一致，这一修改是将治安管理处罚的送达程序和送达方式对《民事诉讼法》的相关规定进行了援引，将违反治安管理行为人和被侵害人作为案件双方当事人在权利义务上进行平等看待，从而进一步保障被侵害人的合法权益，促进社会矛盾的化解以及确保治安管理处罚决定的公开、公正。

⊙ 关联规定

《公安机关办理行政案件程序规定》（2020年修正）

第三十八条 当场处罚，应当按照下列程序实施：

（一）向违法行为人表明执法身份；

（二）收集证据；

（三）口头告知违法行为人拟作出行政处罚决定的事实、理由和依据，并告知违法行为人依法享有的陈述权和申辩权；

（四）充分听取违法行为人的陈述和申辩。违法行为人提出的事实、理由或者证据成立的，应当采纳；

（五）填写当场处罚决定书并当场交付被处罚人；

（六）当场收缴罚款的，同时填写罚款收据，交付被处罚人；未当场收缴罚款的，应当告知被处罚人在规定期限内到指定的银行缴纳罚款。

第一百二十一条　【不服处罚的救济途径】

被处罚人、被侵害人对公安机关依照本法规定作出的治安管理处罚决定，作出的收缴、追缴决定，或者采取的有关限制性、禁止性措施等不服的，可以依法申请行政复议或者提起行政诉讼。

⊙ 重点解读

本条是关于被处罚人、被侵害人不服处罚的法律救济途径的规定。被处罚人对公安机关经过调查所作的处罚决定不服的，可以通过两种途径——行政复议或行政诉讼来主张权利。对行政复议不服的，还可以提起行政诉讼。此次修订，新增了被侵害人对治安管理处罚决定不服的，可以依法申请行政复议或者提起行政诉讼。同时，新增了针对违法行为作出的多种侵益性行为，如公安机关作出的收缴、追缴决定或者有关限制性、禁止性措施等，被处罚人和被侵害人对此不服，均可以依法申请行政复议或者提起行政诉讼。这种修改表明，公安机关在处罚被处罚人时必须考虑被侵害人的利益，是否处罚、如何处罚都与被侵害人存在法律上的利害关系，被侵害人因此获得申请人或原告主体资格。但这种主体资格并不必然扩展到所有的行政处罚领域，其他行政处罚领域的被侵害人的申请人资格或原告主体资格能否得到承认，取决于其他行政处罚领域所依据的具体的法律规定，且这种利益必须指向特定人，而非公共利益。

⊙ 关联规定

《行政复议法》（2023年修订）

第十一条 有下列情形之一的，公民、法人或者其他组织可以依照本法申请行政复议：

（一）对行政机关作出的行政处罚决定不服；

（二）对行政机关作出的行政强制措施、行政强制执行决定不服；

（三）申请行政许可，行政机关拒绝或者在法定期限内不予答复，或者对行政机关作出的有关行政许可的其他决定不服；

（四）对行政机关作出的确认自然资源的所有权或者使用权的决定不服；

（五）对行政机关作出的征收征用决定及其补偿决定不服；

（六）对行政机关作出的赔偿决定或者不予赔偿决定不服；

（七）对行政机关作出的不予受理工伤认定申请的决定或者工伤认定结论不服；

（八）认为行政机关侵犯其经营自主权或者农村土地承包经营权、农村土地经营权；

（九）认为行政机关滥用行政权力排除或者限制竞争；

（十）认为行政机关违法集资、摊派费用或者违法要求履行其他义务；

（十一）申请行政机关履行保护人身权利、财产权利、受教育权利等合法权益的法定职责，行政机关拒绝履行、未依法履行或者不予答复；

（十二）申请行政机关依法给付抚恤金、社会保险待遇或者最低生活保障等社会保障，行政机关没有依法给付；

（十三）认为行政机关不依法订立、不依法履行、未按照约定履行或者违法变更、解除政府特许经营协议、土地房屋征收补偿协议等行政协议；

（十四）认为行政机关在政府信息公开工作中侵犯其合法权益；

（十五）认为行政机关的其他行政行为侵犯其合法权益。

第二十条 公民、法人或者其他组织认为行政行为侵犯其合法权益的，可以自知道或者应当知道该行政行为之日起六十日内提出行政复议申请；但是法律规定的申请期限超过六十日的除外。

因不可抗力或者其他正当理由耽误法定申请期限的，申请期限自障碍消除之日起继续计算。

行政机关作出行政行为时，未告知公民、法人或者其他组织申请行政复议的权利、行政复议机关和申请期限的，申请期限自公民、法人或者其他组织知道或者应当知道申请行政复议的权利、行政复议机关和申请期限之日起计算，但是自知道或者应当知道行政行为内容之日起最长不得超过一年。

《行政诉讼法》（2017年修正）

第四十四条 对属于人民法院受案范围的行政案件，公民、法人或者其他组织可以先向行政机关申请复议，对复议决定不服的，再向人民法院提起诉讼；也可以直接向人民法院提起诉讼。

法律、法规规定应当先向行政机关申请复议，对复议决定不服再向人民法院提起诉讼的，依照法律、法规的规定。

第四十五条 公民、法人或者其他组织不服复议决定的，可以在收到复议决定书之日起十五日内向人民法院提起诉讼。复议机关逾期不作决定的，申请人可以在复议期满之日起十五日内向人民法院提起诉讼。法律另有规定的除外。

《公安机关办理行政案件程序规定》（2020年修正）

第一百九十九条 被处理人对行政处理决定不服申请行政复议或者提起行政诉讼的，行政处理决定不停止执行，但法律另有规定的除外。

第三节 执 行

> **第一百二十二条 【行政拘留处罚的执行】**
> 对被决定给予行政拘留处罚的人，由作出决定的公安机关送拘留所执行；执行期满，拘留所应当按时解除拘留，发给解除拘留证明书。
> 被决定给予行政拘留处罚的人在异地被抓获或者有其他有必要在异地拘留所执行情形的，经异地拘留所主管公安机关批准，可以在异地执行。

⊙ **重点解读**

本条是关于行政拘留处罚执行的规定。本条包含四层含义：一是送拘留所执行的对象只能是被决定给予行政拘留的人，因为行政处罚中只有行政拘留需要限制被处罚人的人身自由，因而要通过单独的羁押场所来完成。二是执行拘留期满，拘留所应当按时解除拘留，且必须发放《解除拘留证明书》，因为《解除拘留证明书》是行政拘留程序终结的法定凭证，用书面证明强化程序规范并终结公权力对公民人身自由的合法限制。三是执行拘留的只能是作出决定的公安机关或者异地拘留所主管公安机关，在执行任务时，人民警察要注意带好相应的法律文书材料，如《治安管理处罚执行拘留通知书》《治安管理处罚决定书》等。四是行政拘留只能由拘留所执行，包括治安拘留所和看守所。此次修订，该条新增了行政拘留处罚异地执行的规定，这一规定有利于确保法律的统一实施和效率，避免因违反治安管理行为人逃避而无法执行处罚的情况发生。同时，这也体现了法律面前人人平等的原则，无论违法人身处何地，都将受到法律的制裁。

⊙ 关联规定

《公安机关办理行政案件程序规定》（2020年修正）

第一百六十四条 违法行为人具有下列情形之一，依法应当给予行政拘留处罚的，应当作出处罚决定，但不送拘留所执行：

（一）已满十四周岁不满十六周岁的；

（二）已满十六周岁不满十八周岁，初次违反治安管理或者其他公安行政管理的。但是，曾被收容教养、被行政拘留依法不执行行政拘留或者曾因实施扰乱公共秩序，妨害公共安全，侵犯人身权利、财产权利，妨害社会管理的行为被人民法院判决有罪的除外；

（三）七十周岁以上的；

（四）孕妇或者正在哺乳自己婴儿的妇女。

第一百二十三条 【罚缴分离和当场收缴罚款的范围】

受到罚款处罚的人应当自收到处罚决定书之日起十五日以内，到指定的银行或者通过电子支付系统缴纳罚款。但是，有下列情形之一的，人民警察可以当场收缴罚款：

（一）被处二百元以下罚款，被处罚人对罚款无异议的；

（二）在边远、水上、交通不便地区，旅客列车上或者口岸，公安机关及其人民警察依照本法的规定作出罚款决定后，被处罚人到指定的银行或者通过电子支付系统缴纳罚款确有困难，经被处罚人提出的；

（三）被处罚人在当地没有固定住所，不当场收缴事后难以执行的。

⊙ 重点解读

本条是关于罚缴分离和当场收缴罚款的规定。罚缴分离的意义体现在：

(1) 减少罚款收入流失，强化财政监控能力，避免拖欠、截留、坐支、挪用、私分罚款收入等现象。(2) 避免执法人员在罚款过程中的随意性，有效遏制乱罚款、滥罚款、罚款牟利等，推动了廉政建设，改善了公安机关的形象，提高了公安机关及其执法人员依法办事、严格规范执法的意识。(3) 被罚款人直接到银行缴款，对处罚比较容易接受，避免了被处罚人与处罚机关讨价还价或者争执的情况，降低了被罚款人的抵触情绪。此次修订增加了"通过电子支付系统"，这是适应社会发展和信息化所作的重大调整。当事人通过电子支付系统支付的账户，实际是财政部门在银行开具的对公账户。在操作层面，电子支付码可以直接印在治安管理处罚决定书上，以便被处罚人自觉履行治安管理处罚决定；也可以通过手机短信、微信、钉钉等方式发送支付链接。电子支付成功后，应通知被处罚人成功缴纳罚款。

本条还规定了人民警察在特定的情形下可以当场收缴罚款，主要包括三种情形：(1) 被处二百元以下罚款，被处罚人对罚款无异议的；(2) 在边远、水上、交通不便地区，旅客列车上或者口岸，公安机关及其人民警察依照本法的规定作出罚款决定后，被处罚人到指定的银行或者通过电子支付系统缴纳罚款确有困难，经被处罚人提出的；(3) 被处罚人在当地没有固定住所，不当场收缴事后难以执行的。其中，第一、三种情形属于人民警察当场收缴罚款的范围，第二种情形属于被处罚人申请当场收缴罚款的范围。人民警察当场收缴罚款的目的是降低行政成本，减轻被处罚人的负担，提高行政效率，确保治安管理处罚的执行。此次修订将当场收缴罚款的范围从"五十元以下"提高到"二百元以下"，既适应了时代发展的变化，也从规范和监督行政权力的角度作出了考量。被处罚人申请当场收缴罚款的适用条件主要有三点：一是环境条件，在边远、水上、交通不便地区，旅客列车上或者口岸，可以理解为被处罚人住所地、居住地，也可以理解为违法行为发生地。由于信息技术的发展，在有互联网的地方，基本都可以实施电子支付，因此，被处罚人必须证明通过电子支付等存在困难。二是意志条件，必须是被处罚人主动提出，公安机关及其执法人员不能直接依职权实施当场收缴。本条没有规定被处罚人必须以书面形式提出，从执行快捷和便利被处罚人的角度，应当允许被处罚人通过口头方式提出。三是行政条件，仅仅有当事人提出还不行，还必须经过公安机关及其执法人员的同意。适用简易程序的，可以由行政执法人员直接裁量。

⊙ 关联规定

《公安机关办理行政案件程序规定》（2020年修正）

第二百一十四条 公安机关作出罚款决定，被处罚人应当自收到行政处罚决定书之日起十五日内，到指定的银行缴纳罚款。具有下列情形之一的，公安机关及其办案人民警察可以当场收缴罚款，法律另有规定的，从其规定：

（一）对违反治安管理行为人处五十元以下罚款和对违反交通管理的行人、乘车人和非机动车驾驶人处罚款，被处罚人没有异议的；

（二）对违反治安管理、交通管理以外的违法行为人当场处二十元以下罚款的；

（三）在边远、水上、交通不便地区、旅客列车上或者口岸，被处罚人向指定银行缴纳罚款确有困难，经被处罚人提出的；

（四）被处罚人在当地没有固定住所，不当场收缴事后难以执行的。

对具有前款第一项和第三项情形之一的，办案人民警察应当要求被处罚人签名确认。

第一百二十四条　【罚款缴纳期限】

人民警察当场收缴的罚款，应当自收缴罚款之日起二日以内，交至所属的公安机关；在水上、旅客列车上当场收缴的罚款，应当自抵岸或者到站之日起二日以内，交至所属的公安机关；公安机关应当自收到罚款之日起二日以内将罚款缴付指定的银行。

⊙ 重点解读

本条是关于当场收缴罚款交纳期的规定。本条对当场缴纳罚款后的上交作了严格的时间限制，主要是为了有效割断作出罚款决定的公安机关与收缴罚款的利益联系，防止收缴的罚款在公安机关及其执法人员手里流转。这种当场收缴罚款交纳的事后处理主要分为两个方面：一是人民警察交至公安机关的时限是二日以内。水上、旅客列车上当场收缴的罚款，应当自抵岸或者到站之日起算。二是公安机关缴付至指定银行的时间也是二日以内。《罚没财物管理办法》第29条规定，执法机关取得的罚没收入，除当场收缴的罚款和财政部另有规定外，应当在取得之日缴入财政专户或者国库；执法人员依法当场收缴罚款的，执法机关应当自收到款项之日起两个工作日以内缴入财政专户或者国库；委托拍卖机构拍卖罚没物品取得的变价款，由委托方自收到款项之日起两个工作日以内缴入财政专户或者国库。

⊙关联规定

《行政处罚法》（2021年修订）

第七十一条 执法人员当场收缴的罚款，应当自收缴罚款之日起二日内，交至行政机关；在水上当场收缴的罚款，应当自抵岸之日起二日内交至行政机关；行政机关应当在二日内将罚款缴付指定的银行。

《罚没财物管理办法》（2020年）

第二十九条 罚没收入的缴库，按下列规定执行：

（一）执法机关取得的罚没收入，除当场收缴的罚款和财政部另有规定外，应当在取得之日缴入财政专户或者国库；

（二）执法人员依法当场收缴罚款的，执法机关应当自收到款项之日起2个工作日内缴入财政专户或者国库；

（三）委托拍卖机构拍卖罚没物品取得的变价款，由委托方自收到款项之日起2个工作日内缴入财政专户或者国库。

《公安机关办理行政案件程序规定》（2020年修正）

第二百一十六条 人民警察应当自收缴罚款之日起二日内，将当场收缴的罚款交至其所属公安机关；在水上当场收缴的罚款，应当自抵岸之日起二日内将当场收缴的罚款交至其所属公安机关；在旅客列车上当场收缴的罚款，应当自返回之日起二日内将当场收缴的罚款交至其所属公安机关。

公安机关应当自收到罚款之日起二日内将罚款缴付指定的银行。

> **第一百二十五条　【罚款收据】**
> 　　人民警察当场收缴罚款的，应当向被处罚人出具省级以上人民政府财政部门统一制发的专用票据；不出具统一制发的专用票据的，被处罚人有权拒绝缴纳罚款。

⊙重点解读

　　本条是关于罚款收据制发的规定。本条规定的目的是强化对罚款收入的财政监控，防止罚款被截留、挪用、私分等现象，促进公安机关廉政建设。同时，也通过"专用票据"规范财政票据行为，加强政府非税收入征收管理和单位财务监督，维护国家财经秩序，加强治安管理处罚的规范化建设，保护公民、法人和其他组织的合法权益。此次修订，将"省、自治区、直辖市人民政府财政部门统一制发的罚款收据"改为"省级以上人民政府财政部门统一制发的专用票据"。这一规定契合了《行政处罚法》第七十条的规定，该条规定："行政机关及其执法人员当场收缴罚款的，必须向当事人出具国务院财政部门或者省、自治区、直辖市人民政府财政部门统一制发的专用票据；不出具财政部门统一制发的专用票据的，当事人有权拒绝缴纳罚款。"故，出具专用票据的部门还有国务院财政部门。这种规定也更加符合现代行政管理的要求，使表述更加规范化和标准化，可以避免在使用中出现混淆，提高行政管理的效率和准确性。

⊙关联规定

《行政处罚法》（2021年修订）

　　第七十条　行政机关及其执法人员当场收缴罚款的，必须向当事人出具国务院财政部门或者省、自治区、直辖市人民政府财政部门统一制发的专用票据；不出具财政部门统一制发的专用票据的，当事人有权拒绝缴纳罚款。

第四章 处罚程序

《公安机关办理行政案件程序规定》（2020年修正）

第二百一十五条 公安机关及其人民警察当场收缴罚款的，应当出具省级或者国家财政部门统一制发的罚款收据。对不出具省级或者国家财政部门统一制发的罚款收据的，被处罚人有权拒绝缴纳罚款。

> **第一百二十六条　【暂缓执行行政拘留和申请出所】**
>
> 被处罚人不服行政拘留处罚决定，申请行政复议、提起行政诉讼的，遇有参加升学考试、子女出生或者近亲属病危、死亡等情形的，可以向公安机关提出暂缓执行行政拘留的申请。公安机关认为暂缓执行行政拘留不致发生社会危险的，由被处罚人或者其近亲属提出符合本法第一百二十七条规定条件的担保人，或者按每日行政拘留二百元的标准交纳保证金，行政拘留的处罚决定暂缓执行。
>
> 正在被执行行政拘留处罚的人遇有参加升学考试、子女出生或者近亲属病危、死亡等情形，被拘留人或者其近亲属申请出所的，由公安机关依照前款规定执行。被拘留人出所的时间不计入拘留期限。

⊙ 重点解读

本条是关于暂缓执行行政拘留和申请出所的规定。第一款是关于被处罚人申请暂缓执行行政拘留的情形的规定，需要满足下列条件：（1）被处罚人申请暂缓执行的只能是行政拘留的处罚决定。（2）被处罚人是在不服行政拘留的行政处罚决定而申请行政复议、提起行政诉讼的情形下提出此申请的。（3）公安机关认为暂缓执行行政拘留不致发生社会危险。这里的"危险"是指被处罚人可能阻碍、逃避公安机关、行政复议机关或人民法院的传唤、复议、审理、执行的，如逃跑、干扰证人、串供、伪造证据以及实施其他违法行为等。（4）被处罚人或者其近亲属提供符合规定的人保或者保证金。

此次修订，新增被处罚人或正在被执行行政拘留处罚的人"遇有参加升学考试、子女出生或者近亲属病危、死亡等情形的"，可以向公安机关提出暂缓执行行政拘留或出所的申请。也就是说，参加重要考试、结婚、怀孕、生活不能自理、患有较重疾病、家人病重或者病故等重大事务需要立即处理的，可以作为暂缓执行或出所的事实裁量情形。此外，还需注意的是，被处罚人申请行政复议或提起行政诉讼的，若申请暂缓执行行政拘留，只能由被处罚人自己提出，被处罚人的亲友及其他人原则上无权提出；正在被执行行政拘留的，被拘留人或者其近亲属均可申请。

⊙关联规定

《行政处罚法》（2021年修订）

第七十三条 当事人对行政处罚决定不服，申请行政复议或者提起行政诉讼的，行政处罚不停止执行，法律另有规定的除外。

当事人对限制人身自由的行政处罚决定不服，申请行政复议或者提起行政诉讼的，可以向作出决定的机关提出暂缓执行申请。符合法律规定情形的，应当暂缓执行。

当事人申请行政复议或者提起行政诉讼的，加处罚款的数额在行政复议或者行政诉讼期间不予计算。

《公安机关办理行政案件程序规定》（2020年修正）

第二百二十二条 被处罚人不服行政拘留处罚决定，申请行政复议或者提起行政诉讼的，可以向作出行政拘留决定的公安机关提出暂缓执行行政拘留的申请；口头提出申请的，公安机关人民警察应当予以记录，并由申请人签名或者捺指印。

被处罚人在行政拘留执行期间，提出暂缓执行行政拘留申请的，拘留所应当立即将申请转交作出行政拘留决定的公安机关。

第二百二十三条 公安机关应当在收到被处罚人提出暂缓执行行政拘留申请之时起二十四小时内作出决定。

公安机关认为暂缓执行行政拘留不致发生社会危险,且被处罚人或者其近亲属提出符合条件的担保人,或者按每日行政拘留二百元的标准交纳保证金的,应当作出暂缓执行行政拘留的决定。

对同一被处罚人,不得同时责令其提出保证人和交纳保证金。

被处罚人已送达拘留所执行的,公安机关应当立即将暂缓执行行政拘留决定送达拘留所,拘留所应当立即释放被处罚人。

第二百二十四条 被处罚人具有下列情形之一的,应当作出不暂缓执行行政拘留的决定,并告知申请人:

(一)暂缓执行行政拘留后可能逃跑的;

(二)有其他违法犯罪嫌疑,正在被调查或者侦查的;

(三)不宜暂缓执行行政拘留的其他情形。

第二百二十五条 行政拘留并处罚款的,罚款不因暂缓执行行政拘留而暂缓执行。

第一百二十七条 【担保人的条件】

担保人应当符合下列条件:

(一)与本案无牵连;

(二)享有政治权利,人身自由未受到限制;

(三)在当地有常住户口和固定住所;

(四)有能力履行担保义务。

⊙重点解读

该条是关于暂缓执行行政拘留的担保人的条件的规定。担任担保人的条件包括:(1)与本案无牵连。担保人不能是案件的共同违法者、目击者或受害者,以确保其公正性和独立性。(2)享有政治权利,人身自由未受到限制。担保人必须享有公民权,没有因违法犯罪而被剥夺政治权利或限制人身自由。

(3) 在当地有常住户口和固定住所。担保人需要在被处罚地有长期居住资格并拥有固定住处，以确保其稳定性和可靠性。(4) 有能力履行担保义务。担保人必须具备履行担保责任的经济实力和其他必要条件，以确保其能够认真履行担保职责。

⊙关联规定

《公安机关办理行政案件程序规定》（2020年修正）

第二百二十七条 暂缓执行行政拘留的担保人应当符合下列条件：

（一）与本案无牵连；

（二）享有政治权利，人身自由未受到限制或者剥夺；

（三）在当地有常住户口和固定住所；

（四）有能力履行担保义务。

第二百二十八条 公安机关经过审查认为暂缓执行行政拘留的担保人符合条件的，由担保人出具保证书，并到公安机关将被担保人领回。

第一百二十八条 【担保人的义务】

担保人应当保证被担保人不逃避行政拘留处罚的执行。

担保人不履行担保义务，致使被担保人逃避行政拘留处罚的执行的，处三千元以下罚款。

⊙重点解读

该条是关于暂缓执行行政拘留的担保人的义务的规定。本法规定担保人的义务是为了保证被担保人不逃避行政拘留处罚的执行。担保人需要履行以下具体义务：（1）保证被担保人不逃避行政拘留处罚的执行。（2）通过语言劝解、监督、督促、提醒等方式，确保被担保人遵守处罚决定。（3）如果被担保人采取逃跑或躲避等方式逃避处罚，担保人应及时向公安机关报告，并负责限期找回被担保人。这样规定是为了确保行政拘留处罚能够得到有效执行,维护社会秩序和公共安全。担保人如果不履行义务,致使被担保人逃避处罚,处以三千元以下罚款。

⊙关联规定

《公安机关办理行政案件程序规定》(2020年修正)

第二百二十九条 暂缓执行行政拘留的担保人应当履行下列义务:

(一)保证被担保人遵守本规定第二百二十六条的规定;

(二)发现被担保人伪造证据、串供或者逃跑的,及时向公安机关报告。

暂缓执行行政拘留的担保人不履行担保义务,致使被担保人逃避行政拘留处罚执行的,公安机关可以对担保人处以三千元以下罚款,并对被担保人恢复执行行政拘留。

暂缓执行行政拘留的担保人履行了担保义务,但被担保人仍逃避行政拘留处罚执行的,或者被处罚人逃跑后,担保人积极帮助公安机关抓获被处罚人的,可以从轻或者不予行政处罚。

第二百三十条 暂缓执行行政拘留的担保人在暂缓执行行政拘留期间,不愿继续担保或者丧失担保条件的,行政拘留的决定机关应当责令被处罚人重新提出担保人或者交纳保证金。不提出担保人又不交纳保证金的,行政拘留的决定机关应当将被处罚人送拘留所执行。

第一百二十九条 【没收保证金】

被决定给予行政拘留处罚的人交纳保证金,暂缓行政拘留或者出所后,逃避行政拘留处罚的执行的,保证金予以没收并上缴国库,已经作出的行政拘留决定仍应执行。

⊙重点解读

本条是关于没收保证金的规定。没收保证金需要符合以下条件,即被决定给予行政拘留处罚的人交纳保证金，暂缓行政拘留或者出所后逃避行政拘留处罚的执行。暂缓行政拘留或者出所后，被决定给予行政拘留处罚的人逃避行政拘留处罚的执行的，公安机关有权没收保证金并上缴国库。任何单位不得私自扣留。此外，对保证金予以没收，并不当然免除其行政拘留处罚，已经作出的行政拘留决定仍应执行，即被决定给予行政拘留处罚的人自逃避执行行政拘留之日起，只要被公安机关抓获，仍要执行行政拘留，而没有时限的要求。

⊙关联规定

《公安机关办理行政案件程序规定》（2020年修正）

第二百三十二条　行政拘留处罚被撤销或者开始执行时，公安机关应当将保证金退还交纳人。

被决定行政拘留的人逃避行政拘留处罚执行的，由决定行政拘留的公安机关作出没收或者部分没收保证金的决定，行政拘留的决定机关应当将被处罚人送拘留所执行。

第二百三十三条　被处罚人对公安机关没收保证金的决定不服的，可以依法申请行政复议或者提起行政诉讼。

第一百三十条　【退还保证金】
行政拘留的处罚决定被撤销，行政拘留处罚开始执行，或者出所后继续执行的，公安机关收取的保证金应当及时退还交纳人。

⊙重点解读

本条是关于退还保证金的规定。根据本条的规定，保证金的退还必须符合以下三个条件之一：一是行政拘留的处罚决定被撤销。行政拘留的处罚决定被撤销主要是基于行政复议或者行政诉讼，由同级人民政府裁定撤销或者由人民法院判决公安机关败诉而撤销，即当事人通过行政复议或者行政诉讼维护了自己的合法权益。二是行政拘留的处罚开始执行。当事人提起行政复议或者行政诉讼，由同级人民政府维持处罚决定或者由人民法院裁定公安机关胜诉，从而需要执行行政拘留，则保证金的意义已经不存在，因而需要公安机关退还保证金给交纳人。三是正在执行行政拘留处罚的人遇有参加升学考试、子女出生或者近亲属病危、死亡等情形经申请出所后继续执行的，当事人已经继续回所执行行政拘留处罚，因而不再需要提供保证金，公安机关需将保证金退还给交纳人。

⊙关联规定

《公安机关办理行政案件程序规定》（2020年修正）

第二百三十二条　行政拘留处罚被撤销或者开始执行时，公安机关应当将保证金退还交纳人。

被决定行政拘留的人逃避行政拘留处罚执行的，由决定行政拘留的公安机关作出没收或者部分没收保证金的决定，行政拘留的决定机关应当将被处罚人送拘留所执行。

第五章　执法监督

> **第一百三十一条　【执法原则】**
> 公安机关及其人民警察应当依法、公正、严格、高效办理治安案件，文明执法，不得徇私舞弊、玩忽职守、滥用职权。

⊙重点解读

本条是关于公安机关及其人民警察在办理治安案件时应当遵循的执法原则的规定。

公安机关作为国家的治安行政力量和刑事司法力量，肩负着维护社会和谐稳定，打击违法犯罪活动，保护人民的生命财产安全和人民群众合法权利的重大政治和社会责任。只有建立一支思想作风过硬，业务素质精良的公安队伍，才能承担起这一重任。公安机关及其人民警察在执法过程中，行使的是国家公权力，其权力的运用直接关系到当事人的切身利益，关系到法律的公正和法律的尊严。因此，从执法准则、行为规范等方面，通过一系列原则来规范公安机关的执法行为，防止权力滥用，最大限度体现公共利益和保障人权相统一，构成了执法监督最重要的内容。

一、公安机关及其人民警察应当依法、公正、严格、高效办理治安案件

依法办案是底线要求。公安机关及其人民警察在办理治安案件中应严格按照《治安管理处罚法》及相关法律规定履行职责；既要遵守实体法的相关规定，亦要遵守程序法的规定。"公正"是指公安机关及人民警察在办理治安案件时，能做到大公无私，对各方当事人不偏不倚，办事公道。"严格"是指在

办理治安案件中,严守法律规定、严守工作纪律、规范执法,执法不能从个人的主观好恶出发,不能谋私利、徇私情,或是出于本地区、某个部门的局部利益,地方保护主义、部门保护主义去办理案件。"高效"是指工作效率高、处理问题迅速,本法对调查、决定、执行等都有时限的具体要求时,应严格遵守,不能故意拖延,应提高依法履职的效率。

二、公安机关及其人民警察在办理治安案件中应当文明执法

文明执法要求在治安案件办理过程中要尊重当事人的人格,以理服人,以法服人,而不是以权力压人。要着装规范、语言文明、举止端庄、程序合法,体现执法机关和人民警察的良好精神面貌和风范。树牢以人民为中心的工作理念,做到人民公安为人民。

三、公安机关及其人民警察在办理治安案件中不得徇私舞弊、玩忽职守、滥用职权

不得徇私舞弊、玩忽职守、滥用职权要求公安机关及其人民警察在办理治安案件过程中,要秉公执法,不徇私情、私利,不滥用手中权力、不玩忽职守,履行好所肩负的职责使命。执法实践中,存在一些公安民警办"人情案""关系案",甚至在办案中以权谋私、玩忽职守、滥用职权等现象,严重侵害了当事人的合法权益,损害了公安队伍的形象。需要指出的是,不得"玩忽职守、滥用职权"是本次修订新增加的内容,将其作为公安机关及人民警察的执法准则和行为规范加以规定,有利于解决实践中存在的个别公安民警不履行、不正确履行或者放弃履行其职责,违反法律规定的权限和程序,滥用职权等行为。

⊙关联规定

《行政处罚法》(2021年修订)

第五条 行政处罚遵循公正、公开的原则。

设定和实施行政处罚必须以事实为依据,与违法行为的事实、性质、情节以及社会危害程度相当。

对违法行为给予行政处罚的规定必须公布;未经公布的,不得作为行政处罚的依据。

《人民警察法》（2012 年修正）

第四条 人民警察必须以宪法和法律为活动准则，忠于职守，清正廉洁，纪律严明，服从命令，严格执法。

第二十条 人民警察必须做到：

（一）秉公执法，办事公道；

（二）模范遵守社会公德；

（三）礼貌待人，文明执勤；

（四）尊重人民群众的风俗习惯。

第一百三十二条 【禁止行为】

公安机关及其人民警察办理治安案件，禁止对违反治安管理行为人打骂、虐待或者侮辱。

⊙重点解读

本条是关于公安机关及其人民警察办理治安案件的禁止性规定。

《宪法》将尊重和保障人权作为一项原则加以规定，为进一步确立各方面的法律制度提供了依据和保障，也体现了社会主义制度的本质要求。本条规定公安机关及其人民警察办理治安案件，禁止对违反治安管理行为人打骂、虐待或者侮辱，是对公安机关及其人民警察执法活动的规范要求，也是人民警察应当遵守的行为准则。其中，禁止对违反治安管理行为人打骂、虐待或者侮辱，主要是禁止对违反治安管理行为人任意实施殴打、捆绑、冻饿、罚站、罚跪、嘲笑、辱骂等，也包括长时间强光照射等变相的体罚、虐待。《刑法》《刑事诉讼法》《人民警察法》等法律对此类禁止性行为也都有相关规定。法律之所以从不同角度对此反复规定，就是为了防止执法权力扩张与滥用，避免形成冤错案件。虽然随着依法行政、文明执法的理念不断深入人心，公安机关及其人民警察的执法办案水平和文明程度已有很大提升，但在实践中，还存在个别公安机关及其人民警察执法意识淡薄，"重实体轻程序"、"重打击轻保护"，对违法行为人采取打骂、虐待、侮辱等，使其迫于压力，作出供述。特别是互联网时代，公安机关及其人民警察的一举一动都极易被放大，如果发生这种行为，不仅严重侵犯了公民人身权利，破坏党群关系、干群关系、警群关系，还严重损害党和政府形象，损害了公安机关声誉，危害极大。

为了保证这一规定能真正得到贯彻落实，适应新时代新征程上人民群众对公安机关及其人民警察公正文明执法的新需求、新期待，除应当努力提高人民警察的业务素质和执法水平，还应规范办案流程、严格遵守执法三项制度，从思想根源、制度机制上堵塞打骂、虐待或者侮辱行为人的问题漏洞，真正做到坚持以人民为中心，文明执法。

⊙关联规定

《宪法》（2018年修正）

第三十三条第三款　国家尊重和保障人权。

第三十八条　中华人民共和国公民的人格尊严不受侵犯。禁止用任何方法对公民进行侮辱、诽谤和诬告陷害。

《人民警察法》（2012年修正）

第二十二条　人民警察不得有下列行为：

（一）散布有损国家声誉的言论，参加非法组织，参加旨在反对国家的集会、游行、示威等活动，参加罢工；

（二）泄露国家秘密、警务工作秘密；

（三）弄虚作假，隐瞒案情，包庇、纵容违法犯罪活动；

（四）刑讯逼供或者体罚、虐待人犯；

（五）非法剥夺、限制他人人身自由，非法搜查他人的身体、物品、住所或者场所；

（六）敲诈勒索或者索取、收受贿赂；

（七）殴打他人或者唆使他人打人；

（八）违法实施处罚或者收取费用；

（九）接受当事人及其代理人的请客送礼；

（十）从事营利性的经营活动或者受雇于任何个人或者组织；

（十一）玩忽职守，不履行法定义务；

（十二）其他违法乱纪的行为。

> **第一百三十三条　【自觉接受监督】**
> 　　公安机关及其人民警察办理治安案件，应当自觉接受社会和公民的监督。
> 　　公安机关及其人民警察办理治安案件，不严格执法或者有违法违纪行为的，任何单位和个人都有权向公安机关或者人民检察院、监察机关检举、控告；收到检举、控告的机关，应当依据职责及时处理。

⊙重点解读

本条是关于公安机关及其人民警察办理治安案件接受监督以及监督方式的规定。

对行政执法活动的监督，可从不同角度进行，如党纪监督、上级机关监督、社会监督、舆论监督等。内部的行政执法监督，主要是接受来自上级行政机关及其工作人员的监督。根据《行政处罚法》第七十五条的规定，行政机关应当建立健全对行政处罚的监督制度。外部的行政执法监督，主要包括社会监督、舆论监督、司法监督、纪检监督等。为保证公安机关及其人民警察严格依法履行治安管理职责，严格依法办事，有必要对其依法办理治安案件进行监督。因此，本条专门对监督作了具体规定。

本条共两款，第一款是关于公安机关及其人民警察办理治安案件应当接受社会和公民监督的规定。因为治安案件涉及社会公共安全，与人民群众生命财产安全息息相关、紧密相连。办理治安案件的目的是通过制裁扰乱公共秩序、妨害公共安全、侵犯人身权利和财产权利、妨害社会管理的行为，即惩治违反治安管理的行为，维护社会治安秩序，保障公共安全，保护公民、法人或者其他组织的合法权益。自觉接受社会和公民的监督，对防止和纠正执法腐败，提高执法质量和效率，建设一支高素质人民警察队伍都是十分必要和重要的。需要注意的是，本条第一款只规定了社会和公民对于公安机关及其人民警察办理治安案件，即治安管理执法行为可以进行监督，对于其他行为，如日常生活中的个人行为，不在该款规定的范围内。

本条第二款是关于单位和个人有权对公安机关及其人民警察不严格执法以及违法违纪的行为向公安机关或者人民检察院、监察机关进行检举、控告，有关部门应当及时处理的规定。此处提醒注意的是，修改前的《治安管理处罚法》在此处的表述是"行政监察机关"，《监察法》实施后，为了统一相关表述，与改革后的相关部门职能职责保持一致，此处修订时，行政监察机关改成"监察机关"。细分解读，此款包含以下内容：一是任何单位和个人都有权向公安机关、人民检察院、监察机关检举、控告。这源于《宪法》赋予公民的权利。根据《宪法》第四十一条的规定，公民对于行政机关及其工作人员的行政执法工作可以提出建议和批评；对于行政机关及其工作人员在行政执法中的违法失职行为有权进行检举、控告。二是具体到治安行政处罚中，检举、控告既可以口头形式提出，也可以书面形式提出。检举、控告的内容是公安机关及其人民警察执行职务的行为，即办理治安案件过程中出现的违法违纪行为，包括作为和不作为。收到检举、控告的机关应当依据职责及时处理，并将处理结果告知检举人、控告人。对于不属于本机关职责的检举、控告，也不能置之不理，应当及时转交有权查处的机关处理。

⊙ 关联规定

《宪法》（2018年修正）

第四十一条　中华人民共和国公民对于任何国家机关和国家工作人员，有提出批评和建议的权利；对于任何国家机关和国家工作人员的违法失职行为，有向有关国家机关提出申诉、控告或者检举的权利，但是不得捏造或者歪曲事实进行诬告陷害。

对于公民的申诉、控告或者检举，有关国家机关必须查清事实，负责处理。

任何人不得压制和打击报复。

由于国家机关和国家工作人员侵犯公民权利而受到损失的人，有依照法律规定取得赔偿的权利。

《行政处罚法》（2021年修订）

第七十五条　行政机关应当建立健全对行政处罚的监督制度。县级以上人民政府应当定期组织开展行政执法评议、考核，加强对行政处罚的监督检查，规范和保障行政处罚的实施。

行政机关实施行政处罚应当接受社会监督。公民、法人或者其他组织对行政机关实施行政处罚的行为，有权申诉或者检举；行政机关应当认真审查，发现有错误的，应当主动改正。

《人民警察法》（2012年修正）

第四十六条第一款　公民或者组织对人民警察的违法、违纪行为，有权向人民警察机关或者人民检察院、行政监察机关检举、控告。受理检举、控告的机关应当及时查处，并将查处结果告知检举人、控告人。

第一百三十四条　【公职人员违法的处理】

公安机关作出治安管理处罚决定，发现被处罚人是公职人员，依照《中华人民共和国公职人员政务处分法》的规定需要给予政务处分的，应当依照有关规定及时通报监察机关等有关单位。

⊙ 重点解读

本条是本次修法中新增的内容，从法律角度明确了对公职人员违反《治安管理处罚法》且依照《公职人员政务处分法》的规定需要给予政务处分的，予以"双通报"。这既与当前加强全面从严治党的精神相一致，又体现了对公职人员基本权利的尊重与保障。

值得注意的是，公职人员系治安案件中的受害人的，是否通报？答案是原则上不通知。一方面，立法明确规定只有违反治安管理行为人系公职人员，且依照《公职人员政务处分法》需要政务处分的才通报。据此，公职人员是受害人的，不通报，因为此时不需要对公职人员继续追责。另一方面，有些情形下可能存在受害人与违法人的身份竞合，如果身份竞合，也要通报。

⊙ 典型案例

某市教育体育局党组成员、副局长和某某参与赌博案[①]

2023年2月12日，和某某因参与赌博被公安机关给予罚款500元的行政处罚。2023年7月，和某某受到党内警告处分。

⊙ 关联规定

《公职人员政务处分法》

第三十九条　有下列行为之一，造成不良后果或者影响的，予以警告、记过或者记大过；情节较重的，予以降级或者撤职；情节严重的，予以开除：

（一）滥用职权，危害国家利益、社会公共利益或者侵害公民、法人、其他组织合法权益的；

（二）不履行或者不正确履行职责，玩忽职守，贻误工作的；

（三）工作中有形式主义、官僚主义行为的；

（四）工作中有弄虚作假，误导、欺骗行为的；

（五）泄露国家秘密、工作秘密，或者泄露因履行职责掌握的商业秘密、个人隐私的。

第四十条　有下列行为之一的，予以警告、记过或者记大过；情节较重的，予以降级或者撤职；情节严重的，予以开除：

（一）违背社会公序良俗，在公共场所有不当行为，造成不良影响的；

（二）参与或者支持迷信活动，造成不良影响的；

（三）参与赌博的；

（四）拒不承担赡养、抚养、扶养义务的；

[①]《关于6起党员和公职人员违反社会治安管理秩序典型问题的通报》，载微信公众号"廉洁怒江"2023年9月28日。

（五）实施家庭暴力，虐待、遗弃家庭成员的；

（六）其他严重违反家庭美德、社会公德的行为。

吸食、注射毒品，组织赌博，组织、支持、参与卖淫、嫖娼、色情淫乱活动的，予以撤职或者开除。

第四十九条 公职人员依法受到刑事责任追究的，监察机关应当根据司法机关的生效判决、裁定、决定及其认定的事实和情节，依照本法规定给予政务处分。

公职人员依法受到行政处罚，应当给予政务处分的，监察机关可以根据行政处罚决定认定的事实和情节，经立案调查核实后，依照本法给予政务处分。

监察机关根据本条第一款、第二款的规定作出政务处分后，司法机关、行政机关依法改变原生效判决、裁定、决定等，对原政务处分决定产生影响的，监察机关应当根据改变后的判决、裁定、决定等重新作出相应处理。

第一百三十五条　【罚缴分离原则】

公安机关依法实施罚款处罚，应当依照有关法律、行政法规的规定，实行罚款决定与罚款收缴分离；收缴的罚款应当全部上缴国库，不得返还、变相返还，不得与经费保障挂钩。

⊙重点解读

本条是关于公安机关实施罚款的决定与罚款收缴相分离以及收缴的罚款应当上缴国库，不得返还、变相返还，不得与经费保障挂钩的规定。

决定罚款机关与收缴罚款的机构相分离，是《行政处罚法》确定的一项重要制度，它是指除法律规定的特殊情况外，作出行政处罚的行政机关不得自行收缴罚款，而是由当事人自己在法律、行政法规规定的时间内，到指定的银行或通过电子支付系统缴纳罚款。同时，罚款必须上缴国库，任何行政机关或个人都不得以任何形式截留、私分，返还或变相返还，不得与单位的经费保障挂钩。这项制度的确立，有利于遏制乱罚款、以罚款作为创收手段等问题，提高行政执法的素质，从源头上预防和治理腐败，建设高素质执法队伍。

虽然罚缴分离制度实施多年，但现实中仍存在个别地方行政机关及其工作人员乱罚款、滥罚款，以罚款金私设单位或部门小金库现象。所以，本次《治安管理处罚法》修订新增了不得返还、变相返还，不得与经费保障挂钩的内容，这表明在继续严格执行罚缴分离制度的同时，对于执行层面可能存在的变相空间，予以更加严格的规制。

实践中有个别公安机关为了小团体利益、为了小部门利益，制定或变相制定罚款指标，有的甚至以权谋私，将当场处罚的罚款直接装入私人腰包，还有的将公安机关的罚没款与经费挂钩，罚的多返回或变相返回的经费也多，这些问题的存在，严重损害了国家和人民群众的利益，影响了公安机关及人民警察在人民群众中的形象。

理解本条规定，可从以下几个方面着手：一是公安机关依法实施罚款处罚，应当依照有关法律、行政法规的规定，实施处罚决定与罚款收缴相分离。依照本法规定，治安管理处罚由县级以上地方人民政府公安机关决定；其中警告、一千元以下的罚款（修订前是五百元以下）可以由公安派出所决定。通常情况下，违反治安管理行为人要到公安机关接受处罚。为了提高效率，节约执法成本，同时也方便违反治安管理行为人缴纳罚款，本法还规定，对于违反治安管理行为事实清楚，证据确凿，处警告或者五百元以下罚款的（修订前是二百元以下），人民警察可以当场作出处罚决定。无论是以上何种形式的处罚，都应当依照本法及《行政处罚法》《罚款决定与罚款收缴分离实施办法》等法律、行政法规的规定，实行处罚决定与收缴罚款相分离。考虑到在某些情况下，被处罚人自行到银行缴纳或是通过电子支付系统缴纳罚款确有困难，本法也作了例外规定。下列情况下，人民警察可以当场收缴罚款：被处二百元以下罚款（修订前是五十元以下），被处罚人对罚款无异议的；在边远、水上、交通不便地区，旅客列车上或者口岸，公安机关及其人民警察依照本法的规定作出罚款决定后，被处罚人到指定的银行或者通过电子支付系统缴纳罚款确有困难，经被处罚人提出的；在当地没有固定住所，不当场收缴事后难以执行的。这样规定，是为了防止公安机关及其人民警察利用职权进行处罚而为自身谋取经济利益，杜绝个别单位和警察滥罚款现象。

二是收缴的罚款应当全部上缴国库。《罚款决定与罚款收缴分离实施办法》第四条规定："罚款必须全部上缴国库，任何行政机关、组织或者个人不得以任何形式截留、私分或者变相私分。行政执法机关所需经费的拨付，按照国家有关规定执行。"所以，任何单位、任何个人都不得截留、私分或者变相私分；不得返还、变相返还，与经费保障挂钩。国家财政实行收支两条线，财政部门不得以任何形式向作出行政处罚决定的机关返还或变相返还罚款，以防止个别地方、个别单位为了小集体利益而有损国家、大局利益，保证执法的公正严明。

三是对于违反罚缴分离规定、不按规定将罚款上缴国库或者截留、私分、挪用罚款的，依法给予行政处分。情节严重构成犯罪的，依法追究刑事责任。按照《刑法》有关规定，国家工作人员利用职务上的便利，侵吞、窃取、骗取或者以其他手段非法占有公共财物的，构成贪污罪。

⊙ 关联规定

《行政处罚法》（2021年修订）

第六十七条　作出罚款决定的行政机关应当与收缴罚款的机构分离。

除依照本法第六十八条、第六十九条的规定当场收缴的罚款外，作出行政处罚决定的行政机关及其执法人员不得自行收缴罚款。

当事人应当自收到行政处罚决定书之日起十五日内，到指定的银行或者通过电子支付系统缴纳罚款。银行应当收受罚款，并将罚款直接上缴国库。

《刑法》（2023年修正）

第三百八十二条第一款　国家工作人员利用职务上的便利，侵吞、窃取、骗取或者以其他手段非法占有公共财物的，是贪污罪。

《罚款决定与罚款收缴分离实施办法》（1997年）

第三条　作出罚款决定的行政机关应当与收缴罚款的机构分离；但是，依照行政处罚法的规定可以当场收缴罚款的除外。

第四条　罚款必须全部上缴国库，任何行政机关、组织或者个人不得以任何形式截留、私分或者变相私分。

行政机关执法所需经费的拨付，按照国家有关规定执行。

第十二条 国库应当按照《中华人民共和国国家金库条例》的规定,定期同财政部门和行政机关对账,以保证收受的罚款和上缴国库的罚款数额一致。

> **第一百三十六条 【违法记录封存制度】**
> 违反治安管理的记录应当予以封存,不得向任何单位和个人提供或者公开,但有关国家机关为办案需要或者有关单位根据国家规定进行查询的除外。依法进行查询的单位,应当对被封存的违法记录的情况予以保密。

⊙重点解读

此条是关于违反治安管理记录封存制度的规定,这是本次修订中的一大亮点,具有重要的进步意义。党的二十届三中全会审议通过《中共中央关于进一步全面深化改革 推进中国式现代化的决定》,明确提出"建立轻微犯罪记录封存制度",标志着轻微犯罪记录封存不再停留在理论探讨或议案提案层面,而将转化为生动的法治实践。本次《治安管理处罚法》修订新增违反治安管理记录的封存制度,不仅是对中央改革举措的贯彻与落实,也完善了违法犯罪记录封存制度,有助于减少违法犯罪行为对当事人造成的持续性和隐性的不利影响,清除违法当事人重新融入社会的障碍,加强对轻微犯罪当事人的系统性和综合性保护。具体而言,可从以下方面来理解:

一是对公民基本权利的充分保护,也是对执法部门相关管理的进一步规范。在现实中,治安违法记录,可能会影响到个人升学、求职、评优晋级等各个方面。因此,在这次《治安管理处罚法》修订中,"违反治安管理的记录应当予以封存,不得向任何单位和个人提供或者公开"的规定,就引起了极大的关注。这既是对公民个人隐私权、人格权的一种保护,也是对执法部门管理规范化的更高层次的要求。

二是违法纪录整体性封存,是巨大的法治进步。警告、罚款、行政拘留、吊销公安机关发放的许可证件，是《治安管理处罚法》中规定的四种治安管理处罚种类。无论哪一种处罚，都会在公安系统留下违法记录。尽管不等同于犯罪记录，但违法记录也会影响每一个被处罚者的日常生活。例如，有不少人在求职过程中，可能会被要求开具"无违法犯罪记录"的证明。如果有违法记录，就可能会不被录取和雇用。所以，在本次修订过程中，明确治安违法记录封存制度的呼声很高。新法这一规定，回应了人民的诉求，是巨大的法治进步。

三是犯罪记录被封存后，不得向任何单位和个人提供或者公开，但有关国家机关（此处主要是指监察机关、司法机关）为办案需要或者有关单位根据国家规定进行查询的除外。依法进行查询的单位，应当对被封存的违法记录的情况予以保密。对所有的案件材料，应当执行《个人信息保护法》的相关规定，加密处理，执行严格的保管制度。封存的案件材料非因法定事由、非经法定程序，不得向任何单位和个人提供。对于许可查询被封存的当事人犯罪记录的，应当告知查询犯罪记录的单位及相关人员严格按照查询目的和使用范围使用有关信息，严格遵守保密义务。不按规定使用所查询的犯罪记录或者违反规定泄露相关信息，情节严重或者造成严重后果的，应当依法追究相关人员的责任。

⊙ 关联规定

《刑法》（2023 年修正）

第一百条 依法受过刑事处罚的人，在入伍、就业的时候，应当如实向有关单位报告自己曾受过刑事处罚，不得隐瞒。

犯罪的时候不满十八周岁被判处五年有期徒刑以下刑罚的人，免除前款规定的报告义务。

《刑事诉讼法》（2018 年修正）

第二百八十六条 犯罪的时候不满十八周岁，被判处五年有期徒刑以下刑罚的，应当对相关犯罪记录予以封存。

犯罪记录被封存的，不得向任何单位和个人提供，但司法机关为办案需要或者有关单位根据国家规定进行查询的除外。依法进行查询的单位，应当对被封存的犯罪记录的情况予以保密。

《最高人民法院、最高人民检察院、公安部、国家安全部、司法部〈关于建立犯罪人员犯罪记录制度的意见〉》（2012年）

（四）建立未成年人犯罪记录封存制度

为深入贯彻落实党和国家对违法犯罪未成年人的"教育、感化、挽救"方针和"教育为主、惩罚为辅"原则，切实帮助失足青少年回归社会，根据刑事诉讼法的有关规定，结合我国未成年人保护工作的实际，建立未成年人轻罪犯罪记录封存制度，对于犯罪时不满十八周岁，被判处五年有期徒刑以下刑罚的未成年人的犯罪记录，应当予以封存。犯罪记录被封存后，不得向任何单位和个人提供，但司法机关为办案需要或者有关单位根据国家规定进行查询的除外。依法进行查询的单位，应当对被封存的犯罪记录的情况予以保密。

执法机关对未成年人的犯罪记录可以作为工作记录予以保存。

（五）明确违反规定处理犯罪人员信息的责任

负责提供犯罪人员信息的部门及其工作人员应当及时、准确地向犯罪人员信息登记机关提供有关信息。不按规定提供信息，或者故意提供虚假、伪造信息，情节严重或者造成严重后果的，应当依法追究相关人员的责任。

负责登记和管理犯罪人员信息的部门及其工作人员应当认真登记、妥善管理犯罪人员信息。不按规定登记犯罪人员信息、提供查询服务，或者违反规定泄露犯罪人员信息，情节严重或造成严重后果的，应当依法追究相关人员的责任。

使用犯罪人员信息的单位和个人应当按照查询目的使用有关信息并对犯罪人员信息予以保密。不按规定使用犯罪人员信息，情节严重或者造成严重后果的，应当依法追究相关人员的责任。

第一百三十七条 【技术设备安全管理职责】

公安机关应当履行同步录音录像运行安全管理职责，完善技术措施，定期维护设施设备，保障录音录像设备运行连续、稳定、安全。

⊙ 重点解读

本条是关于公安机关在履职过程中，对于音视频等信息技术设备安全管理和运维职责的规定。随着信息技术的飞速发展，公安机关在行政执法过程中也越来越多地运用到了辅助执法设施设备，如执法记录仪、录音录像设备等。为进一步规范执法行为，提高公安民警的工作质量和执法水平，保障其正确使用音像记录设备、依法履行职责，更有效保护当事人的合法权益，《治安管理处罚法》在新修订过程中，增加了本条规定。

公安民警使用为其配备的便携式录音录像取证设备（包括但不限于照相机、录像机、录音笔、记录仪等），对现场执法全过程进行同步录音录像，并对现场执法全过程音视频记录的资料进行收集、保存、管理、使用。公安机关及其人民警察也应当同步履行好安全管理职责，对执法全过程进行同步录音录像应遵循同步摄录、集中管理、规范归档、严格保密的原则，确保视听资料的全面、客观、合法、有效。

相关设施设备应为执法办案、日常检查、重大执法活动等工作专用，严禁摄录任何与工作无关的内容。应通过完善技术措施，定期维护设施设备，保障录音录像设备运行连续、稳定、安全。同时，公安机关及其人民警察不得将在办理治安案件过程中获得的个人信息，依法提取、采集的相关信息、样本用于与治安管理、打击犯罪无关的用途，不得出售、提供给其他单位或者个人。应当通过加强培训和教育来提升人民警察的安全意识和操作技能，通过完善规章制度和落实责任来确保执法录音录像设施设备的安全。

⊙ 关联规定

《公安机关现场执法视音频记录工作规定》（2016 年）

第五条 公安机关执法办案部门负责本部门开展现场执法视音频记录，以及有关设备、现场执法视音频资料的使用管理工作；警务督察部门负责对公安机关现场执法视音频记录活动进行督察；法制部门负责对现场执法视音频记录的范围和现场执法视音频资料的管理、使用进行指导和监督；警务保障部门负责现场执法记录设备的配备、维护升级和使用培训；科信部门负责现场执法视音频资料管理系统的建设和相关技术标准的制定。

第九条 公安机关应当建立现场执法记录设备和现场执法视音频资料管理制度。执法办案部门应当指定专门人员作为管理员，负责管理设备、资料。

第十八条 公安机关应当对以下工作进行经常性监督检查，按一定比例对现场执法视音频资料进行抽查，并纳入执法质量考评：

（一）对规定事项是否进行现场执法视音频记录；

（二）对执法过程是否进行全程不间断记录；

（三）现场执法视音频资料的移交、管理、使用情况。

现场执法记录设备的配备、维护、管理情况，以及对民警使用现场执法记录设备的培训、检查、考核情况，应当记入单位或者民警执法档案。

第一百三十八条 【个人信息保护】

公安机关及其人民警察不得将在办理治安案件过程中获得的个人信息，依法提取、采集的相关信息、样本用于与治安管理、查处犯罪无关的用途，不得出售、提供给其他单位或者个人。

◉ **重点解读**

本条是关于公安机关及其人民警察在办理治安案件过程中，因职务行为获取的个人信息该如何使用的禁止性规定，也是本次修订中新增的条款，要求公安机关不得将在办理治安案件过程中获得的个人信息用于与办案无关的用途，不得以此来谋利或提供给其他单位与个人。这一新增内容，也表明在公安机关及人民警察的履职行为中，越来越重视对于行政相对人的个人信息获取的保护，更加尊重相对人的信息利益与数据权益。《个人信息保护法》规定，任何组织、个人不得侵害自然人的个人信息权益，处理个人信息应当遵循合法、正当、必要和诚信的原则，不得通过误导、欺诈、胁迫等方式处理个人信息。

公安机关及其人民警察对于个人信息的处理应遵循以下原则：

一是公安机关在办理案件过程中，对个人信息的处理必须遵循合法、正当、必要的原则，确保个人信息的安全和合法使用。根据《个人信息保护法》，公安机关在收集、使用、保管公民个人信息时，必须获得法律授权，明确收集的目的和范围，并确保所收集的信息对于实现特定目的是必要的。

二是公安机关在办案过程中对个人信息的具体处理步骤包括：（1）审查和立案。公安机关对于报案、控告、举报等材料，应当按照管辖范围进行审查。如果认为有犯罪事实需要追究刑事责任，应进行立案处理；如果没有犯罪事实或犯罪事实显著轻微不需要追究刑事责任，则不予立案，并将不立案的原因通知相关人员。（2）信息保护。公安机关在处理个人信息时，应当严格遵守《个人信息保护法》等相关法律规定，确保个人信息的安全和合法使用。如果发现身份信息被泄露或非法使用，应依法进行调查和处理。（3）保密义务。公安机关及其工作人员对于履行职责过程中知悉的公民个人信息，应当予以保密，不得泄露或者向他人非法提供，违反规定者将依法承担法律责任。

三是公安机关在办案过程中对个人信息的处理涉及的法律责任和监管措施包括：（1）法律责任。如果公安机关或其工作人员违反规定，导致个人信息泄露或非法使用，将依法追究刑事责任或行政责任。根据《刑法》，违反国家有关规定，向他人出售或者提供公民个人信息，情节严重的，处三年以下有期徒刑或者拘役，并处或者单处罚金；情节特别严重的，处三年以上七年以下有期徒刑，并处罚金。（2）监管措施。公安机关应当建立健全公民个人信息保护制度，采取技术措施和其他必要措施，确保其收集的个人信息安全，防止信息泄露、毁损、丢失。在发生或可能发生个人信息泄露的情况下，公安机关应当立即采取补救措施，并按规定及时告知用户和有关主管部门。

⊙ 关联规定

《刑法》（2023年修正）

第二百五十三条之一 违反国家有关规定，向他人出售或者提供公民个人信息，情节严重的，处三年以下有期徒刑或者拘役，并处或者单处罚金；情节特别严重的，处三年以上七年以下有期徒刑，并处罚金。

违反国家有关规定，将在履行职责或者提供服务过程中获得的公民个人信息，出售或者提供给他人的，依照前款的规定从重处罚。

窃取或者以其他方法非法获取公民个人信息的，依照第一款的规定处罚。

单位犯前三款罪的，对单位判处罚金，并对其直接负责的主管人员和其他直接责任人员，依照各该款的规定处罚。

《个人信息保护法》

第五条 处理个人信息应当遵循合法、正当、必要和诚信原则，不得通过误导、欺诈、胁迫等方式处理个人信息。

第三十四条 国家机关为履行法定职责处理个人信息，应当依照法律、行政法规规定的权限、程序进行，不得超出履行法定职责所必需的范围和限度。

第三十五条 国家机关为履行法定职责处理个人信息，应当依照本法规定履行告知义务；有本法第十八条第一款规定的情形，或者告知将妨碍国家机关履行法定职责的除外。

《公安机关办理行政案件程序规定》（2020年修正）

第八条 公安机关及其人民警察在办理行政案件时，对涉及的国家秘密、商业秘密或者个人隐私，应当保密。

第一百三十九条　【违法行为责任追究】

人民警察办理治安案件，有下列行为之一的，依法给予处分；构成犯罪的，依法追究刑事责任：

（一）刑讯逼供、体罚、打骂、虐待、侮辱他人的；

（二）超过询问查证的时间限制人身自由的；

（三）不执行罚款决定与罚款收缴分离制度或者不按规定将罚没的财物上缴国库或者依法处理的；

（四）私分、侵占、挪用、故意损毁所收缴、追缴、扣押的财物的；

（五）违反规定使用或者不及时返还被侵害人财物的；

（六）违反规定不及时退还保证金的；

（七）利用职务上的便利收受他人财物或者谋取其他利益的；

（八）当场收缴罚款不出具专用票据或者不如实填写罚款数额的；

（九）接到要求制止违反治安管理行为的报警后，不及时出警的；

（十）在查处违反治安管理活动时，为违法犯罪行为人通风报信的；

（十一）泄露办理治安案件过程中的工作秘密或者其他依法应当保密的信息的；

（十二）将在办理治安案件过程中获得的个人信息，依法提取、采集的相关信息、样本用于与治安管理、查处犯罪无关的用途，或者出售、提供给其他单位或者个人的；

（十三）剪接、删改、损毁、丢失办理治安案件的同步录音录像资料的；

（十四）有徇私舞弊、玩忽职守、滥用职权，不依法履行法定职责的其他情形的。

办理治安案件的公安机关有前款所列行为的，对负有责任的领导人员和直接责任人员，依法给予处分。

⊙重点解读

本条是关于公安机关及人民警察办理治安案件实施违法行为追究责任的规定。

本条共分为两款。第一款针对实践中的问题，明确人民警察在办理治安案件中不得有下列违法违纪行为：

1. 刑讯逼供、体罚、打骂、虐待、侮辱他人的。这里的他人，既包括违反治安管理行为人，也包括其他的证人、被侵害人等。

2. 超过询问查证的时间限制人身自由的。此规定体现了对自由权和人格尊严的保护。限制人身自由需要有合法的理由并要在一定的时间限制内，超过询问时间对人身自由的限制就已经没有了合法理由，是对人身自由的一种侵犯。

3. 不执行罚款决定与罚款收缴分离制度或者不按规定将罚没的财物上缴国库或者依法处理的。本规定主要是为了严格执行罚缴分离制度，对纠正某些公安机关及其人民警察为了追求经济利益滥罚款、利用罚款搞创收或从罚款中谋取个人私利的不正之风有积极意义。值得注意的是，本条规定的"罚没的财物"，主要包括依法对违法治安管理行为人处以的罚款、没收的保证金、收缴的违禁品、收缴违反治安管理所得的财物、收缴直接用于实施违反治安管理行为的工具等。根据本法及其他有关法律的规定，这些罚没的财物，应当上缴国库或按有关规定处理，如是违禁品，则应当按有关规定予以销毁。

4. 私分、侵占、挪用、故意损毁所收缴、追缴、扣押的财物的。对于与违反治安案件有关的物品，需要作为证据使用的，公安机关可以依照本法的有关规定予以扣押，但有责任妥善保管，不得挪作他用，更不得私分、侵占、故意损毁。对于未履行保管义务，造成被收缴、追缴、扣押的财物遗失或者损毁的，应依法承担赔偿责任。有私分、侵占、挪用行为，构成犯罪的，还应依法承担刑事责任。

5. 违反规定使用或者不及时返还被侵害人财物的。收缴的违反治安管理所得的财物，以及被扣押的有关财物，其中有的可能是被侵害人的合法财物，对于这类财物应及时退还给被侵害人，防止因办案时间的拖延而影响和损害被侵害人的利益。对于需要作为证据使用的被侵害人的财物，应当在登记并固定证据后立即退还。

6. 违反规定不及时退还保证金的。保证金不是执法机关的创收所得，更不是罚款，其收取与退还都有严格规定，在这种情况下，要防止执法机关把保证金留为单位或个人所有。

7. 利用职务上的便利收受他人财物或者谋取其他利益的。"利用职务上的便利"主要是指利用与履行职务有关的方便条件。"收受他人财物或者谋取其他利益"，包括收受他人的金钱、有价证券、礼品及各种物品，或者接受他人提供的免费旅游、服务等。

8. 当场收缴罚款不出具专用票据或者不如实填写罚款数额的。此处是为了规范收缴罚款制度而设计的。有两种情况值得注意：一是不出具专用票据；二是不如实填写罚款数额。因为虽规定当场收缴罚款的，应向被处罚人出具省级以上人民政府财政部门统一制发的专用票据，但实际执行中仍存在一些执法人员采取罚款不开收据或开了收据不如实填写数额的方式，从中谋利。由于当场收缴是一种例外规定，因此需要更多的监督，防止少数执法人员中饱私囊。

9. 接到要求制止违反治安管理行为的报警后，不及时出警的。治安管理行为往往面对很多危险与突发情况，需要迅速出警，以有效保障公民的生命财产安全。因此，及时作为是重要的法律义务，如在一定时间里不作为，则要承担相应的法律责任。

10. 在查处违反治安管理活动时，为违法犯罪行为人通风报信的。实践中，有些违法犯罪人员为了逃避法律的制裁，往往寻找一些意志比较薄弱的公安干警作"保护伞"，相互勾结、利用、谋取利益。有极个别的公安干警，放任、纵容违法犯罪行为人进行违反治安管理的行为，有的甚至在公安机关决定采取行动时，给违法犯罪行为人通风报信，使其逃脱处理。针对这种情况，本条作了专门规定，对人民警察的这种行为给予行政处分。应当注意的是，如果警察与其共谋，应按共犯处理。

11. 泄露办理治安案件过程中的工作秘密或者其他依法应当保密的信息的。此情形是与修订后的第九十四条相衔接条款，再次强调办理治安案件过程中的保密义务。本法第九十四条规定：公安机关及其人民警察在办理治安案件时，对涉及的国家秘密、商业秘密、个人隐私或者个人信息，应当予以保密。公安机关及其人民警察在依法履行职责和处理治安案件的过程中，可能接触国家秘密、商业秘密或个人隐私。国家秘密一旦泄露，将对国家安全和利益造成危害或威胁；商业秘密泄露，往往会给原有商业秘密的单位和个人的生产、经营活动带来不利影响，造成经济损失；个人隐私的泄露可能会损害当事人的声誉，影响其正常生活，给其带来精神痛苦和心理压力。因此，本条明确规定，公安机关及其人民警察在办理治安案件时，应对工作过程中掌握的工作秘密或者其他依法应当保密的信息予以严格保密，不得违反规定向外界泄露。泄露的，依照有关法律法规追究责任。

12. 将在办理治安案件过程中获得的个人信息，依法提取、采集的相关信息、样本用于与治安管理、查处犯罪无关的用途，或者出售、提供给其他单位或者个人的。本情形是与第一百三十八条相衔接的条款，也是本次修订中新增加的内容，在办理治安案件过程中，如存在以上情形，将依法给予与行为相应的处分。

13. 剪接、删改、损毁、丢失办理治安案件的同步录音录像资料的。按照规范和保障执法、尊重和保障人权的要求，新修订的《治安管理处罚法》进一步完善了有关处罚程序规定。除应当全程同步录音录像外，还在本条款中规定了剪接、删改、损毁、丢失录音录像资料的法律责任，形成了完整的保护规范闭环。

14. 有徇私舞弊、玩忽职守、滥用职权，不依法履行法定职责的其他情形的。此处是兜底条款，有徇私舞弊、玩忽职守、滥用职权，不依法履行法定职责的其他情形的，都属于依法给予处分，构成犯罪的、依法追究刑事责任的范畴。在《公安机关治安调解工作规范》中也有类似规定：公安机关人民警察在治安调解过程中，有徇私舞弊、滥用职权、不依法履行法定职责等情形的，依法给予行政处分；构成犯罪的，依法追究刑事责任。其中，玩忽职守是本次新增加的内容，这也是与第一百三十一条"公安机关及其人民警察应当依法、公正、严格、高效办理治安案件，文明执法，不得徇私舞弊、玩忽职守、滥用职权"相衔接的内容，第一百三十一条中"玩忽职守"也是新增的表述，此处保持了相关要求的延续性与连贯性。

根据本款规定，人民警察有上述违法行为之一，除应依法给予处分外，对构成犯罪的，还应当依法追究其刑事责任。本款列举的违法行为，可能涉及的犯罪主要有故意伤害罪、过失致人死亡罪、刑讯逼供罪、虐待被监管人员罪、贪污罪、挪用资金罪、受贿罪、私分国有资产罪、滥用职权罪、玩忽职守罪、徇私舞弊罪等。

本条第二款是关于公安机关存在第一款所列情形时该如何处理的规定。因为在实际执法操作中，不仅人民警察个人可能会出现违纪违法的情形，公安机关以单位名义作为执法主体时也可能会出现违法违纪情况。如个别公安机关不执行罚缴分离制度，私设小金库等。根据本款规定，如办理治安案件的公安机关有第一款所列之情形的，对负有责任的领导人员和直接责任人员，依法给予处分。

⊙ 典型案例

李某刑讯逼供案[1]

李某为某市公安局某区分局某派出所二级警长。辖区内某公司原负责人张某向李某行贿，称公司现负责人王某有伪造国家机关印章的重大嫌疑。李某传唤王某到派出所接受调查，王某表示没有伪造国家机关印章。

为获取王某的口供，李某违规通知该所辅警刘某、陈某前来参与讯问。李某将王某涉案情况告知刘某、陈某后，授意二人可采取非正常手段逼取王某口供。刘某等人将王某从办案区带至该所无视频监控的房间内，反铐其双手，采取掌掴其头面部、木棍击打其腿部和背部、铁链吊挂等方式，逼取其口供。王某一直否认伪造公章，因证据不足，李某不得不释放其离开。

王某离开该所后即前往医院就诊，经法医鉴定，王某所受损伤程度为轻伤。王某向当地纪委监委实名举报李某等人，纪委监委迅速找到李某等人谈话。李某如实供述了事情经过和收受张某贿赂的事实，刘某等人自愿认罪认罚。

最终，李某犯刑讯逼供罪、受贿罪，被判处有期徒刑三年，刘某、陈某二人犯刑讯逼供罪，有自首情节，可从轻处罚，被判处有期徒刑十个月，缓期一年执行。

⊙ 关联规定

《刑法》（2023 年修正）

第二百四十七条 司法工作人员对犯罪嫌疑人、被告人实行刑讯逼供或者使用暴力逼取证人证言的，处三年以下有期徒刑或者拘役。致人伤残、死亡的，

---

[1] 《101 个罪名解读（51）：刑讯逼供罪》，载湖北省纪委监委网，https://www.hbjwjc.gov.cn/lzyw/141049.htm，最后访问时间：2025 年 7 月 7 日。

第五章　执法监督

依照本法第二百三十四条、第二百三十二条的规定定罪从重处罚。

第三百九十七条　国家机关工作人员滥用职权或者玩忽职守，致使公共财产、国家和人民利益遭受重大损失的，处三年以下有期徒刑或者拘役；情节特别严重的，处三年以上七年以下有期徒刑。本法另有规定的，依照规定。

国家机关工作人员徇私舞弊，犯前款罪的，处五年以下有期徒刑或者拘役；情节特别严重的，处五年以上十年以下有期徒刑。本法另有规定的，依照规定。

第四百零二条　行政执法人员徇私舞弊，对依法应当移交司法机关追究刑事责任的不移交，情节严重的，处三年以下有期徒刑或者拘役；造成严重后果的，处三年以上七年以下有期徒刑。

《人民警察法》（2012年修正）

第二十二条　人民警察不得有下列行为：

（一）散布有损国家声誉的言论，参加非法组织，参加旨在反对国家的集会、游行、示威等活动，参加罢工；

（二）泄露国家秘密、警务工作秘密；

（三）弄虚作假，隐瞒案情，包庇、纵容违法犯罪活动；

（四）刑讯逼供或者体罚、虐待人犯；

（五）非法剥夺、限制他人人身自由，非法搜查他人的身体、物品、住所或者场所；

（六）敲诈勒索或者索取、收受贿赂；

（七）殴打他人或者唆使他人打人；

（八）违法实施处罚或者收取费用；

（九）接受当事人及其代理人的请客送礼；

（十）从事营利性的经营活动或者受雇于任何个人或者组织；

（十一）玩忽职守，不履行法定义务；

（十二）其他违法乱纪的行为。

> **第一百四十条　【侵犯合法权益的责任】**
> 　　公安机关及其人民警察违法行使职权，侵犯公民、法人和其他组织合法权益的，应当赔礼道歉；造成损害的，应当依法承担赔偿责任。

⊙重点解读

本条是关于公安机关及其人民警察违法行使职权侵犯公民、法人和其他组织合法权益承担责任的规定。

《宪法》第四十一条第三款规定，由于国家机关和国家工作人员侵犯公民权利而受到损失的人，有依法取得赔偿的权利。《行政诉讼法》第二条第一款规定，公民、法人或其他组织的合法权益受到行政机关或者行政机关工作人员作出的行政行为侵犯造成损害的，有权提起诉讼。《国家赔偿法》第二条第一款规定，国家机关和国家工作人员违法行使职权侵犯公民、法人和其他组织的合法权益造成损害的，受害人有依照本法取得国家赔偿的权利。《行政处罚法》第七条第二款规定，公民、法人或者其他组织因行政机关违法给予行政处罚受到损害的，有权依法提出赔偿要求。因此，为了保障公民、法人或者其他组织的人身权利、财产权利，促进公安机关及其人民警察依法履行治安管理职责，本条专门对公安机关及其人民警察违法行使职权侵犯公民、法人和其他组织合法权益应当承担责任的问题作了规定。

一是公安机关及其人民警察违法行使职权，侵犯公民、法人和其他组织合法权益的，应当赔礼道歉。所谓"违法行使职权"，是指公安机关及其人民警察在履行治安管理职责的过程中，没有按照法律规定的条件、程序行使职权。违反法定步骤实施治安管理处罚，如先处罚后查证，当场处罚时不出具法定罚款收据而收缴罚款，不依法送达处罚决定书就予以强制执行等，都属于违法行使职权的情形。这种情形下，应当赔礼道歉。赔礼道歉是指公安机关及其人民警察向受害人公开承认错误，表示歉意。这是公安机关及其人民警察承担侵权责任的一种方式，也是精神补救的一种有效方式。

二是公安机关及其人民警察违法行使职权，侵犯公民、法人和其他组织合法权益，造成损害的，应当依法承担赔偿责任。根据《国家赔偿法》的规定，国家赔偿分为行政赔偿和刑事赔偿。本条规定的赔偿责任，属于行政赔偿的范畴。行政赔偿的条件是，行政机关及其工作人员在行使职权的时候，实施了侵犯人身权、财产权的行为。根据有关法律的规定，公民、法人和其他组织提出赔偿请求的途径主要有以下几种：（1）直接向作出具体决定的有关公安机关提出，公安机关经核查后，认为其请求合理的，应当对本部门及其办案的人民警察因违法行为造成公民、法人和其他组织的损失予以赔偿。（2）在依法向有关行政机关提起行政复议的同时，提出赔偿请求。（3）在依法向人民法院提起行政诉讼时，提出赔偿请求。也可以在行政机关不予赔偿时，单独就损害赔偿问题向人民法院提起诉讼，由人民法院判决原行政机关予以赔偿。此外，根据《国家赔偿法》的规定，公安机关对公民、法人和其他组织进行赔偿后，应当责令对违法行为负有直接责任的人民警察承担部分或者全部赔偿费用。这样有助于督促人民警察依法办案。

根据《国家赔偿法》等有关法律规定，财产赔偿的形式主要包括：（1）返还非法处以的罚款、非法扣押的财物以及非法追缴的财产，如果应当返还的财产有损坏的，应当恢复原状，无法恢复原状的，按照损害的程度给付相应的赔偿金。应当返还的财产灭失的，应当给付相应的赔偿金。（2）赔偿违法吊销许可证而引起的停产停业期间必要的经常性费用开支，以及赔偿其他造成公民、法人和其他组织财产权的直接损失。（3）如果是错误拘留或者违法限制他人人身自由需要赔偿的，每日的赔偿金按国家上年度职工日平均工资计算。

⊙典型案例

吴某申请某公安分局违法刑事拘留国家赔偿案[①]

赔偿请求人吴某开办的某公司与刘某某签订药房装修合同，约定包干价134000元、某公司及吴某父亲丁某某为收款人。2014年6月，双方结算时对

---

① 人民法院案例库，入库编号2023-15-4-111-001。

实际工程量、工程款和已付工程款发生争议，某公司向法院起诉刘某某合同纠纷，主张实际工程量价款191613.5元，只收到刘某某支付吴某和丁某某的49000元，刘某某辩称已向吴某及丁某某、李某某、郭某支付工程款131000元，仅欠16000元，但扣除延期和质量违约款，不应再付款。法院一审判决认定总工程款为156600元，吴某、丁某某收款49000元，判决刘某某应付某公司107600元及利息。一审判决后，刘某某向某公安分局报案称吴某等系合伙诈骗，某公安分局遂立案侦查。在此过程中，二审法院就民事案件判决驳回刘某某上诉，维持原判。二审判决后，公安机关将李某某刑事拘留，李某某确认收取刘某某80000元事实后被取保候审。公安机关随即对吴某刑事拘留，并以涉嫌合伙作案为由，延长刑事拘留期限至30日。因检察机关以事实不清证据不足为由不批准逮捕，公安机关将吴某释放，并取保候审。2016年9月解除取保候审。经刘某某申请再审，再审法院于2017年8月就民事案件作出再审判决，采纳公安机关讯问查明的刘某某向李某某已经支付80000元装修款的事实，再审改判刘某某向某公司支付剩余工程款27600元及利息。吴某向某公安分局申请国家赔偿，赔偿义务机关某公安分局及复议机关某市公安局均认为刑事拘留合法，不予赔偿。吴某遂向深圳市中级人民法院赔偿委员会申请赔偿羁押误工损失24500元、伙食费2000元、精神抚慰金及经营损失费等。

法院生效决定认为：本案赔偿义务机关在侦查过程中，已经知道某公司与刘某某之间因装修合同纠纷在进行民事诉讼，也已经对李某某进行讯问，李某某认可收取了刘某某装修款交给吴某的母亲陈某某用于购买装修材料等事实，而吴某主张不应计入吴某公司与刘某某的装修合同工程款并要求评估工程量，因此，某公司与刘某某之间的争议属于经济纠纷。公安机关在接到报警后即已对吴某进行询问，并未采取刑事拘留措施，之后没有向人民法院核实或反馈相关案情，在对李某某采取刑事拘留措施并认定李某某涉嫌诈骗罪的事实不清、证据不足的情况下，再对吴某采取刑事拘留措施，又以合伙作案为由延长拘留期限至30日，不符合刑事拘留条件且延长拘留期限不符合法律规定，构成《最高人民法院、最高人民检察院关于办理刑事赔偿案件适用法律若干问题的解释》第五条规定的违法刑事拘留。

吴某自被刑事拘留至取保候审释放，共被羁押 35 日。根据《国家赔偿法》第三十三条规定，赔偿义务机关应当支付侵犯人身自由的赔偿金 9965.9 元（284.74 元/日×35）。赔偿义务机关对没有犯罪行为的人违法采取刑事拘留措施，造成较为严重影响，应根据《国家赔偿法》第三十五条的规定，承担精神损害赔偿责任，在侵权行为影响的范围内，为赔偿请求人吴某消除影响，恢复名誉，赔礼道歉，酌定支付精神损害抚慰金 3000 元。吴某提出的其他赔偿请求，不符合国家赔偿法规定，不予支持。

裁判要旨：公安机关在明知相关纠纷属于民事纠纷、人民法院已经依法受理的情况下，对不符合法定现行犯或者重大嫌疑分子条件的人采取拘留措施，且在不符合法定延长拘留时限规定的情况下延长拘留时限，属于违法刑事拘留，应当承担国家赔偿责任。

⊙关联规定

《宪法》（2018 年修正）

第四十一条　中华人民共和国公民对于任何国家机关和国家工作人员，有提出批评和建议的权利；对于任何国家机关和国家工作人员的违法失职行为，有向有关国家机关提出申诉、控告或者检举的权利，但是不得捏造或者歪曲事实进行诬告陷害。

对于公民的申诉、控告或者检举，有关国家机关必须查清事实，负责处理。任何人不得压制和打击报复。

由于国家机关和国家工作人员侵犯公民权利而受到损失的人，有依照法律规定取得赔偿的权利。

《行政诉讼法》（2017 年修正）

第二条　公民、法人或者其他组织认为行政机关和行政机关工作人员的行政行为侵犯其合法权益，有权依照本法向人民法院提起诉讼。

前款所称行政行为，包括法律、法规、规章授权的组织作出的行政行为。

《行政处罚法》（2021 年修订）

第七条　公民、法人或者其他组织对行政机关所给予的行政处罚，享有陈述权、申辩权；对行政处罚不服的，有权依法申请行政复议或者提起行政诉讼。

公民、法人或者其他组织因行政机关违法给予行政处罚受到损害的，有权依法提出赔偿要求。

《国家赔偿法》（2012年修正）

第二条 国家机关和国家机关工作人员行使职权，有本法规定的侵犯公民、法人和其他组织合法权益的情形，造成损害的，受害人有依照本法取得国家赔偿的权利。

本法规定的赔偿义务机关，应当依照本法及时履行赔偿义务。

第六章 附 则

> **第一百四十一条 【法律适用】**
> 其他法律中规定由公安机关给予行政拘留处罚的,其处罚程序适用本法规定。
>
> 公安机关依照《中华人民共和国枪支管理法》、《民用爆炸物品安全管理条例》等直接关系公共安全和社会治安秩序的法律、行政法规实施处罚的,其处罚程序适用本法规定。
>
> 本法第三十二条、第三十四条、第四十六条、第五十六条规定给予行政拘留处罚,其他法律、行政法规同时规定给予罚款、没收违法所得、没收非法财物等其他行政处罚的行为,由相关主管部门依照相应规定处罚;需要给予行政拘留处罚的,由公安机关依照本法规定处理。

⊙重点解读

本条是关于公安机关进行相应处罚程序法律适用的规定,是本次《治安管理处罚法》修订新增的条款。根据法律规定,县级以上的公安机关才能采取行政拘留措施,其时间最短为1日,最长不超过20日。由于行政拘留是限制人身自由的处罚,必须经过严格的程序,而在《治安管理处罚法》中,对各种应当适用限制人身自由的处罚有明确的规定。其他相关法律,如《道路交通安全法》也规定了特定的违法行为可以处以行政拘留的处罚。这些法律规定均强调了行政拘留的合法要件，包括处罚机关的合法性、被处罚人实施了可以给予拘留惩罚的违法行为、符合法定期限以及符合法定程序等。故本条规定，其他法律规定由公安机关予以行政拘留处罚的，依照本法的规定执行。

此外，本条还规定，公安机关依照《枪支管理法》《民用爆炸物品安全管理条例》等直接关系公共安全和社会治安秩序的法律、行政法规实施的处罚程序，适用本法的规定。《枪支管理法》规定了枪支的制造、配售、配置、使用和运输等方面的管理要求，明确禁止非法持有、制造、买卖、运输、邮寄、储存枪支、弹药等行为。《民用爆炸物品安全管理条例》规定了民用爆炸物品的生产、销售、购买、运输、储存和使用等方面的安全管理要求，禁止非法制造、买卖、运输、邮寄、储存爆炸物品。为保护人民群众生命财产安全，维护国家安全和社会大局持续稳定，动员社会各界和广大人民群众积极参与打击整治枪爆违法犯罪专项行动，全面收缴流散社会的各类非法枪支、弹药、爆炸物品、仿真枪、弩等物品，根据《刑法》《枪支管理法》《治安管理处罚法》《民用爆炸物品安全管理条例》等有关规定，公安机关负有依法严厉打击违反枪支、弹药、爆炸物品、仿真枪、弩管理的违法犯罪活动，全力维护社会治安大局稳定的职能，其在履职过程中所作的处罚决定，实施的处罚程序，适用本法规定。

本条第三款明确了在涉及多个法律规范对同一行为进行处罚时，各部门的职责和分工，以避免处罚的混乱和冲突。当《治安管理处罚法》第三十二条、第三十四条、第四十六条、第五十六条规定给予行政拘留处罚，而其他法律、行政法规同时规定了罚款、没收违法所得、没收非法财物等其他行政处罚时，各部门需按照各自职责进行处罚。相关主管部门负责依照相应规定实施罚款、没收违法所得、没收非法财物等处罚。例如，在市场监管领域，对于某些违法行为，市场监管部门可依据相关法律法规对违法者处以罚款、没收违法所得等处罚；而公安机关则负责依照本法规定实施行政拘留处罚。这样的分工明确了不同行政部门在执法中的权限，有助于提高执法效率和公正性。同时，明确需要给予行政拘留处罚的，由公安机关依照本法规定处理。这是因为行政拘留是一种限制人身自由的较为严厉的处罚措施，需要特定的执法主体和程序来保障其合法性和公正性。这也体现了法律对限制人身自由处罚的严格规范，防止权力滥用。

第六章 附 则

⊙ 关联规定

《枪支管理法》（2015 年修正）

第四条　国务院公安部门主管全国的枪支管理工作。县级以上地方各级人民政府公安机关主管本行政区域内的枪支管理工作。上级人民政府公安机关监督下级人民政府公安机关的枪支管理工作。

第四十二条　违反本法规定，运输枪支未使用安全可靠的运输设备、不设专人押运、枪支弹药未分开运输或者运输途中停留住宿不报告公安机关，情节严重的，依照刑法有关规定追究刑事责任；未构成犯罪的，由公安机关对直接责任人员处十五日以下拘留。

《民用爆炸物品安全管理条例》（2014 年修订）

第四十四条　非法制造、买卖、运输、储存民用爆炸物品，构成犯罪的，依法追究刑事责任；尚不构成犯罪，有违反治安管理行为的，依法给予治安管理处罚。

违反本条例规定，在生产、储存、运输、使用民用爆炸物品中发生重大事故，造成严重后果或者后果特别严重，构成犯罪的，依法追究刑事责任。

违反本条例规定，未经许可生产、销售民用爆炸物品的，由民用爆炸物品行业主管部门责令停止非法生产、销售活动，处 10 万元以上 50 万元以下的罚款，并没收非法生产、销售的民用爆炸物品及其违法所得。

违反本条例规定，未经许可购买、运输民用爆炸物品或者从事爆破作业的，由公安机关责令停止非法购买、运输、爆破作业活动，处 5 万元以上 20 万元以下的罚款，并没收非法购买、运输以及从事爆破作业使用的民用爆炸物品及其违法所得。

民用爆炸物品行业主管部门、公安机关对没收的非法民用爆炸物品，应当组织销毁。

第一百四十二条　【海上治安管理的适用】

海警机构履行海上治安管理职责，行使本法规定的公安机关的职权，但是法律另有规定的除外。

⊙ 重点解读

本条规定了海警机构在履行海上治安管理职责时，依法行使公安机关职权应适用《治安管理处罚法》的相关规定。本条也是此次修订新增加的条文。

海警机构自成立以来，一直在维护国家主权和安全、保护海洋权益方面发挥着重要作用。随着技术的进步和装备的升级，海警机构的执法能力和效率不断提升，成为国家海上安全的重要保障力量。海警机构在履行海上治安管理职责时，行使的职权主要包括打击海上违法犯罪活动、维护海上治安和安全保卫、海洋资源开发利用、海洋生态环境保护、海洋渔业管理以及海上缉私等方面的执法任务。这些职权与公安机关的职权相似，表明海警机构在海上执法中具有其独特的作用和职责。海警机构与公安机关、有关行政机关建立了执法协作机制，以确保在海上执法中的高效合作。《海警法》规定：海警机构开展海上行政执法的程序，本法未作规定的，适用《行政处罚法》《行政强制法》《治安管理处罚法》等有关法律的规定。为了保障海警机构更好地履行职责，通过本条的立法，明确了海警机构在履行海上治安管理职责时，行使本法规定的公安机关职权，法律另有规定的除外。

⊙ 关联规定

《海警法》

第五条 海上维权执法工作的基本任务是开展海上安全保卫，维护海上治安秩序，打击海上走私、偷渡，在职责范围内对海洋资源开发利用、海洋生态环境保护、海洋渔业生产作业等活动进行监督检查，预防、制止和惩治海上违法犯罪活动。

第三十七条 海警机构开展海上行政执法的程序，本法未作规定的，适用《中华人民共和国行政处罚法》、《中华人民共和国行政强制法》、《中华人民共和国治安管理处罚法》等有关法律的规定。

第六章 附 则

> **第一百四十三条** 【"以上、以下、以内"的含义】
> 本法所称以上、以下、以内，包括本数。

⊙ **重点解读**

本条是关于"以上、以下、以内"的含义的规定。

根据本条规定，本法所称以上、以下、以内，包括本数。本法中以上、以下、以内，主要是针对罚款数额、拘留日期，如"处一千元以下罚款""处十日以上十五日以下拘留"等。按照本法规定，处四千元以上罚款处罚的，当事人可以要求听证，如果正好是处四千元罚款的，当事人就可以提出听证的要求，公安机关应当及时依法举行听证。

> **第一百四十四条** 【施行日期】
> 本法自 2026 年 1 月 1 日起施行。

⊙ **重点解读**

本条是关于本法施行日期的规定。

根据本条规定，本法自 2026 年 1 月 1 日起发生法律效力。

附录

《中华人民共和国治安管理处罚法》新旧对照表

（左栏阴影部分为删除的内容，右栏黑体字为增加或修改的内容）

修订前	修订后
（2005年8月28日第十届全国人民代表大会常务委员会第十七次会议通过 根据2012年10月26日第十一届全国人民代表大会常务委员会第二十九次会议《关于修改〈中华人民共和国治安管理处罚法〉的决定》修正）	（2005年8月28日第十届全国人民代表大会常务委员会第十七次会议通过 根据2012年10月26日第十一届全国人民代表大会常务委员会第二十九次会议《关于修改〈中华人民共和国治安管理处罚法〉的决定》修正 **2025年6月27日第十四届全国人民代表大会常务委员会第十六次会议修订 2025年6月27日中华人民共和国主席令第49号公布 自2026年1月1日起施行**）[1]
目 录 第一章 总 则 第二章 处罚的种类和适用 第三章 违反治安管理的行为和处罚 　第一节 扰乱公共秩序的行为和处罚 　第二节 妨害公共安全的行为和处罚 　第三节 侵犯人身权利、财产权利的行为和处罚 　第四节 妨害社会管理的行为和处罚 第四章 处罚程序 　第一节 调 查 　第二节 决 定	目 录 第一章 总 则 第二章 处罚的种类和适用 第三章 违反治安管理的行为和处罚 　第一节 扰乱公共秩序的行为和处罚 　第二节 妨害公共安全的行为和处罚 　第三节 侵犯人身权利、财产权利的行为和处罚 　第四节 妨害社会管理的行为和处罚 第四章 处罚程序 　第一节 调 查 　第二节 决 定

---

[1] 该部分为法律文件的题注，不标注修改部分。

修订前	修订后
第三节　执　　行 第五章　执法监督 第六章　附　则	第三节　执　　行 第五章　执法监督 第六章　附　则
第一章　总　　则	第一章　总　　则
第一条　为维护社会治安秩序，保障公共安全，保护公民、法人和其他组织的合法权益，规范和保障公安机关及其人民警察依法履行治安管理职责，制定本法。	**第一条**　为了维护社会治安秩序，保障公共安全，保护公民、法人和其他组织的合法权益，规范和保障公安机关及其人民警察依法履行治安管理职责，**根据宪法**，制定本法。
第六条　各级人民政府应当加强社会治安综合治理，采取有效措施，化解社会矛盾，增进社会和谐，维护社会稳定。	**第二条**　**治安管理工作坚持中国共产党的领导，坚持综合治理。** 　　各级人民政府应当加强社会治安综合治理，采取有效措施，**预防和化解**社会矛盾**纠纷**，增进社会和谐，维护社会稳定。
第二条　扰乱公共秩序，妨害公共安全，侵犯人身权利、财产权利，妨害社会管理，具有社会危害性，依照《中华人民共和国刑法》的规定构成犯罪的，依法追究刑事责任；尚不够刑事处罚的，由公安机关依照本法给予治安管理处罚。	**第三条**　扰乱公共秩序，妨害公共安全，侵犯人身权利、财产权利，妨害社会管理，具有社会危害性，依照《中华人民共和国刑法》的规定构成犯罪的，依法追究刑事责任；尚不够刑事处罚的，由公安机关依照本法给予治安管理处罚。
第三条　治安管理处罚的程序，适用本法的规定；本法没有规定的，适用《中华人民共和国行政处罚法》的有关规定。	**第四条**　治安管理处罚的程序，适用本法的规定；本法没有规定的，适用《中华人民共和国行政处罚法》、**《中华人民共和国行政强制法》**的有关规定。
第四条　在中华人民共和国领域内发生的违反治安管理行为，除法律有特别规定的外，适用本法。 　　在中华人民共和国船舶和航空器内发生的违反治安管理行为，除法律有特别规定的外，适用本法。	**第五条**　在中华人民共和国领域内发生的违反治安管理行为，除法律有特别规定的外，适用本法。 　　在中华人民共和国船舶和航空器内发生的违反治安管理行为，除法律有特别规定的外，适用本法。

修订前	修订后
	在外国船舶和航空器内发生的违反治安管理行为，依照中华人民共和国缔结或者参加的国际条约，中华人民共和国行使管辖权的，适用本法。
第五条　治安管理处罚必须以事实为依据，与违反治安管理行为的性质、情节以及社会危害程度相当。 实施治安管理处罚，应当公开、公正，尊重和保障人权，保护公民的人格尊严。 办理治安案件应当坚持教育与处罚相结合的原则。	第六条　治安管理处罚必须以事实为依据，与违反治安管理的事实、性质、情节以及社会危害程度相当。 实施治安管理处罚，应当公开、公正，尊重和保障人权，保护公民的人格尊严。 办理治安案件应当坚持教育与处罚相结合的原则，充分释法说理，教育公民、法人或者其他组织自觉守法。
第七条　国务院公安部门负责全国的治安管理工作。县级以上地方各级人民政府公安机关负责本行政区域内的治安管理工作。 治安案件的管辖由国务院公安部门规定。	第七条　国务院公安部门负责全国的治安管理工作。县级以上地方各级人民政府公安机关负责本行政区域内的治安管理工作。 治安案件的管辖由国务院公安部门规定。
第八条　违反治安管理的行为对他人造成损害的，行为人或者其监护人应当依法承担民事责任。	第八条　违反治安管理行为对他人造成损害的，除依照本法给予治安管理处罚外，行为人或者其监护人还应当依法承担民事责任。 违反治安管理行为构成犯罪，应当依法追究刑事责任的，不得以治安管理处罚代替刑事处罚。
第九条　对于因民间纠纷引起的打架斗殴或者损毁他人财物等违反治安管理行为，情节较轻的，公安机关可以调解处理。经公安机关调解，当事人达成协议的，不予处罚。经调解未达成协议或者达成协议后不履行的，公安机关应当依照本法的规定对违反治安管理行为	第九条　对于因民间纠纷引起的打架斗殴或者损毁他人财物等违反治安管理行为，情节较轻的，公安机关可以调解处理。 调解处理治安案件，应当查明事实，并遵循合法、公正、自愿、及时的原则，注重教育和疏导，促进化解矛盾纠纷。

修订前	修订后
人给予处罚，并告知当事人可以就民事争议依法向人民法院提起民事诉讼。	经公安机关调解，当事人达成协议的，不予处罚。经调解未达成协议或者达成协议后不履行的，公安机关应当依照本法的规定对违反治安管理行为作出处理，并告知当事人可以就民事争议依法向人民法院提起民事诉讼。 对属于第一款规定的调解范围的治安案件，公安机关作出处理决定前，当事人自行和解或者经人民调解委员会调解达成协议并履行，书面申请经公安机关认可的，不予处罚。
第二章　处罚的种类和适用	第二章　处罚的种类和适用
第十条　治安管理处罚的种类分为： （一）警告； （二）罚款； （三）行政拘留； （四）吊销公安机关发放的许可证。 对违反治安管理的外国人，可以附加适用限期出境或者驱逐出境。	**第十条**　治安管理处罚的种类分为： （一）警告； （二）罚款； （三）行政拘留； （四）吊销公安机关发放的许可证件。 对违反治安管理的外国人，可以附加适用限期出境或者驱逐出境。
第十一条　办理治安案件所查获的毒品、淫秽物品等违禁品，赌具、赌资，吸食、注射毒品的用具以及直接用于实施违反治安管理行为的本人所有的工具，应当收缴，按照规定处理。 违反治安管理所得的财物，追缴退还被侵害人；没有被侵害人的，登记造册，公开拍卖或者按照国家有关规定处理，所得款项上缴国库。	**第十一条**　办理治安案件所查获的毒品、淫秽物品等违禁品，赌具、赌资，吸食、注射毒品的用具以及直接用于实施违反治安管理行为的本人所有的工具，应当收缴，按照规定处理。 违反治安管理所得的财物，追缴退还被侵害人；没有被侵害人的，登记造册，公开拍卖或者按照国家有关规定处理，所得款项上缴国库。
第十二条　已满十四周岁不满十八周岁的人违反治安管理的，从轻或者减轻处罚；不满十四周岁的人违反治安管理的，不予处罚，但是应当责令其监护人严加管教。	**第十二条**　已满十四周岁不满十八周岁的人违反治安管理的，从轻或者减轻处罚；不满十四周岁的人违反治安管理的，不予处罚，但是应当责令其监护人严加管教。

修订前	修订后
第十三条 精神病人在不能辨认或者不能控制自己行为的时候违反治安管理的，不予处罚，但是应当责令其监护人严加看管和治疗。间歇性的精神病人在精神正常的时候违反治安管理的，应当给予处罚。	第十三条 精神病人、**智力残疾人**在不能辨认或者不能控制自己行为的时候违反治安管理的，不予处罚，但是应当责令其监护人**加强看护管理**和治疗。间歇性的精神病人在精神正常的时候违反治安管理的，应当给予处罚。**尚未完全丧失辨认或者控制自己行为能力的精神病人、智力残疾人违反治安管理的，应当给予处罚，但是可以从轻或者减轻处罚。**
第十四条 盲人或者又聋又哑的人违反治安管理的，可以从轻、减轻或者不予处罚。	第十四条 盲人或者又聋又哑的人违反治安管理的，可以从轻、减轻或者不予处罚。
第十五条 醉酒的人违反治安管理的，应当给予处罚。 　　醉酒的人在醉酒状态中，对本人有危险或者对他人的人身、财产或者公共安全有威胁的，应当对其采取保护性措施约束至酒醒。	第十五条 醉酒的人违反治安管理的，应当给予处罚。 　　醉酒的人在醉酒状态中，对本人有危险或者对他人的人身、财产或者公共安全有威胁的，应当对其采取保护性措施约束至酒醒。
第十六条 有两种以上违反治安管理行为的，分别决定，合并执行。行政拘留处罚合并执行的，最长不超过二十日。	第十六条 有两种以上违反治安管理行为的，分别决定，合并执行**处罚**。行政拘留处罚合并执行的，最长不超过二十日。
第十七条 共同违反治安管理的，根据违反治安管理行为人在违反治安管理行为中所起的作用，分别处罚。 　　教唆、胁迫、诱骗他人违反治安管理的，按照其教唆、胁迫、诱骗的行为处罚。	第十七条 共同违反治安管理的，根据行为人在违反治安管理行为中所起的作用，分别处罚。 　　教唆、胁迫、诱骗他人违反治安管理的，按照其教唆、胁迫、诱骗的行为处罚。
第十八条 单位违反治安管理的，对其直接负责的主管人员和其他直接责任人员依照本法的规定处罚。其他法律、行政法规对同一行为规定给予单位处罚的，依照其规定处罚。	第十八条 单位违反治安管理的，对其直接负责的主管人员和其他直接责任人员依照本法的规定处罚。其他法律、行政法规对同一行为规定给予单位处罚的，依照其规定处罚。

修订前	修订后
	第十九条　为了免受正在进行的不法侵害而采取的制止行为，造成损害的，不属于违反治安管理行为，不受处罚；制止行为明显超过必要限度，造成较大损害的，依法给予处罚，但是应当减轻处罚；情节较轻的，不予处罚。
第十九条　违反治安管理有下列情形之一的，减轻处罚或者不予处罚： （一）情节特别轻微的； （二）主动消除或者减轻违法后果，并取得被侵害人谅解的； （三）出于他人胁迫或者诱骗的； （四）主动投案，向公安机关如实陈述自己的违法行为的； （五）有立功表现的。	第二十条　违反治安管理有下列情形之一的，从轻、减轻或者不予处罚： （一）情节轻微的； （二）主动消除或者减轻违法后果的； （三）取得被侵害人谅解的； （四）出于他人胁迫或者诱骗的； （五）主动投案，向公安机关如实陈述自己的违法行为的； （六）有立功表现的。
	第二十一条　违反治安管理行为人自愿向公安机关如实陈述自己的违法行为，承认违法事实，愿意接受处罚的，可以依法从宽处理。
第二十条　违反治安管理有下列情形之一的，从重处罚： （一）有较严重后果的； （二）教唆、胁迫、诱骗他人违反治安管理的； （三）对报案人、控告人、举报人、证人打击报复的； （四）六个月内曾受过治安管理处罚的。	第二十二条　违反治安管理有下列情形之一的，从重处罚： （一）有较严重后果的； （二）教唆、胁迫、诱骗他人违反治安管理的； （三）对报案人、控告人、举报人、证人打击报复的； （四）一年以内曾受过治安管理处罚的。
第二十一条　违反治安管理行为人有下列情形之一，依照本法应当给予行政拘留处罚的，不执行行政拘留处罚： （一）已满十四周岁不满十六周岁的；	第二十三条　违反治安管理行为人有下列情形之一，依照本法应当给予行政拘留处罚的，不执行行政拘留处罚： （一）已满十四周岁不满十六周岁的；

修订前	修订后
（二）已满十六周岁不满十八周岁，初次违反治安管理的； （三）七十周岁以上的； （四）怀孕或者哺乳自己不满一周岁婴儿的。	（二）已满十六周岁不满十八周岁，初次违反治安管理的； （三）七十周岁以上的； （四）怀孕或者哺乳自己不满一周岁婴儿的。 前款第一项、第二项、第三项规定的行为人违反治安管理情节严重、影响恶劣的，或者第一项、第三项规定的行为人在一年以内二次以上违反治安管理的，不受前款规定的限制。
	第二十四条　对依照本法第十二条规定不予处罚或者依照本法第二十三条规定不执行行政拘留处罚的未成年人，公安机关依照《中华人民共和国预防未成年人犯罪法》的规定采取相应矫治教育等措施。
第二十二条　违反治安管理行为在六个月内没有被公安机关发现的，不再处罚。 前款规定的期限，从违反治安管理行为发生之日起计算；违反治安管理行为有连续或者继续状态的，从行为终了之日起计算。	第二十五条　违反治安管理行为在六个月以内没有被公安机关发现的，不再处罚。 前款规定的期限，从违反治安管理行为发生之日起计算；违反治安管理行为有连续或者继续状态的，从行为终了之日起计算。
第三章　违反治安管理的行为和处罚	第三章　违反治安管理的行为和处罚
第一节　扰乱公共秩序的行为和处罚	第一节　扰乱公共秩序的行为和处罚
第二十三条　有下列行为之一的，处警告或者二百元以下罚款；情节较重的，处五日以上十日以下拘留，可以并处五百元以下罚款： （一）扰乱机关、团体、企业、事业单位秩序，致使工作、生产、营业、医疗、教学、科研不能正常进行，尚未造成严重损失的；	第二十六条　有下列行为之一的，处警告或者五百元以下罚款；情节较重的，处五日以上十日以下拘留，可以并处一千元以下罚款： （一）扰乱机关、团体、企业、事业单位秩序，致使工作、生产、营业、医疗、教学、科研不能正常进行，尚未造成严重损失的；

修订前	修订后
（二）扰乱车站、港口、码头、机场、商场、公园、展览馆或者其他公共场所秩序的； （三）扰乱公共汽车、电车、火车、船舶、航空器或者其他公共交通工具上的秩序的； （四）非法拦截或者强登、扒乘机动车、船舶、航空器以及其他交通工具，影响交通工具正常行驶的； （五）破坏依法进行的选举秩序的。 聚众实施前款行为的，对首要分子处十日以上十五日以下拘留，可以并处一千元以下罚款。	（二）扰乱车站、港口、码头、机场、商场、公园、展览馆或者其他公共场所秩序的； （三）扰乱公共汽车、电车、**城市轨道交通车辆**、火车、船舶、航空器或者其他公共交通工具上的秩序的； （四）非法拦截或者强登、扒乘机动车、船舶、航空器以及其他交通工具，影响交通工具正常行驶的； （五）破坏依法进行的选举秩序的。 聚众实施前款行为的，对首要分子处十日以上十五日以下拘留，可以并处二千元以下罚款。
	第二十七条　在法律、行政法规规定的国家考试中，有下列行为之一，扰乱考试秩序的，处违法所得一倍以上五倍以下罚款，没有违法所得或者违法所得不足一千元的，处一千元以上三千元以下罚款；情节较重的，处五日以上十五日以下拘留： （一）组织作弊的； （二）为他人组织作弊提供作弊器材或者其他帮助的； （三）为实施考试作弊行为，向他人非法出售、提供考试试题、答案的； （四）代替他人或者让他人代替自己参加考试的。
第二十四条　有下列行为之一，扰乱**文化**、体育等大型群众性活动秩序的，处警告或者二百元以下罚款；情节严重的，处五日以上十日以下拘留，可以并处五百元以下罚款： （一）强行进入场内的； （二）违反规定，在场内燃放烟花爆竹或者其他物品的；	第二十八条　有下列行为之一，扰乱体育、**文化**等大型群众性活动秩序的，处警告或者五百元以下罚款；情节严重的，处五日以上十日以下拘留，可以并处一千元以下罚款： （一）强行进入场内的； （二）违反规定，在场内燃放烟花爆竹或者其他物品的；

修订前	修订后
（三）展示侮辱性标语、条幅等物品的； （四）围攻裁判员、运动员或者其他工作人员的； （五）向场内投掷杂物，不听制止的； （六）扰乱大型群众性活动秩序的其他行为。 因扰乱体育比赛秩序被处以拘留处罚的，可以同时责令其**十二个月内**不得进入体育场馆观看同类比赛；违反规定进入体育场馆的，强行带离现场。	（三）展示侮辱性标语、条幅等物品的； （四）围攻裁判员、运动员或者其他工作人员的； （五）向场内投掷杂物，不听制止的； （六）扰乱大型群众性活动秩序的其他行为。 因扰乱体育比赛、**文艺演出活动**秩序被处以拘留处罚的，可以同时责令其**六个月至一年**以内不得进入体育场馆、**演出场馆**观看同类比赛、**演出**；违反规定进入体育场馆、**演出场馆**的，强行带离现场，**可以处五日以下拘留或者一千元以下罚款**。
第二十五条　有下列行为之一的，处五日以上十日以下拘留，可以并处**五百**元以下罚款；情节较轻的，处五日以下拘留或者**五百**元以下罚款： （一）散布谣言，谎报险情、疫情、警情或者以其他方法故意扰乱公共秩序的； （二）投放虚假的爆炸性、毒害性、放射性、腐蚀性物质或者传染病病原体等危险物质扰乱公共秩序的； （三）扬言实施放火、爆炸、投放危险物质扰乱公共秩序的。	第二十九条　有下列行为之一的，处五日以上十日以下拘留，可以并处**一千**元以下罚款；情节较轻的，处五日以下拘留或者**一千**元以下罚款： （一）**故意**散布谣言，谎报险情、疫情、**灾情**、警情或者以其他方法故意扰乱公共秩序的； （二）投放虚假的爆炸性、毒害性、放射性、腐蚀性物质或者传染病病原体等危险物质扰乱公共秩序的； （三）扬言实施放火、爆炸、投放危险物质**等危害公共安全犯罪行为**扰乱公共秩序的。
第二十六条　有下列行为之一的，处五日以上十日以下拘留，**可以并处五百**元以下罚款；情节较重的，处十日以上十五日以下拘留，可以并处**一千**元以下罚款： （一）结伙斗殴的；	第三十条　有下列行为之一的，处五日以上十日以下拘留**或者一千**元以下罚款；情节较重的，处十日以上十五日以下拘留，可以并处二千元以下罚款： （一）结伙斗殴**或者随意殴打他**人的；

修订前	修订后
（二）追逐、拦截他人的； （三）强拿硬要或者任意损毁、占用公私财物的； （四）其他寻衅滋事行为。	（二）追逐、拦截他人的； （三）强拿硬要或者任意损毁、占用公私财物的； （四）其他**无故侵扰他人、扰乱社会秩序的**寻衅滋事行为。
第二十七条 有下列行为之一的，处十日以上十五日以下拘留，可以并处一千元以下罚款；情节较轻的，处五日以上十日以下拘留，可以并处五百元以下罚款： （一）组织、教唆、胁迫、诱骗、煽动他人从事邪教、会道门活动或者利用邪教、会道门、迷信活动，扰乱社会秩序、损害他人身体健康的； （二）冒用宗教、气功名义进行扰乱社会秩序、损害他人身体健康活动的。	第三十一条 有下列行为之一的，处十日以上十五日以下拘留，可以并处**二千元**以下罚款；情节较轻的，处五日以上十日以下拘留，可以并处**一千元**以下罚款： （一）组织、教唆、胁迫、诱骗、煽动他人从事邪教**活动**、会道门活动、**非法的宗教活动**或者利用邪教**组织**、会道门、迷信活动，扰乱社会秩序、损害他人身体健康的； （二）冒用宗教、气功名义进行扰乱社会秩序、损害他人身体健康活动的； （三）**制作、传播宣扬邪教、会道门内容的物品、信息、资料的。**
第二十八条 违反国家规定，故意干扰无线电业务正常进行的，或者对正常运行的无线电台（站）产生有害干扰，经有关主管部门指出后，拒不采取有效措施消除的，处五日以上十日以下拘留；情节严重的，处十日以上十五日以下拘留。	第三十二条 违反国家规定，**有下列行为之一的**，处五日以上十日以下拘留；情节严重的，处十日以上十五日以下拘留： （一）故意干扰无线电业务正常进行的； （二）对正常运行的无线电台（站）产生有害干扰，经有关主管部门指出后，拒不采取有效措施消除的； （三）**未经批准设置无线电广播电台、通信基站等无线电台（站）的，或者非法使用、占用无线电频率，从事违法活动的。**

修订前	修订后
第二十九条　有下列行为之一的，处五日以下拘留；情节较重的，处五日以上十日以下拘留： （一）违反国家规定，侵入计算机信息系统，造成危害的； （二）违反国家规定，对计算机信息系统功能进行删除、修改、增加、干扰，造成计算机信息系统不能正常运行的； （三）违反国家规定，对计算机信息系统中存储、处理、传输的数据和应用程序进行删除、修改、增加的； （四）故意制作、传播计算机病毒等破坏性程序，影响计算机信息系统正常运行的。	第三十三条　有下列行为之一，造成危害的，处五日以下拘留；情节较重的，处五日以上十五日以下拘留： （一）违反国家规定，侵入计算机信息系统或者采用其他技术手段，获取计算机信息系统中存储、处理或者传输的数据，或者对计算机信息系统实施非法控制的； （二）违反国家规定，对计算机信息系统功能进行删除、修改、增加、干扰的； （三）违反国家规定，对计算机信息系统中存储、处理、传输的数据和应用程序进行删除、修改、增加的； （四）故意制作、传播计算机病毒等破坏性程序的； （五）提供专门用于侵入、非法控制计算机信息系统的程序、工具，或者明知他人实施侵入、非法控制计算机信息系统的违法犯罪行为而为其提供程序、工具的。
	第三十四条　组织、领导传销活动的，处十日以上十五日以下拘留；情节较轻的，处五日以上十日以下拘留。 胁迫、诱骗他人参加传销活动的，处五日以上十日以下拘留；情节较重的，处十日以上十五日以下拘留。
	第三十五条　有下列行为之一的，处五日以上十日以下拘留或者一千元以上三千元以下罚款；情节较重的，处十日以上十五日以下拘留，可以并处五千元以下罚款： （一）在国家举行庆祝、纪念、缅怀、公祭等重要活动的场所及周边管控区

修订前	修订后
	域，故意从事与活动主题和氛围相违背的行为，不听劝阻，造成不良社会影响的； （二）在英雄烈士纪念设施保护范围内从事有损纪念英雄烈士环境和氛围的活动，不听劝阻的，或者侵占、破坏、污损英雄烈士纪念设施的； （三）以侮辱、诽谤或者其他方式侵害英雄烈士的姓名、肖像、名誉、荣誉，损害社会公共利益的； （四）亵渎、否定英雄烈士事迹和精神，或者制作、传播、散布宣扬、美化侵略战争、侵略行为的言论或者图片、音视频等物品，扰乱公共秩序的； （五）在公共场所或者强制他人在公共场所穿着、佩戴宣扬、美化侵略战争、侵略行为的服饰、标志，不听劝阻，造成不良社会影响的。
第二节　妨害公共安全的行为和处罚	第二节　妨害公共安全的行为和处罚
第三十条　违反国家规定，制造、买卖、储存、运输、邮寄、携带、使用、提供、处置爆炸性、毒害性、放射性、腐蚀性物质或者传染病病原体等危险物质的，处十日以上十五日以下拘留；情节较轻的，处五日以上十日以下拘留。	第三十六条　违反国家规定，制造、买卖、储存、运输、邮寄、携带、使用、提供、处置爆炸性、毒害性、放射性、腐蚀性物质或者传染病病原体等危险物质的，处十日以上十五日以下拘留；情节较轻的，处五日以上十日以下拘留。
第三十一条　爆炸性、毒害性、放射性、腐蚀性物质或者传染病病原体等危险物质被盗、被抢或者丢失，未按规定报告的，处五日以下拘留；故意隐瞒不报的，处五日以上十日以下拘留。	第三十七条　爆炸性、毒害性、放射性、腐蚀性物质或者传染病病原体等危险物质被盗、被抢或者丢失，未按规定报告的，处五日以下拘留；故意隐瞒不报的，处五日以上十日以下拘留。

修订前	修订后
第三十二条　非法携带枪支、弹药或者弩、匕首等国家规定的管制器具的，处五日以下拘留，可以并处五百元以下罚款；情节较轻的，处警告或者二百元以下罚款。 　　非法携带枪支、弹药或者弩、匕首等国家规定的管制器具进入公共场所或者公共交通工具的，处五日以上十日以下拘留，可以并处五百元以下罚款。	第三十八条　非法携带枪支、弹药或者弩、匕首等国家规定的管制器具的，处五日以下拘留，可以并处一千元以下罚款；情节较轻的，处警告或者五百元以下罚款。 　　非法携带枪支、弹药或者弩、匕首等国家规定的管制器具进入公共场所或者公共交通工具的，处五日以上十日以下拘留，可以并处一千元以下罚款。
第三十三条　有下列行为之一的，处十日以上十五日以下拘留： 　　（一）盗窃、损毁油气管道设施、电力电信设施、广播电视设施、水利防汛工程设施或者水文监测、测量、气象测报、环境监测、地质监测、地震监测等公共设施的； 　　（二）移动、损毁国家边境的界碑、界桩以及其他边境标志、边境设施或者领土、领海标志设施的； 　　（三）非法进行影响国（边）界线走向的活动或者修建有碍国（边）境管理的设施的。	第三十九条　有下列行为之一的，处十日以上十五日以下拘留；**情节较轻的，处五日以下拘留：** 　　（一）盗窃、损毁油气管道设施、电力电信设施、广播电视设施、水利工程设施、**公共供水设施、公路及附属设施**或者水文监测、测量、气象测报、**生态**环境监测、地质监测、地震监测等公共设施，**危及公共安全**的； 　　（二）移动、损毁国家边境的界碑、界桩以及其他边境标志、边境设施或者领土、领海**基点**标志设施的； 　　（三）非法进行影响国（边）界线走向的活动或者修建有碍国（边）境管理的设施的。
第三十四条　盗窃、损坏、擅自移动使用中的航空设施，或者强行进入航空器驾驶舱的，处十日以上十五日以下拘留。 　　在使用中的航空器上使用可能影响导航系统正常功能的器具、工具，不听劝阻的，处五日以下拘留或者五百元以下罚款。	第四十条　盗窃、损坏、擅自移动使用中的航空设施，或者强行进入航空器驾驶舱的，处十日以上十五日以下拘留。 　　在使用中的航空器上使用可能影响导航系统正常功能的器具、工具，不听劝阻的，处五日以下拘留或者一千元以下罚款。 　　**盗窃、损坏、擅自移动使用中的其他公共交通工具设施、设备，或者以抢**

附 录

修订前	修订后
	控驾驶操纵装置、拉扯、殴打驾驶人员等方式，干扰公共交通工具正常行驶的，处五日以下拘留或者一千元以下罚款；情节较重的，处五日以上十日以下拘留。
第三十五条　有下列行为之一的，处五日以上十日以下拘留，可以并处五百元以下罚款；情节较轻的，处五日以下拘留或者五百元以下罚款： （一）盗窃、损毁或者擅自移动铁路设施、设备、机车车辆配件或者安全标志的； （二）在铁路线路上放置障碍物，或者故意向列车投掷物品的； （三）在铁路线路、桥梁、涵洞处挖掘坑穴、采石取沙的； （四）在铁路线路上私设道口或者平交过道的。	第四十一条　有下列行为之一的，处五日以上十日以下拘留，可以并处一千元以下罚款；情节较轻的，处五日以下拘留或者一千元以下罚款： （一）盗窃、损毁、擅自移动铁路、**城市轨道交通**设施、设备、机车车辆配件或者安全标志的； （二）在铁路、**城市轨道交通线路**上放置障碍物，或者故意向列车投掷物品的； （三）在铁路、**城市轨道交通线路**、桥梁、**隧道**、涵洞处挖掘坑穴、采石取沙的； （四）在铁路、**城市轨道交通线路**上私设道口或者平交过道的。
第三十六条　擅自进入铁路防护网或者火车来临时在铁路线路上行走坐卧、抢越铁路，影响行车安全的，处警告或者二百元以下罚款。	第四十二条　擅自进入铁路、**城市轨道交通**防护网或者火车、**城市轨道交通列车**来临时在铁路、**城市轨道交通线路**上行走坐卧，抢越铁路、**城市轨道**，影响行车安全的，处警告或者五百元以下罚款。
第三十七条　有下列行为之一的，处五日以下拘留或者五百元以下罚款；情节严重的，处五日以上十日以下拘留，可以并处五百元以下罚款： （一）未经批准，安装、使用电网的，或者安装、使用电网不符合安全规定的；	第四十三条　有下列行为之一的，处五日以下拘留或者一千元以下罚款；情节严重的，处十日以上十五日以下拘留，可以并处一千元以下罚款： （一）未经批准，安装、使用电网的，或者安装、使用电网不符合安全规定的；

· 417 ·

修订前	修订后
（二）在车辆、行人通行的地方施工，对沟井坎穴不设覆盖物、防围和警示标志的，或者故意损毁、移动覆盖物、防围和警示标志的； （三）盗窃、损毁路面井盖、照明等公共设施的。	（二）在车辆、行人通行的地方施工，对沟井坎穴不设覆盖物、防围和警示标志的，或者故意损毁、移动覆盖物、防围和警示标志的； （三）盗窃、损毁路面井盖、照明等公共设施的； **（四）违反有关法律法规规定，升放携带明火的升空物体，有发生火灾事故危险，不听劝阻的；** **（五）从建筑物或者其他高空抛掷物品，有危害他人人身安全、公私财产安全或者公共安全危险的。**
第三十八条　举办文化、体育等大型群众性活动，违反有关规定，有发生安全事故危险的，责令停止活动，立即疏散；对组织者处五日以上十日以下拘留，并处二百元以上五百元以下罚款；情节较轻的，处五日以下拘留或者五百元以下罚款。	第四十四条　举办体育、文化等大型群众性活动，违反有关规定，有发生安全事故危险，**经公安机关责令改正而拒不改正或者无法改正的**，责令停止活动，立即疏散；对**其直接负责的主管人员和其他直接责任人员**处五日以上十日以下拘留，并处**一千元以上三千元以下罚款**；情节较重的，处十日以上十五日以下拘留，并处三千元以上五千元以下罚款，可以同时责令六个月至一年以内不得举办大型群众性活动。
第三十九条　旅馆、饭店、影剧院、娱乐场、运动场、展览馆或者其他供社会公众活动的场所的经营管理人员，违反安全规定，致使该场所有发生安全事故危险，经公安机关责令改正，拒不改正的，处五日以下拘留。	第四十五条　旅馆、饭店、影剧院、娱乐场、**体育场馆**、展览馆或者其他供社会公众活动的场所违反安全规定，致使该场所有发生安全事故危险，经公安机关责令改正**而拒不改正的**，**对其直接负责的主管人员和其他直接责任人员**处五日以下拘留；**情节较重的，处五日以上十日以下拘留。**
	第四十六条　违反有关法律法规关于飞行空域管理规定，飞行民用无人驾驶航空器、航空运动器材，或者升放无

修订前	修订后
	人驾驶自由气球、系留气球等升空物体，情节较重的，处五日以上十日以下拘留。 飞行、升放前款规定的物体非法穿越国（边）境的，处十日以上十五日以下拘留。
第三节　侵犯人身权利、财产权利的行为和处罚	第三节　侵犯人身权利、财产权利的行为和处罚
第四十条　有下列行为之一的，处十日以上十五日以下拘留，并处五百元以上一千元以下罚款；情节较轻的，处五日以上十日以下拘留，并处二百元以上五百元以下罚款： （一）组织、胁迫、诱骗不满十六周岁的人或者残疾人进行恐怖、残忍表演的； （二）以暴力、威胁或者其他手段强迫他人劳动的； （三）非法限制他人人身自由、非法侵入他人住宅或者非法搜查他人身体的。	**第四十七条**　有下列行为之一的，处十日以上十五日以下拘留，并处一千元以上二千元以下罚款；情节较轻的，处五日以上十日以下拘留，并处一千元以下罚款： （一）组织、胁迫、诱骗不满十六周岁的人或者残疾人进行恐怖、残忍表演的； （二）以暴力、威胁或者其他手段强迫他人劳动的； （三）非法限制他人人身自由、非法侵入他人住宅或者非法搜查他人身体的。
	第四十八条　组织、胁迫未成年人在不适宜未成年人活动的经营场所从事陪酒、陪唱等有偿陪侍活动的，处十日以上十五日以下拘留，并处五千元以下罚款；情节较轻的，处五日以下拘留或者五千元以下罚款。
第四十一条　胁迫、诱骗或者利用他人乞讨的，处十日以上十五日以下拘留，可以并处一千元以下罚款。 反复纠缠、强行讨要或者以其他滋扰他人的方式乞讨的，处五日以下拘留或者警告。	**第四十九条**　胁迫、诱骗或者利用他人乞讨的，处十日以上十五日以下拘留，可以并处二千元以下罚款。 反复纠缠、强行讨要或者以其他滋扰他人的方式乞讨的，处五日以下拘留或者警告。

修订前	修订后
第四十二条 有下列行为之一的，处五日以下拘留或者五百元以下罚款；情节较重的，处五日以上十日以下拘留，可以并处五百元以下罚款： （一）写恐吓信或者以其他方法威胁他人人身安全的； （二）公然侮辱他人或者捏造事实诽谤他人的； （三）捏造事实诬告陷害他人，企图使他人受到刑事追究或者受到治安管理处罚的； （四）对证人及其近亲属进行威胁、侮辱、殴打或者打击报复的； （五）多次发送淫秽、侮辱、恐吓或者其他信息，干扰他人正常生活的； （六）偷窥、偷拍、窃听、散布他人隐私的。	第五十条 有下列行为之一的，处五日以下拘留或者一千元以下罚款；情节较重的，处五日以上十日以下拘留，可以并处一千元以下罚款： （一）写恐吓信或者以其他方法威胁他人人身安全的； （二）公然侮辱他人或者捏造事实诽谤他人的； （三）捏造事实诬告陷害他人，企图使他人受到刑事追究或者受到治安管理处罚的； （四）对证人及其近亲属进行威胁、侮辱、殴打或者打击报复的； （五）多次发送淫秽、侮辱、恐吓等信息或者采取滋扰、纠缠、跟踪等方法，干扰他人正常生活的； （六）偷窥、偷拍、窃听、散布他人隐私的。 有前款第五项规定的滋扰、纠缠、跟踪行为的，除依照前款规定给予处罚外，经公安机关负责人批准，可以责令其一定期限内禁止接触被侵害人。对违反禁止接触规定的，处五日以上十日以下拘留，可以并处一千元以下罚款。
第四十三条 殴打他人的，或者故意伤害他人身体的，处五日以上十日以下拘留，并处二百元以上五百元以下罚款；情节较轻的，处五日以下拘留或者五百元以下罚款。 有下列情形之一的，处十日以上十五日以下拘留，并处五百元以上一千元以下罚款： （一）结伙殴打、伤害他人的；	第五十一条 殴打他人的，或者故意伤害他人身体的，处五日以上十日以下拘留，并处五百元以上一千元以下罚款；情节较轻的，处五日以下拘留或者一千元以下罚款。 有下列情形之一的，处十日以上十五日以下拘留，并处一千元以上二千元以下罚款： （一）结伙殴打、伤害他人的；

修订前	修订后
（二）殴打、伤害残疾人、孕妇、不满十四周岁的人或者六十周岁以上的人的； （三）多次殴打、伤害他人或者一次殴打、伤害多人的。	（二）殴打、伤害残疾人、孕妇、不满十四周岁的人或者七十周岁以上的人的； （三）多次殴打、伤害他人或者一次殴打、伤害多人的。
第四十四条　猥亵他人的，或者在公共场所故意裸露身体，情节恶劣的，处五日以上十日以下拘留；猥亵智力残疾人、精神病人、不满十四周岁的人或者有其他严重情节的，处十日以上十五日以下拘留。	第五十二条　猥亵他人的，处五日以上十日以下拘留；猥亵精神病人、智力残疾人、不满十四周岁的人或者有其他严重情节的，处十日以上十五日以下拘留。 　　在公共场所故意裸露身体隐私部位的，处警告或者五百元以下罚款；情节恶劣的，处五日以上十日以下拘留。
第四十五条　有下列行为之一的，处五日以下拘留或者警告： （一）虐待家庭成员，被虐待人要求处理的； （二）遗弃没有独立生活能力的被扶养人的。	第五十三条　有下列行为之一的，处五日以下拘留或者警告；情节较重的，处五日以上十日以下拘留，可以并处一千元以下罚款： （一）虐待家庭成员，被虐待人或者其监护人要求处理的； （二）对未成年人、老年人、患病的人、残疾人等负有监护、看护职责的人虐待被监护、看护的人的； （三）遗弃没有独立生活能力的被扶养人的。
第四十六条　强买强卖商品，强迫他人提供服务或者强迫他人接受服务的，处五日以上十日以下拘留，并处二百元以上五百元以下罚款；情节较轻的，处五日以下拘留或者五百元以下罚款。	第五十四条　强买强卖商品，强迫他人提供服务或者强迫他人接受服务的，处五日以上十日以下拘留，并处三千元以上五千元以下罚款；情节较轻的，处五日以下拘留或者一千元以下罚款。
第四十七条　煽动民族仇恨、民族歧视，或者在出版物、计算机信息网络中刊载民族歧视、侮辱内容的，处十日	第五十五条　煽动民族仇恨、民族歧视，或者在出版物、信息网络中刊载民族歧视、侮辱内容的，处十日以上十

修订前	修订后
以上十五日以下拘留，可以并处一千元以下罚款。	五日以下拘留，可以并处三千元以下罚款；情节较轻的，处五日以下拘留或者三千元以下罚款。
	第五十六条　违反国家有关规定，向他人出售或者提供个人信息的，处十日以上十五日以下拘留；情节较轻的，处五日以下拘留。 　　窃取或者以其他方法非法获取个人信息的，依照前款的规定处罚。
第四十八条　冒领、隐匿、毁弃、私自开拆或者非法检查他人邮件的，处五日以下拘留或者五百元以下罚款。	第五十七条　冒领、隐匿、毁弃、倒卖、私自开拆或者非法检查他人邮件、快件的，处警告或者一千元以下罚款；情节较重的，处五日以上十日以下拘留。
第四十九条　盗窃、诈骗、哄抢、抢夺、敲诈勒索或者故意损毁公私财物的，处五日以上十日以下拘留，可以并处五百元以下罚款；情节较重的，处十日以上十五日以下拘留，可以并处一千元以下罚款。	第五十八条　盗窃、诈骗、哄抢、抢夺或者敲诈勒索的，处五日以上十日以下拘留或者二千元以下罚款；情节较重的，处十日以上十五日以下拘留，可以并处三千元以下罚款。
	第五十九条　故意损毁公私财物的，处五日以下拘留或者一千元以下罚款；情节较重的，处五日以上十日以下拘留，可以并处三千元以下罚款。
	第六十条　以殴打、侮辱、恐吓等方式实施学生欺凌，违反治安管理的，公安机关应当依照本法、《中华人民共和国预防未成年人犯罪法》的规定，给予治安管理处罚、采取相应矫治教育等措施。 　　学校违反有关法律法规规定，明知发生严重的学生欺凌或者明知发生其他侵害未成年学生的犯罪，不按规定报告或者处置的，责令改正，对其直接负责的主管人员和其他直接责任人员，建议有关部门依法予以处分。

附 录

修订前	修订后
第四节　妨害社会管理的行为和处罚	第四节　妨害社会管理的行为和处罚
第五十条　有下列行为之一的,处警告或者二百元以下罚款;情节严重的,处五日以上十日以下拘留,可以并处五百元以下罚款: 　　(一)拒不执行人民政府在紧急状态情况下依法发布的决定、命令的; 　　(二)阻碍国家机关工作人员依法执行职务的; 　　(三)阻碍执行紧急任务的消防车、救护车、工程抢险车、警车等车辆通行的; 　　(四)强行冲闯公安机关设置的警戒带、警戒区的。 　　阻碍人民警察依法执行职务的,从重处罚。	第六十一条　有下列行为之一的,处警告或者五百元以下罚款;情节严重的,处五日以上十日以下拘留,可以并处一千元以下罚款: 　　(一)拒不执行人民政府在紧急状态情况下依法发布的决定、命令的; 　　(二)阻碍国家机关工作人员依法执行职务的; 　　(三)阻碍执行紧急任务的消防车、救护车、工程抢险车、警车或者执行上述紧急任务的专用船舶通行的; 　　(四)强行冲闯公安机关设置的警戒带、警戒区或者检查点的。 　　阻碍人民警察依法执行职务的,从重处罚。
第五十一条　冒充国家机关工作人员或者以其他虚假身份招摇撞骗的,处五日以上十日以下拘留,可以并处五百元以下罚款;情节较轻的,处五日以下拘留或者五百元以下罚款。 　　冒充军警人员招摇撞骗的,从重处罚。	第六十二条　冒充国家机关工作人员招摇撞骗的,处十日以上十五日以下拘留,可以并处一千元以下罚款;情节较轻的,处五日以上十日以下拘留。 　　冒充军警人员招摇撞骗的,从重处罚。 　　盗用、冒用个人、组织的身份、名义或者以其他虚假身份招摇撞骗的,处五日以下拘留或者一千元以下罚款;情节较重的,处五日以上十日以下拘留,可以并处一千元以下罚款。
第五十二条　有下列行为之一的,处十日以上十五日以下拘留,可以并处一千元以下罚款;情节较轻的,处五日以上十日以下拘留,可以并处五百元以下罚款: 　　(一)伪造、变造或者买卖国家机关、人民团体、企业、事业单位或者其	第六十三条　有下列行为之一的,处十日以上十五日以下拘留,可以并处五千元以下罚款;情节较轻的,处五日以上十日以下拘留,可以并处三千元以下罚款: 　　(一)伪造、变造或者买卖国家机关、人民团体、企业、事业单位或者其

修订前	修订后
他组织的公文、证件、证明文件、印章的； （二）买卖或者使用伪造、变造的国家机关、人民团体、企业、事业单位或者其他组织的公文、证件、证明文件的； （三）伪造、变造、倒卖车票、船票、航空客票、文艺演出票、体育比赛入场券或者其他有价票证、凭证的； （四）伪造、变造船舶户牌，买卖或者使用伪造、变造的船舶户牌，或者涂改船舶发动机号码的。	他组织的公文、证件、证明文件、印章的； （二）**出租、出借**国家机关、人民团体、企业、事业单位或者其他组织的公文、证件、证明文件、印章**供他人非法使用的**； （三）买卖或者使用伪造、变造的国家机关、人民团体、企业、事业单位或者其他组织的公文、证件、证明文件、**印章**的； （四）伪造、变造**或者**倒卖车票、船票、航空客票、文艺演出票、体育比赛入场券或者其他有价票证、凭证的； （五）伪造、变造船舶户牌，买卖或者使用伪造、变造的船舶户牌，或者涂改船舶发动机号码的。
第五十三条　船舶擅自进入、停靠国家禁止、限制进入的水域或者岛屿的，对船舶负责人及有关责任人员处**五百元以上一千元以下**罚款；情节严重的，处五日以下拘留，并处**五百元以上一千元以下**罚款。	第六十四条　船舶擅自进入、停靠国家禁止、限制进入的水域或者岛屿的，对船舶负责人及有关责任人员处**一千元以上二千元以下**罚款；情节严重的，处五日以下拘留，**可以**并处**二千元**以下罚款。
第五十四条　有下列行为之一的，处十日以上十五日以下拘留，并处**五百元以上一千元以下**罚款；情节较轻的，处**五日以下**拘留或者**五百元以下**罚款： （一）违反国家规定，未经注册登记，以社会团体名义进行活动，被取缔后，仍进行活动的； （二）被依法撤销登记的社会团体，仍以社会团体名义进行活动的； （三）未经许可，擅自经营按照国家规定需要由公安机关许可的行业的。 有前款第三项行为的，予以取缔。	第六十五条　有下列行为之一的，处十日以上十五日以下拘留，**可以**并处**五千元以下**罚款；情节较轻的，处五日以上十日以下拘留或者一千元以上三千元以下罚款： （一）违反国家规定，未经注册登记，以社会团体、**基金会、社会服务机构等社会组织**名义进行活动，被取缔后，仍进行活动的； （二）被依法撤销登记**或者吊销登记证书**的社会团体、**基金会、社会服务机构等社会组织**，仍以原社会组织名义

修订前	修订后
取得公安机关许可的经营者，违反国家有关管理规定，情节严重的，公安机关可以吊销许可证。	进行活动的； （三）未经许可，擅自经营按照国家规定需要由公安机关许可的行业的。 有前款第三项行为的，予以取缔。**被取缔一年以内又实施的，处十日以上十五日以下拘留，并处三千元以上五千元以下罚款。** 取得公安机关许可的经营者，违反国家有关管理规定，情节严重的，公安机关可以吊销许可证**件**。
第五十五条　煽动、策划非法集会、游行、示威，不听劝阻的，处十日以上十五日以下拘留。	第六十六条　煽动、策划非法集会、游行、示威，不听劝阻的，处十日以上十五日以下拘留。
第五十六条　旅馆业**的工作人员对住宿的旅客**不按规定登记姓名、身份证件种类和号码的，**或者**明知住宿**的旅客**将危险物质带入**旅馆**，不予制止的，处**二百**元以上**五百**元以下罚款。 旅馆业**的工作人员**明知住宿**的旅客**是犯罪嫌疑人员或者被公安机关通缉的人员，不向公安机关报告的，处**二百**元以上**五百**元以下罚款；情节严重的，处五日以下拘留，可以并处**五百**元以下罚款。	第六十七条　从事旅馆业经营活动不按规定登记住宿人员姓名、有效身份证件种类和号码等信息的，或者为身份不明、拒绝登记身份信息的人提供住宿服务的，对其直接负责的主管人员和其他直接责任人员处五百元以上一千元以下罚款；情节较轻的，处警告或者五百元以下罚款。 实施前款行为，妨害反恐怖主义工作进行，违反《中华人民共和国反恐怖主义法》规定的，依照其规定处罚。 从事旅馆业经营活动有下列行为之一的，对其直接负责的主管人员和其他直接责任人员处一千元以上三千元以下罚款；情节严重的，处五日以下拘留，可以并处三千元以上五千元以下罚款： （一）明知住宿**人员**违反规定将危险物质带入**住宿区域**，不予制止的； （二）明知住宿**人员**是犯罪嫌疑人员或者被公安机关通缉的人员，不向公安机关报告的；

修订前	修订后
	（三）明知住宿人员利用旅馆实施犯罪活动，不向公安机关报告的。
第五十七条　房屋出租人将房屋出租给无身份证件的人居住的，或者不按规定登记承租人姓名、身份证件种类和号码的，处二百元以上五百元以下罚款。 　　房屋出租人明知承租人利用出租房屋进行犯罪活动，不向公安机关报告的，处二百元以上五百元以下罚款；情节严重的，处五日以下拘留，可以并处五百元以下罚款。	第六十八条　房屋出租人将房屋出租给身份不明、拒绝登记身份信息的人的，或者不按规定登记承租人姓名、有效身份证件种类和号码等信息的，处五百元以上一千元以下罚款；情节较轻的，处警告或者五百元以下罚款。 　　房屋出租人明知承租人利用出租房屋实施犯罪活动，不向公安机关报告的，处一千元以上三千元以下罚款；情节严重的，处五日以下拘留，可以并处三千元以上五千元以下罚款。
	第六十九条　娱乐场所和公章刻制、机动车修理、报废机动车回收行业经营者违反法律法规关于要求登记信息的规定，不登记信息的，处警告；拒不改正或者造成后果的，对其直接负责的主管人员和其他直接责任人员处五日以下拘留或者三千元以下罚款。
	第七十条　非法安装、使用、提供窃听、窃照专用器材的，处五日以下拘留或者一千元以上三千元以下罚款；情节较重的，处五日以上十日以下拘留，并处三千元以上五千元以下罚款。
第五十九条　有下列行为之一的，处五百元以上一千元以下罚款；情节严重的，处五日以上十日以下拘留，并处五百元以上一千元以下罚款： 　　（一）典当业工作人员承接典当的物品，不查验有关证明、不履行登记手续，或者明知是违法犯罪嫌疑人、赃物，不向公安机关报告的；	第七十一条　有下列行为之一的，处一千元以上三千元以下罚款；情节严重的，处五日以上十日以下拘留，并处一千元以上三千元以下罚款： 　　（一）典当业工作人员承接典当的物品，不查验有关证明、不履行登记手续的，或者违反国家规定对明知是违法犯罪嫌疑人、赃物而不向公安机关报告的；

修订前	修订后
（二）违反国家规定，收购铁路、油田、供电、电信、矿山、水利、测量和城市公用设施等废旧专用器材的； （三）收购公安机关通报寻查的赃物或者有赃物嫌疑的物品的； （四）收购国家禁止收购的其他物品的。	（二）违反国家规定，收购铁路、油田、供电、电信、矿山、水利、测量和城市公用设施等废旧专用器材的； （三）收购公安机关通报寻查的赃物或者有赃物嫌疑的物品的； （四）收购国家禁止收购的其他物品的。
第六十条　有下列行为之一的，处五日以上十日以下拘留，并处二百元以上五百元以下罚款： （一）隐藏、转移、变卖或者损毁行政执法机关依法扣押、查封、冻结的财物的； （二）伪造、隐匿、毁灭证据或者提供虚假证言、谎报案情，影响行政执法机关依法办案的； （三）明知是赃物而窝藏、转移或者代为销售的； （四）被依法执行管制、剥夺政治权利或者在缓刑、暂予监外执行中的罪犯或者被依法采取刑事强制措施的人，有违反法律、行政法规或者国务院有关部门的监督管理规定的行为。	第七十二条　有下列行为之一的，处五日以上十日以下拘留，**可以**并处一千元以下罚款；情节较轻的，处警告或者一千元以下罚款： （一）隐藏、转移、变卖、**擅自使用**或者损毁行政执法机关依法扣押、查封、冻结、**扣留、先行登记保存**的财物的； （二）伪造、隐匿、毁灭证据或者提供虚假证言、谎报案情，影响行政执法机关依法办案的； （三）明知是赃物而窝藏、转移或者代为销售的； （四）被依法执行管制、剥夺政治权利或者在缓刑、暂予监外执行中的罪犯或者被依法采取刑事强制措施的人，有违反法律、行政法规或者国务院有关部门的监督管理规定的行为**的**。
	第七十三条　有下列行为之一的，处警告或者一千元以下罚款；情节较重的，处五日以上十日以下拘留，可以并处一千元以下罚款： （一）违反人民法院刑事判决中的禁止令或者职业禁止决定的； （二）拒不执行公安机关依照《中华人民共和国反家庭暴力法》、《中华人民共和国妇女权益保障法》出具的禁

修订前	修订后
	止家庭暴力告诫书、禁止性骚扰告诫书的； （三）违反监察机关在监察工作中、司法机关在刑事诉讼中依法采取的禁止接触证人、鉴定人、被害人及其近亲属保护措施的。
	第七十四条　依法被关押的违法行为人脱逃的，处十日以上十五日以下拘留；情节较轻的，处五日以上十日以下拘留。
第六十一条　协助组织或者运送他人偷越国（边）境的，处十日以上十五日以下拘留，并处一千元以上五千元以下罚款。	
第六十二条　为偷越国（边）境人员提供条件的，处五日以上十日以下拘留，并处五百元以上二千元以下罚款。 偷越国（边）境的，处五日以下拘留或者五百元以下罚款。	
第六十三条　有下列行为之一的，处警告或者二百元以下罚款；情节较重的，处五日以上十日以下拘留，并处二百元以上五百元以下罚款： （一）刻划、涂污或者以其他方式故意损坏国家保护的文物、名胜古迹的； （二）违反国家规定，在文物保护单位附近进行爆破、挖掘等活动，危及文物安全的。	第七十五条　有下列行为之一的，处警告或者五百元以下罚款；情节较重的，处五日以上十日以下拘留，并处五百元以上一千元以下罚款： （一）刻划、涂污或者以其他方式故意损坏国家保护的文物、名胜古迹的； （二）违反国家规定，在文物保护单位附近进行爆破、钻探、挖掘等活动，危及文物安全的。
第六十四条　有下列行为之一的，处五百元以上一千元以下罚款；情节严重的，处十日以上十五日以下拘留，并处五百元以上一千元以下罚款：	第七十六条　有下列行为之一的，处一千元以上二千元以下罚款；情节严重的，处十日以上十五日以下拘留，可以并处二千元以下罚款：

修订前	修订后
（一）偷开他人机动车的； （二）未取得驾驶证驾驶或者偷开他人航空器、机动船舶的。	（一）偷开他人机动车的； （二）未取得驾驶证驾驶或者偷开他人航空器、机动船舶的。
第六十五条 有下列行为之一的，处五日以上十日以下拘留；情节严重的，处十日以上十五日以下拘留，可以并处一千元以下罚款： （一）故意破坏、污损他人坟墓或者毁坏、丢弃他人尸骨、骨灰的； （二）在公共场所停放尸体或者因停放尸体影响他人正常生活、工作秩序，不听劝阻的。	第七十七条 有下列行为之一的，处五日以上十日以下拘留；情节严重的，处十日以上十五日以下拘留，可以并处二千元以下罚款： （一）故意破坏、污损他人坟墓或者毁坏、丢弃他人尸骨、骨灰的； （二）在公共场所停放尸体或者因停放尸体影响他人正常生活、工作秩序，不听劝阻的。
第六十六条 卖淫、嫖娼的，处十日以上十五日以下拘留，可以并处五千元以下罚款；情节较轻的，处五日以下拘留或者五百元以下罚款。 在公共场所拉客招嫖的，处五日以下拘留或者五百元以下罚款。	第七十八条 卖淫、嫖娼的，处十日以上十五日以下拘留，可以并处五千元以下罚款；情节较轻的，处五日以下拘留或者一千元以下罚款。 在公共场所拉客招嫖的，处五日以下拘留或者一千元以下罚款。
第六十七条 引诱、容留、介绍他人卖淫的，处十日以上十五日以下拘留，可以并处五千元以下罚款；情节较轻的，处五日以下拘留或者五百元以下罚款。	第七十九条 引诱、容留、介绍他人卖淫的，处十日以上十五日以下拘留，可以并处五千元以下罚款；情节较轻的，处五日以下拘留或者一千元以上二千元以下罚款。
第六十八条 制作、运输、复制、出售、出租淫秽的书刊、图片、影片、音像制品等淫秽物品或者利用计算机信息网络、电话以及其他通讯工具传播淫秽信息的，处十日以上十五日以下拘留，可以并处三千元以下罚款；情节较轻的，处五日以下拘留或者五百元以下罚款。	第八十条 制作、运输、复制、出售、出租淫秽的书刊、图片、影片、音像制品等淫秽物品或者利用信息网络、电话以及其他通讯工具传播淫秽信息的，处十日以上十五日以下拘留，可以并处五千元以下罚款；情节较轻的，处五日以下拘留或者一千元以上三千元以下罚款。 前款规定的淫秽物品或者淫秽信息中涉及未成年人的，从重处罚。

修订前	修订后
第六十九条 有下列行为之一的，处十日以上十五日以下拘留，并处五百元以上一千元以下罚款： （一）组织播放淫秽音像的； （二）组织或者进行淫秽表演的； （三）参与聚众淫乱活动的。 明知他人从事前款活动，为其提供条件的，依照前款的规定处罚。	第八十一条 有下列行为之一的，处十日以上十五日以下拘留，并处一千元以上二千元以下罚款： （一）组织播放淫秽音像的； （二）组织或者进行淫秽表演的； （三）参与聚众淫乱活动的。 明知他人从事前款活动，为其提供条件的，依照前款的规定处罚。 **组织未成年人从事第一款活动的，从重处罚。**
第七十条 以营利为目的，为赌博提供条件的，或者参与赌博赌资较大的，处五日以下拘留或者五百元以下罚款；情节严重的，处十日以上十五日以下拘留，并处五百元以上三千元以下罚款。	第八十二条 以营利为目的，为赌博提供条件的，或者参与赌博赌资较大的，处五日以下拘留或者一千元以下罚款；情节严重的，处十日以上十五日以下拘留，并处一千元以上五千元以下罚款。
第七十一条 有下列行为之一的，处十日以上十五日以下拘留，可以并处三千元以下罚款；情节较轻的，处五日以下拘留或者五百元以下罚款： （一）非法种植罂粟不满五百株或者其他少量毒品原植物的； （二）非法买卖、运输、携带、持有少量未经灭活的罂粟等毒品原植物种子或者幼苗的； （三）非法运输、买卖、储存、使用少量罂粟壳的。 有前款第一项行为，在成熟前自行铲除的，不予处罚。	第八十三条 有下列行为之一的，处十日以上十五日以下拘留，可以并处五千元以下罚款；情节较轻的，处五日以下拘留或者一千元以下罚款： （一）非法种植罂粟不满五百株或者其他少量毒品原植物的； （二）非法买卖、运输、携带、持有少量未经灭活的罂粟等毒品原植物种子或者幼苗的； （三）非法运输、买卖、储存、使用少量罂粟壳的。 有前款第一项行为，在成熟前自行铲除的，不予处罚。
第七十二条 有下列行为之一的，处十日以上十五日以下拘留，可以并处二千元以下罚款；情节较轻的，处五日以下拘留或者五百元以下罚款：	第八十四条 有下列行为之一的，处十日以上十五日以下拘留，可以并处三千元以下罚款；情节较轻的，处五日以下拘留或者一千元以下罚款：

修订前	修订后
（一）非法持有鸦片不满二百克、海洛因或者甲基苯丙胺不满十克或者其他少量毒品的； （二）向他人提供毒品的； （三）吸食、注射毒品的； （四）胁迫、欺骗医务人员开具麻醉药品、精神药品的。	（一）非法持有鸦片不满二百克、海洛因或者甲基苯丙胺不满十克或者其他少量毒品的； （二）向他人提供毒品的； （三）吸食、注射毒品的； （四）胁迫、欺骗医务人员开具麻醉药品、精神药品的。 聚众、组织吸食、注射毒品的，对首要分子、组织者依照前款的规定从重处罚。 吸食、注射毒品的，可以同时责令其六个月至一年以内不得进入娱乐场所、不得擅自接触涉及毒品违法犯罪人员。违反规定的，处五日以下拘留或者一千元以下罚款。
第七十三条 **教唆**、引诱、欺骗他人吸食、注射毒品的，处十日以上十五日以下拘留，并处**五百**元以上**二**千元以下罚款。	第八十五条 引诱、**教唆**、欺骗**或者强迫**他人吸食、注射毒品的，处十日以上十五日以下拘留，并处一千元以上五千元以下罚款。 容留他人吸食、注射毒品或者介绍买卖毒品的，处十日以上十五日以下拘留，可以并处三千元以下罚款；情节较轻的，处五日以下拘留或者一千元以下罚款。
	第八十六条 违反国家规定，非法生产、经营、购买、运输用于制造毒品的原料、配剂的，处十日以上十五日以下拘留；情节较轻的，处五日以上十日以下拘留。
第七十四条 旅馆业、饮食服务业、文化娱乐业、出租汽车业等单位的人员，在公安机关查处吸毒、赌博、卖淫、嫖娼活动时，为违法犯罪行为人通风报信的，处十日以上十五日以下拘留。	第八十七条 旅馆业、饮食服务业、文化娱乐业、出租汽车业等单位的人员，在公安机关查处吸毒、赌博、卖淫、嫖娼活动时，为违法犯罪行为人通风报信的，**或者以其他方式为上述活动**

附 录

· 431 ·

修订前	修订后
	提供条件的，处十日以上十五日以下拘留；情节较轻的，处五日以下拘留或者一千元以上二千元以下罚款。
第五十八条 违反关于社会生活噪声污染防治的法律规定，制造噪声干扰他人正常生活的，处警告；警告后不改正的，处二百元以上五百元以下罚款。	第八十八条 违反关于社会生活噪声污染防治的法律法规规定，产生社会生活噪声，经基层群众性自治组织、业主委员会、物业服务人、有关部门依法劝阻、调解和处理未能制止，继续干扰他人正常生活、工作和学习的，处五日以下拘留或者一千元以下罚款；情节严重的，处五日以上十日以下拘留，可以并处一千元以下罚款。
第七十五条 饲养动物，干扰他人正常生活的，处警告；警告后不改正的，或者放任动物恐吓他人的，处二百元以上五百元以下罚款。 驱使动物伤害他人的，依照本法第四十三条第一款的规定处罚。	第八十九条 饲养动物，干扰他人正常生活的，处警告；警告后不改正的，或者放任动物恐吓他人的，处一千元以下罚款。 违反有关法律、法规、规章规定，出售、饲养烈性犬等危险动物的，处警告；警告后不改正的，或者致使动物伤害他人的，处五日以下拘留或者一千元以下罚款；情节较重的，处五日以上十日以下拘留。 未对动物采取安全措施，致使动物伤害他人的，处一千元以下罚款；情节较重的，处五日以上十日以下拘留。 驱使动物伤害他人的，依照本法第五十一条的规定处罚。
第七十六条 有本法第六十七条、第六十八条、第七十条的行为，屡教不改的，可以按照国家规定采取强制性教育措施。	

修订前	修订后
第四章 处罚程序	第四章 处罚程序
第一节 调 查	第一节 调 查
第七十七条 公安机关对报案、控告、举报或者违反治安管理行为人主动投案，以及其他**行政主管部门、司法机**关移送的违反治安管理案件，应当**及时受理，并进行登记。**	第九十条 公安机关对报案、控告、举报或者违反治安管理行为人主动投案，以及其他**国家机关**移送的违反治安管理案件，应当立即**立案并**进行调查；认为不属于违反治安管理行为的，应当告知报案人、控告人、举报人、投案人，并说明理由。
第七十八条 **公安机关受理报案、控告、举报、投案后，**认为属于违反治安管理行为的，**应当**立即进行调查；认为不属于违反治安管理行为的，应当告知报案人、控告人、举报人、投案人，并说明理由。	
第七十九条 公安机关及其人民警察对治安案件的调查，应当依法进行。严禁刑讯逼供或者采用威胁、引诱、欺骗等非法手段收集证据。 以非法手段收集的证据不得作为处罚的根据。	第九十一条 公安机关及其人民警察对治安案件的调查，应当依法进行。严禁刑讯逼供或者采用威胁、引诱、欺骗等非法手段收集证据。 以非法手段收集的证据不得作为处罚的根据。
	第九十二条 公安机关办理治安案件，有权向有关单位和个人收集、调取证据。有关单位和个人应当如实提供证据。 公安机关向有关单位和个人收集、调取证据时，应当告知其必须如实提供证据，以及伪造、隐匿、毁灭证据或者提供虚假证言应当承担的法律责任。
	第九十三条 在办理刑事案件过程中以及其他执法办案机关在移送案件前依法收集的物证、书证、视听资料、电子数据等证据材料，可以作为治安案件的证据使用。

新治安管理处罚法讲义

修订前	修订后
第八十条　公安机关及其人民警察在办理治安案件时，对涉及的国家秘密、商业秘密**或者**个人隐私，应当予以保密。	第九十四条　公安机关及其人民警察在办理治安案件时，对涉及的国家秘密、商业秘密、个人隐私**或者个人信息**，应当予以保密。
第八十一条　人民警察在办理治安案件过程中，遇有下列情形之一的，应当回避；违反治安管理行为人、被侵害人或者其法定代理人也有权要求他们回避： 　　（一）是本案当事人或者当事人的近亲属的； 　　（二）本人或者其近亲属与本案有利害关系的； 　　（三）与本案当事人有其他关系，可能影响案件公正处理的。 　　人民警察的回避，由其所属的公安机关决定；公安机关负责人的回避，由上一级公安机关决定。	第九十五条　人民警察在办理治安案件过程中，遇有下列情形之一的，应当回避；违反治安管理行为人、被侵害人或者其法定代理人也有权要求他们回避： 　　（一）是本案当事人或者当事人的近亲属的； 　　（二）本人或者其近亲属与本案有利害关系的； 　　（三）与本案当事人有其他关系，可能影响案件公正处理的。 　　人民警察的回避，由其所属的公安机关决定；公安机关负责人的回避，由上一级公安机关决定。
第八十二条　需要传唤违反治安管理行为人接受调查的，经公安机关办案部门负责人批准，使用传唤证传唤。对现场发现的违反治安管理行为人，人民警察经出示**工作证件**，可以口头传唤，但应当在询问笔录中注明。 　　公安机关应当将传唤的原因和依据告知被传唤人。对无正当理由不接受传唤或者逃避传唤的人，可以强制传唤。	第九十六条　需要传唤违反治安管理行为人接受调查的，经公安机关办案部门负责人批准，使用传唤证传唤。对现场发现的违反治安管理行为人，人民警察经出示**人民警察证**，可以口头传唤，但应当在询问笔录中注明。 　　公安机关应当将传唤的原因和依据告知被传唤人。对无正当理由不接受传唤或者逃避传唤的人，**经公安机关办案部门负责人批准**，可以强制传唤。
第八十三条　对违反治安管理行为人，公安机关传唤后应当及时询问查证，询问查证的时间不得超过八小时；情况复杂，依照本法规定可能适用行政拘留处罚的，询问查证的时间不得超过二十四小时。	第九十七条　对违反治安管理行为人，公安机关传唤后应当及时询问查证，询问查证的时间不得超过八小时；**涉案人数众多、违反治安管理行为人身份不明的**，询问查证的时间不得超过十二小时；情况复杂，依照本法规定可能

修订前	修订后
公安机关应当及时将传唤的原因和处所通知被传唤人家属。	适用行政拘留处罚的，询问查证的时间不得超过二十四小时。**在执法办案场所询问违反治安管理行为人，应当全程同步录音录像。** 公安机关应当及时将传唤的原因和处所通知被传唤人家属。 **询问查证期间，公安机关应当保证违反治安管理行为人的饮食、必要的休息时间等正当需求。**
第八十四条　询问笔录应当交被询问人核对；对没有阅读能力的，应当向其宣读。记载有遗漏或者差错的，被询问人可以提出补充或者更正。被询问人确认笔录无误后，应当签名或者盖章，询问的人民警察也应当在笔录上签名。 被询问人要求就被询问事项自行提供书面材料的，应当准许；必要时，人民警察也可以要求被询问人自行书写。 询问不满十六周岁的违反治安管理行为人，应当通知其父母或者其他监护人到场。	第九十八条　询问笔录应当交被询问人核对；对没有阅读能力的，应当向其宣读。记载有遗漏或者差错的，被询问人可以提出补充或者更正。被询问人确认笔录无误后，应当签名、盖章**或者按指印**，询问的人民警察也应当在笔录上签名。 被询问人要求就被询问事项自行提供书面材料的，应当准许；必要时，人民警察也可以要求被询问人自行书写。 询问不满**十八**周岁的违反治安管理行为人，应当通知其父母或者其他监护人到场；**其父母或者其他监护人不能到场的，也可以通知其他成年亲属，所在学校、单位、居住地基层组织或者未成年人保护组织的代表等合适成年人到场，并将有关情况记录在案。确实无法通知或者通知后未到场的，应当在笔录中注明。**
第八十五条　人民警察询问被侵害人或者其他证人，可以到其所在单位或者住处进行；必要时，也可以通知其到公安机关提供证言。 人民警察在公安机关以外询问被侵害人或者其他证人，应当出示工作证件。	第九十九条　人民警察询问被侵害人或者其他证人，**可以在现场进行，也**可以到其所在单位、住处**或者其提出的地点**进行；必要时，也可以通知其到公安机关提供证言。 人民警察在公安机关以外询问被侵

· 435 ·

修订前	修订后
询问被侵害人或者其他证人，同时适用本法第八十四条的规定。	害人或者其他证人，应当出示**人民警察证**。 询问被侵害人或者其他证人，同时适用本法第九十八条的规定。
	第一百条　违反治安管理行为人、被侵害人或者其他证人在异地的，公安机关可以委托异地公安机关代为询问，也可以通过公安机关的视频系统远程询问。 通过远程视频方式询问的，应当向被询问人宣读询问笔录，被询问人确认笔录无误后，询问的人民警察应当在笔录上注明。询问和宣读过程应当全程同步录音录像。
第八十六条　询问聋哑的违反治安管理行为人、被侵害人或者其他证人，应当有通晓手语的人提供帮助，并在笔录上注明。 询问不通晓当地通用的语言文字的违反治安管理行为人、被侵害人或者其他证人，应当配备翻译人员，并在笔录上注明。	第一百零一条　询问聋哑的违反治安管理行为人、被侵害人或者其他证人，应当有通晓手语**等交流方式**的人提供帮助，并在笔录上注明。 询问不通晓当地通用的语言文字的违反治安管理行为人、被侵害人或者其他证人，应当配备翻译人员，并在笔录上注明。
	第一百零二条　为了查明案件事实，确定违反治安管理行为人、被侵害人的某些特征、伤害情况或者生理状态，需要对其人身进行检查，提取或者采集肖像、指纹信息和血液、尿液等生物样本的，经公安机关办案部门负责人批准后进行。对已经提取、采集的信息或者样本，不得重复提取、采集。提取或者采集被侵害人的信息或者样本，应当征得被侵害人或者其监护人同意。

修订前	修订后
第八十七条　公安机关对与违反治安管理行为有关的场所、物品、人身可以进行检查。检查时，人民警察不得少于二人，并应当出示工作证件和县级以上人民政府公安机关开具的检查证明文件。对确有必要立即进行检查的，人民警察经出示工作证件，可以当场检查，但检查公民住所应当出示县级以上人民政府公安机关开具的检查证明文件。 检查妇女的身体，应当由女性工作人员进行。	第一百零三条　公安机关对与违反治安管理行为有关的场所或者违反治安管理行为人的人身、物品可以进行检查。检查时，人民警察不得少于二人，并应当出示人民警察证。 对场所进行检查的，经县级以上人民政府公安机关负责人批准，使用检查证检查；对确有必要立即进行检查的，人民警察经出示人民警察证，可以当场检查，并应当全程同步录音录像。检查公民住所应当出示县级以上人民政府公安机关开具的检查证。 检查妇女的身体，应当由女性工作人员或者医师进行。
第八十八条　检查的情况应当制作检查笔录，由检查人、被检查人和见证人签名或者盖章；被检查人拒绝签名的，人民警察应当在笔录上注明。	第一百零四条　检查的情况应当制作检查笔录，由检查人、被检查人和见证人签名、盖章或者按指印；被检查人不在场或者被检查人、见证人拒绝签名的，人民警察应当在笔录上注明。
第八十九条　公安机关办理治安案件，对与案件有关的需要作为证据的物品，可以扣押；对被侵害人或者善意第三人合法占有的财产，不得扣押，应予以登记。对与案件无关的物品，不得扣押。 对扣押的物品，应当会同在场见证人和被扣押物品持有人查点清楚，当场开列清单一式二份，由调查人员、见证人和持有人签名或者盖章，一份交给持有人，另一份附卷备查。 对扣押的物品，应当妥善保管，不得挪作他用；对不宜长期保存的物品，按照有关规定处理。经查明与案件无关的，应当及时退还；经核实属于他人合	第一百零五条　公安机关办理治安案件，对与案件有关的需要作为证据的物品，可以扣押；对被侵害人或者善意第三人合法占有的财产，不得扣押，应当予以登记，但是对其中与案件有关的必须鉴定的物品，可以扣押，鉴定后应当立即解除。对与案件无关的物品，不得扣押。 对扣押的物品，应当会同在场见证人和被扣押物品持有人查点清楚，当场开列清单一式二份，由调查人员、见证人和持有人签名或者盖章，一份交给持有人，另一份附卷备查。 实施扣押前应当报经公安机关负责人批准；因情况紧急或者物品价值不大，

· 437 ·

修订前	修订后
法财产的，应当登记后立即退还；满六个月无人对该财产主张权利或者无法查清权利人的，应当公开拍卖或者按照国家有关规定处理，所得款项上缴国库。	当场实施扣押的，人民警察应当及时向其所属公安机关负责人报告，并补办批准手续。公安机关负责人认为不应当扣押的，应当立即解除。当场实施扣押的，应当全程同步录音录像。 　　对扣押的物品，应当妥善保管，不得挪作他用；对不宜长期保存的物品，按照有关规定处理。经查明与案件无关或者经核实属于被侵害人或者他人合法财产的，应当登记后立即退还；满六个月无人对该财产主张权利或者无法查清权利人的，应当公开拍卖或者按照国家有关规定处理，所得款项上缴国库。
第九十条　为了查明案情，需要解决案件中有争议的专门性问题的，应当指派或者聘请具有专门知识的人员进行鉴定；鉴定人鉴定后，应当写出鉴定意见，并且签名。	第一百零六条　为了查明案情，需要解决案件中有争议的专门性问题的，应当指派或者聘请具有专门知识的人员进行鉴定；鉴定人鉴定后，应当写出鉴定意见，并且签名。
	第一百零七条　为了查明案情，人民警察可以让违反治安管理行为人、被侵害人和其他证人对与违反治安管理行为有关的场所、物品进行辨认，也可以让被侵害人、其他证人对违反治安管理行为人进行辨认，或者让违反治安管理行为人对其他违反治安管理行为人进行辨认。 　　辨认应当制作辨认笔录，由人民警察和辨认人签名、盖章或者按指印。
	第一百零八条　公安机关进行询问、辨认、勘验，实施行政强制措施等调查取证工作时，人民警察不得少于二人。 　　公安机关在规范设置、严格管理的执法办案场所进行询问、扣押、辨认的，

修订前	修订后
	或者进行调解的,可以由一名人民警察进行。 依照前款规定由一名人民警察进行询问、扣押、辨认、调解的,应当全程同步录音录像。未按规定全程同步录音录像或者录音录像资料损毁、丢失的,相关证据不能作为处罚的根据。
第二节 决 定	第二节 决 定
第九十一条 治安管理处罚由县级以上人民政府公安机关决定;其中警告、五百元以下的罚款可以由公安派出所决定。	**第一百零九条** 治安管理处罚由县级以上**地方**人民政府公安机关决定;其中警告、**一千元**以下的罚款,可以由公安派出所决定。
第九十二条 对决定给予行政拘留处罚的人,在处罚前已经采取强制措施限制人身自由的时间,应当折抵。限制人身自由一日,折抵行政拘留一日。	**第一百一十条** 对决定给予行政拘留处罚的人,在处罚前已经采取强制措施限制人身自由的时间,应当折抵。限制人身自由一日,折抵行政拘留一日。
第九十三条 公安机关查处治安案件,对没有本人陈述,但其他证据能够证明案件事实的,可以作出治安管理处罚决定。但是,只有本人陈述,没有其他证据证明的,不能作出治安管理处罚决定。	**第一百一十一条** 公安机关查处治安案件,对没有本人陈述,但其他证据能够证明案件事实的,可以作出治安管理处罚决定。但是,只有本人陈述,没有其他证据证明的,不能作出治安管理处罚决定。
第九十四条 公安机关作出治安管理处罚决定前,应当告知违反治安管理行为人作出治安管理处罚的事实、理由及依据,并告知违反治安管理行为人依法享有的权利。 违反治安管理行为人有权陈述和申辩。公安机关必须充分听取违反治安管理行为人的意见,对违反治安管理行为人提出的事实、理由和证据,应当进行复核;违反治安管理行为人提出的事实、	**第一百一十二条** 公安机关作出治安管理处罚决定前,应当告知违反治安管理行为人**拟**作出治安管理处罚的**内容及**事实、理由、依据,并告知违反治安管理行为人依法享有的权利。 违反治安管理行为人有权陈述和申辩。公安机关必须充分听取违反治安管理行为人的意见,对违反治安管理行为人提出的事实、理由和证据,应当进行复核;违反治安管理行为人提出的事实、

修订前	修订后
理由或者证据成立的，公安机关应当采纳。 　　公安机关不得因违反治安管理行为人的陈述、申辩而加重处罚。	理由或者证据成立的，公安机关应当采纳。 　　违反治安管理行为人不满十八周岁的，还应当依照前两款的规定告知未成年人的父母或者其他监护人，充分听取其意见。 　　公安机关不得因违反治安管理行为人的陈述、申辩而加重其处罚。
第九十五条　治安案件调查结束后，公安机关应当根据不同情况，分别作出以下处理： 　　（一）确有依法应当给予治安管理处罚的违法行为的，根据情节轻重及具体情况，作出处罚决定； 　　（二）依法不予处罚的，或者违法事实不能成立的，作出不予处罚决定； 　　（三）违法行为已涉嫌犯罪的，移送主管机关依法追究刑事责任； 　　（四）发现违反治安管理行为人有其他违法行为的，在对违反治安管理行为作出处罚决定的同时，通知有关行政主管部门处理。	第一百一十三条　治安案件调查结束后，公安机关应当根据不同情况，分别作出以下处理： 　　（一）确有依法应当给予治安管理处罚的违法行为的，根据情节轻重及具体情况，作出处罚决定； 　　（二）依法不予处罚的，或者违法事实不能成立的，作出不予处罚决定； 　　（三）违法行为已涉嫌犯罪的，移送有关主管机关依法追究刑事责任； 　　（四）发现违反治安管理行为人有其他违法行为的，在对违反治安管理行为作出处罚决定的同时，通知或者移送有关主管机关处理。 　　对情节复杂或者重大违法行为给予治安管理处罚，公安机关负责人应当集体讨论决定。
	第一百一十四条　有下列情形之一的，在公安机关作出治安管理处罚决定之前，应当由从事治安管理处罚决定法制审核的人员进行法制审核；未经法制审核或者审核未通过的，不得作出决定： 　　（一）涉及重大公共利益的； 　　（二）直接关系当事人或者第三人重大权益，经过听证程序的；

修订前	修订后
	（三）案件情况疑难复杂、涉及多个法律关系的。 公安机关中初次从事治安管理处罚决定法制审核的人员，应当通过国家统一法律职业资格考试取得法律职业资格。
第九十六条 公安机关作出治安管理处罚决定的，应当制作治安管理处罚决定书。决定书应当载明下列内容： （一）被处罚人的姓名、性别、年龄、身份证件的名称和号码、住址； （二）违法事实和证据； （三）处罚的种类和依据； （四）处罚的执行方式和期限； （五）对处罚决定不服，申请行政复议、提起行政诉讼的途径和期限； （六）作出处罚决定的公安机关的名称和作出决定的日期。 决定书应当由作出处罚决定的公安机关加盖印章。	第一百一十五条 公安机关作出治安管理处罚决定的，应当制作治安管理处罚决定书。决定书应当载明下列内容： （一）被处罚人的姓名、性别、年龄、身份证件的名称和号码、住址； （二）违法事实和证据； （三）处罚的种类和依据； （四）处罚的执行方式和期限； （五）对处罚决定不服，申请行政复议、提起行政诉讼的途径和期限； （六）作出处罚决定的公安机关的名称和作出决定的日期。 决定书应当由作出处罚决定的公安机关加盖印章。
第九十七条 公安机关应当向被处罚人宣告治安管理处罚决定书，并当场交付被处罚人；无法当场向被处罚人宣告的，应当在二日内送达被处罚人。决定给予行政拘留处罚的，应当及时通知被处罚人的家属。 有被侵害人的，公安机关应当将决定书副本抄送被侵害人。	第一百一十六条 公安机关应当向被处罚人宣告治安管理处罚决定书，并当场交付被处罚人；无法当场向被处罚人宣告的，应当在二日以内送达被处罚人。决定给予行政拘留处罚的，应当及时通知被处罚人的家属。 有被侵害人的，公安机关应当将决定书送达被侵害人。
第九十八条 公安机关作出吊销许可证以及处二千元以上罚款的治安管理处罚决定前，应当告知违反治安管理行为人有权要求举行听证；违反治安管理行为人要求听证的，公安机关应当及时	第一百一十七条 公安机关作出吊销许可证件、处四千元以上罚款的治安管理处罚决定或者采取责令停业整顿措施前，应当告知违反治安管理行为人有权要求举行听证；违反治安管理行为人

修订前	修订后
依法举行听证。	要求听证的,公安机关应当及时依法举行听证。 　　对依照本法第二十三条第二款规定可能执行行政拘留的未成年人,公安机关应当告知未成年人和其监护人有权要求举行听证;未成年人和其监护人要求听证的,公安机关应当及时依法举行听证。对未成年人案件的听证不公开举行。 　　前两款规定以外的案情复杂或者具有重大社会影响的案件,违反治安管理行为人要求听证,公安机关认为必要的,应当及时依法举行听证。 　　公安机关不得因违反治安管理行为人要求听证而加重其处罚。
第九十九条　公安机关办理治安案件的期限,自受理之日起不得超过三十日;案情重大、复杂的,经上一级公安机关批准,可以延长三十日。 　　为了查明案情进行鉴定的期间,不计入办理治安案件的期限。	第一百一十八条　公安机关办理治安案件的期限,自立案之日起不得超过三十日;案情重大、复杂的,经上一级公安机关批准,可以延长三十日。期限延长以二次为限。公安派出所办理的案件需要延长期限的,由所属公安机关批准。 　　为了查明案情进行鉴定的期间、听证的期间,不计入办理治安案件的期限。
第一百条　违反治安管理行为事实清楚,证据确凿,处警告或者二百元以下罚款的,可以当场作出治安管理处罚决定。	第一百一十九条　违反治安管理行为事实清楚,证据确凿,处警告或者五百元以下罚款的,可以当场作出治安管理处罚决定。
第一百零一条　当场作出治安管理处罚决定的,人民警察应当向违反治安管理行为人出示工作证件,并填写处罚决定书。处罚决定书应当当场交付被处	第一百二十条　当场作出治安管理处罚决定的,人民警察应当向违反治安管理行为人出示人民警察证,并填写处罚决定书。处罚决定书应当当场交付被

修订前	修订后
罚人；有被侵害人的，并将决定书**副本抄送**被侵害人。 　　前款规定的处罚决定书，应当载明被处罚人的姓名、违法行为、处罚依据、罚款数额、时间、地点以及公安机关名称，并由经办的人民警察签名或者盖章。 　　当场作出治安管理处罚决定的，经办的人民警察应当在二十四小时内报所属公安机关备案。	处罚人；有被侵害人的，并应当将决定书**送达**被侵害人。 　　前款规定的处罚决定书，应当载明被处罚人的姓名、违法行为、处罚依据、罚款数额、时间、地点以及公安机关名称，并由经办的人民警察签名或者盖章。 　　**适用当场处罚，被处罚人对拟作出治安管理处罚的内容及事实、理由、依据没有异议的，可以由一名人民警察作出治安管理处罚决定，并应当全程同步录音录像。** 　　当场作出治安管理处罚决定的，经办的人民警察应当在二十四小时以内报所属公安机关备案。
第一百零二条　被处罚人对治安管理处罚决定不服的，可以依法申请行政复议或者提起行政诉讼。	**第一百二十一条**　被处罚人、被侵害人对公安机关依照本法规定作出的治安管理处罚决定，作出的收缴、追缴决定，或者采取的有关限制性、禁止性措施等不服的，可以依法申请行政复议或者提起行政诉讼。
第三节　执　行	第三节　执　行
第一百零三条　对被决定给予行政拘留处罚的人，由作出决定的公安机关送**达**拘留所执行。	**第一百二十二条**　对被决定给予行政拘留处罚的人，由作出决定的公安机关送拘留所执行；**执行期满，拘留所应当按时解除拘留，发给解除拘留证明书。** 　　**被决定给予行政拘留处罚的人在异地被抓获或者有其他有必要在异地拘留所执行情形，经异地拘留所主管公安机关批准，可以在异地执行。**

修订前	修订后
第一百零四条 受到罚款处罚的人应当自收到处罚决定书之日起十五日内,到指定的银行缴纳罚款。但是,有下列情形之一的,人民警察可以当场收缴罚款: (一) 被处**五十**元以下罚款,被处罚人对罚款无异议的; (二) 在边远、水上、交通不便地区,公安机关及其人民警察依照本法的规定作出罚款决定后,被处罚人**向**指定的银行缴纳罚款确有困难,经被处罚人提出的; (三) 被处罚人在当地没有固定住所,不当场收缴事后难以执行的。	第一百二十三条 受到罚款处罚的人应当自收到处罚决定书之日起十五日**以内**,到指定的银行**或者通过电子支付系统**缴纳罚款。但是,有下列情形之一的,人民警察可以当场收缴罚款: (一) 被处**二百**元以下罚款,被处罚人对罚款无异议的; (二) 在边远、水上、交通不便地区,**旅客列车上或者口岸**,公安机关及其人民警察依照本法的规定作出罚款决定后,被处罚人**到**指定的银行**或者通过电子支付系统**缴纳罚款确有困难,经被处罚人提出的; (三) 被处罚人在当地没有固定住所,不当场收缴事后难以执行的。
第一百零五条 人民警察当场收缴的罚款,应当自收缴罚款之日起二日内,交至所属的公安机关;在水上、旅客列车上当场收缴的罚款,应当自抵岸或者到站之日起二日内,交至所属的公安机关;公安机关应当自收到罚款之日起二日内将罚款缴付指定的银行。	第一百二十四条 人民警察当场收缴的罚款,应当自收缴罚款之日起二日**以内**,交至所属的公安机关;在水上、旅客列车上当场收缴的罚款,应当自抵岸或者到站之日起二日**以内**,交至所属的公安机关;公安机关应当自收到罚款之日起二日**以内**将罚款缴付指定的银行。
第一百零六条 人民警察当场收缴罚款的,应当向被处罚人出具**省、自治区、直辖市**人民政府财政部门统一制发的**罚款收据**;不出具统一制发的**罚款收据**的,被处罚人有权拒绝缴纳罚款。	第一百二十五条 人民警察当场收缴罚款的,应当向被处罚人出具**省级以上**人民政府财政部门统一制发的**专用票据**;不出具统一制发的**专用票据**的,被处罚人有权拒绝缴纳罚款。
第一百零七条 被处罚人不服行政拘留处罚决定,申请行政复议、提起行政诉讼的,可以向公安机关提出暂缓执行行政拘留的申请。公安机关认为暂缓执行行政拘留不致发生社会危险的,由被处罚人或者其近亲属提出	第一百二十六条 被处罚人不服行政拘留处罚决定,申请行政复议、提起行政诉讼的,**遇有参加升学考试、子女出生或者近亲属病危、死亡等情形的**,可以向公安机关提出暂缓执行行政拘留的申请。公安机关认为暂缓

修订前	修订后
符合本法第一百零八条规定条件的担保人，或者按每日行政拘留二百元的标准交纳保证金，行政拘留的处罚决定暂缓执行。	执行行政拘留不致发生社会危险的，由被处罚人或者其近亲属提出符合本法第一百二十七条规定条件的担保人，或者按每日行政拘留二百元的标准交纳保证金，行政拘留的处罚决定暂缓执行。 正在被执行行政拘留处罚的人遇有参加升学考试、子女出生或者近亲属病危、死亡等情形，被拘留人或者其近亲属申请出所的，由公安机关依照前款规定执行。被拘留人出所的时间不计入拘留期限。
第一百零八条　担保人应当符合下列条件： （一）与本案无牵连； （二）享有政治权利，人身自由未受到限制； （三）在当地有常住户口和固定住所； （四）有能力履行担保义务。	第一百二十七条　担保人应当符合下列条件： （一）与本案无牵连； （二）享有政治权利，人身自由未受到限制； （三）在当地有常住户口和固定住所； （四）有能力履行担保义务。
第一百零九条　担保人应当保证被担保人不逃避行政拘留处罚的执行。 担保人不履行担保义务，致使被担保人逃避行政拘留处罚的执行的，由公安机关对其处三千元以下罚款。	第一百二十八条　担保人应当保证被担保人不逃避行政拘留处罚的执行。 担保人不履行担保义务，致使被担保人逃避行政拘留处罚的执行的，处三千元以下罚款。
第一百一十条　被决定给予行政拘留处罚的人交纳保证金，暂缓行政拘留后，逃避行政拘留处罚的执行的，保证金予以没收并上缴国库，已经作出的行政拘留决定仍应执行。	第一百二十九条　被决定给予行政拘留处罚的人交纳保证金，暂缓行政拘留或者出所后，逃避行政拘留处罚的执行的，保证金予以没收并上缴国库，已经作出的行政拘留决定仍应执行。
第一百一十一条　行政拘留的处罚决定被撤销，或者行政拘留处罚开始执行的，公安机关收取的保证金应当及时退还交纳人。	第一百三十条　行政拘留的处罚决定被撤销，行政拘留处罚开始执行，或者出所后继续执行的，公安机关收取的保证金应当及时退还交纳人。

修订前	修订后
第五章　执法监督	第五章　执法监督
第一百一十二条　公安机关及其人民警察应当依法、公正、严格、高效办理治安案件，文明执法，不得徇私舞弊。	第一百三十一条　公安机关及其人民警察应当依法、公正、严格、高效办理治安案件，文明执法，不得徇私舞弊、**玩忽职守、滥用职权**。
第一百一十三条　公安机关及其人民警察办理治安案件，禁止对违反治安管理行为人打骂、虐待或者侮辱。	第一百三十二条　公安机关及其人民警察办理治安案件，禁止对违反治安管理行为人打骂、虐待或者侮辱。
第一百一十四条　公安机关及其人民警察办理治安案件，应当自觉接受社会和公民的监督。 　　公安机关及其人民警察办理治安案件，不严格执法或者有违法违纪行为的，任何单位和个人都有权向公安机关或者人民检察院、行政监察机关检举、控告；收到检举、控告的机关，应当依据职责及时处理。	第一百三十三条　公安机关及其人民警察办理治安案件，应当自觉接受社会和公民的监督。 　　公安机关及其人民警察办理治安案件，不严格执法或者有违法违纪行为的，任何单位和个人都有权向公安机关或者人民检察院、监察机关检举、控告；收到检举、控告的机关，应当依据职责及时处理。
	第一百三十四条　公安机关作出治安管理处罚决定，发现被处罚人是公职人员，依照《中华人民共和国公职人员政务处分法》的规定需要给予政务处分的，应当依照有关规定及时通报监察机关等有关单位。
第一百一十五条　公安机关依法实施罚款处罚，应当依照有关法律、行政法规的规定，实行罚款决定与罚款收缴分离；收缴的罚款应当全部上缴国库。	第一百三十五条　公安机关依法实施罚款处罚，应当依照有关法律、行政法规的规定，实行罚款决定与罚款收缴分离；收缴的罚款应当全部上缴国库，**不得返还、变相返还，不得与经费保障挂钩**。

修订前	修订后
	第一百三十六条 违反治安管理的记录应当予以封存，不得向任何单位和个人提供或者公开，但有关国家机关为办案需要或者有关单位根据国家规定进行查询的除外。依法进行查询的单位，应当对被封存的违法记录的情况予以保密。
	第一百三十七条 公安机关应当履行同步录音录像运行安全管理职责，完善技术措施，定期维护设施设备，保障录音录像设备运行连续、稳定、安全。
	第一百三十八条 公安机关及其人民警察不得将在办理治安案件过程中获得的个人信息，依法提取、采集的相关信息、样本用于与治安管理、查处犯罪无关的用途，不得出售、提供给其他单位或者个人。
第一百一十六条 人民警察办理治安案件，有下列行为之一的，依法给予行政处分；构成犯罪的，依法追究刑事责任： （一）刑讯逼供、体罚、虐待、侮辱他人的； （二）超过询问查证的时间限制人身自由的； （三）不执行罚款决定与罚款收缴分离制度或者不按规定将罚没的财物上缴国库或者依法处理的； （四）私分、侵占、挪用、故意损毁收缴、扣押的财物的； （五）违反规定使用或者不及时返还被侵害人财物的； （六）违反规定不及时退还保证金的；	第一百三十九条 人民警察办理治安案件，有下列行为之一的，依法给予处分；构成犯罪的，依法追究刑事责任： （一）刑讯逼供、体罚、打骂、虐待、侮辱他人的； （二）超过询问查证的时间限制人身自由的； （三）不执行罚款决定与罚款收缴分离制度或者不按规定将罚没的财物上缴国库或者依法处理的； （四）私分、侵占、挪用、故意损毁所收缴、追缴、扣押的财物的； （五）违反规定使用或者不及时返还被侵害人财物的； （六）违反规定不及时退还保证金的； （七）利用职务上的便利收受他人财

修订前	修订后
（七）利用职务上的便利收受他人财物或者谋取其他利益的； （八）当场收缴罚款不出具**罚款收据**或者不如实填写罚款数额的； （九）接到要求制止违反治安管理行为的报警后，不及时出警的； （十）在查处违反治安管理活动时，为违法犯罪行为人通风报信的； （十一）有徇私舞弊、滥用职权，不依法履行法定职责的其他情形的。 办理治安案件的公安机关有前款所列行为的，对直接负责的主管人员和其他直接责任人员给予相应的行政处分。	物或者谋取其他利益的； （八）当场收缴罚款不出具**专用票据**或者不如实填写罚款数额的； （九）接到要求制止违反治安管理行为的报警后，不及时出警的； （十）在查处违反治安管理活动时，为违法犯罪行为人通风报信的； （十一）**泄露办理治安案件过程中的工作秘密或者其他依法应当保密的信息的**； （十二）**将在办理治安案件过程中获得的个人信息，依法提取、采集的相关信息、样本用于与治安管理、查处犯罪无关的用途，或者出售、提供给其他单位或者个人的**； （十三）**剪接、删改、损毁、丢失办理治安案件的同步录音录像资料的**； （十四）有徇私舞弊、**玩忽职守、**滥用职权，不依法履行法定职责的其他情形的。 办理治安案件的公安机关有前款所列行为的，对**负有责任的领导人员**和直接责任人员，**依法给予处分**。
第一百一十七条　公安机关及其人民警察违法行使职权，侵犯公民、法人和其他组织合法权益的，应当赔礼道歉；造成损害的，应当依法承担赔偿责任。	第一百四十条　公安机关及其人民警察违法行使职权，侵犯公民、法人和其他组织合法权益的，应当赔礼道歉；造成损害的，应当依法承担赔偿责任。
第六章　附　　则	第六章　附　　则
	第一百四十一条　其他法律中规定由公安机关给予行政拘留处罚的，其处罚程序适用本法规定。 公安机关依照《中华人民共和国枪

修订前	修订后
	支管理法》、《民用爆炸物品安全管理条例》等直接关系公共安全和社会治安秩序的法律、行政法规实施处罚的，其处罚程序适用本法规定。 　　本法第三十二条、第三十四条、第四十六条、第五十六条规定给予行政拘留处罚，其他法律、行政法规同时规定给予罚款、没收违法所得、没收非法财物等其他行政处罚的行为，由相关主管部门依照相应规定处罚；需要给予行政拘留处罚的，由公安机关依照本法规定处理。
	第一百四十二条　海警机构履行海上治安管理职责，行使本法规定的公安机关的职权，但是法律另有规定的除外。
第一百一十八条　本法所称以上、以下、以内，包括本数。	第一百四十三条　本法所称以上、以下、以内，包括本数。
第一百一十九条　本法自2006年3月1日起施行。1986年9月5日公布、1994年5月12日修订公布的《中华人民共和国治安管理处罚条例》同时废止。	第一百四十四条　本法自2026年1月1日起施行。

附　录

· 449 ·

图书在版编目（CIP）数据

新治安管理处罚法讲义 / 尹少成主编. -- 北京：中国法治出版社, 2025.7. --（前沿法学讲义系列）. ISBN 978-7-5216-5134-8

Ⅰ．D922.145

中国国家版本馆 CIP 数据核字第 2025Q3530B 号

责任编辑：靳晓婷　　　　　　　　　　　　　　　封面设计：李　宁

新治安管理处罚法讲义
XIN ZHI'AN GUANLI CHUFAFA JIANGYI

主编/尹少成
经销/新华书店
印刷/保定市中画美凯印刷有限公司
开本/710 毫米×1000 毫米　16 开　　　　　　　印张/ 29.25　字数/ 465 千
版次/2025 年 7 月第 1 版　　　　　　　　　　　2025 年 7 月第 1 次印刷

中国法治出版社出版
书号 ISBN 978-7-5216-5134-8　　　　　　　　　　定价：79.00 元

北京市西城区西便门西里甲 16 号西便门办公区
邮政编码：100053　　　　　　　　　　　　　　　传真：010-63141600
网址：http：//www.zgfzs.com　　　　　　　　　编辑部电话：010-63141827
市场营销部电话：010-63141612　　　　　　　　印务部电话：010-63141606

（如有印装质量问题，请与本社印务部联系。）